Fortran 90

Brigitte Wojcieszynski
Rainer Wojcieszynski

Fortran 90
Programmieren mit dem neuen Standard

 ADDISON-WESLEY PUBLISHING COMPANY

Bonn · Paris · Reading, Massachusetts · Menlo Park, California
New York · Don Mills, Ontario · Wokingham, England · Amsterdam · Milan · Sydney
Tokyo · Singapore · Madrid · San Juan · Seoul · Mexico City · Taipei, Taiwan

Die Deutsche Bibliothek – CIP-Einheitsaufnahme
Wojcieszynski, Brigitte:
Fortran 90/Brigitte Wojcieszynski; Rainer Wojcieszynski. –
Bonn; Paris; Reading, Mass. [u.a.]:
Addison-Wesley, 1993
ISBN 3-89319-600-5

© 1993 Addison-Wesley (Deutschland) GmbH
1. Auflage

Belichtung: Fotosatz Froitzheim, Bonn
Druck und Bindung: Kösel, Kempten
Produktion: Margrit Müller, Starnberg/Bonn
Umschlaggestaltung: Grafik-Design Hommer, Haar bei München

Das verwendete Papier ist aus chlorfrei gebleichten Rohstoffen hergestellt und alterungsbeständig. Die Produktion erfolgt mit Hilfe umweltschonender Technologien und unter strengsten Auflagen in einem geschlossenen Wasserkreislauf unter Wiederverwendung unbedruckter, zurückgeführter Papiere.

Text, Abbildungen und Programme wurden mit größter Sorgfalt erarbeitet. Verlag, Übersetzer und Autoren können jedoch für eventuell verbliebene fehlerhafte Angaben und deren Folgen weder eine juristische Verantwortung noch irgendeine Haftung übernehmen.
Die vorliegende Publikation ist urheberrechtlich geschützt. Alle Rechte vorbehalten. Kein Teil dieses Buches darf ohne schriftliche Genehmigung des Verlages in irgendeiner Form durch Fotokopie, Mikrofilm oder andere Verfahren reproduziert oder in eine für Maschinen, insbesondere Datenverarbeitungsanlagen, verwendbare Sprache übertragen werden. Auch die Rechte der Wiedergabe durch Vortrag, Funk und Fernsehen sind vorbehalten.
Die in diesem Buch erwähnten Software- und Hardwarebezeichnungen sind in den meisten Fällen auch eingetragene Warenzeichen und unterliegen als solche den gesetzlichen Bestimmungen.

ISBN 3-89319-600-5

Vorwort

Seit ihrer Entstehung in den fünfziger Jahren ist Fortran nach wie vor die verbreitetste Programmiersprache im technisch–wissenschaftlichen Bereich. Dies nicht zuletzt auch deswegen, weil es unzählige in Fortran programmierte Anwendungsprogramme gibt, die zum Teil zig-tausende Codezeilen umfassen. Den Anwendungsbedürfnissen folgend ist die Programmiersprache Fortran seit ihrer Entstehung mehrfach neu überarbeitet und standardisiert worden. Eine Ablösung des FORTRAN–77–Standards sollte bereits im Jahre 1982 erfolgen. Eine Einigung über den neuen Standard hat sich aber derart schwierig gestaltet, daß dies de facto erst mit nahezu zehnjähriger Verspätung Ende 1991 mit dem neuen Standard Fortran 90 gelungen ist.

Ein Standard–Compiler für Fortran 90 ist auch ein Standard–FORTRAN–77–Compiler. Fortran 90 hat aber gegenüber FORTRAN 77 wesentliche Vorteile, die sich durch vier Hauptpunkte charakterisieren lassen: Durch neue *Typ- und Datenkonzepte*, die zum Teil in anderen Programmiersprachen bereits seit langem vorhanden sind, ermöglicht Fortran 90 eine bessere Anpassung der Datenobjekte eines Programms an die Problemstellung. Im Rahmen der Compilervorgaben kann ein Programmierer problemabhängig Genauigkeitsschranken für seine Datenobjekte definieren. Daneben lassen sich Datenobjekte logisch in Strukturen gruppieren, Felder können dynamisch kreiert werden und mit der Einführung von Pointern ist der Aufbau flexibler Datenstrukturen wie Listen, binäre Bäume und Graphen möglich. Eine Vielzahl von Programmierproblemen nicht nur aus dem technisch–wissenschaftlichen Bereich lassen sich mathematisch durch Matrizen– und Vektoroperationen beschreiben. Fortran 90 ermöglicht durch seine *Feldarithmetik*, derartige Probleme direkt in Form von Fortran–Ausdrücken und Funktionen zu codieren. Damit ist der mühsame und häufig unübersichtliche Umweg über eine Schleifennotation unnötig geworden. Die Erfahrungen der letzten Jahre mit Vektorrechnerarchitekturen haben gezeigt, daß durch Neugestaltung von FORTRAN–77–Codes mittels Feldnotation auch auf konventionellen Rechenanlagen wesentlich verbesserte Ergebnisse hinsichtlich der Rechengeschwindigkeit erreicht werden können. Durch die Feldnotation lassen sich Datenabhängigkeiten direkt vom Programmierer angeben, was für einen optimalen Einsatz von Höchstleistungsrechenanlagen unerläßlich ist. Fortran ist damit zu einer universell einsetzbaren Programmiersprache geworden, die die Aussicht bietet, portable Programme verfassen zu können, die auf einer Vielzahl von Rechnern vom PC bis zum Höchstleistungsrechner einsetzbar sind. Ebenfalls im Hinblick auf eine bessere Strukturierbarkeit eines Programms sind mit Fortran 90 neue *Kontrollstrukturen* eingeführt worden. Zusammen mit der vierten Neuerung, einer wesentlichen Überarbeitung der *Unterprogrammtechnik*, die ein Modulkonzept und die Einführung rekursiver Unterprogramme umfaßt, bietet Fortran nun effektive und komfortable Programmierkonzepte, für die eine breite Akzeptanz erwartet werden darf. Nach anfänglichem Zögern haben erfreulicherweise nahezu alle größeren Rechnerhersteller die Fertigstellung eines Fortran–90–Compilers für ihre Rechenanlagen für dieses oder nächstes Jahr angekündigt. Mit dem Fortran–Compiler der Firma NAG besteht schon seit Erscheinen der Norm eine Möglichkeit, Fortran 90 auch praktisch zu lernen und zu lehren.

Das vorliegende Buch ist aus einem Script zu einer Vorlesung über die Programmiersprache Fortran 90 entstanden, die wir erstmals im Sommersemester 1992 veranstaltet haben. Da die Leser in die Lage versetzt werden sollen, die Sprachmittel von Fortran 90 syntaktisch richtig und sinnvoll einzusetzen sowie bestehende Fortran–Programme verstehen zu können, wurde die Syntax von Fortran nach dem neuen Standard in diesem Buch nahezu vollständig beschrieben. Obwohl diese Syntaxbeschreibung beim ersten Lesen recht komplex wirkt, ist die Beschreibung durch die in jedem Kapitel enthaltene Hintergrundinformation und zahlreiche Beispiele auch für Anfänger geeignet. Zudem werden einzelne Themengebiete in weiterführenden Kapiteln wieder aufgegriffen und vertieft. Sprachmittel, die in der neuen Norm als "künftig wegfallend" klassifiziert sind, wurden in diesem Buch nicht mehr berücksichtigt. Darüberhinaus wurde auch auf die Darstellung von Formelfunktionen verzichtet, da diese besser durch die neuen internen Fortran–Funktionen realisiert werden können. Gleiches gilt für die ENTRY–Anweisung, die jetzt besser durch Verwendung von Unterprogrammen mit Gattungsnamen programmiert werden kann.

Das Kapitel 1 des Buches stellt die Entwicklung der Programmiersprache Fortran noch einmal im Zusammenhang dar. Darauf folgt in Kapitel 2 die Beschreibung des formalen Aufbaus eines Fortran–Programms. Kapitel 3 und 4 stellen die Typ– und Datenkonzepte sowie den Zugriff auf Datenobjekte vor. Zur Eröffnung von Übungsmöglichkeiten stellt Kapitel 5 einen Einschub dar, in dem einfache Wertzuweisungen und einfache E/A–Anweisungen exemplarisch behandelt werden. Kapitel 6 beschreibt die syntaktische Form von Ausdrücken und Wertzuweisungen. Wegen der großen Bedeutung der Unterprogrammtechnik für die strukturierte Programmierung wird diese bereits in Kapitel 7 umfassend behandelt. Fortran 90 umfaßt zahlreiche neue Standardunterprogramme, beispielsweise zur Vektor– und Matrizenverarbeitung, die im Zusammenhang in Kapitel 8 besprochen werden. Die Beschreibung der Kontrollstrukturen folgt erst in Kapitel 9, da die neue Feldnotation in vielen Fällen Kontrollstrukturen überflüssig macht. Kapitel 10 und 11 befassen sich mit den vielfältigen E/A– und Dateibearbeitungsmöglichkeiten, die in Fortran vorhanden sind. Kapitel 12 schließlich enthält eine kleine Auswahl von Aufgaben und Lösungen zur Einübung der neuen Sprachmittel.

Bei der Erstellung dieses Buches haben uns folgende Personen unterstützt: Norbert Krüger und Christoph Thiele, die einen Großteil des Textes erfaßt haben, Norbert Schwarz, der uns mit seinen fundierten Kenntnissen über den Schriftsatz mit Wort und Tat geholfen hat, sowie Frau Irmgard Wagner vom Verlag Addison–Wesley und Herr Dr. Reinhold Mannshardt, die das Manuskript kritisch auf Fehler hin untersucht haben. Ihnen allen danken wir herzlich.

Bochum, im März 1993
                   Brigitte Wojcieszynski
                   Rainer Wojcieszynski

Inhaltsverzeichnis

Legende	**11**
1 Einführung	**13**
1.1 Historische Entwicklung	13
1.2 Was bietet der neue Standard?	14
1.3 Ausblick	15
2 Aufbau eines Fortran–90–Programms	**23**
2.1 Zeichensatz	23
2.2 Grundbausteine	23
2.3 Quellformat	25
2.3.1 Festes Quellformat	25
2.3.2 Freies Quellformat	26
2.4 Hauptprogramm	26
2.5 Erstellung eines ausführbaren Programms	28
3 Datentypen und Datenobjekte	**41**
3.1 Standarddatentypen	42
3.1.1 Ganzzahliger Datentyp	42
3.1.2 Reeller Datentyp	44
3.1.3 Komplexer Datentyp	47
3.1.4 Logischer Datentyp	49
3.1.5 Zeichendatentyp	49
3.2 Abgeleitete Datentypen	50
3.3 Typvereinbarungsanweisung	57
3.3.1 PARAMETER–Attribut	60
3.3.2 DIMENSION– und ALLOCATABLE–Attribut	61
3.3.3 POINTER– und TARGET–Attribut	69
3.3.4 Initialisierung von Daten	78
3.4 Implizite Typvereinbarung	81
4 Zugriff auf Datenobjekte	**83**
4.1 Zeichenteilfolge	83
4.2 Strukturkomponenten, Teilfelder, Feldelemente	85

5 Einfache Fortran–Programme — 93
- 5.1 Listenorientierte Dateneingabe 94
- 5.2 Listenorientierte Datenausgabe 96

6 Wertzuweisung und Operatoren — 99
- 6.1 Ausdrücke 99
- 6.1.1 Operatoren 99
- 6.1.2 Typanpassung 104
- 6.1.3 Operanden 105
- 6.1.4 Kettenausdrücke 108
- 6.1.5 Spezielle Ausdrücke 109
- 6.2 Wertzuweisungen 114
- 6.2.1 Allgemeine Wertzuweisungen 114
- 6.2.2 Pointerzuweisungen 120
- 6.2.3 Maskierte Feldzuweisungen 123

7 Unterprogramme — 127
- 7.1 SUBROUTINE–Unterprogramme 129
- 7.2 Zuordnung von Formal– und Aktualparametern 135
- 7.3 Felder mit expliziter Gestalt 141
- 7.4 Felder mit übernommener Gestalt 142
- 7.5 Felder mit übernommener Größe 144
- 7.6 POINTER– und TARGET–Attribut für Formalparameter .. 145
- 7.7 Optionale Argumente 146
- 7.8 INTENT–Attribut 147
- 7.9 Funktionsunterprogramme 148
- 7.10 INTERFACE–Blöcke 154
- 7.10.1 Gattungsnamen 158
- 7.10.2 Benutzerdefinierte Wertzuweisungen 161
- 7.10.3 Benutzerdefinierte Operatoren 162
- 7.11 Module 163
- 7.12 Geltungsbereiche 172
- 7.13 COMMON–Blöcke 178
- 7.14 SAVE–Attribut 182
- 7.15 Konflikte bei der Parameterübergabe 185

8 Standardsubroutines und –funktionen — 189
- 8.1 Abfragefunktionen 190
- 8.1.1 Verfügbarkeit optionaler Argumente 190
- 8.1.2 Typparameter und Zahlenmodelle 190
- 8.1.3 Eigenschaften von Feldern 193
- 8.1.4 Eigenschaften von Zeichenketten 195
- 8.1.5 Eigenschaften von Pointern 195
- 8.2 Elementfunktionen 195
- 8.2.1 Analytische Funktionen 195

8.2.2	Numerische Funktionen	198
8.2.3	Typkonvertierungsfunktionen	202
8.2.4	Bitmanipulation	203
8.2.5	Zeichenmanipulation	207
8.2.6	Bearbeitung der Zahldarstellung	211
8.2.7	Mischen von Feldern	213
8.3	Transformationsfunktionen	214
8.3.1	Zeichenverarbeitung	214
8.3.2	Reduktionsfunktionen	214
8.3.3	Vektor– und Matrizenmultiplikation	219
8.3.4	Feldgenerierung	221
8.3.5	Feldmanipulation	223
8.3.6	Transferfunktion	225
8.4	Standardsubroutines	226

9 Kontrollstrukturen — 229

9.1	Bedingte Anweisungen, Alternativen und Kaskaden	229
9.2	Verteiler	235
9.3	Schleifen	240
9.3.1	FORTRAN–77–Zählschleife	241
9.3.2	Fortran–90–Schleifenkonstrukte	243

10 Ein– und Ausgabe — 253

10.1	Grundsätze der Datenübertragung	253
10.1.1	Ein–/Ausgabeformen	253
10.1.2	Datendarstellung	254
10.1.3	Organisationsform von Daten	255
10.2	Ein– und Ausgabe in Fortran 90	257
10.2.1	Datentransferanweisungen	257
10.2.2	Datentransfersteuerung	257
10.2.3	Ein–/Ausgabeliste der Datentransferanweisungen	264
10.2.4	FORMAT–Anweisung	267
10.2.5	Listenorientierte Ein–/Ausgabe	280
10.2.6	Namensgesteuerte Datenübertragung	281
10.2.7	Stromorientierte E/A	282

11 Dateibearbeitung — 285

11.1	Betriebssystemeinbettung	285
11.1.1	Betriebssysteme	285
11.1.2	Dateien	286
11.1.3	Dateistrukturen	287
11.1.4	Bearbeitung von Dateien	288
11.2	Dateibearbeitung in Fortran 90	289
11.2.1	E/A-Hilfsanweisungen	289
11.2.2	Dateipositionierung	297

11.2.3 Interne Dateien 300

12 Aufgaben und Lösungen **301**
  12.1 Näherungsweise Berechnung von π 301
  12.2 Befreundete Zahlen 302
  12.3 Magische Quadrate 304
  12.4 Gauß'sche Osterformel 305
  12.5 Cannon–Algorithmus 306
  12.6 Vierstelliger Attraktor 310
  12.7 Ackermannfunktion 312
  12.8 Lineare Listen und binäre Bäume 313
  12.9 Rationale Arithmetik 318

A Anhang **325**
  A.1 ASCII–Codetabelle 325
  A.2 Schreibweise der Schlüsselworte 327
  A.3 Standardunterprogramme 328

Literaturverzeichnis **331**

Index **333**

Legende der metasprachlichen Symbole

Für die syntaktische Definition der Fortran-Anweisungen gelten die folgenden metasprachlichen Vereinbarungen:

Die formale Sprachdefinition erfolgt in grau unterlegten Kästen. Der zu definierende Hauptbegriff steht am Anfang dieses Kastens; er ist durch das Ersetzungssymbol ":=" von der Definition getrennt. Wenn der Hauptbegriff sich nicht in einer Zeile definieren läßt, wird die fortzusetzende Zeile durch das Fortsetzungssymbol "&" abgeschlossen.

Kleinbuchstaben
("nichtterminale Symbole") kennzeichnen metasprachliche Variablen, d.h. sie kennzeichnen keine Begriffe der Fortran-Sprache, sondern werden in der Regel noch im gleichen Definitionskasten hinter einem Trennstrich in tabellarischer Form erklärt oder sind schon vorher erklärt worden. Die Erklärung kann umgangssprachlich oder wiederum durch Verwendung metasprachlicher Größen erfolgen.

Großbuchstaben, Ziffern, Sonderzeichen
("terminale Symbole") kennzeichnen Elemente der Fortran-Sprache.

[...]
(Optionalklammern) Der eingeklammerte Begriff darf entfallen.

$\left\{ \begin{array}{c} x \\ y \end{array} \right\}$
(Alternativklammern) Genau einer der Begriffe x oder y darf verwendet werden.

$[\ldots]^\infty$ **und** $\{\ldots\}^\infty$
Der eingeklammerte Begriff darf beliebig oft wiederholt werden, tritt im Fall $\{\ldots\}^\infty$ jedoch mindestens einmal auf.

$[\ldots]^n$ **und** $\{\ldots\}^n$
der eingeklammerte Begriff darf höchstens n-mal wiederholt werden, tritt im Fall $\{\ldots\}^n$ jedoch mindestens einmal auf.

xliste
kennzeichnet eine Liste von durch Komma voneinander getrennten Begriffen x; ist also äquivalent zu $x[,x]^\infty$.

xname
kennzeichnet einen Fortran-Namen für das Objekt x.

Beispiel:
Mathematisch läßt sich eine ganze Zahl wie folgt definieren:

$$\text{ganze\_zahl} := \text{ziffer}[\text{ziffer}]^\infty$$

$$\text{ziffer} \quad \left\{ \begin{array}{c} 0 \\ 1 \\ 2 \\ 3 \\ 4 \\ 5 \\ 6 \\ 7 \\ 8 \\ 9 \end{array} \right\}$$

Darauf aufbauend die Definition einer reellen Zahl mit Dezimalpunkt:

$$\text{reelle\_zahl} := \text{ganze\_zahl}.\text{ganze\_zahl}$$

1 Einführung

1.1 Historische Entwicklung

Die Programmiersprache FORTRAN wurde in den fünfziger Jahren von John Backus, einem Mitarbeiter der IBM, vorgestellt. Es war die erste Programmiersprache, die es gestattete, unabhängig von der Maschinenarchitektur ein Programmierproblem in Form von textuellen Anweisungen und mathematischen Formeln zu fassen. In der Tat ist der Name FORTRAN eine Abkürzung für **FORMULA TRANS**LATOR. Bis zu diesem Zeitpunkt war es für einen Programmierer nötig, sehr maschinennah in Oktalcodes (Binärcodes) bzw. mnemotechnischen Assemblercodes zu codieren, was eine detaillierte Kenntnis der Maschineninstruktionen, Register und anderer Aspekte der Zentraleinheit voraussetzte. Die Sprache FORTRAN ermöglichte es erstmals, sich davon völlig zu lösen und problemnah zu programmieren. FORTRAN entwickelte sich daher rasch weiter, wobei verschiedene Spracherweiterungen, die sich als notwendig oder nützlich erwiesen, in den einzelnen Implementierungen vorgenommen wurden. Schließlich gab es eine Reihe von FORTRAN–Dialekten, worunter die Portierbarkeit der Programme sehr litt. Um dies zu unterbinden, wurde die Sprache 1966 nach vierjähriger Arbeit des ANSI (**A**merican **N**ational **S**tandards **I**nstitute) Ausschusses X3J3 standardisiert. Damit war es möglich, normgerechte Programme auf verschiedenen Rechenanlagen mit normgerechten FORTRAN–Compilern ohne Änderung rechnen zu lassen.

Der FORTRAN66– oder FORTRANIV–Standard (ANSI X3.9–1966) wurde 1978 durch einen neuen FORTRAN–77–Standard (ANSI X3.9–1978) abgelöst. Dies wurde notwendig, da in FORTRAN66 viele Sprachelemente zur Entwicklung von Programmen, zum Beispiel Struktursprachmittel oder Sprachmittel zur Datei– und Textverarbeitung, fehlten. FORTRAN 77 ist keine Obermenge von FORTRAN66.

Da auch im FORTRAN–77–Standard viele der im Verlauf der Entwicklung anderer Programmiersprachen modern gewordenen Sprachmittel sowie eine dynamische Speicherverwaltung nicht enthalten sind, sollte schon im Jahre 1982 ein neuer Standard erscheinen. Dieser sollte auch eine geeignete Feldnotation enthalten, um der stürmischen Weiterentwicklung von Rechnerarchitekturen Rechnung zu tragen. Idealvorstellung war und ist, eine Programmiersprache FORTRAN zu entwickeln, die vom PC bis zum Höchstleistungsrechner effektiv einsetzbar ist. Wie eine solche "moderne" Programmiersprache FORTRAN aussehen sollte, wurde in einem Entwurf des ANSI–Ausschusses X3J3, der unter dem Namen Fortran–8X bekannt wurde, festgehalten. Eine Einigung über diesen Entwurf konnte jedoch erst nach zahlreichen Änderungen 1990 erreicht werden. Dies gelang letztlich auch nur auf Druck der ISO (**I**nternational **O**rganization for **S**tandardization), die 1988 den ANSI–Ausschuß verlassen hatte. Die neue Fortran–90–Norm wurde im April 1991 als ISO–Standard veröffentlicht [1]. Der erste Compiler für Fortran 90 ist seit Anfang 1992 von der Numerical Algorithms Group (NAG) für eine SPARC Workstation erhältlich. Er umfaßt den vollen Standard.

1.2 Was bietet der neue Standard?

Zunächst einmal wurde die bisherige Großschreibweise FORTRAN aufgegeben. Der Fortran–90–Standard enthält alle Sprachmittel von FORTRAN 77. Einige FORTRAN–77–Sprachmittel sind jedoch als "künftig wegfallend" markiert; dies sind:

- arithmetisches IF
- Laufvariablen vom Typ ungleich INTEGER
- gemeinsames Ende geschachtelter DO Schleifen
- DO Schleifenende ungleich CONTINUE oder END DO
- Verzweigung zu einer END IF Anweisung von außerhalb des IF–Blocks
- Alternativer Rücksprung aus Prozeduren
- PAUSE–Anweisung
- ASSIGN– und assigned goto–Anweisung
- Hollerith–Konstanten

Die wichtigsten Neuerungen von Fortran 90 sind:

- formatfreie Angabe des Quellcodes
- bis zu 31 Zeichen lange Namen
- ein neues Typklassifizierungskonzept mit Typparametern
- abgeleitete Datentypen
- benutzerdefinierte Operatoren und benutzerdefinierte Wertzuweisungen für abgeleitete Datentypen
- dynamische Felder
- Zeiger
- zwei neue Struktursprachelemente: der Verteiler (SELECT CASE) und allgemeinere Schleifenstrukturen (DO .. END DO, DO WHILE .. END DO)

---

[1] Eine Übernahme der Norm als nationaler Standard ist in den USA erfogt (ANSI X3.198–1992). In Deutschland wird die Übernahme der Fortran–90–Norm in Kürze erwartet (DIN 66027-199?). Sie ersetzt dann die "alte FORTRAN–77–Norm" DIN 66027-1980

- Feldnotation, d.h. gesamte Felder oder Teilfelder können Operanden in Ausdrücken und Wertzuweisungen sein; Teilfelder können Aktualparameter von Prozeduren sein

- maskierte Feldzuweisung (WHERE)

- zahlreiche neue Standardprozeduren, zum Beispiel zur Vektor- und Matrizenverarbeitung sowie für Bitoperationen

- Funktionen mit feldwertigem oder pointerwertigem Ergebnis

- interne Unterprogramme

- rekursive Unterprogramme

- Parameterfelder mit übernommener Gestalt, d.h. auf zusätzliche Parameter zur Dimensionierung von Feldern in Unterprogrammen kann verzichtet werden

- Schlüsselwortparameter und optionale Parameter

- Modulkonzept für globale Typ- und Datendefinitionen sowie zur Erstellung von Unterprogrammbibliotheken

1.3 Ausblick

Neben den besseren Anpassungsmöglichkeiten der Datentypen an die Problemstellungen und der besseren Strukturierbarkeit und Gestaltung des Programms wird in Fortran90 durch die Feldverarbeitung der modernen Rechnerentwicklung teilweise Rechnung getragen. Um dies verständlich zu machen, müssen wir die Entwicklung der Rechnerarchitekturen etwas genauer betrachten.

Die ersten programmgesteuerten elektronischen Rechenanlagen waren nach der von Neumann Architektur (Abbildung 1.1) aufgebaut. Die Prozessoreinheit (CPU: **C**entral **P**rocessing **U**nit) eines solchen Rechners besteht aus einem Rechenwerk für sämtliche arithmetischen und logischen Operationen, einem Hauptspeicher zur Daten- und Befehlshaltung und einer Kontrolleinheit zur Interpretation der Befehle. Zum Rechenwerk und zur Kontrolleinheit gehören Befehls- und Datenregister zur Zwischenspeicherung. Der Datenstrom zwischen Hauptspeicher und den Registern wird ebenfalls von der Kontrolleinheit koordiniert.

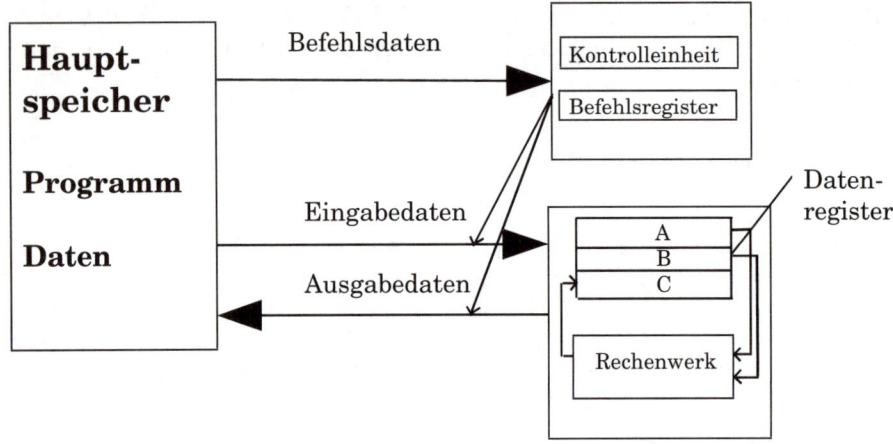

Abbildung 1.1: von Neumann Architektur

Betrachten wir die Addition zweier Zahlen A, B. Diese erfolgt in vier Schritten:

    LADE   A in Register 1
    LADE   B in Register 2
    ADDIERE   A und B in Register 3
    SPEICHERE C aus Register 3

Jeder der vier Befehle muß in einem Zwischenschritt in das Befehlsregister geladen und anschließend dekodiert werden, bevor er zur Ausführung gelangt.
Um die Abarbeitung von Programmen zu beschleunigen, wurde die von Neumann Architektur schon bald dahingehend verbessert, daß die einzelnen Rechnereinheiten parallel zueinander arbeiten konnten. D.h. während sich ein Befehl noch beim Datentransfer oder im Rechenwerk zur Ausführung befindet, wird der nächste Befehl bereits geholt und interpretiert. Diese überlappende Arbeit der Befehle wird Befehlspipelining genannt. Befehlspipelining wurde 1963 erstmals im ATLAS–Computer der Firma ICL realisiert. Daneben wurde das Rechenwerk in mehrere funktionale Einheiten (Addier–, Multiplizier–, Divisions– und logisches Werk) aufgeteilt, die wiederum parallel arbeiten können.
Ende der sechziger Jahre wurden Rechenanlagen vorgestellt, die mit einer Segmentierung der Rechenwerke versehen waren. Als Beispiel wollen wir die Addition zweier vorzeichenbehafteter Operanden betrachten. Nehmen wir an, daß in der Rechenanlage die Daten in der "normalisierten" Form

$$\{\pm\} <0.\text{ziffernfolge}>*10**\text{exponent}$$

gespeichert sind. Dann läßt sich die Addition in folgende Funktionen zerlegen, die wir am Beispiel $0.31*10**1+0.2*10**0$ verdeutlichen

1.3 Ausblick

```
seg1: Vorzeichenkontrolle        : Operation + oder -
seg2: Exponentenvergleich        : exponent1−exponent2=1
seg3: Exponentenangleichung      : 3.1*10**0+0.2*10**0
seg4: Mantissenaddition          : 3.1+0.2=3.3
seg5: Normalisierungsfaktor      : 3.3*10**(-1)=0.33 d.h. 1
seg6: Normalisierung             : 0.33*10**1
seg7: Fehlerbehandlung           : Arithmetischer Überlauf o.ä.
```

Ein solches Addierwerk besteht aus 7 Segmenten

Abbildung 1.2: Vektorpipeline

Hat ein Datenpaar `segi` verlassen, so kann dort bereits ein neues Datenpaar bearbeitet werden. Bis zu 7 Summenpaare können sich damit gleichzeitig in Bearbeitung befinden. Für die Abarbeitung eines einzelnen Summenpaares bietet eine derartige Vektorpipeline keine Vorteile, jedoch ist der Vorteil offensichtlich, wenn ein ganzer Datenstrom von Summandenpaaren verknüpft werden muß: Nach einer Startzeit zur Auffüllung der Pipeline kommt anschließend in jedem Zeittakt (Maschinentakt) ein Ergebnis heraus. In dem Control Data Rechner CD 7600 wurden 1969 erstmals Arithmetikpipelines verwendet.

Die Pipelines werden über spezielle Vektorbefehle angesprochen, die es gestatten, durch einen Befehl jeweils zwei Vektoren von Operanden miteinander zu verknüpfen. Ein solcher Vektor besteht aus Daten, die hintereinander (konsekutiv) im Speicher liegen, so daß die Angabe des Anfangselements (Anfangsadresse) und der Länge zur Charakterisierung des Vektors ausreicht.

Mit der neuen Feldnotation von Fortran 90 ist es möglich, derartige Vektorbefehle direkt anzusprechen:

Die Felder A,B,C,D seien wie folgt deklariert:

REAL A(1:100), B(1:102), C(1:100), D(1:100)

Dann ist

A(2:100)= B(4:102)+C(1:99)*SIN(D(2:100))

ein gültiger Fortran–90–Ausdruck. Die Berechnung erfolgt elementweise.

Diese Art der Formulierung eignet sich darüberhinaus für viele mathematische Algorithmen wesentlich besser, als die oft künstlich daraus gewonnene FORTRAN–77–Schleifennotation:

```
    ! Fuer I= 2 bis 100:
    DO 100 I=2,100
    A(I)=B(I+2)+C(I-1)*SIN(D(I))
100 CONTINUE
```

Zudem muß zur effektiven Nutzung von Vektorrechnern die Schleifennotation von sogenannten automatischen Vektorisierern wieder in eine geeignete Vektornotation gebracht werden. Dies gelingt nicht immer optimal.

Vektoreinheiten finden sich heutzutage in nahezu allen größeren Rechenanlagen. Der Befehlssatz eines Vektorrechners umfaßt neben den oben genannten "einfachen" Verknüpfungsoperationen in der Regel auch kompliziertere Operationen wie zum Beispiel

- maskierte Vektorbefehle, bei denen die Verknüpfung anhand eines Bitvektors kontrolliert wird und nur für die Operandenpaare zu einem Ergebnis führt, bei denen das korrespondierende Element des Bitvektors 1 ist,

- Summen–, Produkt–, Maximum– und Minimumbildung eines Vektors,

- Gather– und Scatteroperationen, bei denen Elemente aus einem Ausgangsvektor zu einem neuen Zielvektor zusammengefaßt werden bzw. in einem Zielvektor verteilt werden.

All dies läßt sich von Fortran 90 aus, zum Beispiel durch die WHERE–Anweisung, eine der zahlreichen neuen Standardfunktionen, oder durch indirekte Adressierung mit einem Indexvektor ansprechen.

Die Entwicklung von immer schnelleren Rechenanlagen ist natürlich nicht mit der Entwicklung von Vektorrechnern beendet worden. Vektorrechner können heutzutage Leistungen in der Größenordnung einiger GFLOPS (Giga Floating Point Operations per Second) leisten. Um in den TFLOPS (Tera FLOPS) Bereich zu gelangen, haben sich die Rechnerhersteller auf eine andere Art von Rechnerarchitektur besonnen, nämlich auf die Möglichkeit, mehrere parallel arbeitende Rechenwerke zusammenzuschließen.

Schon 1952 wurde von Slotnick, Borck und McReynolds in ihrem Artikel "The Solomon Computer" ein Konzept für eine solche Rechenanlage päsentiert:

Das Rechenwerk dieser Anlage bestand aus 32*32 Prozessorelementen. Die Prozessorelemente verfügten jeweils über einen eigenen Speicher, wurden jedoch von einer einzigen Kontrolleinheit aus gesteuert. Alle Prozessorelemente können so zur gleichen Zeit nur dieselbe Operation ausführen, wobei jedes Prozessorelement ein anderes Datenpaar aus seinem zugehörigen Speicher bearbeitet (Abbildung 1.3).

Dieser Rechner ist ähnlich wie ein Vektorrechner ein SIMD (**S**ingle **I**nstruction **M**ultiple **D**ata) Rechner. Die erste Anlage dieser Art wurde 1972 von der Firma Burroughs mit 16 Prozessorelementen gebaut. Weitere Realisierungen dieser Architektur finden sich im ILLIAC IV der Firma Burroughs mit 256 Prozessoren und im Distributed Array Processor (DAP) der Firma ICL mit 8192 Bit–Prozessoren. Da die Geschwindigkeit des Datentransfers zwischen den Prozessorelementen bei Rechnern dieser Bauart von wesentlicher Bedeutung für die Geschwindigkeit des Rechners ist, konnten erste kommerzielle Erfolge erst von der Firma Thinking Machines mit ihrer Connection Maschine

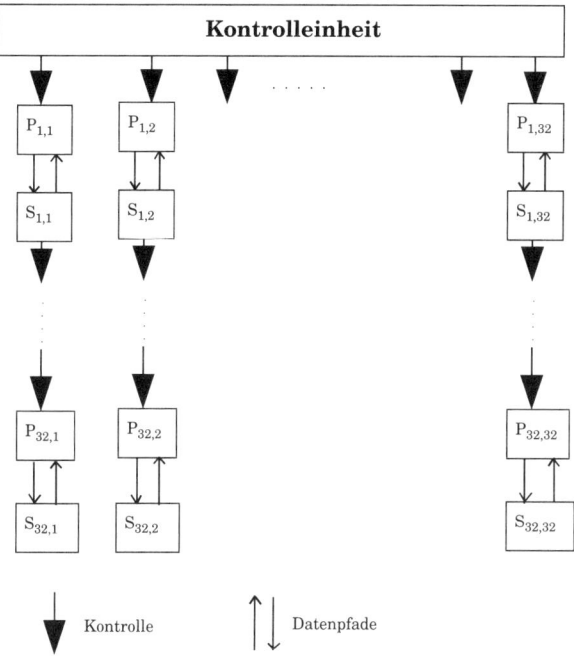

Abbildung 1.3: Parallele SIMD–Architektur (P Prozessor, S Speicher)

CM–1 und CM–2 erzielt werden. Die CM–2 besteht im Vollausbau aus 65536 Prozessorelementen einfachster Bauart (Bitprozessoren), die sich zu 2048 Gleitpunktprozessoren zusammenfassen lassen.
Eine geeignete Programmierung derartiger datenparalleler Rechenanlagen gelingt ebenfalls mit der Fortran–90–Feldnotation, da sich die Programmierung nicht wesentlich von der Programmierung eines Vektorrechners unterscheidet. Der (logisch) i–te Prozessor führt in unserem Beispiel die Verknüpfung

$$A(I)=B(I+2)+C(I-1)*SIN(D(I))$$

aus. Die zu verknüpfenden Datenelemente müssen natürlich im Speicher des Prozessors Nummer i liegen. Für einen geeigneten Datentransport wird vom Compiler implizit gesorgt (vgl. Abbildung 1.4).
In der Tat enthält das CM–2 Fortran bereits viele Sprachelemente von Fortran 90.
Neben diesen SIMD–Rechnern wurde 1981 von der Firma Denelcor der Heterogeneous Element Processor (HEP) vorgestellt. Dieser bestand im Maximalausbau aus 16 Prozessoreinheiten, die jeweils über einen eigenen Speicher und eine **eigene** Kontrolleinheit verfügten. Die Koordinierung der Kommunikation der Prozessoren untereinander sowie die Befehlszuweisung an die Prozessoreinheiten erfolgte weiterhin über eine zentrale Kontrolleinheit. Ein Vorteil dieser MIMD (**M**ultiple **I**nstruction **M**ultiple **D**ata)

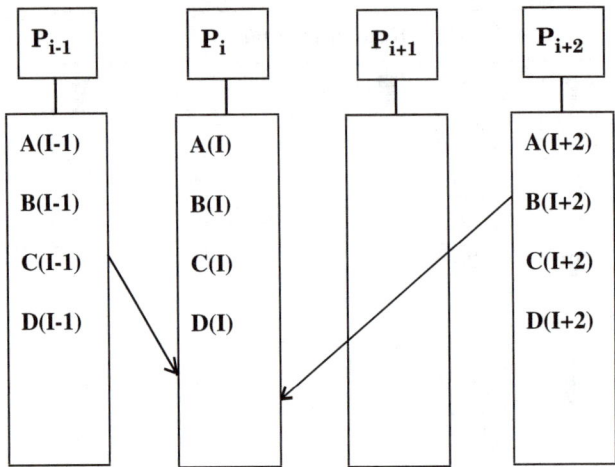

Abbildung 1.4: Datentransporte

Architektur liegt darin, daß die Prozessoreinheiten völlig unterschiedliche Aufgaben zur gleichen Zeit abwickeln können. MIMD Systeme lassen sich grob in drei Klassen unterteilen:

- Shared Memory Systeme, bei denen die Prozessorelemente über einen gemeinsamen Speicher kommunizieren können. Jeder einzelne Prozessor kann darüberhinaus noch über einen eigenen lokalen Speicher verfügen.

- Distributed Memory Systeme, bei denen der Hauptspeicher des Rechners auf die einzelnen Prozessorelemente verteilt ist. Jeder Prozessor verfügt damit über einen eigenen Speicher, auf den nur er Zugriff hat. Der Programmierer muß hier durch Aufruf geeigneter Funktionen dafür Sorge tragen, daß die Daten, die ein Prozessor benötigt, in seinem Speicher zur Verfügung stehen. Eine übliche Technik dafür nennt sich "Message Passing" durch Unterprogrammaufrufe.

- Logically Shared Memory Rechner, bei denen jedes Prozessorelement physikalisch über einen eigenen Speicher verfügt, wobei aber logisch der gesamte Speicher für alle Prozessoren zugreifbar ist. Explizite Datentransportanweisungen sind hier nicht nötig.

Shared Memory Systeme sind zum Beispiel die Mehrprozessoranlage CRAY–YMP, die Rechner der CONVEX–C3 Serie und die ETA 10. Da die Versorgung der Prozessorelemente aus einem gemeinsamen Speicher durch die Zugriffszeit des Speichers stark begrenzt wird, können auf diese Art nur wenige Prozessoren effektiv parallel zusammengeschlossen werden. Massiv parallele Systeme arbeiten dagegen mit verteilten Speichern. Distributed Memory MIMD–Rechner sind zum Beispiel die Anlagen IPSC–2, IPSC–860 und Paragon der Firma intel oder die CM–5 der Firma Thinking Machines. Logically Shared Memory Systeme sind eine ganz neue Entwicklung der Firma

1.3 Ausblick

KSR (Kendall Square Research) in deren Parallelrechner KSR1 und von Fujitsu in der Rechenanlage VPP500.
Die einzelnen Prozessorelemente von MIMD–Rechnern sind in der Regel komplizierter aufgebaut als bei SIMD–Rechnern. Die Prozessoren sind häufig sogar mit Vektorpipelines ausgerüstet. Eine effektive Nutzung der MIMD–Rechner läßt sich daher nur erreichen, wenn ganze Programmblöcke mit den unterschiedlichsten Anweisungen simultan bearbeitet werden, da sonst zur Kommunikation und Synchronisation zuviel Zeit im Vergleich zur eigentlichen Rechenzeit vertan wird. Zur Ermittlung, welche Programmblöcke parallel verarbeitet werden können, ist eine genaue Datenanalyse erforderlich. Diese kann zur Zeit von automatischen Parallelisierern höchstens auf Schleifenebene zufriedenstellend geleistet werden. D.h. der Programmierer benötigt Sprachmittel, um ausdrücken zu können, welche Bereiche sinnvoll parallel verarbeitbar sind. In den Fortran–Compilern der Parallelrechnerhersteller, die heute noch auf dem FORTRAN77–Standard beruhen, findet man derartige Spracherweiterungen zum Beispiel in Form von Direktiven (in diesem Fall VPP–Fortran, Fujitsu):

```
!XOCL     PROCESSOR P(10)
          REAL A(1000),T(1000)
          READ *,T
          CALL A
!***********************************
!XOCL     PARALLEL REGION
             CALL B
!===================================
!XOCL        SPREAD
!XOCL           REGION /P(1:2)
                CALL C
!XOCL           REGION /P(3:8)
                CALL D
!XOCL        END SPREAD
!===================================
             CALL E
!===================================
!XOCL        SPEAD DO /(P)
                DO 10 I=1,1000
                   A(I)=T(I)+I
             10 CONTINUE
!XOCL        END SPREAD
!===================================
!XOCL     END PARALLEL
!***********************************
          CALL F
```

P_1	P_2	P_3	P_4	P_5	P_6	P_7	P_8	P_9	P_{10}
A									
B	B	B	B	B	B	B	B	B	B
C	C	D	D	D	D	D	D		
E	E	E	E	E	E	E	E	E	E
I=1,100 A(I)= T(I)+I	I= 101, 200 :	...	...	...	...	...	...	...	I= 901, 1000 :
F									

========= Synchronisation, d.h. Warten bis alle fertig sind

Abbildung 1.5: Programmverteilung auf die Prozessoren

Dieses Programmstück führt zu der in Abbildung 1.5 dargestellten Verteilung der Programmblöcke auf 10 Prozessoren.
In Fortran 90 gibt es derartige Sprachelemente nicht. Daher wurde 1987 ein Ausschuß mit Namen PCF (**P**arallel **C**omputing in **F**ortran) gebildet, um geeignete Spracherweiterungen für Fortran zur Parallelverarbeitung zu definieren. 1990 wurde die Arbeit vom ANSI–Ausschuß X3H5 mit dem Ziel der Standardisierung übernommen. Der Ausschuß X3H5 geht in seinem Entwurf derzeit noch von FORTRAN 77 als Basissprache aus und versucht, geeignete Spracherweiterungen für Parallelrechner mit gemeinsamem Speicher wie zum Beispiel ein PARALLEL DO oder ein PARALLEL SECTION zu definieren. Die Datenobjekte können dabei als "private" (jeder Prozessor hat sein eigenes) oder als "shared" (alle Prozessoren greifen auf dasselbe Element zu) deklariert werden. Ein überarbeiteter Entwurf für PCF wurde 1991 vorgestellt.
Ein anderer Ansatz zur Formulierung von Parallelspracherweiterungen für Fortran wird von der Gruppe HPFF (**H**igh **P**erformance **F**ortran **F**orum) vertreten, die sich Anfang 1992 gebildet hat. Diese Gruppe setzt sich aus Wissenschaftlern und Vertretern der Industrie zusammen. HPF soll auf der Basis von Fortran 90 entwickelt werden. Im Gegensatz zum X3H5–Ansatz soll HPF insbesondere auch für Message Passing Systeme geeignet sein, d.h. es werden Direktiven zur Verteilung der Daten auf die Prozessoreinheiten entwickelt. Ein Entwurf für HPF liegt seit September 1992 vor.

2 Aufbau eines Fortran–90–Programms

Ein Fortran–90–Programm besteht aus einer oder mehreren Programmeinheiten. Programmeinheiten sind das Hauptprogramm, externe Unterprogramme und Module. Jede Programmeinheit besteht aus einzelnen Anweisungen, vergleichbar mit den Sätzen einer Sprache. Wie die Sätze einer Sprache genügen Fortran–Anweisungen gewissen Regeln bezüglich Aufbau und Bedeutung. Ferner sind der Zeichensatz und die äußere Form eines Fortran–Programms genau definiert.

2.1 Zeichensatz

Der Zeichensatz von Fortran 90 besteht aus den 26 Großbuchstaben A–Z (Alphazeichen), den 10 Ziffern 1–9, den Sonderzeichen der Tabelle 2.1 und dem Unterstrich "_".

	Leerzeichen	:	Doppelpunkt
=	Gleichheitszeichen	!	Ausrufezeichen
+	Pluszeichen	"	Anführungszeichen
−	Minuszeichen	%	Prozent
*	Multiplikationszeichen	&	kommerzielles Und
/	Schrägstrich	$	Dollar
(	runde Klammer auf	;	Semikolon
)	runde Klammer zu	<	Kleinerzeichen
,	Komma	>	Größerzeichen
.	Punkt	?	Fragezeichen
'	Apostroph		

Tabelle 2.1: Sonderzeichen

Läßt ein Fortran–Compiler bei der Schreibweise eines Quellprogramms auch Kleinbuchstaben zu, dann ist deren Bedeutung außer in Zeichenkonstanten äquivalent zur Verwendung von Großbuchstaben. In Zeichenkonstanten und Kommentaren sind compilerabhängig auch andere als die oben genannten Zeichen zulässig.

2.2 Grundbausteine

Die Grundbausteine der Fortran–Anweisungen sind Schlüsselworte, Namen, Konstanten, Operatoren, Anweisungsmarken und Satzzeichen.

Schlüsselworte sind Worte mit vorgegebener Bedeutung zum Beispiel PROGRAM, END, INTEGER.

Namen sind vom Programmierer frei wählbar. Sie bezeichnen zum Beispiel Unterprogramme, Speicherplätze und Konstanten. Ein gültiger Fortran–Name hat die Gestalt

$$\text{name} := \text{alphazeichen}[\left\{\begin{array}{c}\text{alphazeichen}\\ \text{ziffer}\\ \text{unterstrich}\end{array}\right\}]^{30}$$

Beispiel:

    Gültige Namen sind: Ungültige Namen sind:

    PERFECT_SHUFFLE $NAME
    A1   1A
    S_P_R_E_I_Z_E_N   PERFECT-SHUFFLE

Anweisungsmarken oder auch Anweisungsnummern dienen dazu, Anweisungen zu kennzeichnen, auf die von anderer Stelle im Programm aus Bezug genommen werden kann. Sie müssen innerhalb einer Programmeinheit eindeutig sein. Sie haben die Gestalt

$$\text{anweisungsnummer} := \{\text{ziffer}\}^5$$

Beispiel:

    Gültige Anweisungsnummern sind:

    99999
    10
    010

Führende Nullen sind nicht signifikant, d.h. die letzten beiden Marken unterscheiden sich für den Fortran–Compiler nicht.

Aus den Grundbausteinen werden Fortran–Anweisungen gebildet, die sich in ausführbare und nicht–ausführbare Anweisungen klassifizieren lassen. Anweisungen dürfen nur in der in Tabelle 2.2 festgelegten Reihenfolge in den Programmeinheiten auftreten. Die durch horizontale Linien begrenzten Anweisungsgruppen dürfen nur in der angegebenen Aufeinanderfolge in Programmen auftreten. Anweisungen innerhalb der Gruppen und Gruppen von Anweisungen, die durch vertikale Linien begrenzt sind, können beliebig gemischt werden.

2.3 Quellformat

Kom-mentar und Leer-zeilen	PROGRAM-, SUBROUTINE-, FUNCTION-, MODULE-, oder BLOCKDATA- Anweisung			
:::	USE-Anweisung			
:::	FORMAT und ENTRY-Anweisung	IMPLICIT NONE - Anweisung		
:::	:::	Parameter-Anweisung	IMPLICIT - Anweisung	
:::	:::	:::	Typdefinition Schnittstellenblöcke Typvereinbarungsanweisungen Spezifikationsanweisungen Formelfunktionsanweisungen	
:::	:::	DATA - Anweisung	ausführbare Anweisung	
:::	CONTAINS - Anweisung			
:::	interne Unterprogramme bzw. Modulunterprogramme			
:::	END - Anweisung			

Tabelle 2.2: Aufeinanderfolge von Anweisungen

2.3 Quellformat

Während in FORTRAN 77 das Quellprogramm in einem festen Format anzugeben war, ist in Fortran 90 zusätzlich eine freie Quellformatierung möglich.

2.3.1 Festes Quellformat

Das feste oder spaltengerechte Quellformat orientiert sich an der vormals üblichen Verwendung von Lochkarten. Eine Anweisungszeile ist genau 72 Zeichen lang, wobei die Zeile wie folgt unterteilt ist:

Spalte	Inhalt
1	C oder * oder ! oder Leerzeichen
1–5	Frei oder Anweisungsnummer
6	Enthält diese Spalte ein Zeichen ungleich 0 oder Leerzeichen, so wird die Zeile als Fortsetzungszeile interpretiert.
7–72	Fortran–Anweisungen

Ist eine Zeile in der ersten Spalte mit einem C, einem "!" oder "*" gekennzeichnet, so wird die Zeile als Kommentarzeile interpretiert. Leerzeilen sind ebenfalls Kommentarzeilen. Anders als in FORTRAN 77 kann ein durch ein Ausrufezeichen "!" eingeleiteter

Kommentar an beliebiger Stelle der Eingabezeile auftreten, dabei darf das Ausrufezeichen nicht als erstes Zeichen in Spalte 6 auftreten. Der Kommentar erstreckt sich bis zum Ende der Zeile. Kommentarzeilen können nicht fortgesetzt werden. Innerhalb von Zeichenkettenkonstanten wird das Ausrufezeichen nicht als Kommentarbeginn interpretiert.

Eine Anweisungszeile kann in den Spalten 1–5 eine Anweisungsnummer enthalten. In den Spalten 7–72 stehen die eigentlichen Anweisungen, wobei eine Zeile mehrere Anweisungen enthalten kann, die durch ein Semikolon getrennt werden. Eine Anweisungszeile kann sich auf bis zu 20 Zeilen erstrecken. Fortsetzungszeilen enthalten in der Spalte 6 ein Zeichen ungleich 0 oder Leerzeichen. Im festen Quellformat sind Leerzeichen (außer in Zeichenketten) ohne Bedeutung, d.h. sie dürfen zum Beispiel auch in Schlüsselwörtern eingestreut werden.

2.3.2 Freies Quellformat

Im freien Quellformat kann eine Anweisung an beliebiger Stelle einer maximal 132 Zeichen langen Programmzeile stehen. Mehrere Anweisungen in einer Zeile werden durch ein Semikolon getrennt. Eine Anweisungszeile kann bis zu 39 Fortsetzungszeilen haben. Das Zeichen & schließt die fortzusetzende Zeile ab. Die nächste Zeile, die nicht Kommentarzeile ist, gilt als Fortsetzungszeile. Bei Fortsetzungen innerhalb von Zeichenkettenkonstanten *muß* die Fortsetzung mit dem &–Zeichen beginnen, ansonsten *kann* es der Fortsetzung vorangestellt werden. Kommentare werden mit dem Ausrufezeichen eingeleitet (gilt nicht innerhalb von Zeichenkettenkonstanten), das Zeilenende ist Kommentarende. Kommentarzeilen können nicht fortgesetzt werden. Leerzeilen sind Kommentarzeilen.

Anweisungen können (ohne besondere Kennzeichnung) mit Anweisungsnummern versehen werden. Leerzeichen sind im freien Quellformat signifikant, sie sind zusammen mit den Satzzeichen Trennungssymbole zwischen den Sprach–Grundbausteinen. Zwischen den Grundbausteinen können auch mehrere Leerzeichen stehen. Zwischen aufeinanderfolgen Schlüsselworten kann in einigen Fällen das trennende Leerzeichen entfallen. So ist zum Beispiel `END PROGRAM` und `ENDPROGRAM` zulässig. Eine Liste dieser Schlüsselworte findet sich in Anhang A.2.

2.4 Hauptprogramm

Ein Fortran–Programm ist im allgemeinen strukturiert, d.h. entsprechend den geforderten Aufgabestellungen in mehrere Programmbausteine aufgeteilt. Programmbausteine sind das Hauptprogramm, interne und externe Unterprogramme oder Module. Ein Unterprogramm ist eine Funktion (FUNCTION) oder eine Prozedur (SUBROUTINE). Diese kann im Fortran–System vordefiniert (intrinsic) sein, aus einer Anwendungsbibliothek stammen (zum Beispiel NAG, IMSL, EISPACK etc.) oder vom Benutzer selbst definiert sein. Die Ausführung eines Fortran–Programms beginnt im Hauptprogramm und wird durch geeignete Aufrufe in die verschiedenen Unterprogramme verzweigt, d.h. ein lauffähiges Fortran–Programm muß mindestens aus einem Hauptprogramm bestehen.

2.4 Hauptprogramm

Wie eine mathematische Funktion repräsentiert eine Fortran–Funktion einen Wert, der aus den Argumenten der Funktion beim Aufruf errechnet und im aufrufenden Programm weiterverarbeitet wird. (Zum Beispiel entspricht ABS(-1) dem Wert der Betragsfunktion $|-1|$.) Eine Prozedur ist ein Programmstück, das bei Aufruf im Hauptprogramm ausgeführt wird. Sie liefert Werte an das Hauptprogramm ausschließlich über ihre Argumente. Ein Unterprogramm, das völlig unabhängig vom Hauptprogramm codiert worden ist, nennt man ein externes Unterprogramm. Unterprogramme, deren Code in eine andere Programmeinheit (zum Beispiel ins Hauptprogramm) eingebettet ist, nennt man interne Unterprogramme. Sie stellen keine eigene Programmeinheit dar. Ein Modul ist eine Zusammenfassung mehrerer Unterprogramme oder Datendefinitionen zu einer logischen Gesamtheit (zum Beispiel Matrizenarithmetik, Datenbasis etc.).

In diesem Abschnitt wollen wir uns zunächst mit dem Aufbau eines Fortran–Hauptprogramms befassen, die Beschreibung von Unterprogrammen und Modulen erfolgt in Kapitel 7. Das Fortran–Hauptprogramm sollte mit einer PROGRAM–Anweisung beginnen. Sie hat die Form

> program_anweisung := PROGRAM programmname

Diese Anweisung ist optional und nicht ausführbar. Wird sie verwendet, so ist `programmname` global, d.h. er darf nur noch in der END–Anweisung verwendet werden. Das Hauptprogramm endet mit einer END–Anweisung.

> end_anweisung := END [PROGRAM [programmname]]

Die END–Anweisung ist eine ausführbare Anweisung. Sie beendet die Programmeinheit. Die Angabe zu `programmname` in der END–Anweisung entspricht der Angabe zu `programmname` in der PROGRAM–Anweisung. Wenn die PROGRAM–Anweisung fehlt, darf bei der END–Anweisung keine Angabe zu `programmname` gemacht werden.

Das komplette Hauptprogramm hat die Form

> [PROGRAM programmname]
>
> [Vereinbarungsteil]
> [Anweisungsteil]
> $\vdots$
> [CONTAINS
> [Interner Unterprogrammteil]]
>
> END [PROGRAM [programmname]]

Eine Möglichkeit zur vorzeitigen Beendigung des Programmlaufs ist mit der STOP–Anweisung gegeben:

stop_anweisung := STOP [kennung]
kennung $\left\{ \begin{array}{l} \text{Zeichenkettenkonstante vom Defaulttyp} \\ \text{ziffer[ziffer]}^4 \end{array} \right\}$

Die STOP–Anweisung ist eine ausführbare Anweisung, die im Anweisungsteil eines Programms oder Unterprogramms stehen kann. Bei Ausführung der STOP–Anweisung wird der Programmlauf sofort beendet. Eine END–Anweisung eines Hauptprogramms beinhaltet eine STOP–Anweisung. Eine STOP–Anweisung kann mit einer Kennung versehen werden. Dies kann eine Zeichenkette der Art 'SCHLUSS' oder eine Ziffernfolge der Form 1234 sein. In der Zeichenkette dürfen nur Zeichen eines rechnerabhängigen Defaultzeichensatzes auftreten. Weitere Erläuterungen hierzu sind in Abschnitt 3.1.5 zu finden. Bei Ausführung der STOP–Anweisung wird die Kennung ins Ablaufprotokoll ausgegeben.

2.5 Erstellung eines ausführbaren Programms

Ein auf einem Rechner ausführbares Programm entsteht aus einem Fortran–Quellprogramm in mehreren Schritten (siehe Abbildung 2.1): Ein Fortran–Hauptprogramm wird im freien oder festen Quellformat mit Hilfe eines Editors in eine Textdatei gespeichert. Unterschiedliche Programmeinheiten dürfen dabei compilerabhängig auch in unterschiedlichen Formaten erfaßt werden. Externe Fortran–Unterprogramme oder Module können auch ohne Hauptprogramm separat in eine Datei abgelegt werden. Der Quellcode wird vom Fortran–Compiler (Übersetzer) in ein Objektprogramm umgewandelt. Der Compiler erfüllt dabei drei Aufgaben:

- Er überprüft das Programm auf syntaktische und semantische Richtigkeit.

- Ist das Programm fehlerfrei, so führt er notwendige Adreßberechnungen aus, d.h. er reserviert für die im Programm benötigten Datenobjekte Speicherplatz.

- Er übersetzt die ausführbaren Fortran–Anweisungen in Anweisungen des Befehlssatzes des Rechners. Dabei wird für eine Fortran–Anweisung im allgemeinen eine ganze Sequenz von Maschinenbefehlen erzeugt. Zusätzlich werden temporäre Speicherplätze für Zwischenrechnungen freigehalten.

Der Compiler kann darüberhinaus neben den Objektprogrammen, auf Anforderung des Benutzers hin, Listen erzeugen, zum Beispiel

- eine Quellprogrammauflistung,

2.5 Erstellung eines ausführbaren Programms

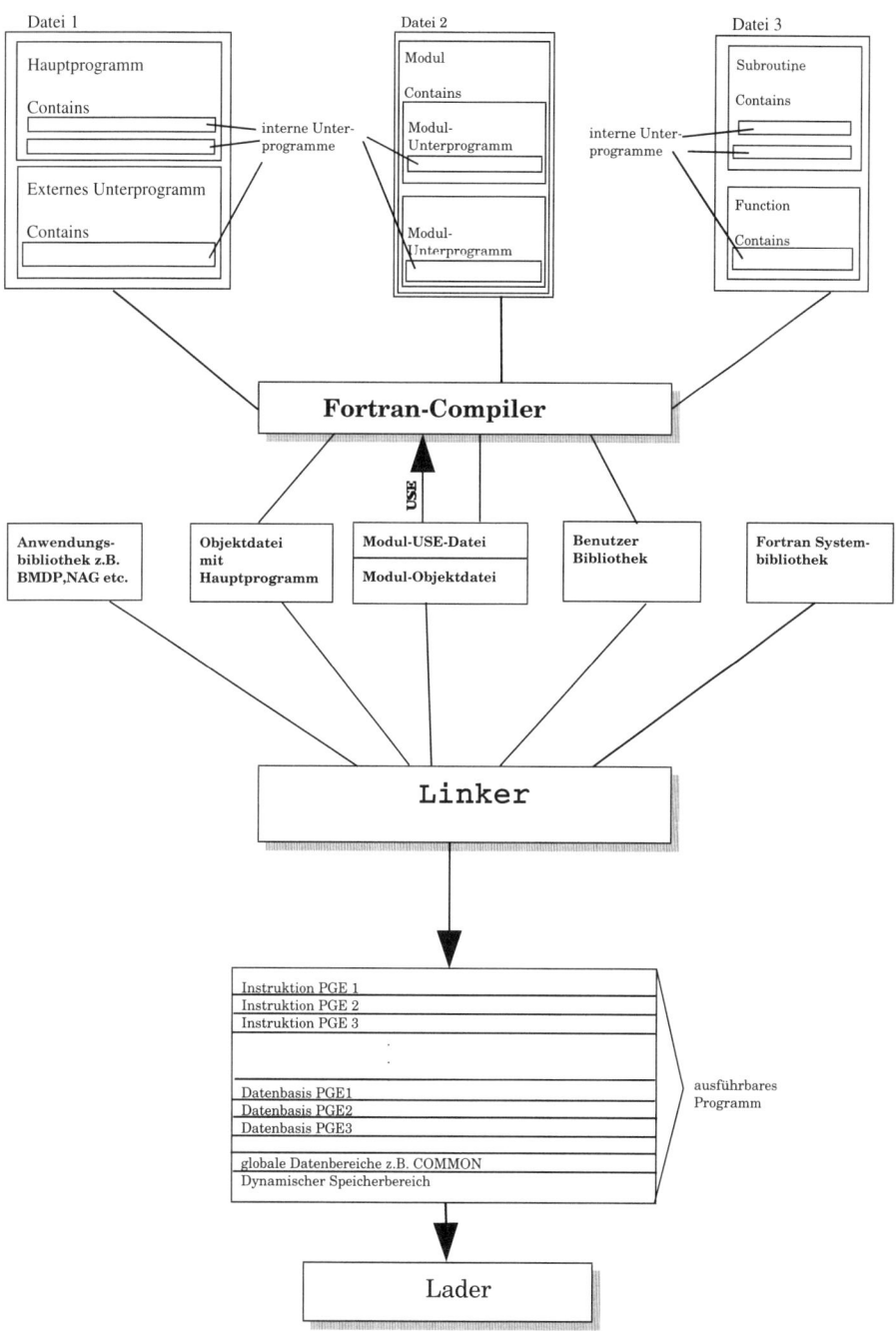

Abbildung 2.1: Erstellung eines Fortran–Programms

- eine Referenzliste, in der die verwendeten Größen (Variablennamen, Unterprogrammnamen, Konstantennamen u.ä.) des analysierten Benutzerprogramms in alphabetischer Reihenfolge mit Angabe aller Programmzeilen, in denen sie verwendet werden, aufgeführt sind,

- eine Auflistung der erzeugten Maschinenbefehle.

Der Objektcode des Hauptprogramms und eventuell benötigter Unterprogramme wird von einem weiteren Programm, dem Linker, zusammengefaßt. Der Linker erzeugt ein lauffähiges Programm, das vom Lader in den Hauptspeicher des Rechners geladen wird. Die einzelnen Maschinenanweisungen werden von der Rechenanlage ausgeführt. Jede Programmeinheit des ausführbaren Programms besteht aus zwei Bereichen: dem Datenbereich und dem Instruktionsbereich. Daneben gibt es gemeinsame Datenbereiche (z.B. COMMON) mehrerer Programmeinheiten. Die Datenbereiche können während des Programmlaufs größer werden.

Beispiel:

Nachfolgend (Seite 31 ff.) ist ein Fortran90-Programm im freien Quellformat angegeben. Es handelt sich hierbei um ein von der Firma NAG geschriebenes Testprogramm, das diese zu ihrem Fortran-90-Compiler ausliefert. Es besteht aus einem Hauptprogramm mit Namen `f90_utility` (Seite 31), vier Unterprogrammen mit Namen `demo_1` (Seite 32), `demo_2` (Seite 33), `demo_3` (Seite 34), `demo_4` (Seite 35) sowie einem kleinen Modul `f90_kind` (Seite 36). Das Programm dient dazu, dem Benutzer des NAG-Compilers nähere Informationen über das verwendete Datenmodell zu vermitteln. Im nächsten Kapitel dieses Buches werden wir uns ausführlich mit den Datentypen befassen, die ein Fortran90-Compiler dem Benutzer zur Verfügung stellen muß. Die Art und der Umfang der Implementation der Datentypen, zum Beispiel im Hinblick auf die Bitlänge der Speichereinheiten, ist compilerabhängig. Eben hierüber gibt das Programm bezüglich des NAG-Compilers Auskunft.

Die Bedeutung der einzelnen Anweisungen des Programms soll hier noch nicht näher diskutiert werden, diese wird im Verlaufe der nächsten Kapitel behandelt. An dieser Stelle soll nur die Funktionsweise des Programms grob charakterisiert werden:

Zunächst wird im Hauptprogramm eine kurze Meldung über die Version des Programms ausgegeben. Danach wird dem Benutzer in einer "Endlosschleife" (`DO ... END DO`) jeweils ein Menü vorgelegt, aus dem er durch Eingabe der Ziffern 0 bis 4 auswählen kann. Bei Eingabe einer der Ziffern 1 bis 4 verzweigt das Programm über einen Verteiler (`SELECT CASE`) in die Unterprogramme, die das gewünschte Datenmodell behandeln. Die Unterprogramme `demo_2` und `demo_3` benutzen dabei die Konstantenvereinbarungen des Moduls `f90_kind` (`USE f90_kind`). Durch Eingabe der Ziffer 0 wird die Schleife und der Programmlauf beendet.

2.5 Erstellung eines ausführbaren Programms

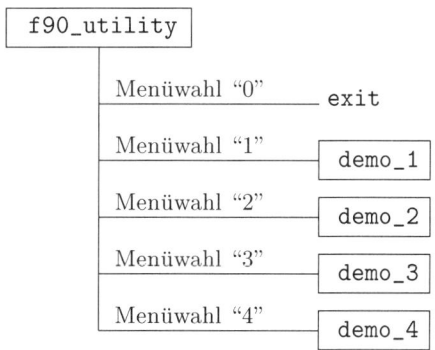

Das Protokoll eines Testlaufs des Programms auf einem SPARC Prozessor findet sich ab Seite 37. Es werden dabei alle Menüpunkte nacheinander durchlaufen. Das Unterprogramm `demo_1` zeigt, daß der Compiler binäre, oktale und hexadezimale Konstanten korrekt verarbeiten kann. Die Unterprogramme `demo_2` und `demo_3` geben darüber Auskunft, welche Zahlenmodelle den einzelnen Datentypen zugrundeliegen. Der Compiler stellt zum Beispiel einen Datentyp INTEGER zur Darstellung ganzer Zahlen zur Verfügung. Diesen Datentyp gibt es in drei Variationen, nämlich mit einer Speicherlänge von 8, 16 und 32 Bit. Dementsprechend sind die größten (**huge**) darstellbaren Zahlen 127 ($2^7 - 1$), 32767 ($2^{15} - 1$) und 2147483647 ($2^{31} - 1$), das heißt Zahlen der Größenordnung (**range**) $10^2, 10^4$ und 10^9. Die verschiedenen Datentypen werden wie gesagt im nächsten Kapitel ausführlich behandelt. Die Ausführungen von Kapitel 3 können an diesem Beispiel exemplarisch verfolgt werden. Das Unterprogramm `demo_4` schließlich informiert über das Tagesdatum des Programmlaufs sowie über die Systemzeit.

```
!   f90_util.f90
!
!   Installation test program supplied with the
!   NAGWare f90 Compiler ver:1.0
!
!   Copyright 1991 Numerical Algorithms Group Ltd., Oxford, U.K.
!
!   Malcolm Cohen, Robert Iles, July 1991
!
program f90_utility

   implicit none
   integer :: i = 0
   integer,parameter :: IOERR_OK=0; integer :: is = IOERR_OK

   print *, ""
   print *, "    NAGWare f90 Compiler, Version 1.2"
```

```
      print *, "    ================================="
      print *, ""
      print *, "Installation test and simple demo program"
      print *, "   Copyright 1991 NAG Ltd, Oxford, U.K."

      do   ! Endlosschleife mit Menuewahl
!
        print *, ""
        print *, " 1 - Binary, octal and hexadecimal constants "
        print *, " 2 - Show maths model (integer and logical)  "
        print *, " 3 - Show maths model (real and complex)     "
        print *, " 4 - Date and time plus system clock         "

        write(*,'(A)',advance='no',iostat=is) "Enter a&
                                  & value (0 to exit):"
!
        if(is /= IOERR_OK) exit         ! Fehlerbehandlung
        read(*,*,iostat=is) i           ! Lesen der Menuewahlziffer
        if(is /= IOERR_OK) cycle        ! Fehlerbehandlung
!
        print *,''
        select case(i)
         case(0)
            exit                ! Verlassen der Endlosschleife
         case(1)
            call demo_1         ! Verzweigen ins Unterprogramm demo_1
         case(2)
            call demo_2         ! Verzweigen ins Unterprogramm demo_2
         case(3)
            call demo_3         ! Verzweigen ins Unterprogramm demo_3
         case(4)
            call demo_4         ! Verzweigen ins Unterprogramm demo_4
         case default
            cycle
         end select
!
      enddo    ! Ende der Schleife

end program f90_utility




!
! Show the ordering and interpretation of binary, octal and
! hexadecimal constants
!
```

```
subroutine demo_1

   implicit none

   integer :: b1, b2, b3, b4
   integer :: o1, o2, o3, o4
   integer :: z1, z2, z3, z4

   data b1, b2, b3, b4 /b'1', b'10', b'100', b'1000'/
   data o1, o2, o3, o4 /o'7', o'70', o'700', o'7000'/
   data z1, z2, z3, z4 /z'f', z'f0', z'f00', z'f000'/

   print '(a,4a6)',    "      Binary: ", "1", "10", "100",&
                                                    "1000"
   print '(a,4b6)',    "              ", b1, b2, b3, b4
   print '(a,4i6,a)',  "             (", b1, b2, b3, b4,")"
   print *, " "
   print '(a,4a6)',    "       Octal: ", "7", "70", "700",&
                                                    "7000"
   print '(a,4o6)',    "              ", o1, o2, o3, o4
   print '(a,4i6,a)',  "             (", o1, o2, o3, o4,")"
   print *, " "
   print '(a,4a6)',    "Hexadecimal: ", "f", "f0", "f00",&
                                                    "f000"
   print '(a,4z6)',    "              ", z1, z2, z3, z4
   print '(a,4i6,a)',  "             (", z1, z2, z3, z4,")"

end subroutine demo_1


!
subroutine demo_2
   use f90_kind

   implicit none

   integer :: i

   Print '(a,5a12)',"INTEGER         ", "Default", "int8", &
                                         "int16", "int32"
   print '(a,4i12)'," KIND number = ",kind(1),int8,int16,int32
   print '(a,4i12)',"      digits = ",digits(i), &
                                 digits(1_int8),digits(1_int16), &
                                 digits(1_int32)
   print '(a,4i12)',"       radix = ",radix(i), &
```

```
                                    radix(1_int8),radix(1_int16), &
                                    radix(1_int32)
      print '(a,4i12)',"            range = ",range(i), &
                                    range(1_int8),range(1_int16), &
                                    range(1_int32)
      print '(a,4i12)',"            huge = ",huge(i), &
                                    huge(1_int8),huge(1_int16), &
                                    huge(1_int32)
      print '(a,4i12)',"            bit_size = ",bit_size(i), &
                                 bit_size(1_int8),bit_size(1_int16), &
                                 bit_size(1_int32)
      print *," "
      print '(a,3a12)',"LOGICAL          ", "Default", "byte",&
                                                              "word"
      print '(a,3i12)',"   KIND number = ",kind(.true.),byte,&
                                                               word

end subroutine demo_2


!
subroutine demo_3
   use f90_kind

   implicit none

   real :: j; complex :: k

   print '(a,3a15)',&
      "REAL           ", "Default", "single", "double"
   print '(a,3i15)',&
      "   KIND number = ",kind(1.0),single, double
   print '(a,3i15)',&
      "       digits = ",digits(j), &
           digits(1.0_single),digits(1.0_double)
   print '(a,3i15)'," maxexponent = ",maxexponent(j), &
           maxexponent(1.0_single),maxexponent(1.0_double)
   print '(a,3i15)'," minexponent = ",minexponent(j), &
           minexponent(1.0_single),minexponent(1.0_double)
   print '(a,3i15)',"    precision = ",precision(j), &
           precision(1.0_single),precision(1.0_double)
   print '(a,3i15)',"         radix = ",radix(j), &
           radix(1.0_single),radix(1.0_double)
   print '(a,3i15)',"         range = ",range(j), &
           range(1.0_single),range(1.0_double)
```

2.5 Erstellung eines ausführbaren Programms

```fortran
      print '(a,3e15.8)',"    epsilon = ",epsilon(j), &
             epsilon(1.0_single),epsilon(1.0_double)
      print '(a,3e15.8)',"       tiny = ",tiny(j), &
             tiny(1.0_single),tiny(1.0_double)
      print '(a,3e15.8)',"       huge = ",huge(j), &
             huge(1.0_single),huge(1.0_double)

      print *," "
      print '(a,3a15)',&
          "COMPLEX        ", "Default", "single", "double"
      print '(a,3i15)',&
          "  KIND number = ",kind((1.0,1.0)),single, double
      print '(a,3i15)',"   precision = ",precision(k), &
            precision((1.0_single,1.0_single)), &
            precision((1.0_double,1.0_double))
      print '(a,3i15)',"       range = ",range(k),&
            range((1.0_single,1.0_single)), &
            range((1.0_double,1.0_double))

end subroutine demo_3


!
subroutine demo_4

  implicit none
  integer :: count, rate, max
  character(len= 8) :: date
  character(len=10) :: time
  character(len= 5) :: zone
  integer, dimension(8) ::values

  call date_and_time(date=date, time=time, zone=zone,&
                                     values=values)
  print *,'DATE_AND_TIME'
  print *,'        date: ', date
  print *,'        time: ', time
  print *,'        zone: ', zone
  print *,'      values: ', values

  print *,''

  call system_clock(count_max=max, count_rate=rate,&
                                 count=count)
  print *,'SYSTEM_CLOCK'
```

```
       print *,'          count: ', count
       print *,'     count_rate: ', rate
       print *,'      count_max: ', max,' &
                    (',((max+1)/rate)/(60.0**2),' hours)'

end subroutine demo_4



!   f90_kind.f90
!
!   Module defining the KIND numbers for
!   the NAGWare f90 Compiler ver:0.9
!   Copyright 1991 Numerical Algorithms Group Ltd., Oxford, U.K.
!
!   Malcolm Cohen, Robert Iles, June 1991
!
module f90_kind
!
! Indicator that the KIND= is not available
! for this compiler/host
      integer, parameter :: not_available = -1
!
! Real and Complex numbers
!   Single precision
      integer, parameter :: single  = 1
!   Double precision
      integer, parameter :: double  = 2
!   Quadruple precision
      integer, parameter :: quad    = not_available
!
! Integers numbers
!   Single byte integer
      integer, parameter :: int8    = 1
!   Two byte integer
      integer, parameter :: int16   = 2
!   Four byte integer
      integer, parameter :: int32   = 3
!   Eight byte integer
      integer, parameter :: int64   = not_available
!
! Logical values
!   Single byte logical
      integer, parameter :: byte    = 1
!   Two byte logical
      integer, parameter :: twobyte = not_available
```

```
!   Four byte logical
    integer, parameter :: word   = 2
!
! Character type
!   Normal single byte character (ASCII sequence)
    integer, parameter :: ascii  = 1
end module f90_kind
```

Das Programm erzeugt folgende Ausgaben:

```
  NAGWare f90 Compiler, Version 1.2
  ===================================

 Installation test and simple demo program
    Copyright 1991 NAG Ltd, Oxford, U.K.

 1 - Binary, octal and hexadecimal constants
 2 - Show maths model (integer and logical)
 3 - Show maths model (real and complex)
 4 - Date and time plus system clock
Enter a value (0 to exit):1

        Binary:     1     10    100   1000
                    1     10    100   1000
              (     1      2      4      8)

        Octal:      7     70    700   7000
                    7     70    700   7000
              (     7     56    448   3584)

   Hexadecimal:     f     f0    f00   f000
                    F     F0    F00   F000
              (    15    240   3840  61440)

 1 - Binary, octal and hexadecimal constants
 2 - Show maths model (integer and logical)
 3 - Show maths model (real and complex)
 4 - Date and time plus system clock
Enter a value (0 to exit):2


 INTEGER          Default      int8     int16     int32
    KIND number =       3         1         2         3
        digits =       31         7        15        31
```

```
              radix =              2              2              2              2
              range =              9              2              4              9
               huge =     2147483647            127          32767     2147483647
           bit_size =             32              8             16             32

   LOGICAL                   Default           byte           word
        KIND number =              2              1              2

        1 - Binary, octal and hexadecimal constants
        2 - Show maths model (integer and logical)
        3 - Show maths model (real and complex)
        4 - Date and time plus system clock
   Enter a value (0 to exit):3

   REAL                      Default         single         double
        KIND number =              1              1              2
             digits =             24             24             53
        maxexponent =            128            128           1024
        minexponent =           -125           -125          -1021
          precision =              6              6             15
              radix =              2              2              2
              range =             37             37            307
            epsilon =  0.11920929E-06 0.11920929E-06 0.22204460E-15
               tiny =  0.11754944E-37 0.11754944E-37 0.22250739-307
               huge =  0.34028235E+39 0.34028235E+39 0.17976931+309

   COMPLEX                   Default         single         double
        KIND number =              1              1              2
          precision =              6              6             15
              range =             37             37            307

        1 - Binary, octal and hexadecimal constants
        2 - Show maths model (integer and logical)
        3 - Show maths model (real and complex)
        4 - Date and time plus system clock
   Enter a value (0 to exit): 4

   DATE_AND_TIME
              date: 19920923
              time: 132343.256
              zone: +0200
            values: 1992 9 23 120 13 23 43 256

   SYSTEM_CLOCK
             count:  2051163
```

```
      count_rate:   50
       count_max:   4319999    (  24.0000000   hours)

  1 - Binary, octal and hexadecimal constants
  2 - Show maths model (integer and logical)
  3 - Show maths model (real and complex)
  4 - Date and time plus system clock
Enter a value (0 to exit): 0
```

3 Datentypen und Datenobjekte

Wenn Größen in einer Rechenanlage abgespeichert werden, dann werden sie in eine Form umgewandelt, in der sie nur noch aus Folgen von 0 und 1 (Bits) bestehen. Ob diese Bitfolge dann als ganze Zahl, reelle Zahl, logischer Wert, Zeichen oder Zeichenkette zu interpretieren ist, muß vom Programmierer festgelegt werden.
In Fortran 90 gibt es fünf Standarddatentypen (intrinsic Datentypen): die drei numerischen Typen INTEGER, REAL, COMPLEX sowie den Zeichentyp CHARACTER und den logischen Datentyp LOGICAL. Ferner kann der Programmierer Datentypen selbst definieren, die sogenannten abgeleiteten Datentypen oder Strukturtypen. Ein Datentyp läßt sich durch vier Punkte charakterisieren. Er hat

- einen Namen,

- eine Menge gültiger Werte,

- eine vorgeschriebene Schreibweise zur Darstellung von Werten (Konstanten) dieses Typs und

- eine Menge zulässiger Operationen zur Manipulation von Werten des Datentyps.

Der Datentyp LOGICAL hat zum Beispiel nur zwei gültige Werte, die mit .TRUE. und .FALSE. bezeichnet werden. Auf Datenobjekte dieses Typs können logische Operationen wie .NOT., .AND., .OR. usw. angewendet werden.
Der Datentyp INTEGER verfügt über einen implementationsabhängigen Wertebereich, der sich aus der Länge des Speicherwortes in Bit ergibt. Zur Manipulation von Zahlen des Typs INTEGER gibt es arithmetische Operatoren und Vergleichsoperatoren.
In Fortran 90 können unterschiedliche Darstellungsformen eines vordefinierten Typs durch Angabe eines Typparameters spezifiziert werden, wobei jeweils ein Defaulttyp ausgezeichnet ist, den man erhält, wenn kein Typparameter angegeben wird. Die Darstellungsformen unterscheiden sich im Wertebereich oder in der internen Speicherdarstellung. Ein Fortran 90 Compiler muß zum Beispiel zwei Formen des Typs REAL bereitstellen: den "normalen reellen" Typ und eine weitere Darstellungsform, die sich davon durch eine größere Mantissengenauigkeit unterscheidet. Die letztgenannte Darstellungsform entspricht dem FORTRAN–77–Typ DOUBLE PRECISION. Welche Wertemenge letztlich durch die jeweilige Darstellungsform gegeben wird, ist implementationsabhängig.

3.1 Standarddatentypen

3.1.1 Ganzzahliger Datentyp

Der Datentyp zur Darstellung ganzer Zahlen hat in Fortran den Namen INTEGER. Der Wertebereich ist eine Teilmenge der ganzen Zahlen. Es gibt verschiedene rechnerinterne Darstellungsformen der ganzen Zahlen. Eine sehr gebräuchliche ist das Zweierkomplement :
Ein Speicherwort habe n Bits, von rechts nach links mit $0, 1, \ldots, n-1$ durchnumeriert. Bit $n-1$ stellt das Vorzeichen der ganzen Zahl dar. Die anderen Bits des Speicherwortes sind Koeffizienten w_k der dualen Darstellung der ganzen Zahl $\sum_{k=0}^{n-2} w_k 2^k$. Eine negative ganze Zahl ergibt sich aus der Speicherdarstellung als $-(\sum_{k=0}^{n-2} \bar{w}_k 2^k + 1)$, wobei $\bar{w}_k$ das Komplement von w_k ist, $(\bar{0} = 1, \bar{1} = 0)$. Für n=4 erhält man zum Beispiel:

Dualzahl	ganze Zahl	Dualzahl	ganze Zahl
0000	0	1000	-8
0001	1	1001	-7
0010	2	1010	-6
$\vdots$		$\vdots$	
0111	7	1111	-1

Damit lassen sich bei einem n Bit langen Speicherwort Zahlen im Bereich -2^{n-1} bis $2^{n-1} - 1$ darstellen. In 8 Bit lassen sich zum Beispiel Zahlen aus dem Wertebereich -128 bis 127 abspeichern, in 32 Bit Zahlen aus dem Wertebereich $-2\,147\,483\,648$ bis $2\,147\,483\,647$.
Eine Konstante vom Typ INTEGER hat folgende Schreibweise

integer_konstante := $[\pm]\{$ ziffer $\}^\infty$ [_tp]
tp $\quad \left\{ \begin{array}{l} \{\text{ziffer}\}^\infty \\ \text{ganzzahlige Namenskonstante} \geq 0 \end{array} \right\}$

Eine ganzzahlige Konstante besteht aus einer Ziffernfolge mit oder ohne Vorzeichen, zum Beispiel $-4711, +20, 280$. Dies gibt den Wert der Konstanten an. Auf diese Ziffernfolge kann ein Unterstrich, gefolgt von einem Typparameter folgen (Neuheit von Fortran 90): $-20\_2, 280\_1$ Der Typparameter kennzeichnet die interne Darstellung der Konstanten. Ein Fortran-90-Compiler muß mindestens eine Darstellungsform vom Typ INTEGER bereitstellen. Die Bezeichnung der Darstellungsformen mit Typparametern ist compilerabhängig. Fehlt bei der Darstellung einer INTEGER-Konstanten der Typparameter, so wird die Konstante in einer Defaultform abgelegt.
Wie wir im letzten Kapitel gesehen haben, bietet der NAG-Compiler für einen SPARC-Prozessor drei Formen des Typs INTEGER mit einer Speicherlänge von 8,16 und 32 Bit

an. Die Bezeichnung der Darstellungsformen mit Typparametern (KIND) ist 1, 2 und 3. Ferner sind die Namenskonstanten int8, int16 und int32 zur Bezeichnung vordefiniert. Die Darstellungsform int32 ist gleichzeitig die Defaultform. Die ganzzahlige Konstante -4711 würde also in einer 32 Bit langen Speichereinheit abgelegt. Das gleiche läßt sich durch folgende Schreibweise erreichen: -4711_int32 oder -4711_3. Die Schreibweise -4711_2 bewirkt, daß der Wert -4711 in einer Speichereinheit von 16 Bit abgelegt wird. Die Schreibweise -4711_1 führt zu einem nicht vorhersehbaren, aber auf jeden Fall falschen Ergebnis, da -4711 nicht in 8 Bit darstellbar ist.

Für eine systemunabhängige Programmierung stehen die eingebauten (intrinsic) Funktionen KIND und SELECTED_INT_KIND zur Verfügung. Die Funktion KIND verfügt über ein Argument. Sie liefert als Ergebnis den zugehörigen Typparameter des Arguments:

Beispiel:

    Für den NAG–Compiler gilt:

    KIND(10) ergibt den Wert 3.

    KIND(10_2) ergibt den Wert 2.

    KIND(-4711_1) führt zu einem nicht vorhersagbaren Ergebnis (siehe oben).

Die Funktion SELECTED_INT_KIND hat ebenfalls ein Argument, dies sei mit R bezeichnet. Dann liefert die Funktion als Funktionswert einen Typparameter, dessen Wertebereich mindestens die Werte $-10^R < n < 10^R$ umfaßt. Unterstützt der Fortran–Compiler keine Darstellungsform des Typs INTEGER dieser Art, dann liefert die Funktion den Wert -1. Unterstützt der Compiler mehrere Darstellungsformen, die diese Bedingung erfüllen, dann wird der Typparameter derjenigen Darstellungsform mit dem kleinsten Wertebereich geliefert.

Beispiel:

    Für den NAG–Compiler gilt:

    SELECTED_INT_KIND(2) liefert den Wert 1.

    SELECTED_INT_KIND(5) liefert den Wert 3.

    SELECTED_INT_KIND(10) liefert den Wert -1.

Diese Funktion kann dazu benutzt werden, Speicherplatzgrößen problemabhängig und somit compilerunabhängig zu deklarieren.

Beispiel:

    INTEGER(KIND=SELECTED_INT_KIND(10)) :: ANZAHL

    Mit dieser Datendeklaration wird ANZAHL als ganzzahlige Größe mit mindestens 10 Dezimalstellen Länge deklariert. Falls der Compiler keine passende Darstellungsform mit dieser Genauigkeit bietet, wie es zum Beispiel beim SPARC–Compiler von NAG der Fall ist, so führt diese Deklaration schon zur Übersetzungszeit zu einer Fehlermeldung der Art

```
Error: KIND value (-1) does not specify a valid representation
method.
```

Die Syntax der Datendeklaration wird in Abschnitt 3.3 ausführlich behandelt.

Es gibt eine Reihe weiterer Abfragefunktionen, die Eigenschaften des Zahlenmodells zurückliefern, wie zum Beispiel HUGE(I), BIT_SIZE(I), RADIX(I) und RANGE(I). Diese liefern innerhalb des Zahlenmodells, in dem die Größe I dargestellt ist, die größte darstellbare Zahl, die Anzahl der Speicherbits, die Basis der Speicherdarstellung und den Exponenten zur Basis 10 der größten darstellbaren Zahl. Eine ausführliche Darstellung dieser Funktionen ist in Abschnitt 8.1 (Seite 190) zu finden.

3.1.2 Reeller Datentyp

Der Datentyp zur Darstellung reeller Zahlen hat in Fortran den Namen REAL. Der Wertebereich ist wiederum eine Teilmenge der mathematischen reellen Zahlen. Während ganze Zahlen (innerhalb des zulässigen Wertebereichs) in einer Rechenanlage exakt dargestellt werden können, lassen sich die mathematischen reellen Zahlen im allgemeinen nur in Form von Näherungswerten speichern.

Eine reelle Speichereinheit ist aufgeteilt in eine gewisse Anzahl Bits zur Darstellung der Mantisse und eine gewisse Anzahl Bits zur Darstellung des Exponenten (Charakteristik). Nachfolgend wird ein Modell zur Interpretation des Speicherinhalts gezeigt:

$$x = \begin{cases} 0 & \text{d.h. } b^0 \cdot \sum_{k=1}^{p} 0 \cdot b^{-k} \\ \pm b^l \sum_{k=1}^{p} m_k b^{-k} \end{cases}$$

mit $b, l, m_k, p \epsilon \mathbb{N}$ und

$$\begin{array}{ll} b > 1 & \text{Basis} \\ p > 1 & \text{maximale Stellenanzahl der Mantisse} \\ 0 \leq m_k < b, m_1 > 0 & \text{Mantissenziffer} \\ l_{min} \leq l \leq l_{max} & \text{Exponent} \end{array}$$

Beliebige reelle Zahlen werden durch Zahlen dieser Form näherungsweise dargestellt. Der Speicherinhalt eines 32 Bit Speicherwortes läßt sich beispielsweise so interpretieren, daß er reelle Zahlen der Form

$$x = \begin{cases} 0 \\ \pm 2^l \cdot (\frac{1}{2} + \sum_{k=2}^{24} m_k \cdot 2^{-k}), -126 \leq l \leq 127 \end{cases}$$

repräsentiert (Modellbeispiel aus ISO/IEC 1539). Dies ist eine normalisierte Dualdarstellung, d.h. es wird davon ausgegangen, daß die Mantisse stets mit 0.1 beginnt. Eine normalisierte Darstellung einer Zahl läßt sich stets durch Multiplikation oder Division mit einer geeigneten Zweierpotenz erzeugen.

Beispiel:

$$4.625 \hat{=} 100.101 = 0.100101 * 2^3$$

0	001 0100 0000 0000 0000 0000	0000 0011
VZ	normalisierte Mantisse	Exponent

Aus dem Exponentenbereich des Modellbeispiels sind gewisse Werte ausgenommen. Dies ist üblich, da besondere Darstellungen für die Null und für Fehlerbehandlungen reserviert werden. Eine ausführliche Beschreibung der Speicherdarstellungsmöglichkeiten ist in Oberschelp/Vossen nachzulesen.

Wie oben schon gesagt, muß ein Fortran–Compiler mindestens zwei Darstellungsformen vom Typ REAL zur Verfügung stellen: eine "normale" Form und eine doppeltgenaue. Letztere wird auch mit der Typbezeichnung DOUBLE PRECISION bezeichnet. Mindestens die Genauigkeit (d.h. Stellenzahl) der Mantissendarstellung *muß* bei der doppeltgenauen Darstellungsform größer sein als bei der "normalen" reellen. Der Exponentenbereich beider Typen *kann* unterschiedlich sein. Eine Darstellungsform ist zudem als Defaultform auszuzeichnen.

Bei der SPARC–Version des NAG–Compilers belegt die einfachgenaue Darstellungsform des Typs REAL 32 Bit. Sie hat die (implementationsabhängige) Typbezeichnung single oder 1. Die Basis (RADIX) der Zahldarstellung ist 2. Die Standardfunktion DIGITS gibt darüber Auskunft, daß von den 32 Bit der Speichereinheit 24 Binärstellen zur Darstellung der Mantisse reserviert sind. Der Exponentenbereich schließt andere Werte aus als die Modelldarstellung. Es sind Exponenten zur Basis 2 im Bereich -125 bis 128 darstellbar, d.h. es sind 8 Bit für die Darstellung des Exponenten reserviert. Die doppeltgenaue Darstellungsform des Typs REAL belegt 64 Bit mit 53 Binärstellung zur Darstellung der Mantisse und 11 Bit zur Darstellung des Exponenten und einem binären Exponentenbereich von -1021 bis 1024. Sie hat die (implementationsabhängige) Typbezeichnung double oder 2. Die 32–Bit–Form ist auch gleichzeitig die Defaultform.

Eine reelle Konstante hat die Form

$$\text{reelle\_konstante} := \left\{ \begin{array}{l} [\pm]\{\text{ziffer}\}^\infty.[\text{ziffer}]^\infty[\{{\substack{E \\ D}}\}[\pm]\{\text{ziffer}\}^\infty][\_\text{tp}] \\ [\pm][\text{ziffer}]^\infty.\{\text{ziffer}\}^\infty[\{{\substack{E \\ D}}\}[\pm]\{\text{ziffer}\}^\infty][\_\text{tp}] \\ [\pm]\{\text{ziffer}\}^\infty\{{\substack{E \\ D}}\}[\pm]\ \{\text{ziffer}\}^\infty[\_\text{tp}] \end{array} \right\}$$

$$\text{tp} \qquad \left\{ \begin{array}{l} \{\text{ziffer}\}^\infty \\ \text{ganzzahlige Namenskonstante} \geq 0 \end{array} \right\}$$

Der Exponent E bzw. D bezieht sich auf die Basis 10.

Beispiel:

Die Physik kennt eine Reihe von Naturkonstanten. Eine davon ist die Vakuumlichtgeschwindigkeit, d.h. die Geschwindigkeit, mit der sich ein Lichtstrahl im Vakuum ausbreitet. Sie wird mit $2{,}998 \cdot 10^8$ m/sec angegeben. Will man diese Konstante in einem Fortran–Programm verarbeiten, so sind gültige Schreibweisen hierfür

2.998E8 oder +2.998E+8 oder 2.998D8

Der *Dezimalpunkt* trennt Vor- und Nachkommaanteil der Mantisse einer reellen Zahl. Für die Darstellung einer Zehnerpotenz 10^8 wird nur der Exponent, durch den Buchstaben E oder D vom Mantissenteil getrennt, verwendet. Wird zur Exponentenbezeichnung der Buchstaben E verwendet, so kann zusätzlich, durch einen Unterstrich vom Wert der Konstanten getrennt, ein Typparameter angegeben werden. Der Typparameter kennzeichnet die interne Darstellungsart der Konstanten. Beim NAG–Compiler sagt die Schreibweise 2.998E8_double aus, daß die Konstante intern in der 64 Bit Darstellungsform abgelegt wird. Fehlt der Typparameter, so erfolgt die interne Darstellung in der Defaultform (hier also mit 32 Bit). Wird als Exponentenbezeichnung der Buchstabe D verwendet, so wird die Zahl intern in der Form DOUBLE PRECISION abgelegt. Da diese Exponentenbezeichnung auch gleichzeitig eine Darstellungsform impliziert, darf in diesem Fall *kein* weiterer Typpparameter angegeben werden:

2.998D8_double ist **unzulässig**

Die oben genannten drei Definitionen der Schreibweise einer reellen Fortran–Konstanten sagen darüberhinaus aus, daß zur Vereinfachung der Schreibweise nur der signifikante Anteil einer reellen Zahl angegeben werden braucht. So läßt sich die Zahl 1.0E0 gemäß der ersten Definition auch in der Form 1. oder gemäß der dritten Definition in der Form 1E0 angeben. Die Zahl 0.234E0 kann gemäß der zweiten Definition auch in der Form .234 dargestellt werden. Eine reelle Konstante muß dabei aber eindeutig von einer ganzzahligen Konstanten unterscheidbar sein. Dafür ist es notwendig, daß mindestens in der Ziffernfolge für die Mantisse ein Dezimalpunkt auftritt oder ein Exponentenanteil angegeben wird. Die Konstante 1 ist eine *ganzzahlige* Konstante und wird intern ganz anders abgelegt als eine reelle Konstante.

Die Standardfunktion KIND läßt sich auch auf Objekte des reellen Datentyps anwenden und liefert den Typparameter des Arguments. KIND(0.0) liefert den Typparameter des reellen Defaulttyps, KIND(0.0D0) denjenigen des Typs DOUBLE PRECISION. Es gibt zahlreiche weitere Typabfragefunktionen, die alle in Abschnitt 8.1 (Seite 190) beschrieben werden. Beispielsweise liefern die Funktionen HUGE(X) und TINY(X) ähnlich wie für Argumente vom Typ INTEGER auch für Argumente vom Typ REAL die größte bzw. kleinste darstellbare positive Zahl des Wertebereichs des Datentyps von X. Die Funktion PRECISION(X) gibt an, welche dezimale Genauigkeit der Datentyp von X hat, d.h. wieviele Stellen einer dezimalen Mantisse signifikant sind. RANGE(X) hat als Ergebnis den dezimalen Exponentenbereich des Datentyps von X. Liefert diese Funktion den Wert a, so sind Zehnerpotenzen im Bereich 10^{-a} bis 10^{a} innerhalb dieses Datentyps darstellbar.

Beispiel:

Für den NAG–Compiler gilt für Argumente X vom Defaulttyp:

HUGE(X) liefert den Wert $2^{128} \cdot \sum_{k=1}^{24} 2^{-k} = 2^{128} \cdot (1 - 2^{-24})$.

TINY(X) liefert den Wert $\frac{1}{2} \cdot 2^{-125} = 2^{-126}$.

PRECISION(3.1415926535897931) hat den Wert 6, d.h. eine Darstellung der Zahl π mit so vielen Stellen ist unsinnig, da sowieso nur 6 Stellen verarbeitet werden können. Anders ist es bei einer doppeltgenauen Darstellung, denn da hat PRECISION(3.1415926535897931_double) den Wert 15.

RANGE(X) schließlich liefert den Wert 37.

Das Pendant zur Funktion SELECTED_INT_KIND ist für reelle Zahlen die Funktion SELECTED_REAL_KIND(P,Q). Der Wert der Funktion ist der Typparameter derjenigen Darstellungsform des Typs REAL mit einer Mantissengenauigkeit von mindestens P Dezimalstellen und einem Exponentenbereich von mindestens R bezogen auf die Basis 10. Der Funktionswert ist

-1   wenn das Fortran–System keine Darstellungsform vom Typ REAL mit der gewünschten Mantissengenauigkeit bereitstellt,

-2   wenn das Fortran–System keine Darstellungsform vom Typ REAL mit dem gewünschten Exponentenbereich zur Verfügung stellt,

-3   wenn weder Mantissengenauigkeit noch Exponentenbereich unterstützt werden.

Wenn das Fortran–System mehrere reelle Datentypen mit den gewünschten Eigenschaften anbietet, so liefert die Funktion den Typparameter derjenigen Darstellungsform mit der kleinsten dezimalen Mantissengenauigkeit.

Beispiel:

Der NAG–Compiler liefert folgende Funktionsergebnisse:

SELECTED_REAL_KIND(5,50) ergibt den Wert 2, d.h. eine solche Genauigkeit der Zahldarstellung ist nur in der Darstellungsform 2 (DOUBLE PRECISION) des Typs REAL möglich.

SELECTED_REAL_KIND(6,10) ergibt den Wert 1.

SELECTED_REAL_KIND(20,300) ergibt den Wert -1.

3.1.3 Komplexer Datentyp

Der Datentyp COMPLEX repräsentiert eine Teilmenge der mathematischen komplexen Zahlen. Diese können rechnerintern wie die reellen Zahlen im allgemeinen nur näherungsweise dargestellt werden. Die Schreibweise für Konstanten des Datentyps COMPLEX ist

komplexe_konstante := (real,imag)	
real	ganzzahlige oder reelle Konstante für den Realteil der komplexen Zahl,
imag	ganzzahlige oder reelle Konstante für den Imaginärteil der komplexen Zahl.

Beispiel:

Fortran–Schreibweise	math. Schreibweise
(1.0,−1.0)	$1-i$
(3., 3.1E−3)	$3+0.0031i$
(4.0_4 , 3.6E7_8)	$4 + 3.6 \cdot 10^7 i$

Sämtliche Darstellungsformen, die ein Fortran–System für den reellen Datentyp bereithält, müssen auch zur Darstellung vom Real– und Imaginärteil einer komplexen Zahl verfügbar sein. D.h. insbesondere, daß es auch eine doppeltgenaue Form des komplexen Typs gibt. Für den doppeltgenauen komplexen Typ gibt es keine spezielle Bezeichnung. Bei der Schreibweise der komplexen Konstanten kann der Typparameter von Real– und Imaginärteil unterschiedlich sein, intern wird aber nur eine Darstellungsform zur Speicherung beider Komponenten verwendet:

- Sind beide Komponenten ganzzahlig, so werden die Werte intern wie der Defaulttyp des Typs REAL dargestellt.

- Ist eine Komponente ganzzahlig, die andere vom Typ REAL, so entspricht die interne Darstellung der Form der Datenkomponente vom Typ REAL.

- Sind beide Komponenten vom Typ REAL mit unterschiedlichen Typparametern, dann wird als interne Darstellung die Form mit der größeren Mantissengenauigkeit gewählt. Haben beide Darstellungsformen die gleiche Mantissengenauigkeit, so ist die interne Darstellung systemabhängig.

Die Funktion KIND(C) liefert den Typparameter des komplexen Arguments C. Er entspricht dem Typparameter der Darstellungsform, die zur internen Darstellung verwendet wird.

Beispiel:

Für den NAG–Compiler gilt:

`KIND((1,1))` und `KIND((1,5_int8))` liefern den Wert 1, denn in beiden Fällen werden die Komponenten in der Form der Defaultform des Typs REAL abgelegt.

`KIND((5.0,5E−5_double))` liefert den Wert 2.

3.1.4 Logischer Datentyp

Der logische Datentyp hat den Namen LOGICAL. Die Wertemenge umfaßt nur zwei Werte, die mit .TRUE. und .FALSE. bezeichnet werden. Die allgemeine Schreibweise logischer Konstanten ist

$$\text{logische\_konstante} := \left\{ \begin{array}{l} \text{.TRUE.[\_tp]} \\ \text{.FALSE.[\_tp]} \end{array} \right\}$$

$$\text{tp} \quad \left\{ \begin{array}{l} \{\text{ziffer}\}^\infty \\ \text{ganzzahlige Namenskonstante} \geq 0 \end{array} \right\}$$

Der Typparameter charakterisiert die rechnerinterne Art der Darstellung logischen Zahlen. So können logische Größen intern ein ganzes Speicherwort belegen oder zum Beispiel auch nur 1 Bit oder 1 Byte. Der Typparameter eines logischen Datenobjektes wird von der Funktion KIND geliefert. Der Typparameter des Defaulttyps ist KIND(.FALSE.).

Beispiel:

Der NAG–Compiler stellt zwei Speicherungsarten logischer Typen zur Verfügung. Logische Typen können hier ein Byte oder ein ganzes Speicherwort belegen. Die erste Darstellungsform wird mit dem Typparameter 1 oder byte bezeichnet, die zweite mit dem Typparameter 2 oder word. Die Funktion `KIND(.FALSE.)` liefert den Wert 2, d.h. die Voreinstellung ist, daß logische Größen in einem ganzen Speicherwort abgelegt werden. Die platzsparendere Darstellungsform erhält man beispielsweise durch die Schreibweise `.FALSE._byte`.

3.1.5 Zeichendatentyp

Zur Zeichenverarbeitung kennt das Fortran–System den Typ CHARACTER. Die Wertemenge des Datentyps CHARACTER umfaßt Zeichenketten. Zeichenketten sind Folgen von Zeichen eines Grundzeichensatzes, die von links nach rechts mit 1,2,3,.. durchnumeriert werden. Die Anzahl der Zeichen einer Zeichenkette ist die Länge der Zeichenkette. Zeichenketten können eine Länge größer oder gleich Null haben. Ein Zeichen wird rechnerintern häufig als Folge von 8 Bit (= 1 BYTE) dargestellt. Das Zeichen wird dazu anhand einer Codetabelle, zum Beispiel der ASCII–Codetabelle[1] (siehe Anhang A.1), in eine Dualdarstellung gebracht. Die Dualdarstellung des Großbuchstabens A nach der ASCII–Codetabelle hat die Form 01000001. Diese Darstellung schreibt man häufig verkürzt, indem jeweils 4 Bit zu einer hexadezimalen Ziffer (d.h. zur Basis 16) zusammengefaßt werden. Die hexadezimale Darstellung des Zeichens A ist 41:

---
[1]DIN 66003

$$\underbrace{0100}_{4}\ \underbrace{0001}_{1}.$$

Eine Zeichenkettenkonstante hat die Form

zeichenkettenkonstante :=	$\left\{ \begin{array}{l} [\text{tp\_}]'[\text{zeichen}]^{\infty}{}' \\ [\text{tp\_}]''[\text{zeichen}]^{\infty}{}'' \end{array} \right\}$
tp	$\left\{ \begin{array}{l} \{\text{ziffer}\}^{\infty} \\ \text{ganzzahlige Namenskonstante} \geq 0 \end{array} \right\}$

Eine Zeichenkettenkonstante setzt sich aus einzelnen Zeichen eines Grundzeichensatzes zusammen, der durch den Typparameter `tp` gekennzeichnet wird. Bei freier Formatierung dürfen keine Steuerzeichen des Grundzeichensatzes innerhalb der Zeichenkettenkonstanten verwendet werden. Bei formatierter Schreibweise des Quellprogramms können systemabhängig bestimmte oder alle Steuerzeichen von der Verwendung in Zeichenkettenkonstanten ausgeschlossen sein. Die begrenzenden Anführungszeichen bzw. Apostrophe sind kein Teil der Zeichenkettenkonstante. Ein Anführungszeichen innerhalb einer Zeichenkettenkonstante, die durch Anführungszeichen begrenzt wird, wird durch zwei direkt aufeinanderfolgende Anführungszeichen dargestellt. Diese zählen als ein Zeichen. Für Apostrophe gilt eine entsprechende Regelung. Eine Zeichenkettenkonstante der Länge Null hat die Form

[tp_]'' oder [tp_]"".

Fehlt die Angabe des Typparameters, dann ist die Konstante vom Defaultzeichentyp. Innerhalb der Zeichenkette dürfen dann nur Zeichen des rechnerinternen Zeichensatzes (zum Beispiel ASCII–Zeichensatz) auftreten. Der Typparameter des Defaultzeichentyps ist durch KIND('A') gegeben.

Beispiel:

Zeichenkettenkonstanten sind
'Dies ist ein Apostroph:'''   Länge=24
GRIECHISCH_"HPAKΛION"   Länge=8

3.2 Abgeleitete Datentypen

Ein Programmierer kann in Fortran 90 auch eigene Datentypen vereinbaren. Diese sogenannten abgeleitete Datentypen sind Datenstrukturen, die sich aus einer oder mehreren Typkomponenten zusammensetzen. Der abgeleitete Datentyp faßt diese Komponenten zu einer Einheit zusammen. Derartige Datenstrukturen lassen sich bei der Programmierung immer dann sinnvoll einsetzen, wenn man verschiedenartige Einzeldaten, die logisch zusammengehören, verarbeiten muß. Beispielsweise kann es in einem Programm

3.2 Abgeleitete Datentypen

zur Verwaltung des Artikelbestandes eines Geschäftes notwendig sein, zu jedem Artikel und jedem Lieferanten folgende Daten zu verarbeiten:

Beispiel:

Artikeldaten

Einzeldaten	geeignete Fortran–Datentypen
Artikelnummer	INTEGER
Artikelbezeichnung	CHARACTER (Länge maximal 40 Zeichen)
Lieferantencodes	INTEGER (bis zu 10 Lieferanten)
Einkauf (Stückzahl)	INTEGER
Verkauf (Stückzahl)	INTEGER
Einkaufspreis	REAL
Verkaufspreis	REAL
Nachbestellung	LOGICAL

Lieferantendaten

Einzeldaten	geeignete Fortran–Datentypen
Lieferantencode	INTEGER
Name	CHARACTER (Länge maximal 30 Zeichen)
Straße	CHARACTER (Länge maximal 50 Zeichen)
Ort	CHARACTER (Länge maximal 50 Zeichen)
Umsatzsteuer-Id	CHARACTER (Länge 12 Zeichen)
Telefonnummer	CHARACTER (Länge maximal 12 Zeichen)
Telefaxnummer	CHARACTER (Länge maximal 12 Zeichen)

Verwendet ein Programmierer diese Einzeldaten in einem Programm, so muß er stets buchführen, welche Daten zusammengehören. Übersichtlicher ist es daher, die Einzeldaten zu zwei neuen Typen, etwa `Artikeltyp` und `Lieferantentyp`, zusammenzufassen. Auch im mathematischen Bereich kann es sinnvoll sein, Einzeldaten in einer Datenstruktur zu gruppieren. Will man beispielsweise in einem Fortran–Programm mit Brüchen rechnen, d.h. rationale Arithmetik betreiben, so ist zu jedem Bruch der Zähler und der Nenner in Form einer ganzen Zahl zu speichern. Der Umgang mit Brüchen wird in diesem Fall auch übersichtlicher, wenn man Zähler und Nenner in einem neuen Typ `Bruch` gruppiert. In Kapitel 7 werden wir sehen, wie man das Fortran–System durch benutzereigene Arithmetiken, d.h. Rechenvorschriften für eigene Typen, ergänzen kann. Die Gruppierung von Einzeldaten zu einem neuen Datentyp läßt sich in Fortran 90 durch eine Typdefinition erreichen.
Die Typdefinitionsanweisung hat die syntaktische Form

abgeleitete_typ_definition :=	TYPE [[,zugriff]::] typname [PRIVATE] [SEQUENCE] { kompdef }$^\infty$ END TYPE [typname]
zugriff	$\left\{ \begin{array}{l} \text{PRIVATE} \\ \text{PUBLIC} \end{array} \right\}$
kompdef	typ[[,kompattribut]^2::] komponente [,komponente]$^\infty$
komponente	kompname [(dimension [,dimensiong]^6)] [∗ länge1]
kompattribut	$\left\{ \begin{array}{l} \text{POINTER} \\ \text{DIMENSION (dimension [,dimension]}^6) \end{array} \right\}$
typ	$\left\{ \begin{array}{l} \text{INTEGER [typwahl1]} \\ \text{REAL [typwahl1]} \\ \text{DOUBLE PRECISION} \\ \text{COMPLEX [typwahl1]} \\ \text{CHARACTER [typwahl2]} \\ \text{LOGICAL [typwahl1]} \\ \text{TYPE (typname)} \end{array} \right\}$
typwahl1	([KIND=]tp)
typwahl2	$\left\{ \begin{array}{l} \text{(LEN = länge, KIND=tp)} \\ \text{(länge, [KIND=] tp)} \\ \text{(KIND=tp [, LEN= länge])} \\ \text{([LEN=] länge)} \\ \text{∗ länge1} \end{array} \right\}$
dimension	$\left\{ \begin{array}{l} \text{[u\_dim\_grenze :]o\_dim\_grenze} \\ : \end{array} \right\}$
länge1	$\left\{ \begin{array}{l} \text{(länge)} \\ \text{INTEGER–Konstante} \end{array} \right\}$
u_dim_grenze, o_dim_grenze, länge	Spezifikationsausdrücke
tp	skalarer ganzzahliger Initialisierungsausdruck

Die Komponenten, aus denen sich der abgeleitete Datentyp zusammensetzt, werden durch die Schlüsselworte TYPE ... END TYPE eingeklammert. Der Namen des neuen Typs ist hinter dem Schlüsselwort TYPE anzugeben (`typname`). Er muß eindeutig sein, d.h. er darf insbesondere nicht mit dem Namen eines Standardtyps übereinstimmen. Jede Komponente des abgeleiteten Typs muß in einer Komponentendefinition `kompdef` beschrieben werden. Die Beschreibung umfaßt notwendigerweise den Typ und den Namen der Komponente. Hat eine Komponente einen Standardtyp, so kann zusätzlich zum Typnamen ein Typparameter angegeben werden. Der Typparameter ist geklammert hinter dem Typnamen anzugeben. Diese Angabe kann auch in Schlüsselwortnotation (KIND= `typparameter`) erfolgen. Eine Komponente kann auch von einem abgeleiteten Typ sein. Er wird in der Form TYPE(`typname`) angegeben. Die Definition mehrerer Komponenten gleichen Typs kann zu einer Komponentendefinition `kompdef` zusammengefaßt werden. Die Komponentennamen werden in diesem Fall als Liste hinter dem Typ angegeben. Der Komponentenname kann zusätzlich mit einer Dimensionsangabe und einer Längenangabe (für Komponenten vom Typ CHARACTER) versehen werden. Darüberhinaus ist in der Komponentendefinition die Angabe von Attributen wie POINTER und DIMENSION möglich.

Beispiel:

Ein Artikeltyp oder Lieferantentyp läßt sich folgendermaßen definieren:

```
TYPE Artikeltyp
  INTEGER                        :: Artikelnummer
  CHARACTER(LEN=40)              :: Artikelbezeichnung
  INTEGER(KIND=int16),DIMENSION(10) :: Lieferantencodes
  INTEGER                        :: Kauf, Verkauf
  REAL                           :: E_Preis,V_Preis
  LOGICAL                        :: Nachbestellen
END TYPE Artikeltyp

TYPE Lieferantentyp
  INTEGER(int16)    :: Lieferantencode
  CHARACTER*30      :: Name
  CHARACTER*50      :: Adresse
  CHARACTER         :: USt_IdNR*12
  CHARACTER*30      :: Ort*50, Telefonnummer, Faxnummer
END TYPE Lieferantentyp
```

Wie schon gesagt, kann die Typbeschreibung einer Komponente vom Typ CHARACTER eine Angabe für die Länge der Zeichenfolge enthalten. Fehlt die Längenangabe, so ist der Wert 1 für `länge` voreingestellt. Die Längenangabe für `typwahl2` gilt für alle Komponenten, die nicht explizit eine Längenangabe in `komponente` enthalten.
Eine Komponente mit DIMENSION–Attribut, wie zum Beispiel Lieferantencodes, ist ein Feld. Ein Feld ist eine konsekutive Speicherfolge von Objekte gleichen Datentyps. In unserem Beispiel besteht die Komponente Lieferantencodes aus 10 Speicherplätzen

vom Typ INTEGER: Die Dimensionierung des Feldes erfolgt über eine Angabe zur unteren und oberen Feldgrenze (`u_dim_grenze:o_dim_grenze`). Der Default für die optionale `u_dim_grenze` ist 1.

| Lieferantencodes(1) | Lieferantencodes(2) | ··· | Lieferantencodes(10) |

Die Dimensionsangabe des DIMENSION–Attributs gilt nur für diejenigen Komponenten der Komponentenliste, die über keine eigene Dimensionsangabe hinter dem Komponentennamen (`kompname`) verfügen. Bei einer Dimensionsangabe hinter dem Komponentennamen kann auf eine explizite Angabe des DIMENSION–Attributs verzichtet werden. Zum Beispiel ist die Komponentenbeschreibung

```
INTEGER(KIND=int16) :: Lieferantencodes(10)
```

äquivalent zur Vereinbarung des Beispiels. Felder als Datenobjekte werden ausführlich in Abschnitt 3.3.2 behandelt.

Hat eine Komponente das POINTER-Attribut, so wird sie zu einem Zeiger. Ein Zeiger ist eine Speichereinheit, die eine Adresse eines anderen Speicherobjektes enthält. Er kann auf ein Speicherobjekt desjenigen Typs weisen, der in der Komponentendefinition zusätzlich zum POINTER-Attribut angegeben worden ist. Besitzt die Komponente zusätzlich das DIMENSION-Attribut, so darf die Dimensionsangabe nur in der Form ":" erfolgen. Mit Zeigern werden wir uns im Abschnitt 3.3.3 noch ausführlich befassen. Der Typ einer Komponente kann ein Standardtyp oder auch ein *zuvor* definierter abgeleiteter Datentyp sein. Nur wenn eine Komponente das POINTER-Attribut hat, darf ihr Typ dem Datentyp entsprechen, dessen Komponente sie ist.

Beispiel:

Will man im Artikeltyp zusätzlich zum Lieferantencode die Adressen der Lieferanten aufnehmen, so kann dies wie folgt geschehen:

```
TYPE Lieferantentyp
   :
END TYPE Lieferantentyp

TYPE Artikeltyp
INTEGER                              :: Artikelnummer
CHARACTER(LEN=40)                    :: Artikelbezeichnung
INTEGER(KIND=int16),DIMENSION(10)    :: Lieferantencodes
TYPE(Lieferantentyp),DIMENSION(10)   :: Lieferanten         !<---
INTEGER                              :: Kauf, Verkauf
REAL                                 :: E_Preis,V_Preis
LOGICAL                              :: Nachbestellen
END TYPE Artikeltyp
```

Der folgende abgeleitete Typ **KOCHREZEPT** kann als Datentyp zum Aufbau einer Kochrezeptesammlung dienen:

3.2 Abgeleitete Datentypen

```
TYPE KOCHREZEPT
   CHARACTER*15                    :: TITEL
   INTEGER                         :: ZUTATENZAHL   ! Max. 30
   CHARACTER                       :: ZUTAT(1:30)*20
   CHARACTER,DIMENSION(:),POINTER  :: ZUBEREITUNG
   TYPE(KOCHREZEPT),POINTER        :: NAECHSTES
END TYPE
```

Jedes Datenobjekt vom Typ KOCHREZEPT hat fünf Komponenten: Die ZUTATENZAHL gibt an, wieviele Zutaten im Rezept benötigt werden. Die Beschreibung der Zutaten wird in einem maximal 30 Elemente umfassenden Feld ZUTAT vom Typ CHARACTER erfaßt; jedes einzelne Element dieses Feldes ist 20 Zeichen lang. Die Komponente ZUBEREITUNG ist ein Zeiger auf ein eindimensionales CHARACTER–Feld, wobei jedes Feldelement ein Zeichen lang ist. Die Anzahl der Elemente dieses Feldes läßt sich der Zeichenlänge des Zubereitungstextes anpassen. Wie dies genau erfolgen kann, werden wir später noch sehen. Die Komponente NAECHSTES ist ein Zeiger auf das nächste folgende Kochrezept in der Sammlung.

Eine Angabe für `zugriff` oder die PRIVATE–Angabe darf nur für eine abgeleitete Typdefinition innerhalb eines Moduls verwendet werden. Damit wird der Name des Datentyps bzw. nur die Namen der Komponenten des Typs als private Namen des Moduls deklariert. Diese Namen sind unsichtbar für ein Programm, das dieses Modul verwendet. Die Modultechnik ist Gegenstand von Abschnitt 7.11. Ist eine Komponente eines abgeleiteten Datentyps von einem Typ, der als PRIVATE deklariert worden ist, so muß der die Komponente enthaltende abgeleitete Datentyp wiederum als PRIVATE deklariert werden, oder er muß das Schlüsselwort PRIVATE enthalten.

Beispiel:

```
MODULE MEINTYP
   TYPE , PRIVATE :: PRIVTYP
      REAL   :: A,B
   END TYPE
   TYPE,PRIVATE :: PRIVNEWTYP
      TYPE(PRIVTYP) :: C
   END TYPE
   TYPE NOCHEINER
      PRIVATE
      TYPE(PRIVTYP) :: D
      REAL :: J
   END TYPE
END MODULE
```

Die Wertemenge eines abgeleiteten Datentyps besteht aus sämtlichen Kombinationen der Werte der Komponenten. Der Wert eines abgeleiteten Datentyps schreibt sich in Form eines Tupels

strukturtypwert := typname (ausdruck [,ausdruck]$^\infty$)	
typname	Name eines abgeleiteten Typs
ausdruck	Fortran–90–Ausdruck

Für jede Komponente eines abgeleiteten Typs muß in der Reihenfolge der Vereinbarung ein Ausdruck in der in Klammern eingeschlossenen Liste stehen. Der Ausdruck muß "zuweisungskompatibel" zur Komponente sein, für die er steht. Mit der syntaktischen Form und den Regeln für Fortran–90–Ausdrücke befaßt sich Kapitel 6. Für die Ausführungen in diesem Kapitel genügt es zu wissen, daß ein Ausdruck nur aus einer Konstanten bestehen darf.

Sind alle Komponenten eines Strukturtypwerts Konstanten oder Konstantenausdrücke, so handelt es sich um eine Strukturkonstante.

Beispiel:

Der Typ KREIS sei wie folgt angegeben:

```
TYPE Punkt
    REAL :: x,y,z
END TYPE Punkt

TYPE Kreis
TYPE(Punkt) :: Mittelpunkt
REAL        :: Radius
END TYPE Kreis
```

Die Strukturkonstante KREIS(Punkt(1.0,1.0,1.0),3.0) bezeichnet einen Kreis mit dem Mittelpunkt (1.0,1.0,1.0) und dem Radius 3.0.

Ein weiterer abgeleiteter Typ zur Kurztitelerfassung von Büchern sei definiert durch

```
TYPE KURZTITEL
    CHARACTER*30         :: AUTOR
    CHARACTER*50         :: TITEL
    INTEGER,DIMENSION(2) :: AUFLAGE_JAHR
    CHARACTER*13         :: ORT,ISBN
END TYPE
```

KURZTITEL('ISO/IEC','Fortran 90',(/1,1991/),'NEW YORK','') ist eine diesbezügliche Strukturkonstante

Eine Strukturkonstante darf erst nach der Vereinbarung des zugehörigen Typs im Programm auftreten.

Will man in einem Programm seine Daten verarbeiten, so benötigt man ein Stück Speicherplatz im Hauptspeicher des Rechners, in den man diese Daten eingeben kann. Speicherplatz für eine Variable abgeleiteten Typs wird erst durch eine Datendeklaration freigehalten. Die syntaktische Form der Datendeklaration wird im folgenden Abschnitt beschrieben. Die Definition des abgeleiteten Typs impliziert zunächst *keine* Speicherreihenfolge der Komponenten. D.h. im Speicher können die Komponenten durchaus in einer anderen als der Definitionsreihenfolge abgelegt sein. Die Angabe von SEQUENCE bei der Typvereinbarung bewirkt, daß durch die Definitionsreihenfolge der Komponenten auch eine Speicherreihenfolge definiert wird. Wie wir später sehen werden, ist bei der Verwendung von Datenstrukturen in COMMON–Bereichen darauf zu achten. Wird bei einer Typvereinbarung die Angabe SEQUENCE gemacht, so müssen alle abgeleiteten Typen, die in `kompdef` Verwendung finden, ebenfalls mit der SEQUENCE Angabe vereinbart worden sein. Einen abgeleiteten Datentyp, der mit dem SEQUENCE–Attribut vereinbart worden ist, nennt man einen *abgeleiteten Zeichentyp*, wenn alle Komponenten vom Typ CHARACTER oder von einem abgeleiteten Zeichentyp sind. Er heißt dagegen *abgeleiteter numerischer Typ*, wenn er mit dem SEQUENCE–Attribut vereinbart worden ist und alle Komponenten einen Standarddefaulttyp, den Typ DOUBLE PRECISION oder einen abgeleiteten numerischen Typ haben. Die Komponenten dürfen darüberhinaus in beiden Fällen nicht das POINTER–Attribut besitzen.

Beispiel:

Die folgenden Typen `Chartyp1` und `Chartyp2` sind abgeleitete Zeichentypen:

```
TYPE Chartyp1                   TYPE Chartyp2
SEQUENCE                        SEQUENCE
CHARACTER*50 :: Ort, Strasse    CHARACTER*30   :: Name, Vorname
END TYPE                        TYPE(Chartyp1) :: Adresse
                                END TYPE Chartyp2
```

3.3 Typvereinbarungsanweisung

Bislang haben wir nur konstante Datenobjekte kennengelernt, d.h. Objekte, die während des gesamten Programmlaufs einen unveränderten Wert haben. Weitere Fortran Datenobjekte sind Variablen. Dies sind Größen mit veränderlichem Wert. Variablen haben einen Namen und einen Typ. Sie können einen gültigen Wert haben. Dieser muß in der Menge der gültigen Werte des Typs enthalten sein. Hat eine Variable einen gültigen Wert, so ist sie definiert, sonst heißt sie undefiniert. Der Name der Variablen benennt symbolisch Speicherplatz in der Rechenanlage. Der Typ legt fest, wie der Inhalt des Speicherplatzes vom Programm interpretiert wird. Die Typvereinbarungsanweisung dient dazu, Variablen zu deklarieren. Besser wäre die Bezeichnung Datenvereinbarungsanweisung, um herauszustellen, daß es sich nicht um die Definitionsanweisung für einen Datentyp handelt, sondern daß im Gegensatz dazu mittels der Typvereinbarungsanweisung Speicherplatz eines bestimmten Typs für ein Datenobjekt

reserviert wird. Wir halten uns hier jedoch an die Bezeichnung der Fortran–Norm. Die
Typvereinbarungsanweisung hat die Form

typvereinbarungsanweisung := typ [[,attribut]$^\infty$::] namensdeklaration [,namensdeklaration]$^\infty$	
typ	$\left\{\begin{array}{l} \text{INTEGER [typwahl1]} \\ \text{REAL [typwahl1]} \\ \text{DOUBLE PRECISION} \\ \text{COMPLEX [typwahl1]} \\ \text{CHARACTER [typwahl2]} \\ \text{LOGICAL [typwahl1]} \\ \text{TYPE (typname)} \end{array}\right\}$
typwahl1	([KIND=]tp)
typwahl2	$\left\{\begin{array}{l} (\text{ LEN} = \{ \begin{smallmatrix}\text{länge}\\*\end{smallmatrix} \}, \text{KIND=tp }) \\ (\{ \begin{smallmatrix}\text{länge}\\*\end{smallmatrix} \}, [\text{ KIND=] tp}) \\ (\text{KIND=tp}[, \text{LEN}=\{ \begin{smallmatrix}\text{länge}\\*\end{smallmatrix} \}]) \\ ([\text{ LEN=] } \{ \begin{smallmatrix}\text{länge}\\*\end{smallmatrix} \}) \\ *\text{länge1}[,] \end{array}\right\}$
namensdeklaration	$\left\{\begin{array}{l} \text{name}[(\text{dim}[,\text{dim}]^6)]\ [*\ \text{länge1}]\ [=\ \text{initialisierung}] \\ \text{funktionsname } [(\text{dim}[,\text{dim}]^6\ )]\ [*\ \text{länge1}] \end{array}\right\}$
dim	$\left\{\begin{array}{l} [\text{u\_dim\_grenze :] o\_dim\_grenze} \\ [\text{u\_dim\_grenze] :} \\ [\text{ u\_dim\_grenze :]*} \\ : \end{array}\right\}$
länge1	$\left\{\begin{array}{l} (\text{länge}) \\ (*) \\ \text{INTEGER–Konstante} \end{array}\right\}$
u_dim_grenze, o_dim_grenze, länge	Spezifikationsausdrücke
tp	skalarer ganzzahliger Initialisierungsausdruck
initialisierung	Initialisierungsausdruck

3.3 Typvereinbarungsanweisung

attribut $\begin{Bmatrix} \text{PARAMETER} \\ \text{ALLOCATABLE} \\ \text{DIMENSION (dim [,dim]}^6\text{)} \\ \text{POINTER} \\ \text{TARGET} \\ \text{EXTERNAL} \\ \text{INTRINSIC} \\ \text{INTENT (} \{\begin{matrix}\text{IN}\\\text{OUT}\\\text{INOUT}\end{matrix}\} \text{)} \\ \text{PRIVATE} \\ \text{PUBLIC} \\ \text{SAVE} \\ \text{OPTIONAL} \end{Bmatrix}$

Diese vollständige Form der Typvereinbarungsanweisung ist sehr komplex. Sie dient sowohl dazu, Variablen und Konstantennamen von Programmeinheiten zu deklarieren, als auch Formalparameter von Unterprogrammen und Funktionsergebnisse zu definieren. An dieser Stelle beschränken wir uns auf die Nutzung dieser Anweisung im Hauptprogramm.

Bei der Typvereinbarung ist zunächst der gewünschte Typ der Variablen anzugeben. Bei Variablen abgeleiteten Typs geschieht dies in der Form TYPE(`typname`). Bei Standardtypen kann zusätzlich ein Typparameter in Klammern hinter dem Typnamen angegeben werden. Beim Standardtyp CHARACTER darf in vielfältiger Form eine Längenangabe gemacht werden. Welche Form der Programmierer wählt, ist im wesentlichen eine Geschmacksfrage. Vom Typ durch ein Komma getrennt ist in der Typdeklaration optional die Angabe von zahlreichen Variablenattributen möglich. Danach folgt die Namensdeklaration der Variablen. Hier darf auch eine ganze Variablenliste stehen. Die einzelnen Variablennamen können zusätzlich durch eine Dimensions– und Längenangabe ergänzt werden. Ferner darf auf einen Variablennamen durch ein Gleichheitszeichen getrennt ein Initialisierungsausdruck folgen. Initialisierungsausdrücke und Spezifikationsausdrücke sind Fortran–90–Ausdrücke, die speziellen Einschränkungen unterliegen. Die Regeln hierzu werden in Kapitel 6 ausführlich beschrieben. An Stellen, wo solche Ausdrücke stehen können, dürfen insbesondere Konstanten verwendet werden oder auch Aufrufe bestimmter Standardfunktionen wie SELECTED_INT_KIND, SELECTED_REAL_KIND, KIND oder SIZE stehen.

Der Trenner "::" der Typvereinbarungsanweisung muß aufgeführt werden, wenn in der Namensdeklaration ein Initialisierungsausdruck auftritt oder wenn ein Attribut spezifiziert ist. In allen anderen Fällen ist der Trenner optional.

Beispiel:

Gültige Typvereinbarungsanweisungen sind:

```
TYPE(KREIS) :: EINHEITSKREIS = KREIS(PUNKT(1.0,1.0,1.0),1.0)
```

```
        INTEGER                        :: I=3,C(50)
        REAL                              Z,D(-1:1)
        REAL(KIND=K1), DIMENSION(0:20) :: A,B(0:21)
        CHARACTER,DIMENSION(1:100),TARGET :: REZEPT1
        TYPE(KOCHREZEPT),POINTER       :: ERSTES_REZEPT

        CHARACTER * 10   A, B * 20    ! A hat Länge 10 Zeichen
                                      ! B hat Länge 20 Zeichen

        CHARACTER Z, INS *(*)         ! Z hat Länge 1
                                      ! INS hat übernommene Länge

        CHARACTER, PARAMETER :: INS='INS HAT LAENGE 17'
```

In einer Typvereinbarungsanweisung für Zeichenketten kann explizit die Länge der Zeichenkette angegeben werden. Die Längenangabe in der Typspezifikation `typwahl2` gilt für alle Datenobjekte, die nicht explizit eine Längenangabe in `namensdeklaration` enthalten. Fehlt die Längenangabe, so ist der Wert 1 für `länge` voreingestellt. Längenangaben in der Form "*" sind nur für Namenskonstanten und für Formalparameter von Unterprogrammen zulässig. Die Länge der Zeichenkettenkonstanten bzw. Zeichenvariablen wird dann vom Initialisierungsausdruck bzw. vom Aktualparameter übernommen.

Mit der Bedeutung der Attribute PARAMETER, ALLOCATABLE, DIMENSION, POINTER und TARGET der Typvereinbarungsanweisung werden wir uns in den nächsten Abschnitten befassen. Die Attribute EXTERNAL, INTRINSIC, INTENT(...), PRIVATE, PUBLIC, SAVE, OPTIONAL sind nur im Zusammenhang mit Unterprogrammen oder Modulen relevant. Ihre Verwendung wird erst in Kapitel 7 erläutert. Zu allen Attributen der Typvereinbarungsanweisung gibt es auch eigene Attributsanweisungen, die an entsprechender Stelle genannt werden. Ein spezielles Attribut darf einem zu definierenden Objekt jedoch nur auf genau eine Art und Weise zugeordnet werden.

3.3.1 PARAMETER–Attribut

Mit Hilfe des PARAMETER–Attributs kann der Programmierer Symbolnamen für Konstanten vereinbaren. Diese Namenskonstanten dürfen nahezu an allen Stellen im Programm verwendet werden, an denen auch Konstantenwerte (literale Konstanten) oder Konstantenausdrücke stehen dürfen. Eine Namenskonstante darf zum Beispiel nicht als Real– oder Imaginärteil einer komplexen Zahl auftreten, dort sind nur Konstantenwerte erlaubt.

Der Wert der Namenskonstante wird durch den Initialisierungsausdruck `initialisierung` festgelegt. Anders als bei Variablen kann der Wert von Namenskonstanten während des Programmlaufs *nicht* verändert werden.

Die Attributvereinbarungsanweisung für das PARAMETER–Attribut ist die von FORTRAN 77 bekannte PARAMETER–Anweisung .

3.3 Typvereinbarungsanweisung

```
parameter_anweisung:=
     PARAMETER (name=initialisierung &
              [,name=initialisierung]∞)
```

Der Typ der Namenskonstanten muß bei Verwendung der PARAMETER–Anweisung zuvor festgelegt werden. Dies kann explizit durch eine Typvereinbarungsanweisung geschehen oder implizit (vergleiche Abschnitt 3.4) erfolgen.

Beispiel:

```
REAL PI
PARAMETER (PI=3.141593)
```

Auch eine Strukturkonstante kann benannt werden:

```
TYPE INTERVALL
   REAL   :: L,R
END TYPE INTERVALL
TYPE(INTERVALL), PARAMETER :: EINHEITSINTERVALL= &
                              INTERVALL(0.0,1.0)
```

3.3.2 DIMENSION– und ALLOCATABLE–Attribut

In Fortran 90 gibt es zwei Möglichkeiten, zusammengesetzte Datenobjekte zu definieren:

- Unterschiedliche Einzelobjekte, die sachlich zusammengehören, lassen sich sinnvoll zu einer Datenstruktur zusammenfassen.

- Gleichartige Einzelobjekte lassen sich in einem ein– oder mehrdimensionalen Feld anordnen, d.h. mathematisch ausgedrückt in Form eines Vektors oder einer zwei– oder mehrdimensionalen Matrix zusammenfassen.

Ein Fortran–Feld ist eine konsekutive Speicherfolge von Speichereinheiten gleichen Datentyps. Der gesamte Speicherbereich des Feldes wird über einen einzigen Namen identifiziert. Während eine Datenstruktur einen eigenen abgeleiteten Typ definiert, ist ein Feld kein eigenständiger Datentyp. Um ein Feld zu deklarieren, muß in der Typvereinbarungsanweisung zusätzlich zu Typ und Variablennamen eine Dimensionierung angegeben werden.

Beispiel:

```
INTEGER LOTTOZAHLEN (7)
TYPE INTERVALL
   REAL   :: L,R
END TYPE
TYPE(INTERVALL), DIMENSION (-1:1,0:1) :: A
```

Das Beispiel definiert ein eindimensionales Feld LOTTOZAHLEN mit 7 Speicherplätzen vom Typ INTEGER und ein zweidimensionales Feld mit 3∗2 Feldelementen vom Typ INTERVALL:

| LOTTOZAHLEN(1) | LOTTOZAHLEN(2) | ...... | LOTTOZAHLEN(7) |

A(-1,0)	A(0,0)	A(1,0)	A(-1,1)	A(0,1)	A(1,1)
L | R	L | R	L | R	L | R	L | R	L | R

Die Dimensionsangabe dim des DIMENSION–Attributes der Typvereinbarungsanweisung gilt für alle Felder der Vereinbarungsliste, bei denen nicht explizit eine eigene Dimensionsangabe dim gemacht wird. Bei einer Dimensionsangabe hinter dem Variablennamen kann auf eine explizite Angabe des DIMENSION–Attributs verzichtet werden. Fehlt bei der Dimensionierung die Angabe der unteren Indexgrenze u_dim_grenze, so wird dafür der Wert 1 angenommen. Ist die obere Indexgrenze o_dim_grenze kleiner als die untere Indexgrenze u_dim_grenze so ist dies kein Fehler. Das Feld hat die "Größe" Null und belegt keinen Speicherplatz. Derartige Felder werden wie "normale" Felder behandelt. Sie gelten bei Verwendung in Anweisungen stets als definiert.

Ein Feld wird durch einen Rang und eine Gestalt charakterisiert. Die Anzahl der Dimensionen dim definiert den Rang des Feldes. Die Gestalt ist durch den Rang und die Größe max(o_dim_grenze − u_dim_grenze +1, 0) der einzelnen Dimensionen gegeben. Eine Variable ohne DIMENSION–Attribut heißt in Fortran 90 skalare Variable. Eine skalare Variable hat den Rang 0. Zum DIMENSION–Attribut gibt es auch eine DIMENSION–Attributsanweisung. Diese hat die Form

dimension_attributsanweisung :=

DIMENSION [::] namensdeklaration[,namensdeklaration]$^\infty$

| namensdeklaration | name(dim[,dim]^6) |
| dim | wie bei der Typvereinbarungsanweisung |

Beispiel:

    INTEGER, DIMENSION (1:7) :: LOTTOZAHLEN

oder

    INTEGER LOTTOZAHLEN (7)

entspricht

    INTEGER LOTTOZAHLEN
    DIMENSION LOTTOZAHLEN (1:7)

Rechnerintern sind die Feldelemente eines Feldes linear angeordnet. Bei mehrdimensionalen Feldern erhält man die Ablagereihenfolge der Feldelemente, indem man jeweils

3.3 Typvereinbarungsanweisung

den n–ten Index schneller laufen läßt als den n+1–ten Index, d.h. die Ablage erfolgt spaltenweise.

Beispiel:

$$\begin{pmatrix} a_{11} & a_{12} & a_{13} \\ a_{21} & a_{22} & a_{23} \\ a_{31} & a_{32} & a_{33} \end{pmatrix} \qquad \text{REAL, DIMENSION :: A(3,3)}$$

Speicherfolge:

A(1,1)|A(2,1)|A(3,1)|A(1,2)|A(2,2)|A(3,2)|A(1,3)|A(2,3)|A(3,3)

Mathematisch errechnet sich die Speicherposition der Feldelemente eines Feldes (relativ zum Anfang des Feldes) wie in der nachfolgenden Tabelle angegeben:

Rang	Indexgrenze	Indexliste	Position
1	$u_1 : o_1$	i_1	$1 + (i_1 - u_1)$
2	$u_1 : o_1, u_2 : o_2$	i_1, i_2	$1 + (i_1 - u_1) +$ $(i_2 - u_2) \cdot d_1$
3	$u_1 : o_1, u_2 : o_2, u_3 : o_3$	i_1, i_2, i_3	$1 + (i_1 - u_1) +$ $(i_2 - u_2) \cdot d_1 +$ $(i_3 - u_3) \cdot d_2 \cdot d_1$
$\vdots$			
7	$u_1 : o_1, \ldots, u_7 : o_7$	$i_1, i_2, \ldots, i_7$	$1 + (i_1 - u_1) +$ $(i_2 - u_2) \cdot d_1 +$ $(i_3 - u_3) \cdot d_2 \cdot d_1 +$ $\ldots\ldots\ldots\ldots\ldots\ldots +$ $(i_7 - u_7) \cdot d_6 \cdot d_5 \cdot d_4 \cdots d_1$
mit $d_i = \max(o_i - u_i + 1, 0)$			

Beispiel:

Das Feld A des letzten Beispiels hat den Rang 2. Die Formel zur Errechnung der Position der Feldelementwerte findet man daher in der zweiten Spalte der Tabelle. Es gilt: $u_1 = 1$, $o_1 = 3$ und damit $d_1 = 3$.

Durch Einsetzen dieser Werte in die Formel der Tabelle errechnet sich die Position des Elementes A(i_1, i_2) in der Speicherfolge zu $1 + (i_1 - 1) + (i_2 - 1) \cdot 3$, d.h. beispielsweise das Element A(1,2) befindet sich in Position 4.

Die Gestalt eines Feldes kann auch in Form eines eindimensionalen, ganzzahligen Vektors angegeben, dessen Feldelemente jeweils die Größe der entsprechenden Dimension des Feldes enthalten. D.h. im letzten Beispiel hat das Feld A die Gestalt (/3,3/). Diese als Feldbildner bezeichnete Schreibweise wird weiter unten beschrieben.
Für die Dimensionierung eines Feldes ist laut der Syntax der allgemeinen Typvereinbarungsanweisung nicht nur die Form [u_dim_grenze:] o_dim_grenze zulässig,

sondern auch andere Formen, die zum Teil nur für Formalparameter von Unterprogrammen erlaubt sind. Je nach Art der Dimensionsangaben unterscheidet man:

- *Felder mit expliziter Gestalt*
  Alle Angaben zu `dim` haben die Form [`u_dim_grenze` :] `o_dim_grenze`.

- *Felder mit übernommener Gestalt*
  Alle Angaben zu `dim` haben die Form [`u_dim_grenze`] : und das Feld ist ein Formalparameter.

- *Felder mit übernommener Größe*
  Das Feld ist ein Formalparameter und die Angabe zu `dim` der letzten Dimension hat die Form [`u_dim_grenze` :] *. Alle anderen Dimensionsangaben sind von expliziter Gestalt.

- *Dynamische Felder*
  Alle Angaben zu `dim` haben die Form ":" und das Feld darf *kein* Formalparameter sein.

- *Automatische Felder*
  Alle Angaben zu `dim` haben die Form [`u_dim_grenze` :] `o_dim_grenze`, wobei die Grenzen `u_dim_grenze`, `o_dim_grenze` *nicht* beide Konstantenausdrücke sind. Das Feld darf ferner *kein* Formalparameter sein.

Felder mit übernommener Gestalt, Felder mit übernommener Größe, Felder mit expliziter Gestalt, wobei die Indexgrenzen keine Konstantenausdrücke sind, und automatische Felder treten nur im Zusammenhang mit Unterprogrammen auf. Eine ausführliche Beschreibung der Verwendbarkeit erfolgt an späterer Stelle. In einem Hauptprogramm sind nur Felder mit expliziter Gestalt, deren Indexgrenzen Konstantenausdrücke sind, und dynamische Felder erlaubt.

Dynamische Felder

Benutzt man im Fortran–Hauptprogramm Felder mit expliziter Gestalt, so muß bei der Codierung die genaue Größe des Feldes durch Konstantenausdrücke festgelegt werden. Fortran 90 bietet neben dieser statischen Art der Felddefinition auch die Möglichkeit, Felder dynamisch zu kreieren. D.h. diese Felder erhalten erst während des Programmlaufs, in Abhängigkeit von zum Beispiel eingelesenen Daten, ihre Größe.
Dynamische Felder werden mit dem ALLOCATABLE–Attribut oder in einer ALLOCATABLE–Anweisung vereinbart. Dabei ist die Anzahl der Dimensionen (Rang) bereits anzugeben. Bei der Deklaration steht aber jeweils nur ein ":" auf Indexposition. Die ALLOCATABLE–Attributsanweisung hat die Form

3.3 Typvereinbarungsanweisung

> allocatable_attributsanweisung :=
>
> ALLOCATABLE [::] namensdeklaration[,namensdeklaration]$^\infty$

namensdeklaration	name[(: [,:]^6)]

Beispiel:

```
REAL, ALLOCATABLE  :: DYNFELD (:,:,:)
oder
REAL DYNFELD
ALLOCATABLE :: DYNFELD(:,:,:)
oder
REAL DYNFELD(:,:,:)
ALLOCATABLE DYNFELD
```

Ein dynamisches Feld kann drei verschiedene Zustände annehmen: Dem Feld ist kein Speicherplatz zugeteilt (unallocated), dem Feld ist Speicherplatz zugeteilt (allocated) oder der Zuteilungsstatus ist undefiniert (undefined).

Zu Programmanfang ist den dynamischen Feldern kein Speicherplatz zugeteilt. Ihnen können daher in der Typvereinbarungsanweisung auch keine Anfangswerte zugewiesen werden. Mittels einer ALLOCATE-Anweisung wird für sie Speicherplatz reserviert.

> allocate_anweisung :=
>
> ALLOCATE (feldname (indexspezifikation[,indexspezifikation]^6)   &
> [,feldname(indexspezifikation [,indexspezifikation]^6)]$^\infty$ &
> [,STAT=stat_variable])

indexspezifikation	[u_dim_ grenze :] o_dim_ grenze
stat-variable	skalare INTEGER-Variable
u_dim_ grenze, o_dim_ grenze	skalarer INTEGER-Ausdruck, Default für u_dim_ grenze ist 1

Für jede vereinbarte Dimension des dynamischen Feldes muß eine Indexspezifikation angegeben werden.

Beispiel:

```
INTEGER STATUS
ALLOCATE (DYNFELD (1:3, 1:3, 0:10), STAT=STATUS)
```

Durch die ALLOCATE-Anweisung wird für DYNFELD ein Speicherbereich von $3 \times 3 \times 11$ REAL-Elementen freigehalten. Nach Ausführung der ALLOCATE–Anweisung können auf die Feldelemente Werte zugewiesen werden.

Die DEALLOCATE–Anweisung dient dazu, den Speicherbereich wieder freizugeben. Nach Ausführung der DEALLOCATE–Anweisung nimmt das Feld bis zur Ausführung einer neuen ALLOCATE–Anweisung den Status "nicht zugeteilt" an.

> deallocate_anweisung :=
>
> DEALLOCATE (feldname [,feldname]$^\infty$ [,STAT=stat_variable])

Die Statusvariable der ALLOCATE– bzw. DEALLOCATE–Anweisung hat den Wert 0, wenn die Anweisung fehlerfrei ausgeführt werden konnte.

Dynamische Felder müssen vom Programmierer explizit verwaltet werden, d.h. es ist Sorge zu tragen, daß der reservierte Speicherbereich auch stets per DEALLOCATE–Anweisung wieder freigegeben wird. Ausführung einer ALLOCATE–Anweisung für ein bereits zugeteiltes Feld führt zu einem Fehlerabbruch des Programms, der nur durch Verwendung des STAT–Parameters abgefangen werden kann. Das gleiche gilt für die Anwendung einer DEALLOCATE–Anweisung für ein nicht zugeteiltes Feld.

Ein lokal in einem Unterprogramm vereinbartes dynamisches Feld gerät in den Zustand undefiniert, wenn es bei Verlassen des Unterprogramms noch zugeteilt ist und bei der Deklaration des Feldes ein SAVE–Attribut fehlt (vgl. Kapitel 7).

Ein im Zustand undefiniert befindliches Feld ist nicht mehr zugänglich, d.h. ihm kann kein Speicherplatz mehr zugeteilt noch kann auf Feldwerte zugegriffen werden.

Zur Information über den Zuteilungsstatus eines dynamischen Feldes dient die eingebaute Funktion

```
ALLOCATED (feldname)
```

Das Funktionsergebnis ist

- .TRUE., wenn das Feld zugeteilt ist,

- .FALSE., wenn das Feld nicht zugeteilt ist,

- undefiniert, sonst.

Feldbildner und Feldkonstante

In Fortran 90 gibt es als einfache Möglichkeit, die Werte eines eindimensionalen Feldes in kompakter Form anzugeben, den Feldbildner :

3.3 Typvereinbarungsanweisung

	feldbildner := (/werteliste/)
werteliste	ausdruck[,ausdruck]$^\infty$
ausdruck	$\left\{\begin{array}{l}\text{skalarer Ausdruck}\\ \text{feldwertiger Ausdruck}\\ \text{implizite\_do\_liste}\end{array}\right\}$
implizite_do_liste	(werteliste, lauf_variable=anf, end [,schritt])
lauf_variable	skalare INTEGER–Variable
anf, end, schritt	skalare INTEGER–Ausdrücke

Die Werte der Elemente, aus denen das eindimensionale Feld bestehen soll, das durch den Feldbildner beschrieben wird, sind in Speicherreihenfolge als Liste zwischen die Begrenzer "(/" und "/)" aufzuführen. Die Werte der Liste können in Form von skalaren Ausdrücken, feldwertigen Ausdrücken oder impliziten DO–Listen angegeben werden. Ein skalarer Ausdruck kann im einfachsten Fall aus einer skalaren Konstanten oder Variablen bestehen. Ein feldwertiger Ausdruck kann beispielsweise aus einem Feldnamen oder einem Feldbildner bestehen. Die komplette syntaktische Form von Fortran–Ausdrücken wird in Kapitel 6 beschrieben. Ein feldwertiger Ausdruck in der Werteliste eines Feldbildners steht für eine Folge von Werten, die aus seinen Einzelelementen in Speicherreihenfolge gebildet wird. Eine implizite DO–Liste ist ebenfalls eine kürzere Schreibweise für eine Folge von Werten. Sie hat die gleiche Wirkung, als ob `werteliste` n mal hingeschrieben worden wäre (n = max((`end` − `anf` + `schritt`)/`schritt`, 0)), wobei die Laufvariable die Werte `anf`, `anf` + `schritt`, ..., `anf` + (n − 1) ∗ `schritt` annimmt. Fehlt eine Angabe für `schritt`, so wird implizit der Wert 1 angenommen.

Beispiel:

Durch den Feldbildner (/5.0,4.0,3.0,2.0,1.0/) wird ein eindimensionales Feld der Größe 5 beschrieben, das folgende Belegung hat

| 5.0 | 4.0 | 3.0 | 2.0 | 1.0 |

Durch Verwendung einer impliziten DO–Liste läßt sich diese Schreibweise zu (/(I*1.0,I=5,1,-1)/) verkürzen.

Der Feldbildner (/((/1.0,2.0,3.0/),I=1,3)/) hat die Größe 9 und folgende Belegung

| 1.0 | 2.0 | 3.0 | 1.0 | 2.0 | 3.0 | 1.0 | 2.0 | 3.0 |

Er läßt sich auch durch eine geschachtelte implizite DO–Liste angeben: (/((1.0*I,I=1,3),J=1,3)/).

Mit den Definitionen

```
TYPE INTERVALL
  REAL L,R
END TYPE

TYPE(INTERVALL),DIMENSION(4) :: A
```

hat der Feldbildner (/A,INTERVALL(-1.0,1.0)/) die Größe 5 und die Belegung

A(1)	A(2)	A(3)	A(4)	INTERVALL(−1.0,1.0)

Feldbildner, deren Elementwerte nach Auflösung der impliziten DO–Listen alle Konstanten sind, nennt man Feldkonstanten. Feldkonstanten können auch benannt werden.

Beispiel:
```
INTEGER, DIMENSION(3), PARAMETER :: GERADE=(/2,4,6/)
INTEGER, DIMENSION(3), PARAMETER :: UNGERADE=(/1,3,5/)
INTEGER, DIMENSION(6), PARAMETER :: ALLES=&
                (/(UNGERADE(I),GERADE(I),I=1,3)/)
```

Feldbildner sind eindimensionale Felder. Die RESHAPE–Funktion kann dazu benutzt werden, um daraus Felder beliebiger Gestalt zu konstruieren. Die RESHAPE–Funktion hat die Form

RESHAPE (QUELLE, GESTALT [,[PAD=] FÜLLZEICHEN,] &
                 [,[ORDER=] PERMUTATION])

QUELLE	ist ein Feld beliebigen Typs
GESTALT	eindimensionales, ganzzahliges Feld, das die Gestalt des zu erzeugenden Feldes beschreibt.
FÜLLZEICHEN	ein Feld gleichen Typs wie Quelle
PERMUTATION	eindimensionales, ganzzahliges Feld mit gleicher Elementanzahl N wie GESTALT, dessen Feldelemente eine Permutation der Werte $1, 2, 3, \ldots, N$ sind. Ist PERMUTATION nicht angegeben, so ist der Wert $(/1, 2, \ldots, N/)$ voreingestellt.

Die Funktion RESHAPE erzeugt aus den Feldelementwerten von QUELLE in Speicherreihenfolge ein Feld mit der Gestalt GESTALT. Die Indizes des Ergebnisfeldes laufen bei der Zuordnung in der durch das Feld PERMUTATION angegebenen Reihenfolge. Hat das Ergebnisfeld mehr Elemente als QUELLE, so werden fehlende Werte durch eine oder mehrere Kopien der Feldelementwerte von FÜLLZEICHEN in Speicherreihenfolge aufgefüllt.

Beispiel:

RESHAPE ((/1,2,3,4,5,6/), (/2,3/)) liefert eine Matrix mit 2 Zeilen und 3 Spalten der Form
$$\begin{bmatrix} 1 & 3 & 5 \\ 2 & 4 & 6 \end{bmatrix}.$$

RESHAPE ((/1,2,3,4,5,6/), (/2,5/), (/9,9/), (/2,1/)) liefert die Matrix
$$\begin{bmatrix} 1 & 2 & 3 & 4 & 5 \\ 6 & 9 & 9 & 9 & 9 \end{bmatrix}.$$

A sei wie folgt deklariert: REAL, DIMENSION (3,3) :: A
RESHAPE (A, (/3,3/), ORDER=(/2,1/)) liefert die transponierte Matrix M von A:
$$M = \begin{bmatrix} A(1,1) & A(2,1) & A(3,1) \\ A(1,2) & A(2,2) & A(3,2) \\ A(1,3) & A(2,3) & A(3,3) \end{bmatrix}$$

Das Feld A hat die interne Speicherfolge

A(1,1)|A(2,1)|A(3,1)|A(1,2)|A(2,2)|A(3,2)|A(1,3)|A(2,3)|A(3,3).

Das Feld M hat die Speicherfolge

A(1,1)|A(1,2)|A(1,3)|A(2,1)|A(2,2)|A(2,3)|A(3,1)|A(3,2)|A(3,3).

3.3.3 POINTER– und TARGET–Attribut

Eine in gewisser Weise flexible Datenstruktur haben wir in Form von dynamischen Feldern kennengelernt. Mit Hilfe von dynamischen Feldern können in Abhängigkeit von den speziellen Erfordernissen eines Programmlaufs verschieden große zusammenhängende Speicherbereiche angesprochen werden. Ist jedoch einmal Speicherplatz für ein dynamisches Feld reserviert, so kann dieser im folgenden nicht mehr verkleinert oder vergrößert werden. Man kann den Speicherplatz nur insgesamt unter Verlust aller darin gespeicherten Daten freigeben und einen neuen "frischen" Speicherplatz für das Feld reservieren. Manchmal erfordert es die Aufgabenstellung aber, daß sich im Laufe der Programmabarbeitung die Anzahl der Datenelemente dynamisch verändern läßt. In einem Programm zur Adreßverwaltung beispielsweise steht im allgemeinen nicht von vornherein fest, wieviele Adressen gepflegt werden müssen. Ferner müssen neue Adressen aufgenommen und alte Adressen gestrichen werden, möglichst ohne die anderen Adreßeinträge zu beeinflussen. Eine flexible Datenstruktur, die für derartige Aufgabenstellungen geeignet ist, ist eine Liste. In einer Liste kann man an beliebigen Stellen Elemente entfernen oder Elemente hinzufügen, ohne die übrigen Listenelemente zu beeinflussen. Derartige Listenstrukturen lassen sich mit Hilfe von Zeigern bilden. Ein

Zeiger ist eine Speichereinheit, die als Wert die "Hausnummer" (Anfangsadresse) eines anderen Speicherobjektes enhält. Ist dieses Speicherobjekt eine Datenstruktur, so kann diese wiederum als Komponente einen Zeiger auf die nächste Datenstruktur erhalten:

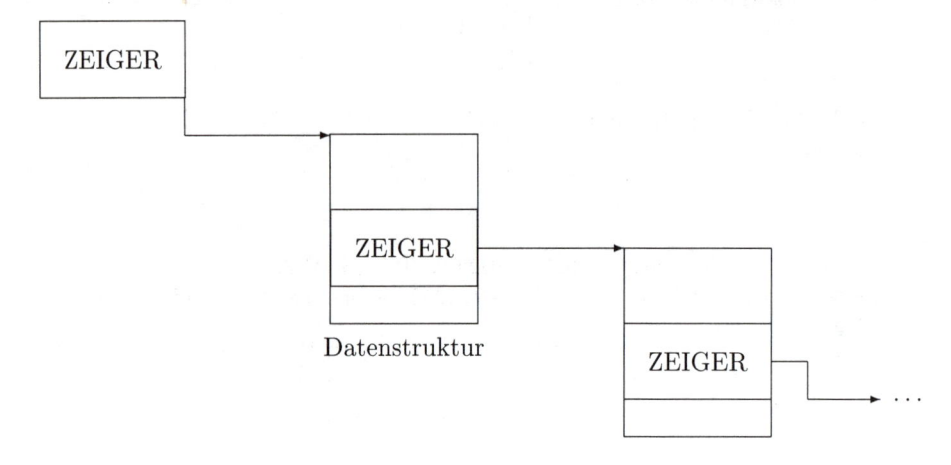

```
┌─────────┐
│ ZEIGER  │──┐
└─────────┘  │
         ┌───▼─────┐
         │         │
         ├─────────┤
         │ ZEIGER  │──┐
         └─────────┘  │
         Datenstruktur│
                  ┌───▼─────┐
                  │         │
                  ├─────────┤
                  │ ZEIGER  │──▶ ...
                  └─────────┘
```

Derart lassen sich beliebig viele Speicherobjekte miteinander verbinden. Durch Verändern des Wertes der Zeiger können Datenobjekte entfernt oder hinzugefügt werden:

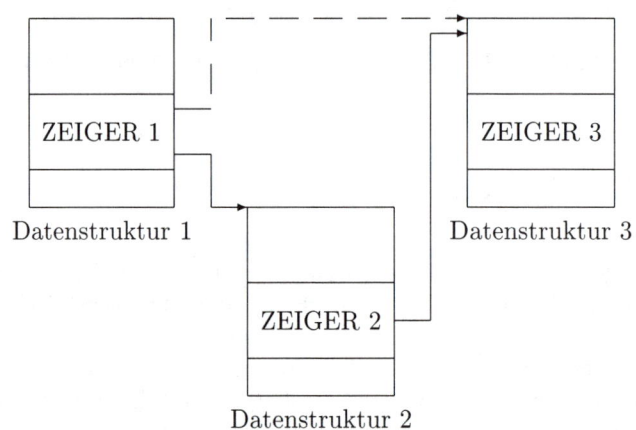

```
┌──────────┐                    ┌──────────┐
│          │                    │          │
├──────────┤                    ├──────────┤
│ ZEIGER 1 │                    │ ZEIGER 3 │
└──────────┘                    └──────────┘
Datenstruktur 1                 Datenstruktur 3

         ┌──────────┐
         │          │
         ├──────────┤
         │ ZEIGER 2 │
         ├──────────┤
         │          │
         └──────────┘
         Datenstruktur 2
```

Deklariert man in Fortran 90 eine Variable mit dem POINTER–Attribut, so ist sie ein Zeiger (Pointer). Ein Pointer ist kein eigenständiger Datentyp. Eine in solcher Art deklarierte Variable kann auf Datenobjekte zeigen, die den gleichen Typ, Typparameter und Rang haben wie die Pointervariable. Die Pointervariable selbst belegt an Speicherplatz nur den Raum, der notwendig ist, eine Adresse zu speichern, also etwa ein Speicherwort. Pointerziele können in Fortran 90 statisch erzeugt werden, indem man eine Variable bei der Deklaration mit dem TARGET–Attribut versieht. D.h. es muß vereinbart werden, daß eine Variable Pointerziel sein kann. Die Adresse einer TARGET–Variablen wird einem Pointer mittels einer Pointerzuweisung "=>" zuge-

wiesen. Diese Anweisung wird in Kapitel 6 beschrieben. Der Pointer weist nach einer Pointerzuweisung auf die TARGET–Variable. Eine Variable kann nicht beide Attribute POINTER und TARGET tragen. Ebenso kann eine Variable mit POINTER–Attribut nicht gleichzeitig das ALLOCATABLE–Attribut erhalten.
Die POINTER– bzw. die TARGET–Attributsanweisung hat die Form

pointer_attributsanweisung := POINTER [::] namensdeklaration[,namensdeklaration]$^\infty$	
namensdeklaration	name[(: [,:]^6)]

target_attributsanweisung := TARGET [::] namensdeklaration[,namensdeklaration]$^\infty$	
namensdeklaration	name[(dim [,dim]^6)]
dim	wie bei der Typvereinbarungsanweisung angegeben

Zeigerziele können auch dynamisch mittels der aus dem letzten Abschnitt bekannten ALLOCATE–Anweisung erzeugt werden. Diese kann zusätzlich die folgende Form annehmen

allocate_anweisung := ALLOCATE (zeiger [,zeiger]$^\infty$ [,STAT=stat_variable])	
zeiger	name [(dim [,dim]^6)]
name	Variable mit POINTER–Attribut
dim	[u_dim_ grenze :] o_dim_ grenze
u_dim_ grenze, o_dim_ grenze	skalarer INTEGER–Ausdruck
stat_ variable	skalare INTEGER–Variable

Durch die ALLOCATE–Anweisung für Pointer wird zunächst für ein Datenobjekt mit gleichem Typ, Typparameter und Rang wie die Pointervariable Speicherplatz reserviert. Die Zeigervariable weist anschließend auf diesen Speicherbereich. Das Zeigerziel hat das TARGET–Attribut. Feldzeiger, also Pointervariablen mit DIMENSION–Attribut, werden nur unter Angabe der Anzahl der Felddimension (Rang) ohne genaue Indexspezifikation (:) deklariert. Reserviert man für das Zeigerziel eines Feldzeigers mittels der ALLOCATE–Anweisung Speicherplatz, so ist `zeiger` unter Angabe der Gestalt des

Zeigerziels, also in der Form name(dim[,dim])[6], anzugeben.

Beispiel:

Nehmen wir als Beispiel an, daß ein Hobbykoch oder eine Hobbyköchin eine Kochrezeptesammlung elektronisch verwalten möchte. Als Grundlage für diese Rezeptsammlung verwenden wir den in Abschnitt 3.2 definierten Datentyp KOCHREZEPT

```
TYPE KOCHREZEPT
    CHARACTER*15                    :: TITEL
    INTEGER                         :: ZUTATENZAHL   ! Max. 30
    CHARACTER                       :: ZUTAT(1:30)*20
    CHARACTER,DIMENSION(:),POINTER  :: ZUBEREITUNG
    TYPE(KOCHREZEPT),POINTER        :: NAECHSTES
END TYPE
```

Durch die Datendeklaration

```
TYPE(KOCHREZEPT),POINTER    :: ERSTES_REZEPT, AKTUELLES
```

schaffen wir uns den Speicherplatz für zwei Zeigervariablen, die auf ein Datenobjekte vom Typ KOCHREZEPT weisen können. Durch die Anweisung ALLOCATE(ERSTES_REZEPT) schließlich wird Raum für das erste Rezept der Sammlung geschaffen. In den Speicherplatz für das erste Rezept können wir den Titel "Mohr im Hemd", sowie die Zutatenanzahl und die Zutatenbeschreibung unterbringen. Raum für den Zubereitungstext ist noch nicht vorhanden, denn die Komponente ZUBEREITUNG ist lediglich ein Feldzeiger, der auf einen Zubereitungstext weisen kann.

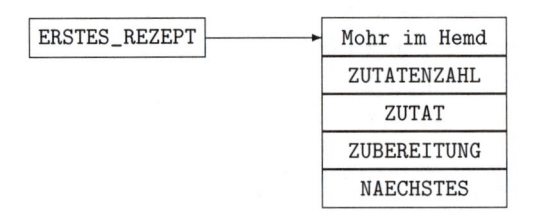

ERSTES_REZEPT	→	Mohr im Hemd
		ZUTATENZAHL
		ZUTAT
		ZUBEREITUNG
		NAECHSTES

Mit ALLOCATE(ERSTES_REZEPT%ZUBEREITUNG(100))[2] wird Raum für den Zubereitungstext geschaffen und der Pointer ZUBEREITUNG weist anschließend auf diesen Speicherbereich.

---

[2]Die Komponente einer Datenstruktur wird angesprochen, in dem man sie durch "%" getrennt an den Namen der Datenstruktur, dessen Komponente sie ist, anhängt. Mit derartigen Teilobjekten werden wir uns im nächsten Kapitel noch weiter beschäftigen.

3.3 Typvereinbarungsanweisung

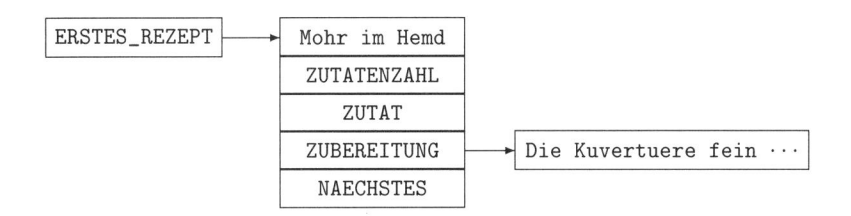

```
ERSTES_REZEPT ──► Mohr im Hemd
                  ZUTATENZAHL
                  ZUTAT
                  ZUBEREITUNG  ──► Die Kuvertuere fein ···
                  NAECHSTES
```

Um ein nächstes Rezept in die Sammlung aufnehmen zu können, definieren wir uns zunächst den Speicherplatz dafür mit

```
ALLOCATE(AKTUELLES)
ALLOCATE(AKTUELLES%ZUBEREITUNG(50))
```

Nachdem die Rezeptdaten aufgenommen worden sind, kann das Rezept in die Sammlung eingereiht werden. Dazu lassen wir den Zeiger NAECHSTES des zuletzt aufgenommenen Rezeptes auf die neue Datenstruktur weisen. Dies geschieht mittels der Pointerzuweisungsanweisung, die in Kapitel 6 genau beschrieben wird:

```
ERSTES_REZEPT%NAECHSTES => AKTUELLES
```

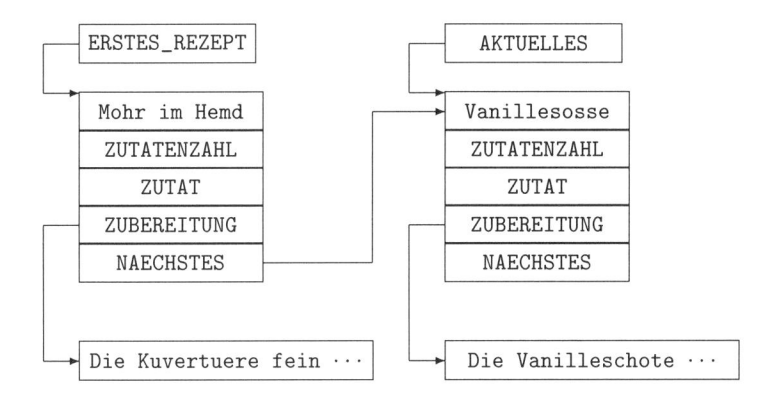

```
┌─ ERSTES_REZEPT              ┌─ AKTUELLES
│                             │
└► Mohr im Hemd          ┌──► Vanillesosse
   ZUTATENZAHL           │    ZUTATENZAHL
   ZUTAT                 │    ZUTAT
┌─ ZUBEREITUNG           │ ┌─ ZUBEREITUNG
│  NAECHSTES ────────────┘ │  NAECHSTES
│                          │
└► Die Kuvertuere fein ··· └► Die Vanilleschote ···
```

Ein Pointer kann den Status nicht zugeordnet (disassociated), zugeordnet (associated) oder undefiniert annehmen.
Zu Beginn des Programmlaufs hat ein Pointer den Status undefiniert. Der Status wird zugeordnet, wenn ihm über eine ALLOCATE–Anweisung oder eine Pointerzuweisungsanweisung ein Ziel zugewiesen wird. Wird eine ALLOCATE–Anweisung für einen bereits zugeordneten Pointer durchgeführt, so ist dies kein Fehler. Der Pointer zeigt vielmehr danach auf den neu erzeugten Speicherplatz. Der "alte" Speicherplatz ist nur noch ansprechbar, wenn es eine Variable mit TARGET–Attribut war oder ein anderer Pointer als Wert ebenfalls diese Speicheradresse enthält.
Ein Zeiger bekommt den Status "nicht zugeordnet", wenn das erzeugte Ziel mittels einer DEALLOCATE–Anweisung gelöscht wird, ihm per Zeigerzuweisung ein "nicht

zugeordneter" Zeiger zugewiesen wird oder die Zuordnung mittels der NULLIFY–Anweisung aufgehoben wird. Der Zeigerstatus wird undefiniert, wenn das Zeigerziel anders als durch den Pointer selbst gelöscht wird, zum Beispiel durch einen anderen Pointer, der ebenfalls auf das Ziel zeigt, oder wenn das Zeigerziel undefiniert wird.
Die DEALLOCATE–Anweisung für Pointer hat die Form

deallocate_anweisung := DEALLOCATE (zeiger [,zeiger]$^\infty$ [,STAT=stat_variable])	
zeiger	Name einer Variablen mit POINTER–Attribut

Die bereits aus dem letzten Abschnitt bekannte DEALLOCATE–Anweisung bewirkt, daß der Speicherbereich des Zeigerziels gelöscht wird und der Zeiger den Status "nicht zugeordnet" erhält. Die Ausführung der DEALLOCATE–Anweisung führt zu einem Fehler

- für einen "nicht zugeordneten" oder undefinierten Zeiger,

- für einen Zeiger, dessen Ziel nicht mittels einer ALLOCATE–Anweisung erzeugt wurde, zum Beispiel eine deklarierte TARGET–Variable,

- für einen Zeiger, dessen Zeigerziel ein dynamisches Feld ist oder

- für einen Zeiger, der nur auf ein Teilobjekt[3] zeigt.

Das Löschen eines Zeigerziels führt dazu, daß alle anderen Pointer, die ebenfalls auf das Ziel zeigen, den Status undefiniert erhalten.

nullify_anweisung := NULLIFY (zeiger [,zeiger]$^\infty$)	
zeiger	Name einer Variablen mit POINTER–Attribut

Durch die NULLIFY–Anweisung wird ein Zeiger in den Status "nicht zugeordnet" versetzt. Damit ist auch eine Zuordnung zwischen Zeiger und Zeigerziel aufgehoben. Das Zeigerziel bleibt jedoch erhalten.

Mit der eingebauten Funktion

$$\text{ASSOCIATED (zeiger [,ziel])}$$

kann der Zuordnungsstatus eines Zeigers abgefragt werden. `zeiger` und `ziel` dürfen nicht undefiniert sein.

Wird als Argument nur `zeiger` angegeben, so ist der Wert der Funktion .TRUE., wenn `zeiger` zugeordnet ist. Der Funktionswert ist .FALSE, wenn der Zeiger "nicht zugeordnet" ist.

---

[3]Ein Teilobjekt ist, wie der Name schon sagt, ein Teil eines zusammengesetzten Objekts. Es kann eine Strukturkomponente, ein Feldelement, ein Teilfeld oder eine Zeichenteilfolge sein. Die syntaktische Form wird in Kapitel 4 besprochen.

3.3 Typvereinbarungsanweisung

Sind beide Argumente `zeiger` und `ziel` Variablen mit POINTER-Attribut, so liefert die Funktion den Wert .TRUE., wenn beide Pointer auf dasselbe Ziel weisen, sonst ist das Ergebnis .FALSE.

Ist das zweite Argument eine Variable mit TARGET-Attribut, so ergibt die Funktion .TRUE., wenn `zeiger` auf diese Variable weist, sonst .FALSE.

Mit Hilfe von Pointern können recht komplexe Verzeichnisse erstellt werden. Betrachten wir zum Beispiel einen in Fortran 90 geschriebenen Compiler. Ein guter Übersetzer erzeugt unter anderem eine Referenzliste des von ihm analysierten Programms. Der Aufbau einer solchen Liste könnte (in vereinfachter Form) unter Verwendung der unten genannten Strukturen erfolgen. Ein ähnliches Problem wird in Aufgabe 12.7 behandelt.

```
!================Typdeklarationen=================================
!=====Datenstruktur fuer Variablenverzeichnis===================
!
TYPE   USERECORD
   INTEGER    :   USELINENR
   INTEGER    :   CHANGELINENR
   TYPE (USERECORD), POINTER :NEXT
END TYPE USERECORD
!
!=======Knotenelement der Referenzliste========================
!
TYPE VARIABLENRECORD
   CHARACTER (LEN=31)    :: NAME
   INTEGER               :: ANFANGSADRESSE
   TYPE (VARIABLENRECORD), POINTER :: LEFT, RIGHT
   TYPE (USERECORD), POINTER       :: FIRST; LAST
END TYPE VARIABLENRECORD
!
!=======Datendeklaration========================================
!
TYPE (USERECORD), POINTER            :: CURRENTUSE
TYPE (VARIABLENRECORD), POINTER      :: TOP_OF_LIST, CURRENTVAR
```

Die Referenzliste wird in Form eines binären Baumes erzeugt, dessen Elemente (Knoten) aus Datenstrukturen vom Typ VARIABLENRECORD bestehen. Enthält das vom Compiler zu analysierende Benutzerprogramm folgende Deklarationen

```
TYPE INTERVALL
   :
END TYPE INTERVALL
TYPE(INTERVALL)    :: B
INTEGER            :: NWERT
REAL               :: SUMME, ABAKUS, G
LOGICAL            :: X, GROSS, GOLD
```

so wird die in Abbildung 3.1 angegebene Baumstruktur erzeugt, in der die aufgefundenen Variablennamen in alphabetisch aufsteigender Ordnung sortiert abgelegt sind.

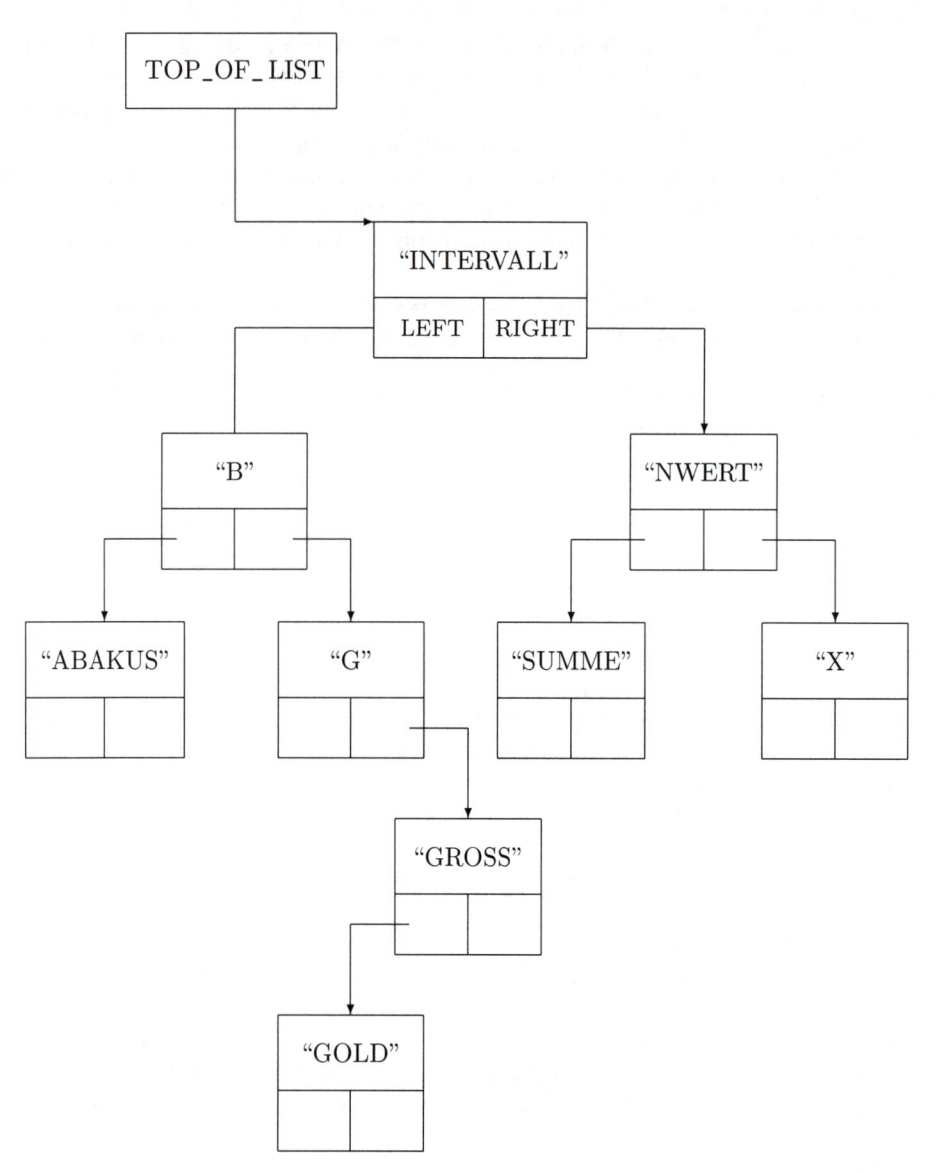

Abbildung 3.1: Binärer Baum

Für das Verzeichnis der Programmzeilen, in denen die Variable benutzt wird, wird eine lineare Liste aufgebaut, deren Elemente aus Datenstrukturen vom Typ USERECORD bestehen (Abbildung 3.2).

3.3 Typvereinbarungsanweisung

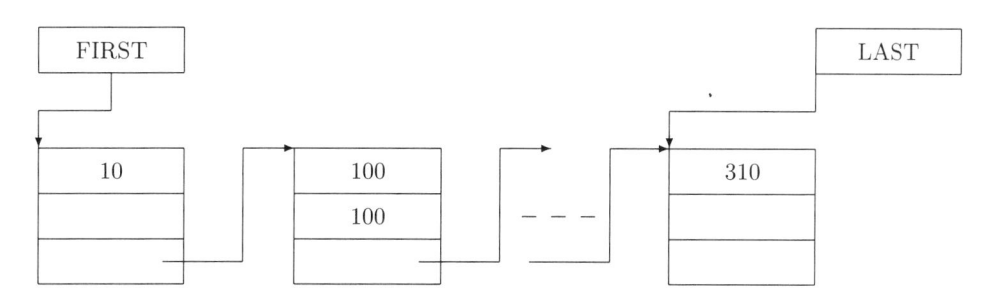

Abbildung 3.2: Referenzverzeichnis

Findet der Compiler bei der Analyse des Benutzerprogramms eine Typ–, Variablen– oder Unterprogrammdeklaration, so wird

- per ALLOCATE (CURRENTVAR) eine Datenstruktur vom Typ VARIABLEN-RECORD erzeugt und in der Komponente NAME dieser Struktur der deklarierte Name festgehalten;

- durch ALLOCATE (CURRENTUSE) eine Struktur vom Typ USERECORD erzeugt, in die unter USELINENR die Zeilennummer der Deklarationszeile gespeichert wird;

- den Pointern FIRST und LAST von CURRENTVAR die Speicheradresse von CURRENTUSE zugewiesen;

- dem Pointer TOP_OF_LIST die Speicheradresse der zu allererst erzeugten Datenstruktur CURRENTVAR zugeordnet. Weitere Datenstrukturen werden in den bereits bestehenden Teilbaum durch Vergleich der Variablennamen eingeordnet. Liegt in alphabetischer Reihenfolge der Name der neu einzuordnenden Datenstruktur vor dem Namen des Wurzelelementes (TOP_OF_LIST), so wird dem "nicht zugeordneten" Pointer LEFT von TOP_OF_LIST die Speicheradresse der neuen Datenstruktur zugewiesen, sonst wird sie dem "nicht zugeordneten" Pointer RIGHT zugeordnet. Befinden sich LEFT bzw. RIGHT bereits im Status zugeordnet, so werden die Vergleiche entsprechend mit den jeweiligen Teilbäumen fortgeführt.

Findet der Compiler im Ausführungsteil des Programms eine Variable, so wird

- das Variablenverzeichnis durchsucht, bis das zugehörige Datenelement CURRENTVAR gefunden wird;

- eine Datenstruktur ALLOCATE (CURRENTUSE) erzeugt, in die die Zeilennummer unter USELINENR oder CHANGELINENR festgehalten wird;

- der Pointerkomponente NEXT der Struktur, auf die LAST von CURRENTVAR zeigt, die Speicheradresse von CURRENTUSE zugeordnet und anschließend wird diese Speicheradresse ebenfalls LAST zugewiesen.

Wird der Bauminhalt des binären Baumes "rekursiv" in der Reihenfolge linker Teilbaum, Wurzel, rechter Teilbaum ausgegeben, so erhält man eine alphabetisch geordnete Referenzliste. Zu jeder deklarierten Größe ist dabei jeweils die zugehörige lineare Zeilennummernliste von FIRST bis LAST auszugeben.

3.3.4 Initialisierung von Daten

Steht in der Typvereinbarungsanweisung ein Initialisierungsausdruck, so wird damit entweder eine Namenskonstante definiert, oder eine Variable erhält einen Anfangswert, so daß sie zu Beginn der Ausführung eines Programms mit diesem Wert definiert ist. Ein Initialisierungsausdruck darf nicht verwendet werden für

- einen Formalparameter,
- eine Ergebnisvariable einer Funktion,
- eine Variable im COMMON-Bereich,
- ein dynamisches Feld,
- einen Unterprogrammnamen,
- ein automatisches Feld und
- einen Zeiger.

Eine Variable darf in einer Programmeinheit nur einmal initialisiert werden.

Beispiel:

In den folgenden Anweisungen wird zunächst eine Namenskonstante deklariert und anschließend werden Variablen bei der Deklaration initialisiert

```
REAL,PARAMETER     :: E=2.718281 ! E ist Namenskonmstante

! Mit den folgenden Vereinbarungen werden Variablen dekla-
! riert und dabei initialisiert
REAL               :: Z=E
INTEGER            :: A(6)=(/(I,I=1,6)/)
INTEGER            :: DIM1=UBOUND(A,1)
```

Neben dieser Möglichkeit der Variableninitialisierung, die erst in Fortran 90 gültig ist, gibt es weiterhin die von FORTRAN 77 bekannte Möglichkeit der Anfangswertbelegung von Variablen mittels der DATA-Anweisung. Die DATA-Anweisung hat die nachstehend angegebene Form.

3.3 Typvereinbarungsanweisung

data_anweisung := DATA datablock [[,] datablock]$^\infty$	
datablock	elementliste / anfangswertliste /
element	$\left\{\begin{array}{l}\text{variable (vgl. Kapitel 4)} \\ \text{implizite\_do\_liste}\end{array}\right\}$
anfangswert	[replikator*] konstante
konstante	$\left\{\begin{array}{l}\text{ganzzahlige Konstante} \\ \text{reelle Konstante} \\ \text{komplexe Konstante} \\ \text{logische Konstante} \\ \text{Zeichenkettenkonstante} \\ \text{Strukturtypkonstante} \\ \text{BOZ–Konstante} \\ \text{Namenskonstante der oben genannten Typen}\end{array}\right\}$
replikator	$\left\{\begin{array}{l}\text{vorzeichenlose ganzzahlige Konstante} \\ \text{ganzzahlige Namenskonstante} \geq 0\end{array}\right\}$
implizite_do_liste	(do_ elementliste, ivar=ianf, iend [,ischritt])
do_element	$\left\{\begin{array}{l}\text{Feldelement} \\ \text{skalare Strukturkomponente} \\ \text{implizite\_do\_liste}\end{array}\right\}$
ivar	skalare INTEGER–Variable
ianf, iend, ischritt	skalarer INTEGER–Ausdruck

Die DATA–Anweisung besteht aus dem Schlüsselwort DATA gefolgt von Datablöcken, die durch Kommata voneinander getrennt werden. Jeder Datablock besteht aus einer Elementliste gefolgt von einer durch Schrägstrichen begrenzten Anfangswertliste. In der Elementliste werden die zu initialisierenden Variablen, durch Kommata voneinander getrennt, aufgeführt. Eine Variable kann eine skalare Variable und damit auch eine Datenstruktur, ein ganzes Feld oder ein Teilobjekt sein. Teilobjekte sind Strukturkomponenten, Feldelemente, Teilfelder oder Zeichenteilfolgen. Mit Teilobjekten werden wir uns im nächsten Kapitel näher befassen. Die Variablen der Elementliste werden nacheinander durch entsprechende Elemente der Anfangswertliste belegt. Steht in der Elementliste ein Feld oder Teilfeld, so wirkt dies, als ob die Einzelelemente in Speicherreihenfolge aufgeführt worden wären. Zur Verkürzung der Schreibweise können in der Elementliste auch implizite DO–Listen und geschachtelte implizite DO–Listen stehen. Implizite DO–Listen sind uns bereits bei den Feldbildnern begegnet. Die Wiederholungselemente (`do_element`) der impliziten DO–Liste einer DATA–Anweisung dürfen nur Feldelemente oder skalare Strukturkomponenten sein. In den Ausdrücken zur Indizierung der Wiederholungselemente impliziter DO–Listen sind ausschließlich DO–Variablen `ivar` und Konstanten zu verwenden. (Die Indizierung ist so zu wählen, daß jedes Element nur einmal initialisiert wird.) In der Anfangswertliste können Replikatoren verwendet werden, die dafür sorgen, daß die nachfolgende Konstante entsprechend oft wiederholt wird. Für jedes einzelne Element der Elementliste muß nach Auswertung von DO–Listen und Replikatoren ein Anfangswert in der Anfangswertliste erscheinen. Überzählige Anfangswerte in der Anfangswertliste dagegen werden ignoriert. Die jeweiligen Anfangswerte müssen zuweisungskompatibel zu den Variablen sein, denen sie zugewiesen werden. Wann zwei Datenobjekte zuweisungskompatibel sind, wird in Kapitel 6 erläutert.

Beispiel:

Namenskonstanten können mittels einer DATA–Anweisung *nicht* definiert werden. Sie dient ausschließlich dazu, Variablen zu initialisieren. Bei den meisten Compilern wird diese Initialisierung schon zur Übersetzungzeit vorgenommen.

```
TYPE BRUCH
  INTEGER ZAEHLER, NENNER
END TYPE
REAL, DIMENSION (5,5)    :: A, B(10,10)
INTEGER                  :: I,J,K
TYPE(BRUCH)              :: EINHALB
TYPE(BRUCH),DIMENSION(3) :: BRUECHE

! Vorbelegung von I, J, K mit dem Wert 0
DATA  I,J,K  /3*0/

! Vorbelegung aller Feldelemente von A mit dem Wert 1.0
! Vorbelegung des Zaehlers von EINHALB mit dem Wert 1
! und des Nenners von EINHALB mit 2
DATA   A,EINHALB /25*1.0,BRUCH(1,2)/

! Vorbelegung aller Zaehler des Feldes BRUECHE mit 1
DATA  (BRUECHE(I)%ZAEHLER, I=1,3)/3*1/
! Vorbelegung von B:
!    Hauptdiagonale mit 1
!    Elemente oberhalb der Hauptdiagonalen mit 0
!    Elemente unterhalb der Hauptdiagonalen mit 2
DATA (B(I,I), I=1,10)   /10*1./
DATA ((B(I,J),I=1,J-1),J=2,10)  /45*0/
DATA ((B(I,J),I=J+1,10),J=1,9)  /45*2/

DATA V1,V2  /B'11010',Z'1F'/ ! V1=26, V2=31
```

Nur in der Anfangswertliste eine DATA–Anweisung dürfen BOZ–Konstanten verwendet werden. Eine BOZ–Konstante repräsentiert einen ganzzahligen Startwert in binärer, oktaler oder hexadezimaler Form:

$$\text{BOZ\_konstante} := \left\{ \begin{array}{l} \text{B'bziffer [bziffer]}^\infty{}'\\ \text{B"bziffer [bziffer]}^\infty{}"\\ \text{O'oziffer [oziffer]}^\infty{}'\\ \text{O"oziffer [oziffer]}^\infty{}"\\ \text{Z'hziffer [hziffer]}^\infty{}'\\ \text{Z"hziffer [hziffer]}^\infty{}" \end{array} \right\}$$

bziffer	0, 1 (Basis 2)
oziffer	0, 1, 2, 3, 4, 5, 6, 7 (Basis 8)
hziffer	0, 1, 2, 3, 4, 5, 6, 7, 8, 9, A, B, C, D, E, F (Basis 16)

3.4 Implizite Typvereinbarung

Jede im Programm verwendete Größe sollte vereinbart werden; geschieht dies *nicht*, so wird der Typ in Fortran nach dem Anfangsbuchstaben des Namens festgelegt. Beginnt der Name eine Objektes mit einem der Buchstaben

$$\text{I, J, K, L, M, N}$$

so ist es vom Typ Default–INTEGER, andernfalls ist es vom Typ Default–REAL. Diese Voreinstellung kann mit der IMPLICIT–Anweisung geändert werden.

$$\text{implicit\_anweisung} := \left\{ \begin{array}{l} \text{IMPLICIT typ(bereich[,bereich]}^\infty\text{)} \quad \& \\ \quad \text{[,typ(bereich[,bereich]}^\infty\text{)]}^\infty \\ \text{IMPLICIT NONE} \end{array} \right\}$$

bereich	buchstabe [–buchstabe]
typ	wie bei der Typvereinbarungsanweisung angegeben (siehe 3.3)

Die IMPLICIT–Anweisung bewirkt, daß alle Namen, die mit einem durch `bereich` gekennzeichneten Buchstaben eingeleitet werden und die über keine eigene Typvereinbarung verfügen, mit dem angegebenen Typ vereinbart werden.
Zur Vermeidung von Fehlern empfiehlt sich die Verwendung von IMPLICIT NONE. Dies ist eine Neuerung von Fortran 90. In einer Programmeinheit, in der IMPLICIT NONE steht, müssen sämtliche verwendeten Größen mittels einer Typvereinbarungsanweisung deklariert werden. Die Verwendung undeklarierter Größen führt dann zu einem Syntaxfehler, so daß Schreibfehler leichter entdeckt werden können.

4 Zugriff auf Datenobjekte

Der Name einer Variablen benennt symbolisch einen Speicherplatz in der Rechenanlage. Der Inhalt dieses Speicherplatzes ist solange nicht definiert, so lange der Variablen nicht mittels eines Initialisierungsausdrucks oder einer geeigneten Anweisung ein Wert zugewiesen wird. Dieser Wert wird in dem Speicherplatz abgelegt. Ausnahmen von dieser Regel sind Felder der Größe 0 (z.B. INTEGER A(1:-1)) oder Zeichenvariablen der Länge Null. Sie belegen keinen Speicherplatz und gelten bei Verwendung in Anweisungen stets als definiert. Auf den Speicherplatz einer Variablen wird über Nennung des Variablennamens zugegriffen. Lesend darf ein Zugriff nur dann erfolgen, wenn ein gültiger Wert darin enthalten ist. Bei zusammengesetzten Datenobjekten, den Feldern, Datenstrukturen und Zeichenketten, wird durch den Variablennamen stets der gesamte Speicherbereich, den das Datenobjekt einnimmt, referenziert. Der Zugriff auf die Einzelelemente erfolgt dabei in Speicherreihenfolge. Auf Teilobjekte solcher Datenobjekte kann ebenfalls zugegriffen werden. Dazu muß der Variablenname solange qualifiziert werden, bis das betreffende Teilobjekt eindeutig zu erkennen ist. Ein Teilobjekt kann eine Zeichenteilfolge, ein Feldelement, eine Strukturkomponente oder ein Teilfeld sein. Wie ein Teilobjekt gebildet werden kann, wird im nächsten Abschnitt beschrieben. Allgemein ist eine Variable definiert durch

$$\text{variable} := \left\{ \begin{array}{l} \text{Variablenname} \\ \text{Teilobjekt} \\ \text{Zeichenteilfolge} \end{array} \right\}$$

Da eine Variable ein veränderbares Datenobjekt ist, darf das Teilobjekt sowie die Zeichenteilfolge nicht ausgehend von einer Zeichenkettenkonstanten oder einer Namenskonstanten gebildet worden sein.

4.1 Zeichenteilfolge

Im letzten Kapitel wurde beschrieben, wie Zeichenkettenvariablen und Namenskonstanten vom Typ CHARACTER in Fortran deklariert werden. Mit den Vereinbarungen

```
CHARACTER*15      :: HAUSPOSTADRESSE='NAF003-255-1120'
CHARACTER*(*), PARAMETER :: ADRESSE1='NB⊔⊔⊔5-120-0010'
```

werden die Zeichenkettenvariable HAUSPOSTADRESSE und die Namenskonstante ADRESSE1 deklariert. Die Variable HAUSPOSTADRESSE wird mit dem String 'NAF003-255-1120' vorbelegt. Sie kann ihren Wert während des Programmlaufs verändern, während die Namenskonstante ADRESSE1 eine symbolische Bezeichnung für den 15 Zeichen langen String 'NB⎵⎵⎵5-120-0010' ist. Über den Variablennamen sowie über den Konstantennamen wird stets der gesamte zugehörige String angesprochen. Fortran stellt eine Möglichkeit zur Verfügung, auch auf (zusammenhängende) Teile von Zeichenkettenkonstanten oder Zeichenkettenvariablen zuzugreifen. Dies geschieht durch Qualifizierung des Ausgangsobjektes. Die Bildung von Zeichenteilfolgen wird durch folgende Regel beschrieben

zeichenteilfolge := zeichen_var(teilstring_bereich)	
teilstring_bereich	[anf]:[end]
zeichen_var	skalare Variable vom Typ CHARACTER Zeichenkettenkonstante Namenskonstante vom Typ CHARACTER
anf,end	ganzzahliger Ausdruck

Die Zeichen einer Zeichenketten der Länge n werden von links nach rechts mit 1, 2, 3, ..., n durchnumeriert. Eine Zeichenteilfolge wird gebildet, indem auf das Ausgangsobjekt folgend, in Klammern eingeschlossen, ein Teilstringbereich angegeben wird. Es muß dabei gelten: $1 \leq$ anf, end $\leq$ n. anf gibt die Position des ersten Zeichens der Zeichenteilfolge und end die Position des letzten Zeichens der Zeichenteilfolge an. Fehlt anf, so wird der Wert 1 angenommen; fehlt end, so ist der Wert n voreingestellt. Ist anf > end, so ist die Länge der Zeichenteilfolge 0.

Beispiel:

```
CHARACTER*6        :: GEBAEUDE=ADRESSE1(1:6)
CHARACTER*(3)      :: RAUM=ADRESSE1(8:10)
CHARACTER(LEN=4)   :: FACH=ADRESSE1(12:15)
```

Durch diese Deklarationen werden drei Zeichenkettenvariablen GEBAEUDE, RAUM und FACH deklariert, die jeweils mit den zugehörigen Zeichen der Zeichenkettenkonstanten ADRESSE1 vorbelegt werden. Der Inhalt der Speicherplätze dieser Variablen ist damit zunächst

GEBAEUDE	RAUM	FACH
NB⎵⎵⎵5	120	0010

Der Teilstring 'NAF005-333-0123'(:6) besteht aus den ersten 6 Zeichen der Zeichenkettenkonstante, da für anf der Wert 1 voreingestellt ist.

4.2 Strukturkomponenten, Teilfelder, Feldelemente

Im letzten Kapitel wurde bereits die Verwendung von Datenstrukturen und Feldern zur Gruppierung von Einzeldaten beschrieben.

Beispiel:

> Der folgende Typ ERGEBNISTYP faßt den Namen, die Matrikelnummer und die Note eines Examenskandidaten zusammen. Die Variable ERGEBNIS ist vom Datentyp ERGEBNISTYP und kann die Daten eines Examenskandidaten aufnehmen. Das Feld ERGEBNISFELD kann fünf derartig zusammengesetzte Einträge aufnehmen. Das Feld A schließlich ist eine 4 × 3 Matrix vom Standarddatentyp INTEGER.
>
> ```
> TYPE ERGEBNISTYP
>    CHARACTER*30 :: VORNAME, NACHNAME
>    CHARACTER*12 :: MATRIKELNR
>    INTEGER      :: NOTE
> END TYPE ERGEBNISTYP
> TYPE(ERGEBNISTYP) :: ERGEBNIS, ERGEBNISFELD(5)
> INTEGER           :: A(1:4,1:3)
> ```

Über den Namen eines zusammengesetzten Datenobjekts werden stets alle Einzeldaten, aus denen es besteht, angesprochen. Zur Verarbeitung der Daten muß aber auch ein Zugriff auf die Einzeldaten möglich sein. Fortran 90 ermöglicht es, durch Qualifizierung des zusammengesetzten Datenobjekts auf Strukturkomponenten, Feldelemente und Teilfelder zuzugreifen.

Beispiel:

> *Komponenten* von Datenstrukturen lassen sich ansprechen, indem man hinter dem Strukturnamen, durch "%" getrennt, den gewünschten Komponentennamen angibt: ERGEBNIS%NOTE greift die Komponente NOTE aus der Datenstruktur ERGEBNIS heraus:
>
> | VORNAME |
> |---|
> | NACHNAME |
> | MATRIKELNR |
> | NOTE |
>
> Ein *Feldelement* eines Feldes kann angesprochen werden, indem hinter dem Feldnamen in Klammern der gewünschte Indexwert angegeben wird: Die

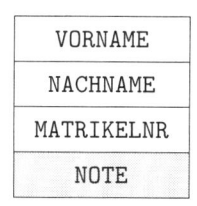

dritte Datenstruktur von ERGEBNISFELD spricht man durch ERGEBNIS-
FELD(3) an:

VORNAME	VORNAME	VORNAME	VORNAME	VORNAME
NACHNAME	NACHNAME	NACHNAME	NACHNAME	NACHNAME
MATRIKELNR	MATRIKELNR	MATRIKELNR	MATRIKELNR	MATRIKELNR
NOTE	NOTE	NOTE	NOTE	NOTE

Ein einzelnes Feldelement eines mehrdimensionalen Feldes benötigt für jede Dimension eine Indexangabe. A(2,2) spricht folgendes Element der Matrix an:

A(1,1)	A(1,2)	A(1,3)
A(2,1)	A(2,2)	A(2,3)
A(3,1)	A(3,2)	A(3,3)
A(4,1)	A(4,2)	A(4,3)

Aus Feldern können auch ganze *Teilfelder* herausgegriffen werden. Ein Teilfeld erfaßt eine Auswahl von Feldelementen eines Feldes "auf einen Griff". Ein Teilfeld wird durch Angabe einer geklammerten Indexliste hinter dem Feldnamen angegeben, wobei in mindestens einer Dimension eine Bereichsangabe steht: Durch A(2:4,2:3) wird die im Bild gekennzeichnete 3 × 2 Teilmatrix des Feldes A angesprochen:

A(1,1)	A(1,2)	A(1,3)
A(2,1)	A(2,2)	A(2,3)
A(3,1)	A(3,2)	A(3,3)
A(4,1)	A(4,2)	A(4,3)

Eine Strukturkomponente kann auch ein Teilfeld sein:

ERGEBNISFELD(2:4)%MATRIKELNR ist ein Teilfeld mit drei Elementen, das von den Datenstrukturen ERGEBNISFELD(2), ERGEBNISFELD(3), ERGEBNISFELD(4) jeweils die Strukturkomponente MATRIKELNR erfaßt:

VORNAME	VORNAME	VORNAME	VORNAME	VORNAME
NACHNAME	NACHNAME	NACHNAME	NACHNAME	NACHNAME
MATRIKELNR	MATRIKELNR	MATRIKELNR	MATRIKELNR	MATRIKELNR
NOTE	NOTE	NOTE	NOTE	NOTE

Strukturkomponenten, Feldelemente und Teilfelder lassen sich unter dem Begriff **Teilobjekt** zusammenfassen. Ein Teilobjekt hat die Form

4.2 Strukturkomponenten, Teilfelder, Feldelemente

	teilobjekt := objekt[%objekt]$^\infty$
objekt	name[indxangabe]
indxangabe	(indxbereich[,indxbereich]^6)
indxbereich	$\left\{\begin{array}{l}\text{vektortripel}\\\text{ganzzahliger feldwertiger Ausdruck vom Rang 1}\\\text{skalarer ganzzahliger Ausdruck}\end{array}\right\}$
vektortripel	[anf]:[end][:schritt]
anf,end, schritt	skalare ganzzahlige Ausdrücke, schritt $\neq 0$

Besteht ein Teilobjekt aus mehreren Objekten, so müssen alle Objekte außer dem äußerst rechten abgeleiteten Typs sein. Eine `indxangabe` darf nur angegeben werden, wenn `name` das DIMENSION–Attribut hat. Erfolgt eine `indxangabe`, so muß für jede deklarierte Dimension ein `indxbereich` angegeben werden. Durch ein Vektortripel wird eine Folge von Werten $< a_1, a_2, \ldots, a_n >$ definiert, mit $a_1 =$ `anf`, $a_{i+1} = a_i +$ `schritt`, $a_n \leq$ `end`. Der Wert `schritt` wird auch als Stride bezeichnet. Fehlt bei einem Vektortripel die Angabe für `anf`, so ist der Wert gleich der unteren deklarierten Grenze des Feldes. Fehlt der Wert für `end`, so ist der Wert gleich der oberen deklarierten Feldgrenze. Bei fehlendem Wert für `schritt` wird der Wert 1 angenommen. Ein feldwertiger Ausdruck auf Indexposition kann beispielsweise aus einem Feldbildner oder einfach aus einem Feldnamen oder Teilfeld bestehen. Die vollständigen Regeln für Fortran–Ausdrücke werden in Kapitel 6 behandelt. Ein feldwertiger Ausdruck erzeugt eine Indexfolge aus seinen Einzelelementen in Zugriffsreihenfolge. Die Indexwerte, die durch das Vektortripel oder den feldwertigen Ausdruck gebildet werden, müssen im deklarierten Indexbereich des Feldes liegen. Die Werte für `anf` oder `end` zur Beschreibung des Vektortripels können hingegen auch außerhalb dieses Indexbereiches liegen.

Eine **Strukturkomponente** ist ein Teilobjekt, für das gilt:

- Es müssen mindestens zwei Objekte angegeben sein.

- Das rechte Objekt darf nur in der Form `name` angegeben werden, d.h. dieses Objekt darf *nicht* weiter qualifiziert sein.

- Typ und Typparameter der Strukturkomponente entsprechen dem Typ- und Typparameter des rechten Objekts.

- Höchstens ein Objekt mit DIMENSION–Attribut darf ohne Indexangabe angegeben werden, oder auf Indexposition Vektortripel oder feldwertige Ausdrücke besitzen. D.h. höchstens ein Objekt darf ein unqualifizierter Feldname oder ein Teilfeld sein. Alle übrigen Objekte mit DIMENSION–Attribut müssen mit einer Indexangabe versehen werden, wobei auf Indexposition nur skalare Ausdrücke stehen dürfen. Der Rang der Strukturkomponente entspricht dem Rang des Feldes oder Teilfeldes, andernfalls ist der Rang 0.

- Auf ein Objekt mit Rang ungleich 0 darf kein Objekt mit POINTER–Attribut folgen.

- Eine Strukturkomponente mit Rang 0 ist eine skalare Strukturkomponente.

Beispiel:

Der Typ GESAMTERGEBNIS und die Variable KANDIDATEN seien wie folgt deklariert:

```
TYPE GESAMTERGEBNISTYP
    CHARACTER*30            :: VORNAME, NACHNAME
    CHARACTER*12            :: MATRIKELNR
    INTEGER, DIMENSION(1:5) :: EINZELNOTEN
END TYPE GESAMTERGEBNISTYP

TYPE(GESAMTERGEBNISTYP), DIMENSION(100) :: KANDIDATEN
```

Dann ist KANDIDATEN(1:50)%MATRIKELNR eine Strukturkomponente mit Rang 1, die die Matrikelnummern der ersten 50 Examenskandidaten anspricht. Bei feldwertigen Strukturkomponenten ist darauf zu achten, daß das richtige Objekt, d.h. das Objekt mit DIMENSION–Attribut, durch die Indexangabe qualifiziert wird: KANDIDATEN%MATRIKELNR(1:50) ist *falsch*.

Auch KANDIDATEN(1)%EINZELNOTEN ist eine Strukturkomponente, nicht jedoch KANDIDATEN(1)%EINZELNOTEN(5), denn hier ist die Strukturkomponente EINZELNOTEN weiter qualifiziert worden. Dieses Teilobjekt bezeichnet das 5. Feldelement des Feldes EINZELNOTEN des ersten Examenskandidaten. KANDIDATEN%EINZELNOTEN ist eine *unzulässige* Bezeichnung, denn nur ein Objekt darf Feld oder Teilfeld sein.

Ist definiert:

```
TYPE KREIS
  REAL X,Y,Z
  REAL RADIUS
END TYPE

TYPE(KREIS), PARAMETER :: EINHEITSKREIS = KREIS(0.0,0.0,0.0,1.0)
```

so ist EINHEITSKREIS%X eine Strukturkomponente, aber keine Variable, da das Ausgangsobjekt EINHEITSKREIS eine Namenskonstante ist.

4.2 Strukturkomponenten, Teilfelder, Feldelemente

Ein **Feldelement** ist ein Teilobjekt, für das gilt:

- Besteht das Teilobjekt nur aus einem Objekt, so muß dies das DIMENSION–Attribut besitzen. Besteht das Teilobjekt aus mehreren Objekten, so muß mindestens das rechte Objekt das DIMENSION–Attribut besitzen.

- Bei Objekten mit DIMENSION–Attribut *muß* eine Indexangabe stehen. Dabei müssen die Indexbereiche ganzzahlige skalare Ausdrücke sein.

- Ein Feldelement ist eine skalare Variable.

Beispiel:

Mit den Deklarationen von oben sind folgende Teilobjekte Feldelemente:

```
A(4,3)
KANDIDATEN(10)%EINZELNOTEN(3)
```

Dagegen ist `KANDIDATEN(3)%EINZELNOTEN` eine Strukturkomponente mit Rang 1, d.h. ein Teilfeld und kein Feldelement.

Ein **Teilfeld** ist ein Teilobjekt, für das gilt:

- Mindestens ein Objekt muß das DIMENSION–Attribut besitzen. Genau ein Objekt mit DIMENSION–Attribut darf Indexbereiche in Form von Vektortripeln oder feldwertigen Ausdrücken besitzen oder ein unqualifizierter Feldname sein. Der Rang des Teilfeldes entspricht der Anzahl der Indexbereiche, die keine skalaren ganzzahligen Ausdrücke sind.

- Ist das rechte Objekt vom Typ CHARACTER, so darf das Teilfeld in der Form `teilobjekt[(teilstring_bereich)]` angegeben werden.

Ein Teilfeld greift wie gesagt auf eine Auswahl von Feldelementen eines Feldes zu. Der Zugriff auf diese Elemente erfolgt dabei derart, daß der n–te Indexbereich seine Werte schneller durchläuft als der n+1–te Index.

Beispiel:

Die Felder D1, D2, D3 seien wie folgt deklariert

```
CHARACTER*7,DIMENSION(-2:2)       :: D1
INTEGER    ,DIMENSION(1:4,1:5)    :: D2
REAL       ,DIMENSION(1:3,1:4,1:2) :: D3
```

Das eindimensionale Teilfeld `D1(-2:2)` greift auf alle Elemente des Feldes D1 in Speicherreihenfolge zu. Es besteht aus der Elementfolge

| D1(-2) | D1(-1) | D1(0) | D1(1) | D1(2) |

Der Zugriff durch das Teilfeld D1(2:-2:-1) erfolgt in umgekehrter Reihenfolge, d.h. es spricht folgende Elementfolge an:

| D1(2) | D1(1) | D1(0) | D1(-1) | D1(-2) |

Das Teilfeld D3(1:3,1:3,1:2) hat den Rang 3. Es greift einen Block von Elementen aus dem Feld D3 heraus:

Durch die Angabe eines Strides ungleich 1 ist es möglich, Ebenen eines Blocks bei der Auswahl auszublenden. D3(1:3,1:3:2,1:2) wählt folgende Elemente aus:

Ein Teilfeld kann auch einen niedrigeren Rang haben als das Ausgangsobjekt. D3(1:3,1:3,1) spricht eine Teilebene vom Rang 2 des Feldes D3 an:

4.2 Strukturkomponenten, Teilfelder, Feldelemente

D3(1,1:4,2) hat den Rang 1 und spricht die erste Zeile der zweiten Ebene des Feldes D3 an:

	D3(1,1,2)	D3(1,2,2)	D3(1,3,2)	D3(1,4,2)
D3(1,1,1)	D3(1,2,1)	D3(1,3,1)	D3(1,4,1)	
D3(1,1,1)	D3(1,2,1)	D3(1,3,1)	D3(1,4,1)	
D3(2,1,1)	D3(2,2,1)	D3(2,3,1)	D3(2,4,1)	
D3(3,1,1)	D3(3,2,1)	D3(3,3,1)	D3(3,4,1)	

Vektortripel mit positivem Stride greifen auf die Elemente der zugehörigen Dimension des Ausgangsfeldes in Speicherreihenfolge zu. Hat ein Vektortripel einen negativen Stride, so erfolgt der Zugriff bezüglich dieser Dimension des Ausgangsobjektes in entgegengesetzter Reihenfolge. D2(2:3,5:1:-2) ist ein Teilfeld, das folgende Elemente der Matrix D2 auswählt:

D2(1,1)	D2(1,2)	D2(1,3)	D2(1,4)	D2(1,5)
D2(2,1)	D2(2,2)	D2(2,3)	D2(2,4)	D2(2,5)
D2(3,1)	D2(3,2)	D2(3,3)	D2(3,4)	D2(3,5)
D2(4,1)	D2(4,2)	D2(4,3)	D2(4,4)	D2(4,5)

Es hat die Gestalt (/2,3/). Wegen des negativen Strides in der zweiten Dimension erfolgt der Zugriff spaltenweise in folgender Reihenfolge:

D2(2,5)	D2(2,3)	D2(2,1)
D2(3,5)	D2(3,3)	D2(3,1)

Eine völlig unregelmäßige Elementwahl, sogar Mehrfachwahl einzelner Elemente, gelingt mittels feldwertiger Ausdrücke auf Indexposition des Teilfeldes. D2((/1,1,4/),(/1,2,2,4/)) ist ein Feld der Gestalt (/3,4/) mit folgender Belegung:

D2(1,1)	D2(1,2)	D2(1,2)	D2(1,4)
D2(1,1)	D2(1,2)	D2(1,2)	D2(1,4)
D2(4,1)	D2(4,2)	D2(4,2)	D2(4,4)

Mittels Teilfeldnotation gelingt es zwar, auf einzelne Zeilen oder Spalten einer Matrix zuzugreifen, es wird aber nicht gelingen, etwa die Hauptdiagonale einer Matrix (beide Indizes variieren) durch Teilfeldnotation anzusprechen. Dies kann aber zum Beispiel durch einen Feldbildner der Form

(/(A(I,I),I=1,3)/) oder durch die Standardfunktionen PACK oder UN-PACK erfolgen. Diese Funktionen sind in Kapitel 8 beschrieben.

Die Definition eines Teilobjektes sieht auch eine Verkürzung der Schreibweise bestimmter Teilfelder vor:

D2(1:3,2:5) kann verkürzt in der Form D2(:3,2:) geschrieben werden, denn die untere Feldgrenze für **anf** und die obere Feldgrenze für **end** wird automatisch eingesetzt.

Aus dem gleichen Grund kann D1(-2:2:2) in der Form D1(::2) abgekürzt werden.

Schließlich entspricht die Angabe D1 den Schreibweisen D1(-2:2:1), D1(:), oder D1(::).

5 Einfache Fortran–Programme

Ein einfaches Fortran–Programm ist eine Folge von Fortran–Anweisungen, die durch die Programmdefinitionsanweisungen PROGRAM (optional, aber empfehlenswert) und END PROGRAM begrenzt wird; die Anweisungen zur Vereinbarung von Speicherplätzen stehen dabei vor allen anderen Anweisungen (vergleiche Tabelle 2.2):

[PROGRAM name]

    [{Vereinbarungsanweisungen}$^\infty$]
    [{ausführbare Anweisungen}$^\infty$]

END [PROGRAM [name]]

Vereinbarungsanweisungen haben wir in Form der Typvereinbarungsanweisung bereits in Kapitel 3 kennengelernt. Weitergehende Formen dieser nicht–ausführbaren Anweisungen werden wir in Kapitel 7 besprechen. Neben EXTERNAL– und INTRINSIC–Anweisungen zur Kennzeichnung von Unterprogrammen, die Formalparameter sind, werden wir dort insbesondere Schnittstellenblöcke (Interfaces) kennenlernen, die zum Beispiel für die Datenkommunikation zwischen verschiedenen Programmeinheiten wichtig sind. Ausführbare Anweisungen werden in den nachfolgenden Kapiteln besprochen. Eine einfache Anweisung dieser Art ist die Wertzuweisung, die einer Variablen einen Wert des gleichen Datentyps zuweist: auf diesen kann anschließend durch Nennung des Variablennamens beliebig oft zugegriffen werden. Durch eine erneute Wertzuweisung kann der gespeicherte Wert jedoch jederzeit wieder geändert werden.

Beispiel:

```
PROGRAM ZUWEISUNG
   IMPLICIT NONE
   INTEGER  :: I,J
   REAL     :: A
   I=3                   ! I erhält den Wert 3
   J=2*I+5               ! J erhält den Wert 11
   J=J*I                 ! J erhält den Wert 33
   A=3.17                ! A erhält den Wert 3.17
END PROGRAM ZUWEISUNG
```

An dieser Stelle finden auch die bereits in den Vorgängerkapiteln genannten Standardfunktionen Verwendung: Standardfunktionen errechnen in Abhängigkeit von den angegebenen Parametern einen Wert, der unter Verwendung einer Wertzuweisung auf eine Variable zugewiesen werden kann. Als Parameter dürfen beispielsweise Konstanten wie auch Variablen notiert werden.

Beispiel:

Mit den Deklarationen des obigen Beispiels sind auch dies gültige Wertzuweisungen:

```
I = HUGE(I)
J = RANGE(A)
A = TINY(A)
```

Die listenorientierte Ein/Ausgabe (E/A) in Fortran dient dazu, Daten nach dem Programmstart von außerhalb des Programms einzulesen und auf dem Speicherplatz von Variablen zu speichern beziehungsweise die gespeicherten Werte von Variablen oder von Rechenausdrücken auf dem Bildschirm oder im Ablaufprotokoll des Rechenlaufs auszudrucken.

5.1 Listenorientierte Dateneingabe

Die listenorientierte Dateneingabe erfolgt mit der einfachen READ–Anweisung.

einfache_read_anweisung := READ * [,eingabeelement]$^\infty$	
eingabeelement	$\left\{ \begin{array}{l} \text{Variable} \\ \text{implizite\_do\_liste} \end{array} \right\}$
implizite_do_liste	(eingabeelement [, eingabeelement]$^\infty$, & var=anf, end[, schritt])
var	skalare INTEGER–Variable
anf, end, schritt	skalare INTEGER–Ausdrücke

Die einfache READ–Anweisung ist eine ausführbare Anweisung. Sie belegt die Eingabeelemente in der angegebenen Reihenfolge mit Werten. Eine implizite DO–Liste wirkt so, als ob die darin genannte Eingabeelementfolge n mal hingeschrieben worden wäre (n = max((end − anf + schritt)/schritt,0)), wobei die Laufvariable var die Werte anf, anf + schritt,..., anf + (n−1) ∗ schritt ≤ end annimmt. var darf dabei in den Eingabeelementen verwendet werden.

Beispiel:

```
READ*, A, B, (C(I),I=1,5)
```

wirkt wie

```
READ*, A, B, C(1), C(2), C(3), C(4), C(5)
```

Mehrere READ–Anweisungen werden in der Reihenfolge ihres Auftretens im Programm ausgeführt. Jede READ–Anweisung entspricht dabei einer neuen Eingabeaufforderung, d.h. die Dateneingabe für jede einzelne READ–Anweisung ist mit RETURN abzuschließen und die Daten für eine weitere READ–Anweisung sind in eine neue Zeile zu schreiben. Daher bewirkt "READ *" zum Beispiel, daß eine Eingabezeile übersprungen wird.

Die Eingabewerte für eine READ–Anweisung sind, durch ein Komma und/oder beliebig viele Leerzeichen voneinander getrennt, in einer Zeile einzugeben. Der erste Eingabewert wird dabei dem ersten Eingabeelement, der zweite Eingabewert dem zweiten Eingabeelement usw. zugewiesen. Eingabeelemente und Eingabewerte müssen in ihrem Typ übereinstimmen. (Genauer gesagt: Sie müssen zuweisungskompatibel sein. Hierauf wird in Kapitel 6 eingegangen.) Für (Teil–)Felder sind so viele Werte vorzusehen, wie das (Teil–)Feld Elemente hat. Wenn die Liste der Eingabewerte zu kurz ist, wird automatisch in der nachfolgenden Eingabezeile weitergelesen, bis alle Eingabeelemente belegt sind.

Eingabewerte für Zeichengrößen sind generell in Apostrophe einzuschließen. Falls die Apostrophe fehlen, werden für die zu belegende Variable vom Typ CHARACTER so viele Zeichen des Eingabestroms gelesen, bis ein Komma, ein Leerzeichen oder ein Zeilenende als Trenner erscheint.

Beispiel:

```
INTEGER, DIMENSION(5) :: FELD
REAL       :: A,B
COMPLEX    :: C
CHARACTER  :: CH*10
READ*, A, FELD(1:2), C
READ*, CH, B, (FELD(I), I=3,5)
```

Mit den Eingabewerten

```
1.5, 2 3  (0.,1.)
'ZEILE ZWEI', 2., 1, 2, 3
```

werden die Variablen wie folgt belegt: Die Speicherplätze A, FELD(1), FELD(2), C werden nacheinander mit den Werten aus der ersten Eingabezeile belegt, die Speicherplätze CH, B, FELD(3), FELD(4), FELD(5) entsprechend mit den Werten der zweiten Eingabezeile. Die Leerzeichen zwischen den Eingabewerten dienen dabei als Trenner. Damit ergibt sich folgende Belegung:

```
A    : 1.5
B    : 2.0
C    : (0., 1.)
CH   : 'ZEILE ZWEI'
FELD : 2, 3, 1, 2, 3
```

Werden in der zweiten Eingabezeile die Apostrophe weggelassen, d.h. die
Eingabe lautet:

1.5, 2 3 (0.,1.)
ZEILE ZWEI, 2., 1, 2, 3

so wird auf die CHARACTER–Variable CH der Wert "ZEILE" zugewiesen.
Das Leerzeichen wirkt hier als Trenner. Das nachfolgende Eingabeelement
B vom Typ REAL soll anschließend mit dem Wert "ZWEI" belegt werden,
was natürlich sofort zu einem Eingabefehler mit Programmabbruch führt.

5.2 Listenorientierte Datenausgabe

Die listenorientierte Datenausgabe erfolgt mit der einfachen PRINT–Anweisung :

einfache_print_anweisung := PRINT∗ [, ausgabeelement]$^\infty$
ausgabeelement $\left\{\begin{array}{l}\text{Variable}\\ \text{implizite DO–Liste}\\ \text{Ausdruck}\end{array}\right\}$

Die einfache PRINT–Anweisung ist eine ausführbare Anweisung. Sie gibt die aktuellen Werte der Ausgabeelemente in der angegebenen Reihenfolge aus. Eine implizite DO–Liste mit Ausgabeelementen wirkt wie bei der einfachen READ–Anweisung beschrieben. Der Ausdruck ist eine beliebige Konstante oder Werteverknüpfung.
Mehrere PRINT–Anweisungen werden in der Reihenfolge ihres Auftretens im Programm ausgeführt. Jede PRINT–Anweisung druckt in eine neue Zeile. Daher druckt "PRINT *"nur eine Leerzeile. Die angegebenen Ausgabeelemente werden, eventuell durch ein Komma voneinander getrennt, ausgedruckt. Mehrere aufeinanderfolgende identische Ausgabewerte können vom Compiler in der Form "replikator * wert" zusammengefaßt werden. Werte von Zeichengrößen werden ohne die einschließenden Apostrophe ausgegeben.

Beispiel:

```
PROGRAM E_A
!
   IMPLICIT NONE
   INTEGER, DIMENSION(5) :: FELD
   INTEGER :: I,SUMME
   REAL :: A,B,C
!
!                    Eingabe der Daten
!            mit vorheriger Anforderung der Eingabewerte
   PRINT*, 'GIB 5 WERTE FUER FELD:'
```

5.2 Listenorientierte Datenausgabe

```
      READ*, FELD
      PRINT*, 'WERTE FÜR A,B:'
      READ*, A, B
!
!                        Berechnungsteil
      SUMME=SUM(FELD)
      SUMME=SUMME/5
      FELD=FELD/SUMME
      C=A+B
      C=C/SUMME
!
!                        Ergebnisausgabe
      PRINT*, 'C=  ', C
      PRINT*, 'NEUE WERTE VON FELD:',
      PRINT*, FELD
!
      END PROGRAM
```

Die PRINT–Anweisungen des Programms fordern vor einer Dateneingabe die zu lesenden Werte durch Ausgabe einer Meldung in der Form "GIB 5 WERTE FUER FELD:" bzw. "WERTE FUER A,B:" an. Mit den Eingabewerten

```
1,2,3,4,5
1.5, 2.5
```

wird der Ausdruck erzeugt:

```
C=    1.333333
NEUE WERTE VON FELD:
0 0 1 1 1
```

Wegen der ganzzahligen INTEGER–Division wird bei der Ausgabe von FELD statt 1/3 die ganze Zahl 0, statt 2/3 die ganze Zahl 0 usw. ausgegeben. Die ganzzahlige INTEGER–Division wird im nächsten Kapitel beschrieben.

Die im Berechnungsteil des Beispiels enthaltene Anweisung
$$\text{SUMME = SUM(FELD)}$$
stellt einen Aufruf der Standardfunktion SUM dar. Diese Funktion berechnet die Summe aller Elemente des als Aktualparameter angegebenen Feldes FELD. Standardfunktionen werden ausführlich in Kapitel 8 besprochen. Einzelne Funktionen werden jedoch schon vorweg an jeweils passender Stelle vorgestellt, so wie es in Kapitel 3 bereits mit den Abfragefunktionen zur Modelldarstellung der Speicherablage geschehen ist.

6 Wertzuweisung und Operatoren

In Kapitel 5 haben wir gesehen, wie in einem Fortran-Programm Daten eingelesen und wieder ausgegeben und wie die Daten unter Verwendung von Variablen im Rechner gespeichert werden können. Nun fehlen uns noch Möglichkeiten zur Veränderung der Daten, d.h. zur Berechnung neuer Werte. Hierfür gibt es in Fortran die Ausdrücke. Die Fortran–Wertzuweisung schließlich wird es uns gestatten, diese neu berechneten Daten wieder auf Variablen zu speichern und für spätere Rechnungen aufzubewahren.

6.1 Ausdrücke

Unter dem Begriff Ausdruck wollen wir den Zugriff auf ein Datenobjekt oder die Berechnung eines neuen Wertes aus existierenden Datenobjekten verstehen. Diese Berechnung erfolgt mit Hilfe der für den zugrundeliegenden Datentyp definierten Operatoren. Dementsprechend setzen sich Ausdrücke aus Operanden (zum Beispiel Variablen, Konstanten oder Funktionsaufrufen), Operatoren ("+", "−") und Klammern zur Festlegung der Abarbeitungsreihenfolge zusammen.

Beispiel:

Gültige Ausdrücke sind:

3.0	Konstante vom Typ REAL
7+15	Ausdruck vom Typ INTEGER
'EN' // 'DE'	Ausdruck vom Typ CHARACTER
SELECTED_REAL_KIND (6,70)	Funktionsaufruf mit Ergebnis vom Typ INTEGER
$0.5 * (1.5 + 0.5)$	Ausdruck vom Typ REAL; zuerst wird $1.5 + 0.5$ berechnet, dann mit 0.5 multipliziert

6.1.1 Operatoren

Für jeden Datentyp ist eine Reihe von Operatoren definiert, mit deren Hilfe vorhandene Datenobjekte verknüpft und neue Werte berechnet werden können. Zunächst setzen wir voraus, daß alle an der Verknüpfung beteiligten Operanden vom *gleichen* Datentyp mit *gleichem* Typparameter sein sollen.
Eine Verknüpfung hat die allgemeine Form

```
verknüpfung := [unär_operator] operand [binär_operator operand]
```

Unter einem Operanden wollen wir vorerst nur Variablen und Konstanten verstehen. Operatoren, die mit nur einem nachfolgenden Operanden benutzt werden, heißen unär. Operatoren mit zwei Operanden heißen binär.

Fortran 90 unterscheidet vordefinierte (intrinsic) und selbstdefinierte (defined) oder benutzerdefinierte Operatoren. Die vordefinierten Operatoren beinhalten die Verknüpfungen zwischen den Standarddatentypen (intrinsic types). Mit Hilfe der selbstdefinierten Operatoren ist es möglich, die vordefinierten Operatoren in ihrer Verwendbarkeit zu erweitern beziehungsweise auch neue Operatoren für Objekte zu definieren, die von einem Standarddatentyp oder einem abgeleiteten Datentyp sind. Im folgenden werden zunächst die vordefinierten Operatoren erläutert. Diese werden auch als "Standardoperatoren" bezeichnet.

Numerische Operatoren

Für die numerischen Datentypen INTEGER, REAL (,DOUBLE PRECISION) und COMPLEX sind in Anlehnung an die Mathematik die binären Operatoren

- \+   Addition
- \−   Subtraktion
- *   Multiplikation
- /   Division
- **   Exponentiation

definiert; diese werden als numerische Operatoren bezeichnet. Die Operatoren "+" und "−" werden zusätzlich als unäre Operatoren zur Vorzeichenkennung benutzt. Das Ergebnis jeder dieser Verknüpfungen ist wieder vom gleichen Datentyp wie die Operanden.

Beispiel:

R sei skalare Variable vom Typ REAL. Dann sind gültige Verknüpfungen:

```
3+7                     2**3                    -3.1415D0
R*3.14                  (1,2)-(-8,10)
```

Ungültig dagegen sind:

```
1:2                     3PI                     3.PI
```

Zu beachten ist, daß das Ergebnis einer INTEGER–Division wieder vom Datentyp INTEGER, d.h. ganzzahlig sein muß. Dazu wird bei der Division nur der berechnete ganzzahlige Ergebnisteil ohne den Dezimalteil abgespeichert: 1/2 liefert als Ergebnis den Wert 0.

6.1 Ausdrücke

Die INTEGER–Division kann in dieser Definition zum Beispiel leicht zur Berechnung des Modulo–Wertes zweier natürlicher Zahlen benutzt werden: "I modulo J" ist darstellbar als `I-(I/J)*J`.

Bei der Exponentiation von REAL–Werten ist zu beachten, daß das Ergebnis wiederum vom Datentyp REAL sein muß. Die Mantisse muß bei einem reellen Exponenten grundsätzlich positiv sein, weil sonst ein komplexes Ergebnis zu erwarten ist. Die Verknüpfung $(-1.0)**0.5$ ist daher verboten und führt (falls der Compiler dies nicht bereits bemerkt) zu einem Laufzeitfehler bei der Programmbearbeitung!

Logische Operatoren

Zur Verknüpfung von Datenobjekten des Typs LOGICAL sind die logischen Operatoren

  .NOT. logische Negation
  .AND. logische Konjunktion
  .OR.   logische Inklusion
  .NEQV. logische Nicht–Äquivalenz
  .EQV. logische Äquivalenz

definiert. Das Ergebnis der Verknüpfung ist ein Wert vom Typ LOGICAL, der sich nach den Regeln der Booleschen Algebra errechnet. Die Verknüpfungsregeln für die Boolesche Algebra sind in der nachfolgenden Wertetabelle wiedergegeben:

A	B	.NOT.A	A.AND.B	A.OR.B	A.EQV.B	A.NEQV.B
.TRUE.	.TRUE.	.FALSE.	.TRUE.	.TRUE.	.TRUE.	.FALSE.
.TRUE.	.FALSE.	.FALSE.	.FALSE.	.TRUE.	.FALSE.	.TRUE.
.FALSE.	.TRUE.	.TRUE.	.FALSE.	.TRUE.	.FALSE.	.TRUE.
.FALSE.	.FALSE.	.TRUE.	.FALSE.	.FALSE.	.TRUE.	.FALSE.

Operatoren zur Zeichenverarbeitung

Zur Verknüpfung von Datenobjekten des Typs CHARACTER mit gleichem Typparameter ist der Konkatenationsoperator "//" definiert worden. Das Ergebnis dieser Verknüpfung besteht aus einer Zeichenkette, die sich aus der Aneinanderreihung der beiden Zeichenketten ergibt, die als Operanden genannt werden. Die Länge der Ergebniszeichenkette ist damit gleich der Summe der Längen der Operandenzeichenketten.

Beispiel:

 'EN' // 'DE' liefert den 4 Zeichen langen Wert 'ENDE'.

 'HANS'' '//'AUTO' liefert den 10 Zeichen langen Wert 'HANS'' AUTO';
 die doppelten Apostrophe hinter HANS werden als *ein* Zeichen gespeichert.

Vergleichsoperatoren

Vergleichsoperatoren dienen dazu, zwei numerische Datenobjekte oder Datenobjekte vom Typ CHARACTER jeweils gleichen Typs und gleichen Typparameters miteinander zu vergleichen. Das dabei berechnete Ergebnis ist vom Datentyp LOGICAL. Als Vergleichsoperatoren sind definiert:

.LT.	oder	<	kleiner
.LE.	oder	<=	kleiner gleich
.GT.	oder	>	größer
.GE.	oder	>=	größer gleich
.EQ.	oder	==	äquivalent
.NE.	oder	/=	nicht äquivalent

Das Ergebnis einer Vergleichsoperation erhält den Wert .TRUE., falls die zu überprüfende Bedingung zutrifft, und .FALSE. sonst.

Beispiel:

Ausdruck	alternative Schreibform	Ergebnis
3 < 7	3.LT.7	.TRUE.
−7 >= 4	-7.GE.4	.FALSE.
I == 3	I.EQ. 3	.TRUE., wenn I den Wert 3 hat, .FALSE. sonst
'EN'/='DE'	'EN'.NE.'DE'	.TRUE.
.TRUE.==.FALSE.	.TRUE..EQ..FALSE.	Unzulässig! Hier ist der logische Operator .EQV. zu verwenden!

Der Vergleich von CHARACTER–Größen erfolgt anhand der Reihenfolge der Zeichen in der rechnerinternen Codetabelle. Um vom rechnerinternen Zeichensatz unabhängig zu sein, gibt es darüberhinaus die Standardfunktionen LLT, LLE, LGT und LGE (siehe Abschnitt 8.2). Diese führen den Vergleich anhand der ASCII-Codetabelle durch, die im Anhang beigefügt ist. Aus dieser Tabelle folgt zum Beispiel, daß das Leerzeichen vor den Ziffern, diese vor den Großbuchstaben und diese wieder vor allen Kleinbuchstaben stehen. Ebenfalls folgt hieraus, daß 'a' < 'aa' gilt.

Bei der Überprüfung auf Gleichheit und Ungleichheit ist zu beachten, daß in den Datentypen REAL und COMPLEX die Werte in der Regel nur näherungsweise dargestellt werden. Die Grenze für die Darstellungsgenauigkeit ist durch die Länge des Speicherworts gegeben, das für den Datentyp zur Verfügung steht. Dadurch entstehen *Rundungsfehler*, die sich insbesondere nach mehreren Rechenoperationen so stark auswirken, daß eine Überprüfung des Endergebnisses auf Äquivalenz häufig fehlerhaft sein wird. Dieser Effekt ist stets zu beachten, wenn mit REAL– und COMPLEX–Datenobjekten gearbeitet wird. Bei Vergleichsabfragen zwingt er uns dazu, solche Werte nie auf Gleichheit, sondern nur auf Einhaltung einer vorzugebenden Fehlertoleranz zu überprüfen.

Beispiel:

Das nachfolgende Programm verwendet den Wert 0.01, der sich in einer Rechenanlage nicht exakt darstellen läßt. In Kapitel 3 wurde ausgeführt, daß die Speicherung in Form einer Bitfolge im Dualsystem erfolgen muß. Bei der Umwandlung von 0.01 entsteht eine periodische Dualzahl, die auf die zur Verfügung stehenden Speicherzellen beschränkt wird. Dies bedeutet, daß die Dualdarstellung von 0.01 nach der Stellenzahl, die aktuell zur Verfügung steht, abgeschnitten wird. Summiert man den so entstehenden Speicherwert 100 Mal auf, so wird in der Regel ein Ergebnis ungleich 1 berechnet, d.h.

$$\sum_{i=1}^{100} 0.01 \text{ ist ungleich } 1.0\,!$$

```
program rundung
   implicit none
   real             :: a, sum
   real, parameter  :: eps = 0.000001
   integer          :: i
!
   a = 0.01
   sum = 0.0
   do i=1,100                          ! Hier erfolgt
      sum = sum+a                      ! die Summierung
   end do
!
   if (sum==1.0) then                  ! Vergleich der
      print*,'Gleichheit !'            ! Summe mit 1.0
   else
      print*,'Ungleichheit: SUM=',sum
   endif
!
!                    so soll's richtig sein:
   if (abs(sum-1.0) <= eps) then
      print*,'Gleichheit bzgl. eps!'
   else
      print*,'Ungleichheit bzgl. eps!'
   endif
   stop
end
```

Das Ergebnis des Programmlaufs auf einer SUN SPARC lautet:

```
Ungleichheit: SUM= 0.9999993
Gleichheit bzgl. eps!
```

Benutzerdefinierte Operatoren

Bislang haben wir uns ausschließlich mit Operatoren für Standarddatentypen befaßt. Wenn wir mit abgeleiteten Datentypen rechnen wollen, haben wir die darin enthaltenen Komponenten jeweils soweit zu qualifizieren, daß wir ein Objekt eines Standarddatentyps erhalten. Nehmen wir als Beispiel einen Datentyp namens INTERVALL, der ein reelles Intervall durch Angabe der linken und der rechten Grenze charakterisiert:

```
TYPE INTERVALL
   REAL : LEFT, RIGHT
END TYPE
TYPE (INTERVALL) :: IVL1, IVL2
```

Durch Qualifizierung können wir Verknüpfungen durchführen:

```
IVL1 % LEFT + IVL2 % LEFT
IVL1 % RIGHT + IVL2 % RIGHT
```

Die unmittelbare Verknüpfung der abgeleiteten Größen in der Art IVL1 + IVL2 ist jedoch mit der bislang definierten Verknüpfung nicht möglich: hierzu müssen wir erst in einer Operatordeklaration den Standardoperator "+" auf den abgeleiteten Datentyp INTERVALL erweitern.

Benutzerdefinierte Operatoren können als unär- und als binär-Operatoren definiert werden. Neben der Erweiterung der Standardoperatoren können auch neue Operatoren definiert werden. Solch ein benutzerdefinierter Operator hat die Form

$$\text{benutzerdefinierter\_operator} := .\text{buchstabe}[\text{buchstabe}]^{30}.$$

Die Definition von erweiterten Standardoperatoren und benutzerdefinierten Operatoren wird ausführlich in Kapitel 7 behandelt.

6.1.2 Typanpassung

Häufig werden die zu verknüpfenden Operanden entgegen der bisherigen Vorgabe nicht von gleichem Datentyp mit identischen Typparametern und identischer Gestalt sein. Zur Anpassung der Operanden an einen gemeinsamen Typ stehen die zu den Standardfunktionen gehörenden Typkonvertierungsfunktionen zur Verfügung:

```
INT (A,KIND)              CMPLX (X,Y,KIND)
REAL (A,KIND)             LOGICAL (L,KIND)
DBLE (A)
```

Die Typkonvertierungsfunktionen werden ausführlich in Abschnitt 8.2 behandelt. Die hier genannten Funktionen sorgen dafür, daß der Wert von A, X, Y oder L jeweils in den Datentyp INTEGER, REAL, DOUBLE PRECISION, COMPLEX oder LOGICAL mit dem angegebenen Typparameter umgewandelt wird. Fehlt eine Ausgabe zu KIND, so ist jeweils der Defaulttyp gemeint.

Beispiel:

```
REAL B2
DOUBLE PRECISION D
INTEGER I
```

Die folgenden Verknüpfungen verfügen jeweils über Operanden gleichen Typs:

```
B2 + REAL (3.14,KIND(0.0))      D+DBLE(3.14)
INT (D) + I                     D+REAL(I,KIND(0.0D0))
```

Über diese Möglichkeit zur expliziten Typanpassung hinaus verfügt Fortran auch über eine implizite Typanpassung, bei der automatisch die beiden Operanden eines binären Operators an den umfassenderen Datentyp angepaßt werden. Dies bedeutet, daß zwei Operanden gleichen Typs, aber mit unterschiedlichen Typparametern in die Darstellung mit dem Typparameter umgewandelt werden, der im Fall INTEGER den größeren Wertebereich und im Fall REAL die größere dezimale Genauigkeit hat. Sind beide Operanden auch noch von unterschiedlichem Datentyp, so wird wie folgt erweitert:

$$\text{INTEGER auf REAL auf COMPLEX}$$

Anpassungen an andere Datentypen finden nicht statt. Das Ergebnis eines Ausdrucks bzw. einer Verknüpfung hat den solcherart ermittelten Datentyp.

Beispiel:

Mit den Vereinbarungen des vorangegangenen Beispiels sind die folgenden Ausdrücke gültig:

```
B2+3.14     Ergebnistyp: REAL (KIND(0.0))
4*I         Ergebnistyp: INTEGER (KIND(0))
I*D         Ergebnistyp: DOUBLE PRECISION
2/3.0       Ergebnistyp: REAL (KIND(0.0))
```

6.1.3 Operanden

Bislang haben wir als Operanden in den Verknüpfungen im wesentlichen skalare Variablen und Konstanten benutzt. Alle Regeln lassen sich jedoch auch für Felder verallgemeinern. Damit erhalten wir den in Fortran 90 gültigen allgemeinen Operandenbegriff:

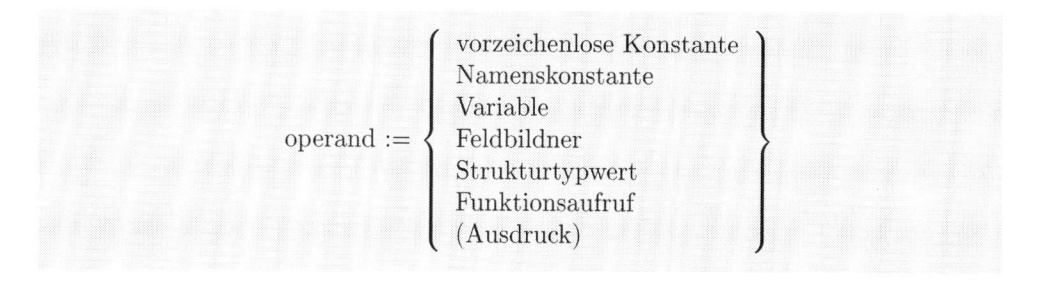

$$\text{operand} := \begin{Bmatrix} \text{vorzeichenlose Konstante} \\ \text{Namenskonstante} \\ \text{Variable} \\ \text{Feldbildner} \\ \text{Strukturtypwert} \\ \text{Funktionsaufruf} \\ \text{(Ausdruck)} \end{Bmatrix}$$

Die vollständige syntaktische Form eines Ausdrucks wird im nächsten Abschnitt beschrieben, die eines Funktionsaufrufs in Abschnitt 7.9. Zur Wiederholung sei hier noch einmal darauf hingewiesen, daß eine Variable nicht allein einen Variablennamen bezeichnet, sondern daß es sich hierbei auch um eine Zeichenteilfolge oder ein Teilobjekt handeln kann. Falls die Variable ein Feld übernommener Größe (siehe Abschnitt 7.5) bezeichnet, muß dieses in der Teilfeldnotation mit expliziter Indexangabe spezifiziert werden.

Beispiel:

Operanden können sein:

2	Konstante
3.1415	Konstante
'ABC'	Konstante
A	Variable
FELD(7)	Variable (Feldelement)
IVL1%LEFT	Variable (Teilobjekt)
'ABCDE'(1:2)	Konstante (Zeichenteilfolge)
(/1,2,3,4/)	Feldbildner
FUNC(X,Y)	Funktionsaufruf

Mit den Deklarationen

```
INTEGER, DIMENSION(10), PARAMETER :: FELD = (/(I,I=1,10)/)
TYPE TAG
   CHARACTER*10 WOTAG
   INTEGER     NAME, MONAT, JAHR
END TYPE
TYPE(TAG) :: TAGVAR
```

sind auch folgendes gültige Operanden:

FELD(1:2)	Teilobjekt
TAG ('MONTAG',21,9,1992)	Strukturtypwert
TAGVAR%NAME	Teilobjekt

Die Operanden einer binären Verknüpfung dürfen nur dann von unterschiedlicher Gestalt (shape) sein, wenn einer der beiden Operanden ein Skalar ist. In diesem Fall erhält das Ergebnis die Gestalt des feldwertigen Operanden.

Beispiel:

Es sei deklariert:

```
INTEGER, DIMENSION (4,3)  :: A
INTEGER, DIMENSION (1:12) :: FELD
INTEGER :: IS
```

Dann gilt:

FELD + 3	Gestalt des Ergebnisses: (/12/)
IS * A	Gestalt des Ergebnisses: (/4,3/)
A(1,1:3)-FELD(8:10)	Gestalt des Ergebnisses: (/3/)
IS / 2	Gestalt des Ergebnisses: (//)

Werden zwei feldwertige Operanden miteinander verknüpft, so müssen beide Operanden *Gestalt–konform* sein (*shape conformance*)! Darunter ist zu verstehen, daß die feldwertigen Operanden von gleicher Gestalt sein müssen. Falls zwei Operanden nicht Gestalt–konform sind, müssen sie unter Verwendung der Standardfunktion RESHAPE explizit zu einer gemeinsamen Gestalt umgeformt werden. Die Verknüpfung wird paarweise auf alle Operandenelemente angewandt. Eine Reihenfolge, in der die einzelnen Verknüpfungen durchgeführt werden, ist hierdurch jedoch nicht vorgegeben. Ist einer der Operanden ein Skalar und der andere ein Feld, so wird der Skalar in die Gestalt des Feldes "vervielfältigt" und anschließend werden die nun vorhandenen Operandenelemente paarweise verknüpft. Dieser Vorgang wird auch als *Broadcasting* bezeichnet. Ist einer der Operanden ein Feld der Länge 0 oder eine Zeichen(teil)folge der Länge 0, so wird kein Wert berechnet.

Beispiel:

Mit den Vereinbarungen des vorangegangenen Beispiels gilt:

FELD + 3	Alle Elemente von FELD werden um den Wert 3 erhöht.
2 * A	Alle Elemente von A werden mit dem Wert 2 multipliziert.
A+FELD	Ist nicht erlaubt (nicht Gestalt-konform).

A*RESHAPE((/(I,I=1,12)/),(/4,3/))

RESHAPE formt den Feldbildner auf die Gestalt von A um, bevor elementweise multipliziert werden darf:

A(1,1)	A(1,2)	A(1,3)
A(2,1)	A(2,2)	A(2,3)
A(3,1)	A(3,2)	A(3,3)
A(4,1)	A(4,2)	A(4,3)

*

1	5	9
2	6	10
3	7	11
4	8	12

A(1:2,1:2)+RESHAPE((/(I,I=1,10,3)/),(/2,2/))

Addiert jeweils die Feldelemente gemäß dem folgenden Bild:

A(1,1)	A(1,2)	A(1,3)
A(2,1)	A(2,2)	A(2,3)
A(3,1)	A(3,2)	A(3,3)
A(4,1)	A(4,2)	A(4,3)

+

1	7
4	10

=

A(1,1)+1	A(1,2)+7
A(2,1)+4	A(2,2)+10

```
A(2,:)+FELD(10:)
```

Die zweite Zeile von A wird zu den letzten 3 Elementen von FELD addiert.

```
FELD+RESHAPE(A,(/12/))
```

Formt A in einen Vektor um und addiert diesen zu FELD.

```
A(1,1:3)+FELD(1:2)
```

Ist nicht erlaubt (nicht Gestalt-konform).

Ein Operand darf auch das POINTER-Attribut besitzen. In diesem Fall muß er zugeordnet sein. Gerechnet wird dann mit dem Wert, der auf dem Pointerziel steht.

6.1.4 Kettenausdrücke

Beliebige Ausdrücke können aus mehr als nur einer Verknüpfung bestehen:

$$\text{ausdruck} := \text{verknüpfung } [\{\text{binär\_operator operand}\}^\infty]$$

Für Kettenausdrücke mit mehr als nur einem Operator muß festgelegt sein, in welcher Reihenfolge diese Operatoren abgearbeitet werden. In Fortran gilt die Regelung, daß eine Folge gleicher Operatoren grundsätzlich von links nach rechts abgearbeitet wird. Eine Ausnahme hiervon bildet der Exponentiationsoperator "**", bei dem die Abarbeitung von rechts nach links erfolgt. Für eine Folge unterschiedlicher Operatoren in einem Ausdruck richtet sich die Abarbeitungsfolge nach der nachfolgenden Tabelle. Der oberste Tabelleneintrag besitzt dabei die höchste Abarbeitungspriorität, der letzte Tabelleneintrag die niedrigste.

Klammerausdrücke	( )
Selbstdefinierter unärer Operator	.name.
Exponentiation	**
Punktrechnung	* oder /
Vorzeichen (unärer Operator)	+ oder −
Strichrechnung (binärer Operator)	+ oder −
Konkatenation	//
Vergleichsoperatoren	.EQ.,.NE.,.LT.,.LE.,.GT.,.GE., ==,/ =,<,<=,>,>=
Logische Negation	.NOT.
Logische Konjunktion	.AND.
Logische Disjunktion	.OR.
Logische (Nicht−) Äquivalenz	.EQV. oder .NEQV.
Selbstdefinierter binärer operator	.name.

Um die Abarbeitungsfolge eines Ausdrucks übersichtlich zu gestalten, sollten hinreichend viele Klammerungen verwendet werden. Ein komplexer Kettenausdruck sollte möglichst in mehrere einzelne Ausdrücke zerlegt werden!

6.1 Ausdrücke

Beispiel:

Es sei vereinbart

```
INTEGER     :: I1, I2
REAL        :: R1
LOGICAL     :: L1, L2
CHARACTER   :: C1*5, C2*7
```

Dann gilt:

$-2**3*9 + 128/2**3**2*3$.EQ.5.AND. L1 .EQV. L2

ist äquivalent zu

$(((((-((2**3)*9)) + ((128/(2**(3**2)))*3)).EQ.5).AND. L1) .EQV.L2)$

R1 + I1/I2 ist äquivalent zu R1 + (I1/I2)

I1 − I2 .LT. R1 .AND. C1//'␣1' .LT. C2 .AND. .NOT. L2

ist äquivalent zu

$((((I1 - I2).LT.R1).AND.((C1//'\_1').LT.C2).AND. (.NOT.L2))$

Sei weiter .FAK. ein selbstdefinierter unärer Fakultätsoperator. Dann ist

.FAK.A $**2$ äquivalent zu (.FAK.A) $**2$

6.1.5 Spezielle Ausdrücke

In den vorangegangenen Kapiteln haben wir bereits mehrfach spezielle Formen von Ausdrücken benutzt, ohne dafür eine exakte Definition gegeben zu haben. In der Regel wird die intuitive Deutung eines "skalaren Ausdruck" oder eines "Konstantenausdrucks" auch vollkommen hinreichend für eine syntaktisch richtige Fortran–Programmierung sein. Nur der Vollständigkeit halber geben wir hier die exakte Definition dieser Spezialausdrücke.

Speziell für die Deklaration von Feldgrenzen und für die Vereinbarung der Längen von Textgrößen benötigen wir die **Spezifikationsausdrücke**. Dies sind Ausdrücke, die nur auf Größen beruhen, die beim Eintritt in eine Programmeinheit bekannt sind. Neben Konstanten sind dies auch Variablen, die zum Beispiel beim Aufruf eines Unterprogramms als Parameter mitgeliefert werden, sowie Aufrufe von Abfragefunktionen, die die Eigenschaften bereits deklarierter Größen betreffen.

Zur **Initialisierung** von Variablen und zur Spezifizierung von Typparametern können Initialisierungsausdrücke verwendet werden. Dies sind im einfachen Fall ebenfalls Konstanten, können aber auch kompliziertere Ausdrücke unter Verwendung gewisser Standardfunktionen sein.

Beispiel:

Die Standardfunktionen UBOUND(feldname,dim) und LBOUND(feldname, dim) sind Standardfunktionen zur Abfrage der Eigenschaften von Feldern.

Sie liefern jeweils die obere bzw. die untere vereinbarte Dimensionsgrenze der Dimension `dim` des Feldes `feldname`. Diese können zur Deklaration weiterer Felder benutzt werden:

```
INTEGER, PARAMETER       :: DIM=10
INTEGER, DIMENSION(DIM)  :: VEKTOR
INTEGER, DIMENSION(UBOUND(VEKTOR,1),UBOUND(VEKTOR,1))::MATRIX
INTEGER, DIMENSION  &
  (UBOUND(VEKTOR,1)-LBOUND(VEKTOR,1):UBOUND(VEKTOR,1))::HALBV
```

Nach der Bearbeitung von Kapitel 7 wird ersichtlich, daß eine derartige "variable" Deklaration insbesondere in Unterprogrammen sinnvoll sein kann.

Die Standardfunktion SELECTED_INT_KIND kann nun auch zur Vereinbarung eines Typparameters verwendet werden (vergleiche Seite 43):

```
INTEGER (KIND=SELECTED_INT_KIND(2)) :: Z
```

Zur formalen Definition eines Spezifikationsausdrucks benötigen wir zunächst die Definition eines eingeschränkten Ausdrucks. Ein Ausdruck heißt eingeschränkter Ausdruck, wenn alle Operatoren Standardoperatoren sind und wenn nur folgende Arten von Operanden auftreten:

- Konstanten und Teilobjekte von Konstanten.

- Feldbildner, bei denen die Anfangs–, End– und Schrittangaben enthaltener impliziter DO–Listen nur aus eingeschränkten Ausdrücken oder den Laufvariablen impliziter DO–Listen bestehen.

- Strukturbildner, deren Komponenten ausschließlich aus eingeschränkten Ausdrücken bestehen.

- Variablen, die

  - Formalparameter oder Teilobjekt eines Formalparameters sind, der weder das OPTIONAL noch das INTENT(OUT) Attribut hat.

  - in einem COMMON–Block enthalten oder Teilobjekt einer solchen Variablen sind.

  - durch Umgebungszuordnung (host association oder use association) definiert oder Teilobjekt einer solchen Variablen sind. Die Umgebungszuordnung ist erst bei der Benutzung von Unterprogrammen von Bedeutung und wird in Kapitel 7 definiert.

- Funktionsaufrufe, die

  - der Aufruf einer vordefinierten Elementfunktion vom Typ INTEGER oder CHARACTER sind und deren Argumente alle eingeschränkte Ausdrücke vom Typ INTEGER oder CHARACTER sind.

- der Aufruf einer der Standardfunktionen REPEAT, RESHAPE, SELECTED_INT_KIND, SELECTED_REAL_KIND, TRANSFER oder TRIM sind, wobei alle Parameter eingeschränkte Ausdrücke vom Typ INTEGER oder CHARACTER sein müssen.
- der Aufruf einer der Standardfunktionen zur Abfrage der Eigenschaften von Feldern außer ALLOCATED oder zur Abfrage von Typparametern und Zahlenmodellen oder zur Abfrage der Eigenschaften von Zeichenketten sind. Als Aktualparameter dieser Funktionen dürfen nur eingeschränkte Ausdrücke sowie zusätzlich beliebige Variablen mit expliziter Gestalt und Länge auftreten.

- In Klammern eingeschlossene Spezifikationsausdrücke.

Ein **Spezifikationsausdruck** schließlich ist ein eingeschränkter Ausdruck, dessen Ergebnis skalar und vom Typ INTEGER ist.

Beispiel:

Seien INT und N Formalparameter oder über COMMON oder USE verfügbar gemacht oder Größe eines umgebenden Programms (siehe Kapitel 7). Dann sind Spezifikationsausdrücke:

```
LEN(REPEAT('-',20))        SELECTED_INT_KIND (INT)
5*N
```

Keine Spezifikationsausdrücke sind:

```
2*3.14159                  RESHAPE((/(I,I=1,10)/),(/2,5/))
```

Sei PAR ein Feld übernommener Gestalt, das Formalparameter eines Unterprogramms ist. Dann sind folgende Deklarationen im Unterprogramm zulässig:

```
INTEGER, DIMENSION(:,:)            :: PAR
INTEGER, DIMENSION(1:UBOUND(PAR,1)) :: VEKTOR
INTEGER, DIMENSION(0:SIZE(PAR)-1)  :: GESAMT
```

Bezüglich der Abfragefunktionen sind folgende Fälle zu unterscheiden, die hier am Beispiel der Standardfunktion SIZE für Spezifikationsausdrücke verdeutlicht werden:

Sei A Formalparameter mit übernommener Gestalt und OPTIONAL–Attribut. Dann ist die Abfrage SIZE(A) unzulässig. Verfügt A jedoch über explizite Grenzen, so ist die Abfrage erlaubt.

Sei A Formalparameter mit übernommener Größe ohne OPTIONAL– oder INTENT(OUT)–Attribut. Dann ist die Abfrage SIZE(A) erlaubt.

Sei A lokale Variable mit expliziten Grenzen. Dann ist SIZE(A) zulässig. Ist A jedoch lokale Variable mit ALLOCATABLE–Attribut, so ist die Abfrage SIZE(A) unzulässig.

Ein weiterer Ausdruck ist der **Konstantenausdruck**. Er besteht ausschließlich aus Konstanten und Laufvariablen impliziter DO–Listen sowie einer kleinen Auswahl von Standardfunktionen, die auch die Eigenschaften bereits bekannter Variablen abfragen dürfen.

Formal definiert heißt ein Ausdruck Konstantenausdruck, wenn alle Operatoren Standardoperatoren sind und wenn nur folgende Arten von Operanden auftreten:

- Konstanten und Teilobjekte von Konstanten, wobei jegliche Qualifizierung ausschließlich durch Konstantenausdrücke erfolgt.

- Feldbildner, deren Elemente sowie deren Anfangs–, End– und Schrittangaben enthaltener impliziter DO–Listen nur aus Konstantenausdrücken oder den Laufvariablen impliziter DO–Listen bestehen.

- Strukturbildner, deren Komponenten ausschließlich aus Konstantenausdrücken bestehen.

- Funktionsaufrufe, die

  - der Aufruf einer Elementfunktion mit konstanten Aktualparametern sind.

  - der Aufruf einer Transformationsfunktion sind mit Aktualparametern, die nur aus Konstantenausdrücken bestehen.

  - der Aufruf einer der Standardfunktionen sind zur Abfrage der Eigenschaften von Feldern außer ALLOCATED oder zur Abfrage von Typparametern und Zahlenmodellen oder zur Abfrage der Eigenschaften von Zeichenketten. Als Aktualparameter dieser Funktionen dürfen nur Konstantenausdrücke sowie zusätzlich Variablen mit expliziter Gestalt und Länge auftreten.

- In Klammern eingeschlossene Konstantenausdrücke.

Beispiel:

Sei I vom Typ INTEGER und `CHARVAR` eine CHARACTER–Variable. Dann sind Konstantenausdrücke:

```
3*3.1415              3.14*(/(I,I=1,5)/)
KIND(2)               2+LEN(CHARVAR)
3.0*SIN(3.14)         SQRT(2.0)
```

Keine Konstantenausdrücke sind:

```
3*I                   ASSOCIATED(PTR)
SUM((/1,2,3/))
```

Weitere Einschränkungen beinhaltet der **Initialisierungsausdruck**. Wie der Name schon sagt, wird er am Anfang einer Programmeinheit zur Initialisierung von Speicherplätzen benutzt. Da er schon zur Übersetzungszeit berechenbar sein muß, sind die folgenden formalen Regeln zu beachten:

Ein Konstantenausdruck heißt Initialisierungsausdruck, wenn der Exponentiationsoperator nur in Verbindung mit einem Exponenten vom Typ INTEGER auftritt und wenn nur folgende Arten von Operanden auftreten:

- Größen, die ausschließlich unter Verwendung von Initialisierungsausdrücken zur Konstruktion von Feld– und Strukturbildnern, Teilobjekten sowie impliziten DO– Listen gebildet werden.

- Funktionsaufrufe, die

  - der Aufruf einer Elementfunktion vom Typ INTEGER oder CHARACTER mit Aktualparametern vom Typ INTEGER oder CHARACTER sind.
  - der Aufruf einer der Funktionen REPEAT, RESHAPE, TRANSFER und TRIM sind mit Aktualparametern, die nur aus Initialisierungsausdrücken bestehen dürfen.
  - der Aufruf einer der Standardfunktionen zur Abfrage der Eigenschaften von Feldern außer ALLOCATED oder zur Abfrage von Typparametern und Zahlenmodellen oder zur Abfrage der Eigenschaften von Zeichenketten sind. Dabei darf die Abfrage sich ausschließlich auf Eigenschaften beziehen, die bereits bekannt sind. Wenn die Eigenschaften von Größen abgefragt werden, die im gleichen Vereinbarungsteil definiert werden, so muß diese Definition statisch vor der Abfrage erfolgt sein.

- In Klammern eingeschlossene Initialisierungsausdrücke.

Beispiel:

Sei A ein Feld mit expliziter Gestalt und konstanten Grenzen, B ein Feld in einem Unterprogramm mit variabler Dimensionierung und N eine Variable:

```
INTEGER                 :: N
INTEGER, DIMENSION(2,5) :: A
INTEGER, DIMENSION(1:N) :: B
```

Dann ist die nachfolgende Übersicht gültig:

Initialisierungsausdrücke	Keine Initialisierungsausdrücke
3 * 3.14	3 * N
2 ** 2	2 ** 0.5
2 * (/(I,I=1,10)/)	2 * (/(I,I=1,N)/)
ICHAR('A')	SQRT(2.)

RESHAPE((/(I,I=1,10)/) &
       ,(/2,5/))
	RESHAPE((/(I,I=1,N)/) &
	          ,(/2,N/2/))

	SUM((/(I,I=1,10)/))
SIZE(A)	SIZE(B)

Initialisierungsausdrücke finden, wie schon gesagt, bei der Initialisierung von Speicherplätzen Verwendung. Es können sowohl Konstanten definiert als auch Variablen vorbesetzt werden. Das Einsatzspektrum reicht von der Vorbelegung einfacher Speicherplätze bis zur Initialisierung ganzer Felder.

Beispiel:

> `INTEGER, PARAMETER :: MAXINT = HUGE(1)` belegt `MAXINT` mit der größten darstellbaren Zahl vom Typ Default–INTEGER.
>
> `REAL, DIMENSION(1:100) :: VEKTOR=(/(1.0*I,I=1,100)/)` belegt das eindimensionale Feld `VEKTOR` mit den Werten 1.0, 2.0 usw.
>
> ```
> INTEGER,PARAMETER    :: N = 100
> REAL,DIMENSION(N,N)  :: MATRIX = &
>                        RESHAPE((/1.*I,I=1,N),J=1,N)/),(/N,N/))
> ```
>
> belegt `MATRIX` spaltenweise mit den Werten 1.0, 2.0 usw. bis 1.0*N. Die Standardfunktion RESHAPE wird hier benötigt, weil ein Feldbildner nur eindimensional gebildet werden kann. Zur Initialisierung der zweidimensionalen Matrix muß er anschließend mit Hilfe der RESHAPE–Funktion auf die Gestalt der Matrix umgeformt werden.

Folgende Spezialformen von Ausdrücken werden häufig benötigt:

- Ein INTEGER–Ausdruck ist ein Ausdruck, dessen Ergebnis vom Typ INTEGER ist.

- Analog sind REAL–, COMPLEX–, CHARACTER– und LOGICAL–Ausdrücke definiert.

- Ausdrücke vom Defaulttyp sind Ausdrücke, deren Ergebnis ein Wert in der Defaultform des betreffenden Datentyps ist.

- Skalare Ausdrücke sind Ausdrücke, deren Ergebnis ein Skalar ist.

- Feldwertige Ausdrücke sind Ausdrücke, deren Ergebnis nicht skalar ist, d.h. das Ergebnis hat eine Gestalt ungleich "(//)".

- Textausdrücke sind CHARACTER–Ausdrücke.

6.2 Wertzuweisungen

Wertzuweisungen dienen dazu, den Definitionsstatus von Variablen zu verändern, d.h. ihnen einen Wert zuzuweisen oder diesen zu verändern. In Fortran werden allgemeine Wertzuweisungen, Pointerzuweisungen und maskierte Zuweisungen unterschieden.

6.2.1 Allgemeine Wertzuweisungen

Die allgemeine Wertzuweisung ist eine ausführbare Anweisung. Sie hat die Form

> allgemeine_wertzuweisung := variable = ausdruck

6.2 Wertzuweisungen

variable darf, wie in Kapitel 4 definiert, ein Variablenname, ein Teilobjekt oder eine Zeichenteilfolge sein. Bezeichnet eine Variable ein Feld übernommener Größe (vergleiche Abschnitt 7.5), so darf nicht allein der Variablenname spezifiziert werden, sondern das Feld muß als Teilobjekt mit expliziten Indexangaben angegeben werden.
Fortran 90 unterscheidet Standard–Wertzuweisungen und benutzerdefinierte Wertzuweisungen.

Standard–Wertzuweisungen

Eine Standard–Wertzuweisung ist eine allgemeine Wertzuweisung, bei der die Variable und der Ausdruck Gestalt–konform (*shape conformance*) und von Standarddatentyp sind. Die Variable und der Ausdruck dürfen auch von abgeleitetem Typ sein, wenn hierfür keine spezielle benutzerdefinierte Zuweisung existiert.
Die Variable und der Ausdruck müssen zuweisungskompatibel sein. Zwei Objekte heißen *zuweisungskompatibel*, wenn sie den Regeln genügen, die im Rest dieses Abschnitts aufgestellt werden. Sie müssen grundsätzlich vom gleichen Datentyp sein. Unterschiedliche Datentypen für die Variable und den Ausdruck sind nur in den folgenden Kombinationen erlaubt:

Variable	Ausdruck	zugewiesener Wert
INTEGER	REAL	INT(Ausdruck)
	COMPLEX	INT(Ausdruck)
REAL	INTEGER	REAL(Ausdruck)
	COMPLEX	REAL(Ausdruck)
COMPLEX	INTEGER	CMPLX(Ausdruck)
	REAL	CMPLX(Ausdruck)

In allen Fällen gilt, daß der Typ von Ausdruck an den Typ von Variable angepaßt wird. Dies gilt auch für unterschiedliche KIND–Parameter bei den numerischen und den logischen Datentypen.

Beispiel:

Gültige Wertzuweisungen sind:

```
INTEGER I1,I2
REAL R1,R2
I1 = 2*9**3                    ! zugewiesen wird 1458
I2 = I1/5                      ! zugewiesen wird 291
R1 = 3.14 + I2                 ! zugewiesen wird 294.14
R2 = R1 - I2 * I1 + FUNC(R1)
```

Falls Variable und Ausdruck vom Typ CHARACTER sind, so müssen beide über denselben Kind–Parameter verfügen. Stimmen die Längenparameter von Variable und Ausdruck nicht überein, so erfolgt eine Zuweisung nach folgender Regel:

- Ist die Länge der Variablen kleiner als die des Ausdrucks, so werden linksbündig so viele Zeichen auf die Variable übergeben, wie es die Länge der Variablen erlaubt. Die überzähligen Zeichen des Ausdrucks werden abgeschnitten.

- Ist die Länge der Variablen größer als die des Ausdrucks, so wird der Ausdruck linksbündig auf die Variable zugewiesen. Die verbleibenden Speicherplätze der Variablen werden nach rechts mit Leerzeichen aufgefüllt.

Beispiel:

Gültige Wertzuweisungen sind:

```
CHARACTER  KURZ * 4, LANG * 17, NEU * 10
LANG = 'RUHR-UNIVERSITAET'
KURZ = LANG                    ! speichert: 'RUHR'
NEU  = KURZ//'TAL'             ! speichert: 'RUHRTAL    '
```

Eine allgemeine Wertzuweisung bewirkt die Auswertung aller Ausdrücke der linken und rechten Seite der Zuweisung, bevor die Zuweisung ausgeführt wird. Diese Auswertungen dürfen sich an keiner Stelle (z.B. über Funktionsaufruf–Seiteneffekte, die bei der Redefinition eines Parameters eines Funktionsunterprogramms auftreten können) gegenseitig beeinflussen. Falls die Variable ein Feld der Länge 0 oder eine CHARACTER–Größe der Länge 0 ist, wird kein Wert zugewiesen. Ist die Variable feldwertig, so muß der Ausdruck von gleicher Gestalt sein. Die Zuweisungen erfolgen dann elementweise für alle korrespondierenden Elemente der Variablen und des Ausdrucks. Nur wenn der Ausdruck ein Skalar ist, ist eine Abweichung erlaubt. In diesem Fall werden alle Elemente der Variablen mit dem (skalaren) Wert des Ausdrucks belegt (Broadcasting). Die Reihenfolge, in der die Zuweisungen auf eine feldwertige Variable ausgeführt werden, ist nicht festgelegt.

Beispiel:

Gegeben sei das Programmstück:

```
INTEGER, DIMENSION(5,5) :: FELD
INTEGER, DIMENSION(5)   :: IV
INTEGER, DIMENSION(3)   :: INDEX

FELD = 0
IV = 1
FELD(3,:) = IV
INDEX = (/1,3,5/)
FELD(1,INDEX) = IV(1:3)
FELD(5,INDEX) = INDEX
FELD(2:4:2,2:4:2) = 2
```

Die Anweisungsfolge erzeugt die nachfolgende Belegung der Matrix FELD:

```
    1  0  1  0  1
    0  2  0  2  0
    1  1  1  1  1
    0  2  0  2  0
    1  0  3  0  5
```

Probleme können auftauchen, wenn die Variable ein Feld mit einem Vektor als Indexangabe ist und dieser Vektor ein Element des Feldes mehrfach anspricht ("many to one array"):

```
INDEX(3) = 1
FELD(INDEX,1) = (/1,2,3/)
```

Mit den Vereinbarungen des vorangegangenen Beispiels wird das Feldelement FELD(1,1) zweimal belegt. Welcher Wert anschließend auf FELD(1,1) steht, ist in der Fortran–Norm nicht festgelegt.

Beispiel:

Wie uns die in Fortran 90 integrierten Anweisungen zur Bearbeitung von Feldern bei der Textverarbeitung unterstützen können, zeigt das Beispiel der Palindrom-Bestimmung. Unter einem Palindrom verstehen wir eine Zeichenfolge, die vorwärts wie rückwärts gelesen die gleiche Zeichenfolge ergibt, die also symmetrisch ist. Beispiele für Palindrome sind die Zeichenfolgen 'OTTO' und 'RELIEFPFEILER'.

In einem Programm, das die Palindrombestimmung durchführen soll, lesen wir zunächst die Länge N der zu prüfenden Zeichenfolge und dann die Zeichenfolge selbst ein. Sie wird auf einem dynamisch kreierten CHARACTER*1–Feld TEXT gespeichert. Zunächst bestimmen wir die Mitte des belegten CHARACTER–Feldes. Dessen erste Hälfte wird dann mit der rückwärts angeordneten zweiten Hälfte auf paarweise Gleichheit überprüft. Das Ergebnis wird auf dem Feld PRUEF, das dynamisch mit der Länge N/2 kreiert worden ist, gespeichert. Das Prüfergebnis wird durch die Standardfunktion ALL ermittelt, die den Wert .TRUE. zurückliefert, falls alle Elemente des als Parameter übergebenen logischen Feldes PRUEF den Wert .TRUE. haben, und .FALSE. sonst. Ist die untersuchte Zeichenfolge ein Palindrom, so wird die Meldung "T : text" ausgegeben, wobei text die untersuchte Zeichenfolge ist. Im negativen Fall wird "F : text" ausgedruckt.

Die Standardfunktion ALL wird ausführlich in Kapitel 8 beschrieben.

```
PROGRAM PALINDROM
   IMPLICIT NONE
   INTEGER :: N, NHALBE, I
   CHARACTER*1, DIMENSION(:), ALLOCATABLE :: TEXT
   LOGICAL, DIMENSION(:), ALLOCATABLE     :: PRUEF
```

```
      READ *, N
      ALLOCATE (TEXT(1:N))
      NHALBE = N/2
      ALLOCATE (PRUEF(1:NHALBE))
!
      READ *, TEXT(1:N)
      PRUEF = TEXT(1:NHALBE:1)==TEXT(N:NHALBE:-1)
      PRINT *, ALL(PRUEF(1:NHALBE)),' : ',TEXT
   END PROGRAM
```

Falls die Variable in der allgemeinen Wertzuweisung ein Pointer ist, so wird der Wert des Ausdrucks auf das Pointerziel zugewiesen. Ist die Variable von einem abgeleiteten Datentyp, so muß der Ausdruck vom gleichen Typ sein. Alle Komponenten des Ausdrucks werden mit der passenden Wertzuweisung auf die entsprechenden Komponenten der Variablen zugewiesen. Zwei Pointerkomponenten werden dabei implizit mit einer Pointerzuweisung (vergleiche Abschnitt 6.2.2) aufeinander zugewiesen.

Beispiel:

Im folgenden Programm wird die Standard–Wertzuweisung für Variablen mit POINTER–Attribut benutzt.

Den Pointern `eintrag1` und `neu` wird durch `allocate` Speicherplatz vom Typ `liste` zugeordnet. Dieser Platz kann anschließend durch eine Standard–Wertzuweisung belegt werden, d.h die neuen Werte werden auf den zugeordneten Speicherplatz *kopiert*. Dies gilt sowohl für qualifizierte Pointerkomponenten (`neu%kennung`) als auch für Zuweisungen auf den Pointer selbst (`eintrag1 = neu`).

Eine ALLOCATE-Anweisung für die Pointer-Komponente `nachfolger` ordnet dieser neuen Speicherplatz zu, der durch `eintrag1%nachfolger = neu` belegt wird.

Die abschließenden `print`-Anweisungen zeigen, daß die Eintragungen der Verweiskette ebenfalls durch hinreichend häufige Qualifizierung zugreifbar sind: `eintrag1%nachfolger%...`. Der Ausdruck hinter dem Programmtext gibt die Listeneinträge in der Verweiskette wieder.

```
program listpro
  implicit none
  type liste
     integer              :: kennung
     character*5          :: name
     real,dimension(2)    :: werte
     type(liste),pointer  :: nachfolger
  end type

  type (liste),pointer :: eintrag1
```

```
  type (liste),pointer :: neu
!
!       Belegung der ersten Datenstruktur
  allocate(neu)
  neu%kennung=1; neu%name='eins'; neu%werte=(/1,1/)
  nullify(neu%nachfolger)
!
!       Eintragung der Struktur als erstes Listenelement
  allocate(eintrag1)
  eintrag1 = neu
!
!       Belegung einer neuen Struktur
  neu%kennung=2; neu%name='zwei'; neu%werte=(/2,2/)
!
!       Einfügung der Struktur als neues Listenelement
  allocate (eintrag1%nachfolger)
  eintrag1%nachfolger = neu
!
!         Ausgabe der Liste
  print*, eintrag1%kennung, eintrag1%name, eintrag1%werte
  print*, eintrag1%nachfolger%kennung,    &
          eintrag1%nachfolger%name,       &
          eintrag1%nachfolger%werte

end
```

Die Anweisungsfolge baut die folgende Verweisstruktur auf:

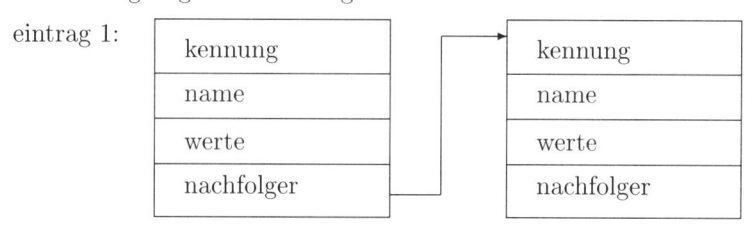

eintrag 1:

kennung		kennung
name		name
werte		werte
nachfolger		nachfolger

Damit erzeugen die PRINT–Anweisungen folgende Ausgabe:

```
1 eins 1 1
2 zwei 2 2
```

Will man auf weitere Listeneinträge zugreifen, so werden diese durch "hinreichend häufige Ablistung", d.h. Qualifizierung zugreifbar: eintrag1%nachfolger%nachfolger... Der Zuweisungsoperator "=" sorgt jeweils dafür, daß alle Komponenten von neu auf den vorher mit ALLOCATE reservierten Speicherplatz kopiert werden.

Wichtig ist, daß die allgemeine Wertzuweisung stets für ein Kopieren der Werte sorgt. Dadurch wird die Liste in fester Struktur aufgebaut. Es wird uns mit den bislang bekannten Sprachmitteln nicht gelingen, ein neues Listenelement zwischen zwei vorhandene Listenelemente einzubauen. Hierfür benötigen wir die Pointerzuweisung, die in Abschnitt 6.2.2 beschrieben wird.

Benutzerdefinierte Wertzuweisung

Die Standard–Wertzuweisung ist auch für Größen abgeleiteten Typs verwendbar, wenn sowohl die Variable als auch der Ausdruck in der Zuweisung von exakt gleichem Typ und gleicher Gestalt sind. Dies ist jedoch nicht immer hinreichend. Es kann zum Beispiel vorkommen, daß wir einen Zuweisungsoperator benötigen, der nicht alle Komponenten des abgeleiteten Typs überträgt. Oder wir können uns eine Anwendung vorstellen, die einen String, also eine Zeichenkette, so auf ein CHARACTER–FELD umspeichert, daß anschließend jedes Zeichen des Strings auf einem separaten Feldelement steht. Hierfür bietet Fortran 90 die Möglichkeit, eigene Wertzuweisungen zu definieren. Der Zuweisungsoperator "=" wird dazu unter Benutzung eines Subroutine–Unterprogramms auf die gewünschte Anwendung erweitert. Zu beachten ist nur, daß die Standard–Wertzuweisung für Standardtypen nicht verändert werden darf. Sind Variable und Ausdruck Gestalt–konform, so dürfen nicht beide numerischen Typs oder beide vom Typ LOGICAL oder beide vom Typ CHARACTER mit gleichem KIND–Attribut sein. Eine ausführliche Beschreibung der benutzerdefinierten Wertzuweisung wird in Abschnitt 7.10.2 gegeben.

6.2.2 Pointerzuweisungen

Eine Pointerzuweisung assoziiert einen Pointer (Zeiger) mit einem Ziel oder sie ändert den Assoziationsstatus eines Pointers in den Zustand "nicht assoziiert" oder "undefiniert".
Eine Pointerzuweisung hat die Form

pointer_zuweisung := pointervariable => ziel	
ziel	$\left\{\begin{array}{c}\text{Variable}\\\text{Ausdruck}\end{array}\right\}$
pointervariable	Variable mit POINTER–Attribut

ziel muß entweder das TARGET–Attribut haben oder ein Teilobjekt eines Targetobjekts oder ein Pointer sein. Außerdem darf ziel kein Teilfeld mit feldwertigem Index sein. Wenn ziel ein Ausdruck ist, so muß dieser ein Ergebnis mit POINTER–Attribut liefern. Das bedeutet, daß als Ausdruck nur ein Funktionsaufruf zulässig ist, dessen Ergebnisvariable das POINTER–Attribut besitzt. pointervariable und ziel müssen von gleichem Typ mit gleichem Typparameter und gleichem Rang sein.
Falls das Zuweisungsziel kein Pointer sondern ein Objekt mit TARGET–Attribut ist, so weist die Pointervariable anschließend auf dieses Objekt. Ist das Ziel ein zugeordneter

Pointer, so weist die Pointervariable nach dieser Pointerzuweisung auf das gleiche Ziel wie dieser Pointer. Ist das Ziel ein nicht zugeordneter oder undefinierter Pointer, so verliert auch die Pointervariable ihre Zuordnung oder wird undefiniert.
Eine Pointervariable kann auch durch die Standardfunktion ALLOCATE zugeordnet werden. Nur eine Pointervariable, die zugeordnet oder definiert ist, darf als Operand eines Ausdrucks verwendet werden. Mit Hilfe der Pointerzuweisung gelingt es uns, die Zuordnung einer Pointervariablen mit einem Ziel zu verändern, ohne daß die auf dem Ziel gespeicherten Daten kopiert werden.

Beispiel:

Das vorangegangene Beispiel werde so modifiziert, daß die Standard–Wertzuweisungen `eintrag1=neu` und `eintrag1%nachfolger=neu` durch die Pointerzuweisungen `eintrag1=>neu` und `eintrag1%nachfolger=>neu` ersetzt werden. Dadurch wird nun nicht mehr der Inhalt von `neu` auf die Speicherplätze von `eintrag1` und `eintrag1%nachfolger` kopiert, sondern beide Pointer werden dem Speicherplatz von `neu` zugeordnet, zeigen also auf das gleiche Ziel. Damit erzeugt das Programm folgende Ausgabe:

2 zwei 2 2
2 zwei 2 2

Mit der Pointerzuweisung ist es möglich, in einer Liste nachträglich Elemente einzufügen (vergleiche Seite 70).

Beispiel:

In unten stehendem Programm wird eine Verweiskette aufgebaut, auf deren Anfang `eintrag1` verweist. Der Pointer `aktuell` wird dem jeweils aktuell zu bearbeitenden Ketteneintrag zugeordnet. Zunächst werden zwei Einträge in die Verweiskette eingetragen. Unter Verwendung von Pointerzuweisungen wird dann ein neues Kettenelement zwischen diese beiden Einträge eingefügt.

```
program listptr
   implicit none
   type liste
      integer :: kennung
      character*5 :: name
      real,dimension(2) :: werte
      type(liste),pointer :: nachfolger
   end type
!
   type (liste), pointer :: eintrag1, neu, aktuell
!
!  Erzeugung eines Zeigerziels fuer neu
   allocate (neu)
   neu%kennung=1; neu%name='eins'; neu%werte=(/1,1/);
```

```
      nullify(neu%nachfolger)
!     eintrag1 und aktuell sollen auf das Ziel von neu weisen
      eintrag1 => neu
      aktuell  => neu
!
!     Erzeugung eines neuen Zeigerziels fuer neu
      allocate (neu)
      neu%kennung=3; neu%name='drei'; neu%werte=(/3,3/);
      nullify(neu%nachfolger)
!
!     Der Nachfolger des letzten Eintrags der Verweiskette soll
!     auf das Ziel von neu zeigen
      aktuell%nachfolger => neu
      aktuell => neu
!
      print*, eintrag1%kennung, eintrag1%name, eintrag1%werte
      print*, aktuell%kennung,aktuell%name,aktuell%werte
!
!        das folgende Listenelement soll zwischen
!        den beiden bereits eingeordneten Listenelementen
!        eingeordnet werden:
!
      allocate (neu)
      neu%kennung=2; neu%name='zwei'; neu%werte=(/2,2/);
      nullify(neu%nachfolger)
!
      aktuell => eintrag1
      neu%nachfolger => aktuell%nachfolger
      aktuell%nachfolger => neu
!
!     Ausgabe der Eintraege in der Reihenfolge der
!     Listenelemente
      aktuell => eintrag1
      print*, aktuell%kennung,aktuell%name,aktuell%werte
!
      aktuell => aktuell%nachfolger
      print*, aktuell%kennung,aktuell%name,aktuell%werte
!
      aktuell => aktuell%nachfolger
      print*, aktuell%kennung,aktuell%name,aktuell%werte
      end
```

Ausgedruckt wird zunächst:

1 eins 1 1
3 drei 3 3

von den "Ursprungseinträgen" und anschließend:

```
1 eins 1 1
2 zwei 2 2
3 drei 3 3
```

nach der Einfügung. Die PRINT–Anweisungen zeigen, daß der Zugriff auf die Ketteneinträge durch die Pointerzuweisung wesentlich vereinfacht wird.

6.2.3 Maskierte Feldzuweisungen

Die maskierte Feldzuweisung steuert die Auswertung von Ausdrücken und Zuweisungen in feldwertigen Wertzuweisungen. Sie ist eine ausführbare Anweisung und hat die allgemeine Form

$$\text{maskierte\_ feldzuweisung} := \left\{ \begin{array}{l} \text{einfache\_where\_anweisung} \\ \text{block\_where\_anweisung} \end{array} \right\}$$

einfache_where_anweisung	WHERE(maskenausdruck) Wertzuweisung
block_where_anweisung	WHERE(maskenausdruck) [Wertzuweisung]$^\infty$ [ELSEWHERE [Wertzuweisung]$^\infty$] END WHERE
maskenausdruck	LOGICAL–Ausdruck

Alle Wertzuweisungen müssen feldwertig sein. Die maskierte Feldzuweisung gibt es in zwei Versionen. Als einfache WHERE–Anweisung verfügt sie über genau eine feldwertige Wertzuweisung, die unter der Kontrolle des Maskenausdrucks durchgeführt wird. Als Block–WHERE–Anweisung ist sie in der Lage, mehrere feldwertige Zuweisungen unter der Kontrolle des Maskenausdrucks zu bearbeiten. Zusätzlich kann hinter der ELSEWHERE–Anweisung eine feldwertige Zuweisungsfolge spezifiziert werden, die für diejenigen Elemente bearbeitet wird, an denen der Maskenausdruck die Bearbeitung der vor der ELSEWHERE–Anweisung stehenden Elemente unterbindet.
`maskenausdruck` ist ein Ausdruck vom Typ LOGICAL. `maskenausdruck` und die in der Wertzuweisung zu belegenden Variablen müssen (Teil-)Felder gleicher Gestalt sein. Die Wertzuweisung darf keine benutzerdefinierte Wertzuweisung sein.
Bei Ausführung einer WHERE–Anweisung wird der in der Wertzuweisung enthaltene Ausdruck für alle Elemente ausgewertet, für die der Maskenausdruck den Wert .TRUE. ergibt, und anschließend werden diese Ergebnisse auf die korrespondierenden Elemente der Ergebnisvariablen zugewiesen. Die hinter der ELSEWHERE–Anweisung stehenden Wertzuweisungen werden entsprechend für die Elemente ausgewertet, für die der

Maskenausdruck den Wert .FALSE. ergibt.

Beispiel:

```
REAL, DIMENSION(100) :: A, B
READ *,A
WHERE (A .GT. 0.)
    B = 1./A
ELSEWHERE
    B = 0
ENDWHERE

WHERE (A .GT. 1) B = 1.0
```

Falls in einer Wertzuweisung innerhalb einer maskierten Feldzuweisung eine Funktion, die *nicht* Elementfunktion ist (vergleiche Abschnitt 8.2), aufgerufen wird, so wird die Funktion für alle Elemente ohne Kontrolle durch den Maskenausdruck ausgewertet. Ist das Ergebnis ein Feld und erfolgte der Aufruf der Funktion nicht als Aktualparameter einer weiteren Funktion, die nicht Elementfunktion ist, so werden nur die durch den Maskenausdruck selektierten Ergebniselemente für die weitere Abarbeitung des Ausdrucks in der Wertzuweisung verwendet. Dies läßt sich am Beispiel der Standardfunktion SUM verdeutlichen, die nicht zu den Elementfunktionen gehört. SUM(FELD) berechnet die Summe aller Elemente des als Parameter spezifizierten Feldes FELD.

Beispiel:

```
WHERE(B/=0.) B = B/SUM(B)
```

Da SUM nicht zu den Elementfunktionen gehört, wird SUM(B) für alle Elemente von B ohne Kontrolle durch den Maskenausdruck ausgeführt. Die Wertzuweisung allerdings erfolgt in Abhängigkeit von der Bedingung.

Falls in einer Wertzuweisung innerhalb einer maskierten Feldzuweisung eine Elementfunktion aufgerufen wird und dieser Funktionsaufruf nicht als Aktualparameter einer anderen Funktion erfolgt, die keine Elementfunktion ist, so wird dieser Funktionsaufruf nur für die durch den Maskenausdruck selektierten Elemente ausgeführt.

Beispiel:

```
WHERE (B/=0.)             ! LOG ist Elementfunktion.
    B = B/LOG(B)          ! LOG wird nur für positive
                          ! Elemente von B aufgerufen;
                          ! jedoch:
    B = B/SUM(LOG(B))     ! LOG wird für alle Elemente
                          ! von B aufgerufen, denn SUM
                          ! ist keine Elementfunktion und
                          ! LOG ist Aktualparameter von SUM
END WHERE
```

In den Wertzuweisungsteil einer maskierten Feldzuweisung darf nicht hineingesprungen werden (GOTO–Anweisung, vergleiche Kapitel 9). Der Maskenausdruck wird nur einmal zu Beginn der WHERE–Anweisung berechnet, d.h. eine Wertänderung der im Maskenausdruck verwendeten Größen innerhalb einer Wertzuweisung hat auf die Abarbeitungskontrolle keinen Einfluß.

Beispiel:

Im folgenden Programm wird das Feld A mit den Werten 3,2,1 belegt. Die maskierte Feldzuweisung belegt die Feldelement von B, deren korrespondierende Elemente von A ungerade Werte haben, mit der Summe aller Feldelemente von A; diese ist 6. Die übrigen Feldelemente von B werden mit dem doppelten Summenwert, also 12, belegt. Dies findet sich im Ausdruck wieder.

```
PROGRAM MASKED
   IMPLICIT NONE
   INTEGER, DIMENSION(3) :: A,B
   INTEGER :: I
   A = (/(I, I=3,1,-1)/)
!
   WHERE (A .NE. A/2*2)
      B = SUM(A)
   ELSEWHERE
      B = 2*SUM(A)
   ENDWHERE
!
   PRINT *, B
END PROGRAM
```

Ausgedruckt wird:

6 12 6

Die maskierte Feldzuweisung ermöglicht es uns nun auch, beispielsweise die Diagonale einer Matrix in einer Anweisung anzusprechen. In Kapitel 4 wurde noch gezeigt, daß dies bis dahin außer in Feldbildnern unmöglich war.

Beispiel:

```
INTEGER, PARAMETER :: DIM = 50
REAL, DIMENSION(DIM)     :: DIAGONALE
REAL, DIMENSION(DIM,DIM) :: MATRIX = 0., FELD
!   Das zweidimensionale Feld MATRIX wird auf allen Feld-
!   elementen mit dem Wert 0.0 vorbelegt
!
REAL                     :: SUMME
LOGICAL, DIMENSION(DIM,DIM) :: MASKE = &
```

```
                   RESHAPE ((/(((I==J,I=1,DIM),J=1,DIM)/),(/DIM,DIM/))
!    MASKE ist ein zu MATRIX Gestalt-konformes logisches Feld,
!    das in der Hauptdiagonalen mit dem Wert .TRUE. und sonst
!    mit dem Wert .FALSE. initialisiert wird.
!
!    Der Zugriff aus die Hauptdiagonale von MATRIX ist nun ganz
!    einfach: Belegung mit dem Wert 1.0
WHERE (MASKE) MATRIX = 1.
!
!    Nachfolgend wird die Matrix FELD eingelesen. Die Elemente
!    von FELD werden auf die Summe der Hauptdiagonalelemente
!    von FELD normiert:
READ *, FELD
DIAGONALE = (/(FELD(I,I),I=1,DIM)/)    ! speichert die Diagonal-
                                       ! elemente von FELD auf
                                       ! DIAGONALE
SUMME = SUM(DIAGONALE)                 ! berechnet die Summe der
                                       ! Diagonalelemente

FELD = FELD/SUMME                      ! normiert FELD
```

7 Unterprogramme

Zur Lösung einer komplexen Programmieraufgabe wird üblicherweise das Gesamtproblem in möglichst unabhängige, überschaubare Teilaufgaben strukturiert. Diese Teilaufgaben lassen sich in Form von Fortran–90–Unterprogrammen codieren. Der Programmablauf, d.h. der Aufruf der Unterprogramme, wird vom Hauptprogramm aus koordiniert. Unterprogramme, die nach irgendwelchen Regeln ein einzelnes Datenobjekt als Ergebnis ermitteln (dies kann durchaus auch eine Datenstruktur oder ein Feld sein), werden als FUNCTION bezeichnet. Unterprogramme, die mehr als ein Datenobjekt errechnen oder irgendwelche Dienstfunktionen (zum Beispiel Ein-/Ausgabe) ausführen, nennt man in Fortran 90 SUBROUTINE–Unterprogramme. FORTRAN 77 kannte nur externe Unterprogramme, d.h. Unterprogramme, die vollkommen losgelöst vom Hauptprogramm geschrieben werden und auch unabhängig vom Hauptprogramm übersetzt werden können. Fortran 90 kennt daneben auch interne Unterprogramme, d.h. solche, die innerhalb einer Programmeinheit hinter einer CONTAINS–Anweisung eingebettet werden (Abbildung 7.1). Interne Unterprogramme können nicht geschachtelt werden. Zum Datenaustausch zwischen den Programmbausteinen können Unterprogramme mit einer Parameterliste versehen sein (zum Beispiel SUBROUTINE MEIN (DIES, DAS)). Diese formalen Parameter (DIES, DAS) dienen als Platzhalter für Größen, die beim Aufruf des Unterprogramms vom rufenden Programm übergeben werden. Sie müssen zusätzlich wie jeder andere Name im Vereinbarungsteil des Unterprogramms vereinbart werden. Subroutines liefern üblicherweise ihre Ergebnisse über diese Parameter an das Hauptprogramm zurück, während eine Funktion normalerweise ihre Argumente unverändert läßt. Der Funktionswert wird über den Funktionsnamen zurückgeliefert.

Eine weitere Neuerung von Fortran 90 sind Module. Ein Modul ist eine nichtausführbare Programmeinheit. In Modulen werden Vereinbarungen wie zum Beispiel Typ- und Datenspezifikationen sowie Unterprogrammdefinitionen zusammengefaßt. Diese Definitionen und Vereinbarungen können anderen Programmbausteinen mittels einer USE–Anweisung zugänglich gemacht werden. Unterprogramme, die in einem Modul vereinbart werden, heißen Modulunterprogramme. Sie können wiederum interne Unterprogramme enthalten.

Hauptprogramm, externe Unterprogramme und Module bezeichnen wir im folgenden auch als *Programmeinheiten*. *Programmbausteine* dagegen sind Programmeinheiten sowie interne Unterprogramme und Modulunterprogramme.

Hauptprogramm

```
PROGRAM

CONTAINS
  ▭
  .
  .
  ▭
END
```
Interne Unterprogramme

Externe Unterprogramme

```
SUBROUTINE (...)
oder
FUNCTION (...)

CONTAINS
  ▭
  .
  .
  ▭
END
```

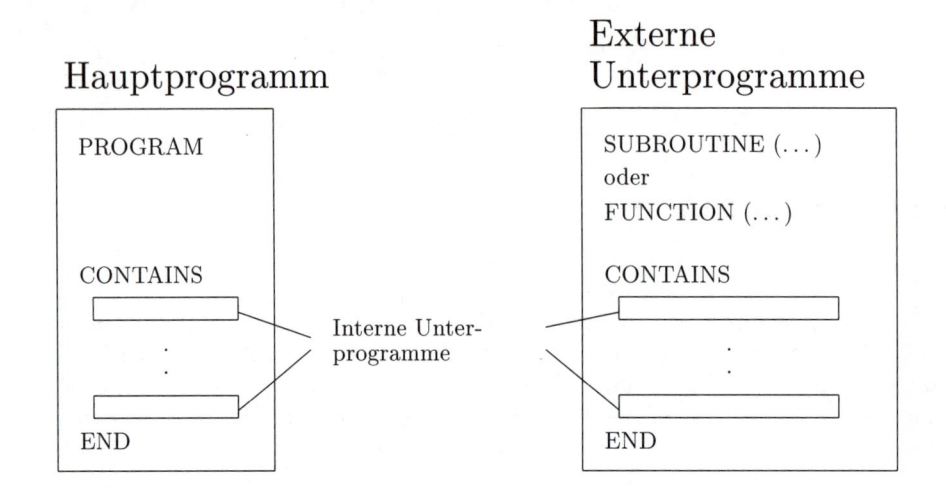

Modul

```
MODULE

CONTAINS
  SUBROUTINE (...)
    CONTAINS
      ▭
      .
      .
      ▭
    END

  FUNCTION (...)
    CONTAINS
      ▭
      .
      .
      ▭
    END
```

Modulunterprogramme

Interne Unterprogramme

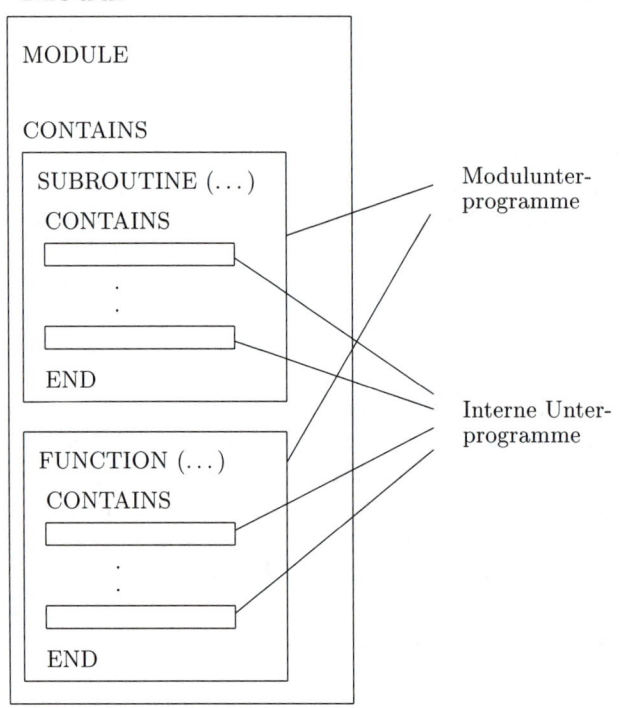

Abbildung 7.1: Programmeinheiten

7.1 SUBROUTINE–Unterprogramme

Ein SUBROUTINE–Unterprogramm hat die Form

subroutine_unterprogramm :=	subroutine_kopf
	[Vereinbarungsteil]
	[Anweisungsteil]
	[CONTAINS
	interne Unterprogramme]
	END [SUBROUTINE [sub_name]]
subroutine_kopf	[RECURSIVE] SUBROUTINE sub_name &
	[([formalparameterliste])]
formalparameter	Name
sub_name	Name

Ein SUBROUTINE–Unterprogramm beginnt mit dem SUBROUTINE–Kopf. In diesem wird hinter dem Schlüsselwort SUBROUTINE der Name des Unterprogramms (`sub_name`) definiert. Danach folgen, falls vorhanden, in Klammern eingeschlossen die formalen Parameter des Unterprogramms. Der SUBROUTINE–Rumpf, der einen Vereinbarungsteil, einen Anweisungsteil und einen CONTAINS–Teil enthalten kann, ist mit einer END–Anweisung abzuschließen. In der END–Anweisung kann optional das Schlüsselwort SUBROUTINE, optional gefolgt vom SUBROUTINE–Namen, stehen. In externen Unterprogrammen und Modulunterprogrammen können hinter dem Schlüsselwort CONTAINS weitere interne Unterprogramme eingebettet sein. Bei SUBROUTINE–Unterprogrammen, die interne Unterprogramme oder Modulunterprogramme sind, muß nach der END–Anweisung das Schlüsselwort SUBROUTINE stehen. Interne Unterprogramme dürfen nicht geschachtelt werden, d.h. sie dürfen keinen CONTAINS–Teil enthalten.

Formalparameter sind lokale Größen eines Unterprogramms und müssen im Vereinbarungsteil deklariert werden. Sie können bei der Deklaration nicht initialisiert werden. Ein Formalparameter darf auch einen Unterprogrammnamen repräsentieren. In diesem Fall ist er mit einer EXTERNAL–Anweisung oder mit dem EXTERNAL–Attribut in der Typvereinbarungsanweisung zu vereinbaren :

external_anweisung :=	EXTERNAL unterprogrammname &
	[,unterprogrammname]$^\infty$
unterprogrammname	$\left\{ \begin{array}{l} \text{sub\_name} \\ \text{func\_name} \end{array} \right\}$

Der Datenbereich eines externen Unterprogramms ist vollkommen unabhängig von anderen Programmeinheiten, d.h. alle im externen Unterprogramm verwendeten Größen müssen im Vereinbarungsteil des Unterprogramms deklariert oder per USE- oder COMMON-Anweisung zugänglich gemacht werden. Durch die USE-Anweisung werden einem Unterprogramm Modulgrößen verfügbar gemacht. Durch die COMMON-Anweisung werden Größen eines COMMON-Bereichs verfügbar. (Die USE-Anweisung wird in Abschnitt 7.11, die COMMON-Anweisung in Abschnitt 7.13 behandelt.) Interne Unterprogramme können dagegen auch Größen der umgebenden Programmeinheit verwenden.

Beispiel:

Das Unterprogramm `MITTELWERT` errechnet zu zwei vorgegebenen Zahlen a, b das arithmetische Mittel $\frac{a+b}{2}$ und das harmonische Mittel $\frac{2 \cdot a \cdot b}{a+b}$.

```
SUBROUTINE MITTELWERT(A,B,MA,MH)
IMPLICIT NONE
REAL    A,B,MA,MH

MA=(A+B)/2.
MH=(2.*A*B)/(A+B)

END SUBROUTINE
```

Ein SUBROUTINE-Unterprogramm gelangt zur Ausführung, wenn es mittels einer CALL-Anweisung aufgerufen wird. Die CALL-Anweisung hat die Form

call_anweisung := CALL sub_name [([aktualparameterliste])]
aktualparameter schlüsselwort   [schlüsselwort =] aktualargument Formalparameter
aktualargument   { Ausdruck / Variable / Unterprogrammname }

Hinter dem Schlüsselwort CALL ist der Name des zu rufenden Unterprogramms gefolgt von der Aktualparameterliste anzugeben. Die Aktualparameter können stellungsorientiert oder in Schlüsselwortnotation angegeben werden. Ist in der Aktualparameterliste ein Schlüsselwort enthalten, so müssen alle nachfolgenden Parameter ebenfalls in der Schlüsselwortnotation erscheinen.

Bei Ausführung einer Call-Anweisung werden die Aktualparameter, wie im nächsten Abschnitt beschrieben, an das Unterprogramm übergeben, und es wird in den Anweisungsteil des Unterprogramms verzweigt. Die END-Anweisung des Unterprogramms bewirkt einen Rücksprung in das rufende Programm. Die nächste auszuführende Anweisung ist die Anweisung, die dem Call-Aufruf folgt.

7.1 SUBROUTINE–Unterprogramme

Ein vorzeitiger Rücksprung aus dem Unterprogramm kann durch die RETURN–Anweisung erfolgen:

$$\text{return\_anweisung} := \text{RETURN}$$

Die RETURN–Anweisung ist eine ausführbare Anweisung, die überall im Anweisungsteil des Unterprogramms stehen darf.

Beispiel:

Im folgenden Hauptprogramm wird das Unterprogramm MITTELWERT zweimal mit unterschiedlicher Parameterversorgung aufgerufen. Das Unterprogramm wurde als internes Unterprogramm in das Hauptprogramm integriert.

```
PROGRAM TEST
IMPLICIT NONE
REAL :: E1=2.0, E2=3.0, WA1, WH1

CALL MITTELWERT(24.0,40.0,WA1,WH1)
CALL MITTELWERT(E1,MA=WA1,MH=WH1,B=E2)

    CONTAINS
    SUBROUTINE MITTELWERT(A,B,MA,MH)
    IMPLICIT NONE
    REAL    A,B,MA,MH
    MA=(A+B)/2.
    MH=(2*A*B)/(A+B)
    END SUBROUTINE
END PROGRAM
```

Die Zuordnung von Aktual– und Formalparameter erfolgt beim ersten Aufruf stellungsorient, d.h. der erste Aktualparameter der Liste wird dem ersten Formalparameter zugeordnet, der zweite dem zweiten usw. Die Zuordnung von Aktual– und Formalparameter erfolgt beim zweiten Aufruf sowohl stellungsorientiert als auch durch Schlüsselwortnotation. Das Schlüsselwort gibt dabei an, welchem Formalparameter der Aktualparameter zugeordnet wird:

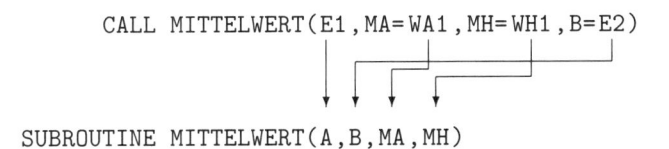

```
            CALL MITTELWERT(E1,MA=WA1,MH=WH1,B=E2)


            SUBROUTINE MITTELWERT(A,B,MA,MH)
```

Die Formalparameter A und B des Unterprogramms sind reine *Eingabeparameter*, d.h. es wird im Unterprogramm mit dem *Wert* der Formalparameter gerechnet und dieser wird *nicht* redefiniert. Beim Aufruf des Unterprogramms werden die Werte der Aktualparameter an die Formalparameter A und B übergeben. Steht auf Aktualparameterposition wie beim zweiten Aufruf eine Variable, so muß diese definiert sein. Auf Aktualparameterposition darf für Eingabeparameter (und nur für diese) wie beim ersten Aufruf auch ein Ausdruck stehen.

Die Formalparameter MA und MH sind reine *Ausgabeparameter*, d.h. sie dienen dazu, berechnete Werte des Unterprogramms an das Hauptprogramm zurückzuliefern. Bei Verlassen des Unterprogramms werden die Werte von MA und MH an die Aktualparameter WA1 und WH1 übergeben.

Formalparameter von Unterprogrammen können aber auch gleichzeitig *Ein– und Ausgabeparameter* sein. Das folgende Unterprogramm AUSTAUSCH tauscht die Werte der Parameter X und Y aus.

```
SUBROUTINE AUSTAUSCH(X,Y)
IMPLICIT NONE
REAL   X,Y,H

H=X
X=Y
Y=H

END SUBROUTINE
```

Ruft man dieses Programm durch CALL AUSTAUSCH(A,B) auf, so werden beim Aufruf die Werte von A und B an die zugehörigen Formalparameter X bzw. Y übergeben, d.h. A und B müssen definiert sein. Die Werte von X und Y werden im Unterprogramm vertauscht. Bei Verlassen des Unterprogramms wird der Speicherinhalt der Variable X an die Variable A übergeben. Entsprechend wird der Inhalt der Variablen Y an die Variable B zurückgeliefert:

Aufruf: Rücksprung:

```
  A        X              A             X
┌────┐  ┌────┐          ┌────┐        ┌────┐
│40.3│─►│    │          │40.3│◄───────│20.5│
└────┘  └────┘          └────┘        └────┘

  B        Y              B             Y
┌────┐  ┌────┐          ┌────┐        ┌────┐
│20.5│─►│    │          │20.5│◄───────│40.3│
└────┘  └────┘          └────┘        └────┘
```

Ein Unterprogrammname, der auf Aktualparameterposition verwendet wird, muß im rufenden Programm mit einer EXTERNAL– oder INTRINSIC–Anweisung oder dem

7.1 SUBROUTINE–Unterprogramme

entsprechenden Attribut vereinbart werden[1]. Die INTRINSIC–Anweisung hat die Form

$$\text{intrinsic\_anweisung} := \text{INTRINSIC unterprogrammname[,unterprogrammname]}^\infty$$

Sie legt fest, daß es sich bei dem genannten Unterprogramm um ein Standardunterprogramm handelt. Ein externes Unterprogramm, das kein Standardunterprogramm ist, wird mit einer EXTERNAL–Anweisung vereinbart. Im Anweisungsteil eines Unterprogramms können selbstverständlich auch Unterprogrammaufrufe stehen. Ein Unterprogramm, das sich im Anweisungsteil selbst aufruft, muß mit dem Schlüsselwort RECURSIVE vereinbart werden.

Beispiel:

Im Programm REKURSIVES wird ein rekursives SUBROUTINE–Unterprogramm SUB verwendet. SUB ist ein externes Unterprogramm. Der Name externer Unterprogramme ist global, d.h. in jedem Programmbaustein eines Programms ist der Name bekannt (siehe dazu auch Abschnitt 7.12).

```
PROGRAM REKURSIVES
   INTEGER   :: I=1
   CALL SUB(I)
END PROGRAM

RECURSIVE SUBROUTINE SUB(I)
   INTEGER I,K
   K=I
   I=I+1
   IF (I < 4) THEN              ! Falls der Wert von I kleiner als
                                ! 4 ist, wird der Anweisungsteil
      CALL SUB(I)               ! zwischen IF und END IF ausgeführt,
                                ! andernfalls wird dieser Teil
   END IF                       ! übersprungen
   PRINT*,K,'. Aufruf'
END SUBROUTINE SUB
```

Im Hauptprogramm REKURSIVES wird das Unterprogramm SUB aufgerufen, wobei der Aktualparameter I den Wert 1 hat. Im Unterprogramm SUB wird der Wert von I auf die lokale Variable K gespeichert. Anschließend wird I um den Wert 1 erhöht. Ist der Wert von I noch kleiner als 4, so ruft sich das Unterprogramm erneut auf. Ist der Wert von I größer oder gleich 4, so wird der Wert der lokalen Variablen K gefolgt von einem Kommentar ausgegeben. Die Anweisungsfolge des Unterprogramms ist damit beendet, und

---

[1] In einigen Fällen muß die Vereinbarung über einen sogenannten Schnittstellenblock erfolgen. Diese Art der Vereinbarung werden wir in Abschnitt 7.10 besprechen.

es wird in das rufende Programm oder Unterprogramm zurückgesprungen. Das Programm verschachtelt sich wie im folgenden Bild dargestellt:

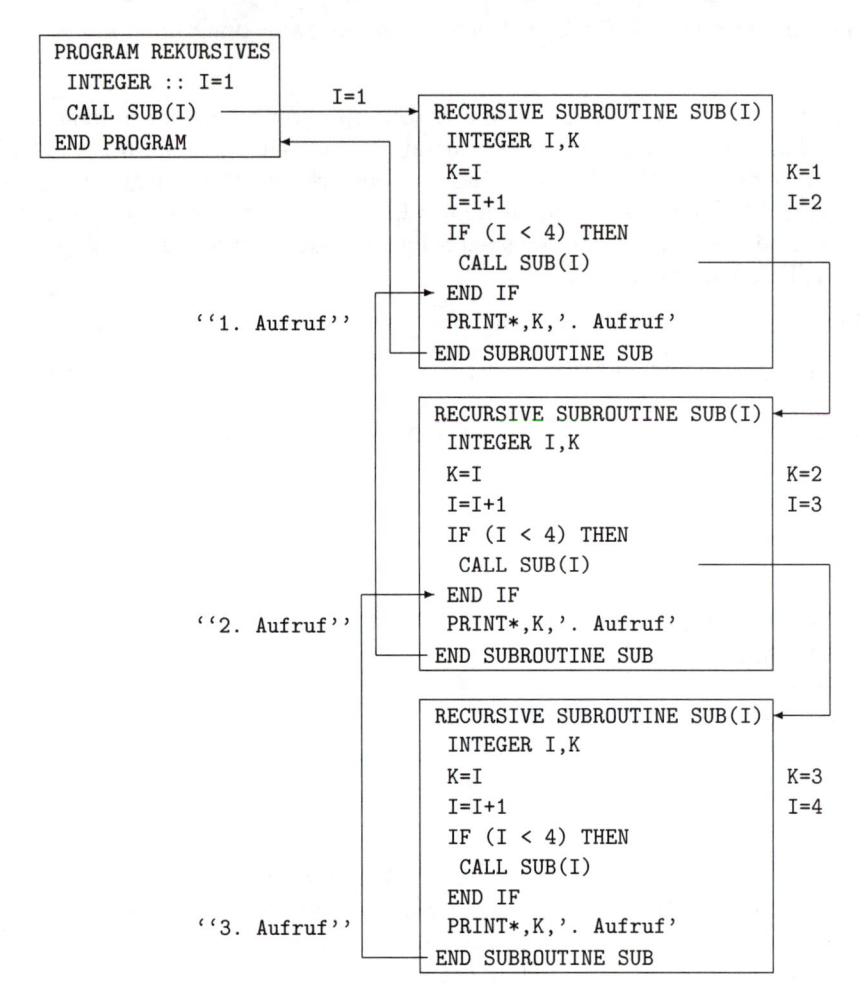

```
PROGRAM REKURSIVES
  INTEGER :: I=1
  CALL SUB(I)           I=1
  END PROGRAM                  RECURSIVE SUBROUTINE SUB(I)
                                 INTEGER I,K
                                 K=I                          K=1
                                 I=I+1                        I=2
                                 IF (I < 4) THEN
                                   CALL SUB(I)
                                 END IF
          ''1. Aufruf''          PRINT*,K,'. Aufruf'
                                 END SUBROUTINE SUB

                               RECURSIVE SUBROUTINE SUB(I)
                                 INTEGER I,K
                                 K=I                          K=2
                                 I=I+1                        I=3
                                 IF (I < 4) THEN
                                   CALL SUB(I)
                                 END IF
          ''2. Aufruf''          PRINT*,K,'. Aufruf'
                                 END SUBROUTINE SUB

                               RECURSIVE SUBROUTINE SUB(I)
                                 INTEGER I,K
                                 K=I                          K=3
                                 I=I+1                        I=4
                                 IF (I < 4) THEN
                                   CALL SUB(I)
                                 END IF
          ''3. Aufruf''          PRINT*,K,'. Aufruf'
                                 END SUBROUTINE SUB
```

Der Endausdruck des Programms lautet damit:

3. Aufruf
2. Aufruf
1. Aufruf

Beispiel:

Folgendes Programm verdeutlicht die Verwendung der EXTERNAL– und INTRINSIC–Anweisung. Das interne Unterprogramm DRUCKE übernimmt vom Hauptprogramm zwei REAL–Werte X und Y sowie den Namen einer

Funktion. Es druckt anschließend den Wert der Funktion an den Stellen X und Y aus. Vom Hauptprogramm aus wird das Unterprogramm einmal mit der benutzerdefinierten Funktion[2] MEINF und dann mit der Standardfunktion COS aufgerufen.

```
PROGRAM MAIN
IMPLICIT NONE
REAL MEINF,X,Y
EXTERNAL MEINF
REAL,INTRINSIC :: COS

CALL DRUCKE(X,Y=Y,F=MEINF)
CALL DRUCKE(X,Y,F=COS)

  CONTAINS
    SUBROUTINE DRUCKE(X,Y,F)
    IMPLICIT NONE
    REAL X,Y,F
    EXTERNAL F
    PRINT *, F(X), F(Y)
    END SUBROUTINE
END

REAL FUNCTION MEINF(X)
IMPLICIT NONE
REAL X
MEINF=(X-2.0)**2.0
END FUNCTION
```

7.2 Zuordnung von Formal- und Aktualparametern

Die Aktualparameter werden bei Aufruf des Unterprogramms bei fehlender Schlüsselwortnotation in der Reihenfolge ihrer Nennung den korrespondierenden Formalparametern zugeordnet. Bei Angabe von Schlüsselwörtern wird der Aktualparameter demjenigen Formalparameter zugeordnet, dessen Name dem Schlüsselwort entspricht. Dabei werden die Schlüsselworte durch die sogenannte explizite Schnittstellenbeschreibung, die dem rufenden Programm zugänglich ist, bestimmt. Die Schnittstelle eines Unterprogramms besteht aus dem Unterprogrammkopf und der Deklaration der Formalparameter. Ist das Unterprogramm ein internes Unterprogramm, so ist diese Schnittstelle dem rufenden Programm durch die Deklaration des Unterprogramms im CONTAINS–Teil bekannt. D.h. die Schnittstelle eines internen Unterprogramms ist stets explizit. Die Schnittstellenbeschreibung eines externen Unterprogramms wird für einen anderen Programmbaustein explizit, wenn sie dem Programm in einem sogenannten INTERFACE–Block beschrieben wird. Mit INTERFACE–Blöcken werden wir uns in Abschnitt 7.10

---

[2] Mit der syntaktischen Form der Funktionsvereinbarung in Fortran beschäftigt sich Abschnitt 7.9.

befassen. Formalparamter können, wie wir in Abschnitt 7.7 sehen werden, das Attribut OPTIONAL tragen. Beim Aufruf eines Unterprogramms muß jedem nicht-optionalen Formalparameter genau ein Aktualparameter zugeordnet werden. Formal- und Aktualparameter müssen dabei in Typ und Typparameter übereinstimmen. Für Formalparametervariable darf auf Aktualparameterposition ein Ausdruck oder eine Variable stehen. Ein Ausdruck auf Aktualparameterposition wird beim Aufruf des Unterprogramms zunächst berechnet und dann dem zugehörigen Formalparameter zugewiesen. Im Unterprogramm ist nur der *Wert* des Aktualparameters zugreifbar. Der Wert des Formalparameters darf in diesem Fall im Unterprogramm *nicht* redefiniert werden. Ist der Aktualparameter eine Variable, so wird der Speicherplatz, der durch diese Variable belegt wird, im Unterprogramm durch den Formalparameter identifiziert und kann dort gegebenenfalls auch verändert werden. *Zur Erinnerung*: Eine Variable kann auch ein Teilobjekt oder eine Zeichenteilfolge sein. Ist der Formalparameter eine skalare Variable, so darf auf Aktualparameterposition auch nur ein skalarer Ausdruck oder eine skalare Variable stehen.

Hat der Formalparameter das DIMENSION-Attribut, so kann auf Aktualparameterposition ein Feldname, ein feldwertiger Ausdruck, ein Teilfeld oder ein Feldelement stehen. Ein Teilfeld, auf dessen Indexposition ein feldwertiger Ausdruck steht, wird dabei wie ein Ausdruck behandelt, d.h. es darf nur für Eingabeparameter stehen. Ein Feldelement symbolisiert eine Anfangsadresse, ab der die folgenden Feldelemente in Speicherreihenfolge den Elementen des Formalparameterfeldes in Speicherreihenfolge zugeordnet werden. Die Feldelemente eines Teilfeldes oder feldwertigen Ausdrucks werden in Zugriffsreihenfolge den Feldelementen des Formalparameters zugeordnet[3].

Nur für den Fall, daß der Formalparameter ein Feld übernommener Gestalt ist oder das Unterprogramm über einen Gattungsnamen oder implizit als Operator oder Zuweisung aufgerufen wird, müssen Aktual- und Formalparameter in Rang und Gestalt übereinstimmen. (Die Möglichkeit des Aufrufs eines Unterprogramms über einen Gattungsnamen, als Operator oder Wertzuweisung wird in Abschnitt 7.10 besprochen.) In diesem Fall ist daher auch die Angabe eines Feldelementes auf Aktualparameterposition *nicht* möglich. In jedem Fall muß jedoch die Anzahl der Aktualparameterfeldelemente mindestens gleich der Anzahl der Formalparameterfeldelemente sein.

Beispiel:

    Felder eignen sich als Datenobjekte für die unterschiedlichsten Programmierprobleme. So lassen sich viele naturwissenschaftliche Phänomene mathematisch durch mehrdimensionale Felder und Vektoren beschreiben. Felder eignen sich aber auch dazu, tabellarische Eingabedaten zu erfassen. So könnten beispielsweise die Auszählergebnisse einer Wahl in einem zweidimensionalen Feld festgehalten werden, wobei jede Spalte für eine Partei die erreichten Stimmenzahlen in den einzelnen Bezirken enthält:

---

[3]FORTRAN 77 gestattete auf feldwertige Formalparameter nur die Übergabe konsekutiver Feldelementfolgen, die auf Aktualparameterposition durch Angabe eines Anfangselementes oder des Feldnamens bezeichnet werden konnten. Erst mit dem Fortran-90-Standard ist es möglich, darüberhinaus auch nicht-konsekutive Speicherfolgen durch Teilfeldnotation an das Unterprogramm zu übergeben.

7.2 Zuordnung von Formal- und Aktualparametern

	Partei 1	Partei 2	Partei 3	⋯
Bezirk1	100	0	20	⋯
Bezirk2	10	300	0	⋯
Bezirk3	15	30	110	⋯
⋮	⋮	⋮	⋮	⋯

Zur Verdeutlichung, wie die Übergabe eines Feldes in ein Unterprogramm geschieht, wollen wir, losgelöst von einem konkreten Programmierproblem, folgende Situation betrachten:

In einem Hauptprogramm FELDZUORDNUNG sei ein Feld A in der Form

INTEGER, DIMENSION(1:5,1:4) :: A deklariert.

Das Unterprogramm TEST habe einen feldwertigen Formalparameter UA. Er sei im Unterprogramm folgendermaßen vereinbart:

```
SUBROUTINE TEST(UA)
INTEGER   :: UA(1:2,1:3)

PRINT*,UA

END SUBROUTINE
```

UA(1,1)	UA(1,2)	UA(1,3)
UA(2,1)	UA(2,2)	UA(2,3)

Wird im Hauptprogramm FELDZUORDNUNG das Unterprogramm TEST in der Art

CALL TEST(A)

aufgerufen, so werden 2·3 Elemente des Aktualparameters A in Speicherreihenfolge an das Unterprogramm übergeben. D.h. es werden die folgenden schattierten Elemente übertragen:

A(1,1)	A(1,2)	A(1,3)	A(1,4)
A(2,1)	A(2,2)	A(2,3)	A(2,4)
A(3,1)	A(3,2)	A(3,3)	A(3,4)
A(4,1)	A(4,2)	A(4,3)	A(4,4)
A(5,1)	A(5,2)	A(5,3)	A(5,4)

Diese Elemente sind dem Feld UA folgendermaßen zugeordnet:

A(1,1)	A(3,1)	A(5,1)
A(2,1)	A(4,1)	A(1,2)

Will man tatsächlich eine 2×3 Teilmatrix von A in das Unterprogramm zur Verarbeitung übertragen, so kann dies in Fortran 90 durch Teilfeldnotation geschehen

CALL TEST(2:1:-1,1:3)

überträgt die schattierten Elemente

A(1,1)	A(1,2)	A(1,3)	A(1,4)
A(2,1)	A(2,2)	A(2,3)	A(2,4)
A(3,1)	A(3,2)	A(3,3)	A(3,4)
A(4,1)	A(4,2)	A(4,3)	A(4,4)
A(5,1)	A(5,2)	A(5,3)	A(5,4)

Sie sind dem Feld UA folgendermaßen zugeordnet:

A(2,1)	A(2,2)	A(2,3)
A(1,1)	A(1,2)	A(1,3)

Gibt man auf Aktualparameterposition ein Feldelement an

CALL TEST(A(2,3))

so werden einschließlich des Feldelementes A(2,3) weitere 2·3 Feldelemente in Speicherreihenfolge übergeben:

A(1,1)	A(1,2)	A(1,3)	A(1,4)
A(2,1)	A(2,2)	A(2,3)	A(2,4)
A(3,1)	A(3,2)	A(3,3)	A(3,4)
A(4,1)	A(4,2)	A(4,3)	A(4,4)
A(5,1)	A(5,2)	A(5,3)	A(5,4)

Diese sind dem Feld UA folgendermaßen zugeordnet:

A(2,3)	A(4,3)	A(1,4)
A(3,3)	A(5,3)	A(2,4)

Steht schließlich auf Aktualparameterposition ein Teilfeld mit einem feldwertigen Ausdruck auf Indexposition, etwa

CALL TEST(A((/1,1,1/),1:2))

so darf der Parameter UA im Unterprogramm nur als Eingabeparameter verwendet werden. Das Feld UA hat die Belegung

A(1,1)	A(1,1)	A(1,2)
A(1,1)	A(1,2)	A(1,2)

7.2 Zuordnung von Formal- und Aktualparametern

Formal- und Aktualparameter müssen nur in Ausnahmefäällen in Rang und Gestalt übereinstimmen. Möglich ist beispielsweise auch, ein eindimensionales Feld auf das zweidimensionale Feld UA zu übertragen

```
CALL TEST((/(I,I=1,6)/))
```

Das Feld UA ist dann wie folgt belegt:

1	3	5
2	4	6

Sind Aktual- und Formalparametern vom Typ Default-CHARACTER, so darf die Länge des Formalparameters nicht größer als die Länge des Aktualparameters sein. Eine Zeichenfolge wird linksbündig übertragen; restliche Elemente werden abgeschnitten. Bei feldwertigen Formalparametern vom Typ Default-CHARACTER gilt diese Längeneinschränkung nicht für die einzelnen Feldelemente, sondern für die Gesamtanzahl der Zeichen der Aktualelementfolge. D.h. die Elementfolge des Aktualparameters setzt sich hier aus den einzelnen Zeichen des Feldes in Speicher-/Zugriffsreihenfolge zusammen, und es wird zeichenweise übertragen.

Die Länge von Aktual- und Formalparameter muß übereinstimmen, falls der Formalparameter ein Feld übernommener Gestalt ist oder die Parameter nicht vom Typ Default-CHARACTER sind.

Beispiel:

Folgendes Programm soll die Übergabe von Textfeldern verdeutlichen.

```
PROGRAM AU_WEIA
CHARACTER*14,DIMENSION(1) :: F
CHARACTER*7,DIMENSION(2)  :: F1
F(1)='MODIMIDOFRSASO'
F1=(/F(1)(1:7),F(1)(8:14)/)

CALL CHAR_FELD_PARAM(F)
CALL CHAR_FELD_PARAM(F1)

CONTAINS
 SUBROUTINE CHAR_FELD_PARAM(F)
 CHARACTER*2,DIMENSION(1:7) ::F
  PRINT*,(F(I),' ',I=1,7)
 END SUBROUTINE
END PROGRAM AU_WEIA
```

Jeder Aufruf der SUBROUTINE CHAR_FELD_PARAM liefert :

```
   MO DI MI DO FR SA SO
```

Hat der Formalparameter das POINTER–Attribut, so muß der Aktualparameter ebenfalls ein Pointer mit gleichem Typ, Typparameter und Rang sein. Der Formalparameter bekommt bei Parameterübergabe den gleichen Zuordnungsstatus wie der Aktualparameter. Dies bedeutet auch, daß er gegebenenfalls auf das gleiche Ziel weist wie der Aktualpointer. Das Zeigerziel des Formalparameters kann im Anweisungsteil des Unterprogramms verändert werden. Bei Verlassen des Unterprogramms erhält der Aktualparameter den Zuordnungsstatus des Formalpointers. Der Zuordnungsstatus des Formalpointers wird undefiniert, wenn er zuletzt auf einen anderen Formalparameter des Unterprogramms mit TARGET–Attribut oder auf eine Variable des Unterprogramms mit TARGET–Attribut gewiesen hat, die nicht mit dem SAVE–Attribut vereinbart worden ist. Hat ein Aktualparameter das TARGET–Attribut, so werden Pointer, die auf diesen Parameter weisen, nicht mit dem Formalparameter assoziiert, sondern sie zeigen weiter auf den Aktualparameter. Hat der Formalparameter das TARGET–Attribut, so wird der Zuordnungsstatus jedes Pointers, der bei Verlassen des Unterprogramms auf diesen Formalparameter weist, undefiniert.

Beispiel:

Das nachfolgende Programm soll die Übergabe von Pointern an ein Unterprogramm verdeutlichen.

```
PROGRAM PTR
INTEGER,POINTER :: IPTR
INTEGER,TARGET  :: ITGT

ITGT=5
IPTR=>ITGT                          ! IPTR zeigt auf ITGT

CALL PTR_PARAM(IPTR)
PRINT*,'Hauptprogramm :', IPTR,ITGT
CONTAINS
  SUBROUTINE PTR_PARAM(UPTR)        ! UPTR uebernimmt die Zuordnung
                                    ! des Aktualparameters
  INTEGER,POINTER :: UPTR
  PRINT*,'Unterprogramm : ',UPTR
  ALLOCATE(UPTR)                    ! UPTR wird neu zugeordnet
  UPTR=4711
  END SUBROUTINE                    ! Beim Ruecksprung wird der
                                    ! neue Zuordnungsstatus an
                                    ! den Aktualparameter zurueck-
                                    ! geliefert.
END PROGRAM
```

Das Program liefert als Ergebnis:

```
Unterprogramm : 5
Hauptprogramm : 4711 5
```

7.3 Felder mit expliziter Gestalt

Bislang haben wir die Felder expliziter Gestalt des Unterprogramms genau wie Felder expliziter Gestalt des Hauptprogramms mit konstanten Feldgrenzen vereinbart. Felder im Unterprogramm können jedoch auch mit variablen Feldgrenzen deklariert werden. Welche Möglichkeiten Fortran 90 hierfür bietet, wird in den folgenden Abschnitten untersucht.

7.3 Felder mit expliziter Gestalt

Formalparameterfelder und lokale Felder eines Unterprogramms können mit expliziten Feldgrenzen

[u_dim_ grenze:] o_dim_ grenze

deklariert werden, wobei zur Indizierung auch Variablen verwendet werden können. Die Speicherplatzgröße der variabel dimensionierten Felder wird automatisch bei Eintritt in das Unterprogramm ermittelt. Zu diesem Zeitpunkt muß der Wert der Indexausdrücke (genauer: Spezifikationsausdrücke) bekannt sein. Dies ist der Fall, wenn die in den Ausdrücken verwendeten Variablen

- als Parameter übergeben werden,
- per USE– oder COMMON–Anweisungen im Unterprogramm zugänglich sind,
- Variablen des umgebenden Programmbausteins sind oder
- Teilobjekte der vorgenannten Größen sind.

Zur Dimensionierung kann darüberhinaus auch das Ergebnis einer Abfragefunktion wie UBOUND, SIZE, LEN usw. verwendet werden.
Sind Formalparameterfelder mit expliziter Gestalt deklariert worden, so muß der Rang von Aktual– und Formalparameter nicht unbedingt übereinstimmen, d.h. es kann zum Beispiel auch ein eindimensionales Feld einem mehrdimensionalen formalen Parameter zugeordnet werden.
Variabel deklarierte Felder, die nicht gleichzeitig Formalparameter sind, nennt man **automatische Felder**.

Beispiel:

> Das Unterprogramm SUMME dieses Beispiels bildet Zeilensummen $\sum_{j=1}^{n} a_{ij}$ und Spaltensummen $\sum_{i=1}^{m} a_{ij}$ einer n×m Matrix A. Da ein solches Unterprogramm in vielen Fällen nützlich sein kann, beispielsweise bei der Auswertung tabellarischer Daten, sind die Formalparameter mit variablen Feldgrenzen deklariert. Die Zeilen– und Spaltensummen werden mit Hilfe der eingebauten Funktion SUM gebildet.
>
> ```
> SUBROUTINE SUMME(A,ZSUM,SSUM,N,M)
> IMPLICIT NONE
> INTEGER N,M,I
> ```

```
      INTEGER, DIMENSION(N,M)  :: A
      INTEGER    ZSUM(N), SSUM(M)

      ZSUM(1:N)=(/(SUM(A(I,1:M)), I=1,N)/)
      SSUM(1:M)=(/(SUM(A(1:N,I)), I=1,M)/)

      END SUBROUTINE
```

In einem Programm zur Auswertung von Wahlergebnissen, das maximal 100 Bezirke und 50 Kandidaten verarbeiten kann, wird das Unterprogramm zur Auswertung aufgerufen. Dabei wird eine Teilauswertung für 20 Bezirke und 10 Kandidaten und eine Gesamtauswertung gemacht.

```
PROGRM WAHL
IMPLICIT NONE
INTEGER, PARAMETER :: N=100, M=50
INTEGER, DIMENSION(N,M) :: AUSZAEHLUNG
INTEGER SUM_KANDIDATEN(M), SUM_BEZIRKE(N)
         :
         :
! Teilauswertung
CALL SUMME(AUSZAEHLUNG(1:20,1:10),ZSUM,SSUM,20,10)
         :
! Gesamtauswertung
CALL SUMME(AUSZAEHLUNG,ZSUM,SSUM,N,M)
         :
END PROGRAM
```

Auf zusätzliche Parameter zur Dimensionierung von variablen Formalparameterfeldern kann man verzichten, wenn man diese Felder als Felder übernommener Gestalt vereinbart.

7.4 Felder mit übernommener Gestalt

Formalparameterfelder können ihre Gestalt vom Aktualparameter übernehmen. Bei Feldern mit übernommener Gestalt haben alle Dimensionsangaben die Form

$$[\texttt{u\_dim\_grenze}] :$$

Fehlt u_dim_grenze, so wird der Wert 1 angenommen. Der Rang von Aktual- und Formalparameterfeld muß übereinstimmen. Sind Aktual- und Formalparameter vom Typ CHARACTER, so muß auch die Länge der einzelnen Feldelemente übereinstimmen. Die Größe der einzelnen Felddimensionen ergibt sich aus der Größe der entsprechenden Dimensionen des Aktualparameterfeldes, wobei der Indexbereich um u_dim_grenze verschoben sein kann. Zur Spezifikation von u_dim_grenze können Ausdrücke verwendet werden, deren Werte bei Eintritt in das Unterprogramm bekannt sein müssen.

Die aktuellen Feldgrenzen können im Unterprogramm mittels der Standardfunktionen UBOUND (ARRAY [,DIM]) und LBOUND (ARRAY [,DIM]) abgefragt werden. Die Funktionen liefern, falls ARRAY ein unqualifizierter Feldname ist, die untere bzw. obere Indexgrenze der angegebenen Dimension DIM des Feldes. Fehlt DIM, so werden alle Indexgrenzen in Form eines eindimensionalen Integervektors ausgegeben.

Ist Array ein Teilfeld, so wird für UBOUND die Anzahl der Elemente der Dimension DIM ausgegeben und für LBOUND der Wert 1. DIM ist in diesem Fall obligat.

Beispiel:

Folgendes Unterprogramm ermittelt die Zeilensummennorm $\max_i \sum_{j=1}^{n} |a_{ij}|$ der Matrix (a_{ij}), $i=1,\ldots,n$, $j=1,\ldots,n$:

```
SUBROUTINE NORM (A,ZNORM)
  INTEGER,DIMENSION(1:,1:)          :: A
  INTEGER,DIMENSION(:),ALLOCATABLE  :: ZSUM
  INTEGER                           :: DIM1, DIM2, ZNORM
  DIM1=UBOUND(A,1)
  DIM2=UBOUND(A,2)
  ALLOCATE(ZSUM(1:DIM1))

  ZSUM(1:DIM1) = (/(SUM (ABS(A(I,1:DIM2))), I=1,DIM1)/)
  ZNORM=MAXVAL(ZSUM(1:DIM1))

END SUBROUTINE
```

Die Funktionen SUM, MAXVAL und ABS sind vordefinierte Funktionen des Fortran–Systems, die die Summe, das maximale Element und den Betrag der Elemente eines Feldes ermitteln.

Wird in einem Hauptprogramm ein Feld in der Art

```
INTEGER, DIMENSION(3:10,3:10) :: MATRIX
```

vereinbart, so übernimmt das Feld A des Unterprogramms durch den Aufruf

```
CALL NORM(MATRIX(4:5,7:8),ZNORM)
```

die Gestalt (/2,2/) des Teilfeldes auf Aktualparameterposition. Die Elemente des Teilfeldes sind dem Feld A wie folgt zugeordnet:

$$\text{MATRIX}(4,7) \rightarrow A(1,1)$$
$$\text{MATRIX}(5,7) \rightarrow A(2,1)$$
$$\text{MATRIX}(4,8) \rightarrow A(1,2)$$
$$\text{MATRIX}(5,8) \rightarrow A(2,2)$$

7.5 Felder mit übernommener Größe

Interessiert in einem Unterprogramm nur die Gesamtzahl der Feldelemente eines Aktualparameterfeldes, so gibt es in Fortran die Möglichkeit, daß das Formalparameterfeld diese Größe vom Aktualparameter übernimmt. Solche Felder übernommener Größe werden in allen Dimensionen außer der letzten Dimension mit expliziten Feldgrenzen vereinbart. In der letzten Dimension steht eine Dimensionsangabe der Form

[u_dim_grenze:]*

d.h. in der letzten Dimension des Feldes steht für die obere Grenze ein "*". Fehlt u_dim_grenze, so wird der Wert 1 angenommen. Zur Spezifikation aller Feldgrenzen dürfen auch hier wieder variable Indexausdrücke verwendet werden, die bei Eintritt in das Unterprogramm berechnet werden. Bei Parameterübergabe wird die obere Grenze der letzten Dimension anhand der Gesamtlänge der Aktualelementfolge ermittelt. Bei Aktualparametern vom Typ Default–CHARACTER wird die obere Grenze anhand der Gesamtzeichenlänge der Aktualelementfolge bestimmt. Rang und Gestalt von Aktualparameter und Formalparameter müssen nicht übereinstimmen. Es liegt in der Verantwortung des Programmierers, daß jedem Formalparameterelement auch ein Aktualparameterelement zugeordnet werden kann.

Felder mit übernommener Größe dürfen in ausführbaren Anweisungen nicht als Ganzes über den Feldnamen angesprochen werden, sondern sie können nur mittels expliziter Teilfeldnotation spezifiziert werden. Insbesondere ist dabei für die letzte Dimension eine obere Indexgrenze anzugeben. Der Feldname darf lediglich in der Standardfunktionen LBOUND sowie als Aktualparameter für ein Formalparameterfeld, welches kein Feld übernommener Gestalt ist, stehen.

Beispiel:

Im folgenden Unterprogramm INIT wird ein Aktualparameter vom rufenden Programm übernommen, dessen zugehöriger Formalparameter als Feld übernommener Größe vereinbart worden ist. Im Unterprogramm werden die Elemente des Formalparameterfeldes in der Form VECTOR(I)=1881*I belegt. Die Standardfunktion SIZE liefert als Ergebnis die Anzahl der Elemente des Argumentfeldes.

```
SUBROUTINE INIT (VEKTOR)
  INTEGER                      :: VEKTOR(1:*)
  INTEGER                      :: ODIM
  ODIM=SIZE(VEKTOR)

  VEKTOR(1:ODIM) = 1881*(/(I,I=1,ODIM)/)

END SUBROUTINE
```

Ist im Hauptprogramm ein Feld in der Art

```
INTEGER, DIMENSION(20,30)    :: MATRIX
```

deklariert, so wird durch den Aufruf `CALL INIT(MATRIX)` der Formalparameter VEKTOR mit 600 Elementen Länge vereinbart.

7.6 POINTER– und TARGET–Attribut für Formalparameter

Das ALLOCATABLE–Attribut ist für Formalparameter nicht zulässig. Wohl können Formalparameter das POINTER– oder TARGET–Attribut tragen. Für Feldparameter, die das POINTER–Attribut tragen, ist in der Deklaration der Rang des Feldes festzuschreiben, wobei in jeder Indexposition nur ein Doppelpunkt steht.

Beispiel:

```
SUBROUTINE POINT (FELDPTR)
REAL, DIMENSION (:, :, :), POINTER :: FELDPTR
 .
 .
END
```

Der Aktualparameter eines Formalparameters, der ein Pointer ist, muß ebenfalls ein Pointer sein, der in Typ, Typparameter und Rang mit dem Formalparameter übereinstimmt. Bei Aufruf der Prozedur wird dem Formalparameterpointer das Zeigerziel des Aktualparameters zugeordnet. Während der Ausführung des Unterprogramms darf diese Zielzuordnung geändert werden (zum Beispiel mittels einer Pointerzuweisungsanweisung oder einer ALLOCATE–Anweisung). Der Zuordnungsstatus des Aktualpointers ist bei Verlassen der Prozedur gleich dem des Formalpointers. Bei Verlassen der Prozedur ist der Zuordnungsstatus undefiniert, falls der Formalparameter mit einem TARGET–Formalparameter des Unterprogramms assoziiert war oder das Zeigerziel aus anderen Gründen undefiniert wird. Ein Beispiel zur Übergabe von Pointern in ein Unterprogramm ist am Ende von Abschnitt 7.2 zu finden.

Beispiel:

Ein Aktualparameter, der das PONTER–Attribut trägt, darf durchaus einem Formalparameter zugeordnet werden, der kein Pointer ist. In diesem Fall wird der Speicherinhalt des Zeigerziels an das Unterprogramm übergeben.

```
PROGRAM PTR_ZIEL
TYPE MEINTYP
 INTEGER I,J
END TYPE
TYPE(MEINTYP),POINTER :: M
ALLOCATE(M)
M%I=1;M%J=9           ! M ist ein Pointer auf eine Daten-
                      ! struktur vom Typ MEINTYP. Der
```

```
         CALL SUB(M)          ! Formalparameter von SUB ist kein
                              ! Pointer, daher wird bei diesem
                              ! Aufruf der Speicherinhalt des
                              ! Zeigerziels von M übergeben.

         CONTAINS
           SUBROUTINE SUB(ZIEL)  ! ZIEL ist eine Datenstruktur vom
                                 ! Typ MEINTYP
             TYPE(MEINTYP) ZIEL
             ZIEL%I=ZIEL%I+1
             PRINT*, ZIEL
           END SUBROUTINE
         END
```

Das Programm liefert als Ergebnis: 2 9

7.7 Optionale Argumente

Formalparameter können das Attribut OPTIONAL tragen. Dies bedeutet, daß bei Aufruf der Prozedur für einen solchen Formalparameter nicht notwendigerweise ein Aktualparameter angegeben werden muß. Vom Programmierer ist Sorge zu tragen, daß ein solcher Parameter nur dann im Unterprogramm verwendet wird, wenn auch tatsächlich ein Aktualparameter vorhanden ist. Dies kann mittels der Standardfunktion PRESENT(A) überprüft werden. Die Funktion liefert das Ergebnis .TRUE., falls ein Aktualparameter für den optionalen Formalparameter A vorhanden ist, andernfalls liefert die Funktion den Wert .FALSE.
Die OPTIONAL–Attributsanweisung hat die Form:

> optional_attributsanweisung :=
> OPTIONAL[::] formalparametername[,formalparametername]$^\infty$

Beispiel:

Das folgende Unterprogramm SUMME hat zwei optionale Parameter ZSUM und SSUM.

```
SUBROUTINE SUMME(A,N,M,ZSUM,SSUM)
IMPLICIT NONE
INTEGER N,M,I
INTEGER, DIMENSION(N,M)  :: A
INTEGER    ZSUM(N), SSUM(M)
OPTIONAL ZSUM, SSUM
```

```
    IF (PRESENT(ZSUM)) THEN
    ! Falls ZSUM vorhanden ist wird der Anweisungsteil zwischen IF
    ! und END IF ausgeführt
     ZSUM(1:N)=(/(SUM(A(I,1:M)), I=1,N)/)
    END IF

    IF (PRESENT(SSUM)) THEN
    ! Falls SSUM vorhanden ist wird der Anweisungsteil zwischen IF
    ! und END IF ausgeführt
     SSUM(1:M)=(/(SUM(A(1:N,I)), I=1,M)/)
    END IF

    END SUBROUTINE
```

Ruft man dieses Unterprogramm in der Art

`CALL SUMME(MATRIX,N,M,SSUM=MEINSUM)`

auf, so werden nur die Spaltensummen der Matrix A errechnet. Über den optionalen Formalparameter ZSUM in der Formalparameterliste läßt sich nur per Schlüsselwortnotation hinwegpositionieren. Mit anderen Worten

`CALL SUMME(MATRIX,N,M,,MEINSUM)`

ist *unzulässig*.

7.8 INTENT–Attribut

In der üblichen FORTRAN–77–Notation kann jeder Formalparameter sowohl Eingabe- als auch Ausgabeparameter sein. Welche Art Parameter vorliegt, entscheidet sich anhand der Verwendung im Unterprogramm.
In Fortran 90 ist es mittels des INTENT–Attributs möglich, für einen Formalparameter explizit eine Verwendungsintention anzugeben. Für einen Formalparameter, der ein Pointer ist, oder für einen Formalparameter, der einen Unterprogrammnamen repräsentiert, darf kein INTENT–Attribut angegeben werden.
Ein Formalparameter mit INTENT(IN)–Attribut ist ein Eingabeparameter. Er darf im Unterprogramm nicht verändert werden. Auf Aktualparameterposition muß für einen solchen Formalparameter ein Ausdruck oder eine definierte Variable stehen.
Einem Formalparameter mit INTENT(OUT)–Attribut muß als Aktualparameter eine Variable zugewiesen werden. Diese wird bei Eintritt ins Unterprogramm undefiniert, d.h. ihr muß vor der ersten Verwendung im Unterprogramm ein gültiger Wert zugewiesen werden.
Ein Parameter mit INTENT(INOUT) dient dazu, sowohl Werte in das Unterprogramm zu übergeben, als auch Werte an das rufende Programm zurückzuliefern. Ein Aktualparameter eines solchen Formalparameters muß eine definierbare Größe, d.h. eine Variable sein.

Wird einem Formalparameter ein Teilfeld mit feldwertigem Indexausdruck als Aktualparameter zugeordnet, so darf der Formalparameter im Unterprogramm nicht definiert oder verändert werden, d. h. er hat das INTENT(IN)–Attribut.

Die INTENT–Attributsanweisungen hat die Form:

	intent_attributsanweisung :=
	INTENT (intention) [::]formalparametername[,formalparametername]$^\infty$
intention	$\left\{ \begin{array}{c} \text{IN} \\ \text{OUT} \\ \text{INOUT} \end{array} \right\}$

7.9 Funktionsunterprogramme

Die Deklaration eines Funktionsunterprogramms hat die Form

	funktions_unterprogramm :=funktions_kopf
	[Vereinbarungsteil]
	[Anweisungsteil]
	[CONTAINS
	interne Unterprogramme]
	END [FUNCTION [func_name]]
funktions_kopf	[präfix] FUNCTION func_name & ([formalparameterliste])[RESULT (erg_name)]
präfix	$\left\{ \begin{array}{c} \text{typ [RECURSIVE]} \\ \text{RECURSIVE [typ]} \end{array} \right\}$
formalparameter	Name
func_name	Name
typ	vergleiche Abschnitt 3.3

Ein Funktionsunterprogramm beginnt mit dem Funktionskopf. In diesem steht hinter dem Schlüsselwort FUNCTION der Name der Funktion gefolgt von den in Klammern eingeschlossenen formalen Parametern. Hat eine Funktion keine formalen Parameter, so muß hinter dem Funktionsnamen ein leeres Klammerpaar "()" stehen. Der Funktionsrumpf, der aus einem Vereinbarungsteil, einem Anweisungsteil und einem CONTAINS–Teil bestehen kann, ist mit einer END–Anweisung abzuschließen. Hinter dem Schlüsselwort END kann optional das Schlüsselwort FUNCTION, optional gefogt vom Funktionsnamen, stehen. In einem externen Funktionsunterprogramm oder in einem Funktionsunterprogramm eines Moduls können hinter dem Schlüsselwort CONTAINS weitere interne Unterprogramme eingebettet sein. Bei einem Funktionsunterprogramm, das ein internes oder ein Modulunterprogramm ist, muß bei der END–Anweisung das Schlüsselwort FUNCTION angegeben werden. Ein internes Funktionsunterprogramm darf keinen CONTAINS–Teil enthalten.

Wie eingangs schon erwähnt wurde, sollten die Formalparameter eines Funktionsunterprogramms im allgemeinen nur Eingabeparameter sein. Das Funktionsergebnis wird über den Funktionsnamen an das rufende Programm übergeben.

Ein Funktionsunterprogramm wird durch

funktions_aufruf := func_name ([aktualparameterliste])	
aktualparameter	[schlüsselwort =] aktualargument
schlüsselwort	Formalparameter
aktualargument	$\left\{ \begin{array}{l} \text{Variable} \\ \text{Ausdruck} \\ \text{Unterprogrammname} \end{array} \right\}$

aufgerufen. Der Aufruf eines Funktionsunterprogramms erfolgt als Operand eines Ausdrucks. Beim Aufruf werden die Aktualparameter gemäß Abschnitt 7.2 an das Funktionsunterprogramm übergeben, die Funktion wird mit diesen Werten berechnet, und das Ergebnis der Funktion wird an die Stelle des Funktionsaufrufs in den Ausdruck eingesetzt. Die Errechnung des Funktionsergebnisses erfolgt im Anweisungsteil des Funktionsunterprogramms über die Ergebnisvariable. Wurde im Prozedurkopf eine RESULT–Variable explizit definiert, so ist diese die Ergebnisvariable, andernfalls ist die Ergebnisvariable durch den Funktionsnamen gegeben. Die Ergebnisvariable muß deklariert werden. Dies geschieht entweder durch die Typangabe im Funktionskopf oder im Vereinbarungsteil der Funktion. Nur eine der beiden Angaben ist zulässig. Fehlen beide Deklarationen, so ergibt sich der Typ der Ergebnisvariablen nach den impliziten Typregelungen in Fortran. Als Attribute bei der Deklaration von Ergebnisvariablen sind nur DIMENSION und POINTER zulässig. Diese Attribute können nicht im Funktionskopf angegeben werden, sondern die Vereinbarung muß im Vereinbarungteil der Funktion geschehen. Mit der Ergebnisvariablen kann im Anweisungsteil der Funktion wie mit jeder anderen Variablen gerechnet werden. Der Wert der Ergebnisvariablen bei Verlassen der Funktion entspricht dem Ergebniswert, den die Funktion an das rufende Programm zurückliefert. Das Schlüsselwort RECURSIVE erlaubt, daß sich die Funktion in ihrem Rumpf selbst aufrufen kann. In diesem Fall muß eine RESULT–Variable spezifiziert werden, denn jede Referenz von `func_name` im Anweisungsteil der Funktion muß in Form eines Funktionsaufrufs erfolgen.

Beispiel:

Die Fakultät einer ganzen Zahl N ist

$$N! = 1 \cdot 2 \cdot 3 \cdot 4 \cdots N \text{ oder } N! = (N-1)! * N, \; 0! = 1! = 1$$

und wird durch folgende Fortran–90–Funktion errechnet.

```
RECURSIVE FUNCTION FAKULTAET (N) RESULT(RESULTAT)
IMPLICIT NONE
INTEGER     N, RESULTAT
INTENT (IN) N
IF (N == 0) THEN
   RESULTAT = 1
ELSE
   RESULTAT = FAKULTAET (N-1)*N
END IF
END FUNCTION FAKULTAET
```

Ergebnisvariable und Formalparameter dürfen bei der Deklaration *nicht* initialisiert werden. Eine feldwertige Ergebnisvariable, die *nicht* zugleich Pointer ist, muß explizite Gestalt haben. Eine feldwertige Ergebnisvariable, die auch Pointer ist, darf für alle Dimensionen nur den Doppelpunkt als Indexangabe haben. Die Gestalt des Funktionsergebnisses ergibt sich aus der Gestalt der Ergebnisvariablen.

Eine Textfunktion kann mit einer konstanten oder variablen Längenangabe oder mit einem Stern für die Längenangabe deklariert werden. Ist die Längenangabe variabel, dann muß diese Variable bei Eintritt in die Funktion zugreifbar sein. Die Längenangabe "*" ist nur für externe Funktionen zulässig, die nicht rekursiv, feldwertig oder pointerwertig sind. In diesem Fall muß im rufenden Programm eine Deklaration der Funktion zugänglich sein, die eine konkrete Angabe für die Länge enthält. (Das optionale Komma hinter der Längenangabe vergleiche Typvereinbarungsanweisung muß entfallen, falls der Typ im Funktionskopf angegeben wird.)

Wird eine externe Funktion in einem anderen als dem eigenen Anweisungsteil aufgerufen, so muß der Typ der Funktion im rufenden Programmbaustein deklariert werden.

Beispiel:

Im Hauptprogramm TEST wird ein Binomialkoeffizient

$$\left(\begin{array}{c} n \\ k \end{array} \right) = \frac{n!}{k! \cdot (n-k)!}$$

berechnet. Dazu wird die rekursive Funktion FAKULTAET verwendet.

```
PROGRAM TEST
IMPLICT NONE
INTEGER   N, K, FAKULTAET
READ*, N, K
PRINT*, 'Binomialkoeffizient:',&
        FAKULTAET (N)/(FAKULTAET(K)*FAKULTAET(N-K))
END PROGRAM TEST
```

Beispiel:

Folgendes Programm verdeutlicht die Verwendung von Textfunktionen mit variabler Länge, von pointerwertigen und feldwertigen Funktionen.

Die Funktion `meinchar` ist eine externe Textfunktion, die mit einem Stern für die Längenangabe vereinbart worden ist. Die aktuelle Länge ergibt sich aus der Deklaration der Funktion im rufenden Programm.

```
function meinchar (ch1)
 implicit none
 ! meinchar übernimmt die Länge aus der Deklaration
 ! der Funktion im Hauptprogramm
 character*(*) :: meinchar

 ! ch1 übernimmt die Länge vom Aktualparameter
 character*(*) ch1

 meinchar=ch1

end function meinchar
```

Die Funktion `ptr` ist eine interne pointerwertige Funktion. Sie liefert als Ergebnis einen Zeiger auf ein Feld an das rufende Programm zurück. Im Anweisungsteil der Funktion wird über eine ALLOCATE–Anweisung ein Zeigerziel für die Funktion erzeugt. Die Größe des Zielfeldes wird durch den formalen Parameter n der Funktion bestimmt.

Die Funktion `feld` ist eine interne Funktion, die als Ergebnis ein eindimensionales Feld zurückliefert. Die Größe von `feld` ist dem Aktualparameter der Funktion angepaßt.

```
program func_erg
 implicit none
 integer :: n=10
 character*(8) meinchar    ! Definition von Typ und Länge
                           ! der Funktion meinchar
 integer,dimension(5) :: a=(/1,3,5,7,9/)
 print*,feld(a)
 print*,ptr(n)
 print*,meinchar('ABCDEFGHIJK')
contains

 function ptr(n)
  implicit none
  integer,dimension(:),pointer :: ptr
  nullify(ptr)
```

```
allocate(ptr(n))
ptr=(/(i,i=1,n)/)
end function ptr

function feld(a)
implicit none

! a übernimmt seine Gestalt vom Aktualparameter
integer,dimension(:) :: a

! feld paßt sich in der Größe dem Parameter a an
integer,dimension(1:ubound(a,1)) :: feld
feld=a
end function feld
end program
```

Das Programm liefert folgende Ergebnisse:
1 3 5 7 9
1 2 3 4 5 6 7 8 9 10
ABCDEFGH

Beispiel:

In einem Fortran–Hauptprogramm können Zeichenkettenvariablen nicht mit variabler Länge vereinbart werden. Um in einem Programm mit Zeichenketten variabler Länge arbeiten zu können, muß man wie in dem aus Kapitel 3 bekannten Typ KOCHREZEPT einen "Umweg" über Feldpointer machen:

CHARACTER, DIMENSION(:), POINTER :: VARIABLES

Ein "Werkzeugkasten" zur Verarbeitung von Zeichenketten variabler Länge ist in einem von der ISO unter der Bezeichnung ISO/IEC 1539-1 vorgestellten Modul zusammengefaßt worden. Eines dieser Werkzeuge ist eine Funktion, die ein Zeichenfeld variabler Länge in eine skalare Zeichenkettenvariable zusammenfaßt. Eine Funktion mit gleicher Leistung ist die folgende Funktion array_to_string. Sie ist eine externe Textfunktion variabler Länge, die einen formalen Parameter string vom abgeleiteten Typ stringtyp hat. Der Typ stringtyp hat eine Komponente, die ein Zeiger auf ein eindimensionales Zeichenfeld ist. Jedes Feldelement kann genau ein Zeichen aufnehmen. Die aktuelle Länge dieser Komponente wird in der anderen Komponente laenge von stringtyp festgehalten. Die Länge der Textfunktion array_to_string paßt sich dieser Länge an. Im Anweisungsteil der Funktion werden die einzelnen Zeichen der Feldpointerkomponente von string auf die skalare Zeichenkettenvariable array_to_string "zusammengepackt":

```
function array_to_string (string)
implicit none
type stringtyp
   sequence
   integer   :: laenge
   character,dimension(:),pointer   :: zeichen
end type
type(stringtyp),intent(in) :: string
character(len=string%laenge) :: array_to_string
integer i,n
n=string%laenge

! Fuer alle Elemente von string%zeichen tue:
do i=1,n
  array_to_string(i:i)=string%zeichen(i)
end do

end function array_to_string
```

Die Funktion wird im Hauptprogramm `test_string` getestet. In diesem Hauptprogramm wird zunächst der Wert einer Variablen n eingelesen. Anschließend wird ein Ziel für die Feldpointerkomponente der Variablen string mittels einer ALLOCATE–Anweisung erzeugt. Die Größe des Zielfeldes wird durch die Variable n bestimmt. Durch Aufruf der Funktion array_to_string wird aus diesem Pointerfeld eine skalare Zeichenkettenvariable erzeugt.

```
program test_string
  implicit none
  type stringtyp
     sequence
     integer   :: laenge
     character,dimension(:),pointer   :: zeichen
  end type
  type(stringtyp) string
  integer n

  interface
    function array_to_string (string)
    implicit none
    type(stringtyp) :: string
    character(len=string%laenge) :: array_to_string
    end function
  end interface
```

```
      read *,n
      allocate(string%zeichen(n)); string%laenge=n
      read *,string%zeichen
      print *, array_to_string (string)
      print *, (string%zeichen(i),' ',i=1,n)
   end program test_string
```

Um eine externe Textfunktion mit variabler Länge in einem Hauptprogramm aufrufen zu können, muß die Schnittstelle (Interface) des Unterprogramms im rufenden Programm bekannt sein. Damit kommen wir zum nächsten Abschnitt.

7.10 INTERFACE–Blöcke

Der Aufruf eines externen Unterprogramms, das die unten angegebenen Neuerungen von Fortran90 benutzt, setzt voraus, daß die Schnittstelle, d.h. der Funktionskopf oder Subroutinekopf zusammen mit der Deklaration der Formalparameter und gegebenenfalls der Ergebnisvariablen im rufenden Programm bekannt ist. Man sagt, das Unterprogramm benötigt ein explizites Interface, falls es

- mit Schlüsselwortargumenten,

- unter einem Gattungsnamen,

- als selbstdefinierte Zuweisungsanweisung oder

- als selbstdefinierter Operator

aufgerufen wird oder falls das Unterprogramm über

- optionale Argumente,

- Formalparameter mit übernommener Gestalt oder

- Pointer– oder Target–Formalparameter

verfügt oder das Unterprogramm

- eine feldwertige oder pointerwertige Funktion oder

- eine Textfunktion mit variabler Länge ist.

Das Interface eines internen Unterprogarmms, eines Modulunterprogramms oder eines Standardunterprogarmms ist stets explizit. Das Interface eines externen Unterprogramms oder eines Unterprogramms, das Formalparameter ist, ist explizit im eigenen Anweisungsteil (rekursive Unterprogramme). In einem anderen Programmbaustein ist das Interface explizit, falls dort ein Schnittstellenblock zugreifbar ist. Ein Schnittstellenblock hat die Form

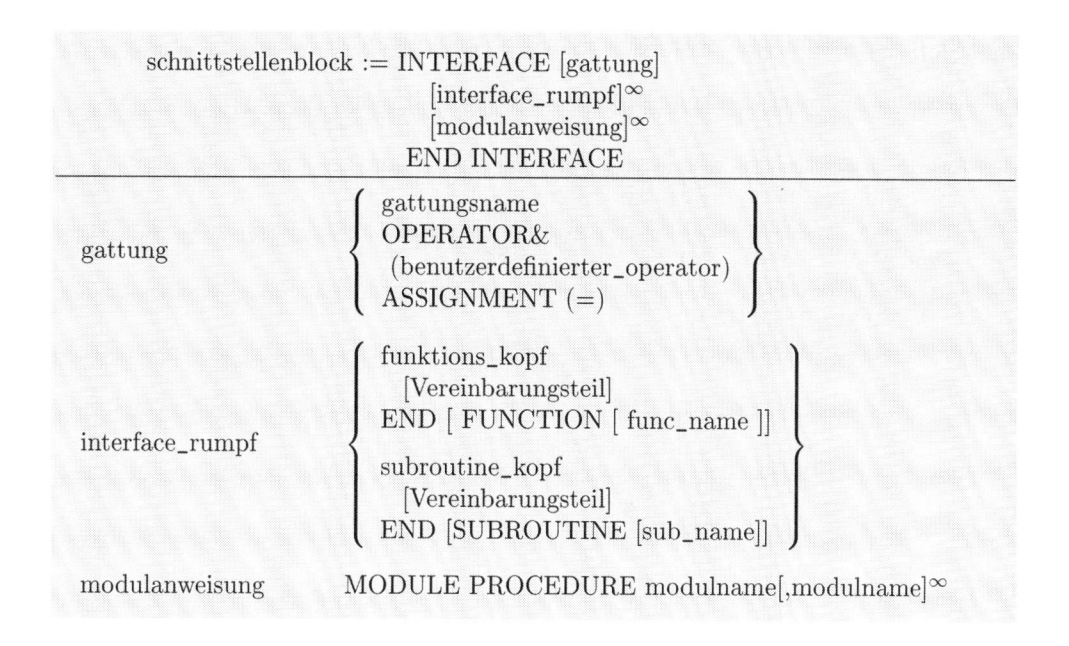

7.10 INTERFACE–Blöcke

schnittstellenblock :=	INTERFACE [gattung]
	[interface_rumpf]$^\infty$
	[modulanweisung]$^\infty$
	END INTERFACE
gattung	$\left\{\begin{array}{l}\text{gattungsname}\\ \text{OPERATOR\&}\\ \text{(benutzerdefinierter\_operator)}\\ \text{ASSIGNMENT (=)}\end{array}\right\}$
interface_rumpf	$\left\{\begin{array}{l}\text{funktions\_kopf}\\ \text{[Vereinbarungsteil]}\\ \text{END [FUNCTION [func\_name]]}\\ \text{subroutine\_kopf}\\ \text{[Vereinbarungsteil]}\\ \text{END [SUBROUTINE [sub\_name]]}\end{array}\right\}$
modulanweisung	MODULE PROCEDURE modulname[,modulname]$^\infty$

Ein Schnittstellenblock wird durch die Schlüsselworte INTERFACE ... END INTERFACE begrenzt. Er hat zwei Funktionen. Zum einen teilt er einem Programmbaustein besondere Aufrufcharakteristiken von externen Unterprogrammen oder Unterprogrammen, die Formalparameter sind, mit. Zu diesem Zweck ist im Interfacerumpf der gesamte Unterprogrammkopf zusammen mit den Typ– und Attributsvereinbarungen der Formalparameter und gegebenenfalls der Ergebnisvariablen einer Funktion anzugeben. Der Unterprogrammrumpf entfällt. Die Namen der Formalparameter können im Schnittstellenblock beliebig gewählt werden, d.h. sie müssen nicht den Formalparameternamen der Deklaration des Unterprogramms entsprechen. Die im Schnittstellenblock angegebenen Formalparameternamen charakterisieren die Schlüsselworte. Die Deklaration der Formalparameter muß natürlich der Deklaration des Unterprogramms entsprechen.

Eine weitere Funktion eines INTERFACE–Blocks ist, Unterprogramme zu einer sogenannten Gattung zusammenzufassen. Eine Gattung kann ein Gattungsname, ein (benutzerdefinierter) Operator oder eine Wertzuweisung sein. Sie wird hinter dem Schlüsselwort INTERFACE angegeben. Wir werden in den folgenden Abschnitten näher auf diese Funktionalität von INTERFACE–Blöcken eingehen. Auch Modulunterprogramme können zu einer Gattung zusammengefaßt werden. Dazu sind lediglich die Namen der Modulunterprogramme in einer Modulanweisung des INTERFACE–Blocks aufzuführen. Die Modulanweisung besteht aus den Schlüsselworten MODULE PROCEDURE gefolgt vom betreffenden Modulnamen. Mehrere Modulanweisungen können zu einer zusammengefaßt werden, indem die Modulnamen als Liste hinter den Schlüsselworten MODULE PROCEDURE angegeben werden. Die Modulanweisung darf in einem INTERFACE–Block nur dann auftreten, wenn eine Gattung angegeben worden ist. Interne Unterprogramme dürfen *nicht* im INTERFACE–Block stehen.

Beispiel:

Das folgende externe Unterprogramm MATRIX_EINGABE liest eine Matrix A vom Standardeingabemedium ein. Die Matrix wird standardmäßig spaltenweise eingelesen. Ist der zweite optionale Parameter des Unterprogramms vorhanden, so wird die Matrix zeilenweise gelesen.

```
SUBROUTINE MATRIX_EINGABE(A,ROWWISE)
 IMPLICIT NONE
 INTEGER, DIMENSION(:,:) :: A
 INTEGER, OPTIONAL       :: ROWWISE
 INTEGER                 :: DIM1, DIM2,I,J

 DIM1 =UBOUND(A,1); DIM2=UBOUND(A,2)

 IF (PRESENT(ROWWISE)) THEN
  ! Lies zeilenweise
  READ*, ((A(I,J), J=1,DIM2),I=1,DIM1)
 ELSE
  ! Lies spaltenweise
  READ*, A
 END IF
END SUBROUTINE
```

Das Unterprogramm hat einen optionalen Formalparameter ROWWISE und einen Formalparameter A, der ein Feld übernommener Gestalt ist. Daher muß die Schnittstelle des Unterprogramms in einem rufenden Programm bekannt gemacht werden. Ferner soll ein Aufruf in Schlüsselwortnotation möglich sein:

```
PROGRM AUFRUF
 IMPLICIT NONE
 INTEGER, DIMENSION(100,100) :: MATRIX
 INTEGER, PARAMETER          :: ROWWISE=1

 INTERFACE

  SUBROUTINE MATRIX_EINGABE(EINGABE,FORM)
   IMPLICIT NONE
   INTEGER, DIMENSION(:,:) :: EINGABE
   INTEGER, OPTIONAL       :: FORM
  END SUBROUTINE

 END INTERFACE

 ! Folgende Aufrufe der Funktion sind damit zulaessig
```

```
    CALL MATRIX_EINGABE(MATRIX)
    CALL MATRIX_EINGABE(MATRIX(:50,:50),FORM=ROWWISE)

END PROGRAM
```

Beispiel:

Formalparameter können auch einen Unterprogrammnamen repräsentieren. In Abschnitt 7.1 wurde dies bereits beschrieben. Dort haben wir Formalparameterunterprogramme mit der EXTERNAL–Anweisung deklariert. Eine derartige Deklaration reicht nicht aus, wenn das Unterprogramm ein explizites Interface benötigt. In diesem Fall ist der Formalparameter mittels eines INTERFACE–Blocks, wie im folgenden Unterprogramm write_function geschehen, zu deklarieren.

```
subroutine write_function(f)
  implicit none

  interface
  ! deklariert den Formalparameter f als feldwertige Funk-
  ! tion, die wiederum einen Formalparameter x hat, der von
  ! übernommener Gestalt ist
    function f(x)
      integer,dimension(:) :: x
      integer,dimension(1:ubound(x,1)) :: f
    end function
  end interface

  integer,dimension(5) :: x=(/1,2,3,4,5/)
  real,dimension(5) :: y
  y=f(x)
  print*,y
end subroutine
```

In einem Hauptprogramm, das das Unterprogramm write_function aufruft, ist die Aktualparameterfunktion ebenfalls in einem INTERFACE–Block zu vereinbaren.

```
program interface_test
  implicit none

  interface
  ! deklariert meinf als feldwertig Funktion
    function meinf(x)
      integer,dimension(:) :: x
```

```
    real,dimension(1:ubound(x,1)) :: meinf
  end function
end interface

call write_function(meinf)
end program

function meinf(x)
  implicit none
  integer,dimension(:) :: x
  real,dimension(1:ubound(x,1)) :: meinf
  meinf=1.0/(x*x)
end function
```

Wie bereits gesagt, können Schnittstellenblöcke außer der reinen Schnittstellenbeschreibung auch weitere Funktionen erfüllen:

- Es können verschiedene Prozeduren unter einem Gattungsnamen zusammengefaßt werden.

- Es können benutzerdefinierte Wertzuweisungen durch SUBROUTINE–Unterprogramme definiert werden.

- Es können benutzerdefinierte Operatoren durch FUNCTION–Unterprogramme definiert werden.

In den nächsten Abschnitten werden diese Leistungen näher untersucht.

7.10.1 Gattungsnamen

Bei einem Unterprogrammaufruf müssen Aktual– und Formalparameter in Typ und Typparameter übereinstimmen. D.h., daß beispielsweise das Unterprogramm AUSTAUSCH von Seite 132 nicht dazu verwendet werden kann, zwei ganze Zahlen oder zwei doppeltgenaue Zahlen zu vertauschen, denn die Parameter von AUSTAUSCH sind vom Typ REAL. Dazu muß man weitere Unterprogramme, etwa IAUSTAUSCH und DAUSTAUSCH, mit den entsprechenden Parametertypen schreiben. Unterprogrammnamen wie AUSTAUSCH, IAUSTAUSCH und DAUSTAUSCH nennt man auch "spezifische" Namen. Fortran 90 ermöglicht es dem Programmierer, zusätzlich zu diesen spezifischen Namen mehrere Unterprogramme unter einem einzigen Gattungsnamen oder "generischen" Namen zusammenzufassen. Dies geschieht über einen Schnittstellenblock mit Gattungsnamen.

Beispiel:

Der folgende INTERFACE–Block faßt die Unterprogramme AUSTAUSCH, IAUSTAUSCH und DAUSTAUSCH unter dem Gattungsnamen AUSTAUSCH zusammen:

7.10 INTERFACE-Blöcke

```
INTERFACE AUSTAUSCH
 SUBROUTINE IAUSTAUSCH(A,B)
   INTEGER A,B
 END
 SUBROUTINE AUSTAUSCH(A,B)
   REAL A,B
 END
 SUBROUTINE DAUSTAUSCH(A,B)
   REAL(KIND=DOUBLE) A,B
 END
END INTERFACE
```

Der Gattungsname darf dem spezifischen Namen eines Unterprogramms entsprechen, das im INTERFACE-Block aufgeführt worden ist. Der Aufruf von Unterprogrammen mit generischem Namen kann über diesen Gattungsnamen erfolgen. Welche Funktion beim Aufruf tatsächlich angesprochen wird, entscheidet sich anhand des Typs der Aktualparameter.

Beispiel:

Eine eingebaute komplexe Größe in Fortran 90 ist ein Paar (x,y). Eine komplexe Größe läßt sich aber auch durch eine Struktur beschreiben:

```
TYPE MEINCOMP
    REAL RE,IM
END TYPE
```

Eine Standardgröße vom Typ COMPLEX wird durch folgende Unterprogramme in eine Struktur MEINCOMP und umgekehrt umgeformt:

```
SUBROUTINE MEINCOMP_TO_COMPLEX(STANDARD_C,MEIN_C)
   IMPLICIT NONE
   COMPLEX, INTENT(OUT)        :: STANDARD_C
   TYPE(MEINCOMP), INTENT(IN) :: MEIN_C
   STANDARD_C = CMPLX (MEIN_C%RE,MEIN_C%IM)
END SUBROUTINE

SUBROUTINE COMPLEX_TO_MEINCOMP(MEIN_C,STANDARD_C)
   IMPLICIT NONE
   TYPE (MEINCOMP), INTENT(OUT) :: MEIN_C
   COMPLEX, INTENT(IN)          :: STANDARD_C
   MEIN_C%RE = REAL(STANDARD_C)
   MEIN_C%IM = AIMAG(STANDARD_C)
END SUBROUTINE
```

Die Standardfunktionen REAL und AIMAG liefern jeweils den Real– bzw. Imaginärteil des komplexen Arguments. Die Standardfunktion CMPLX(X,Y) wandelt die reellen oder ganzzahligen Argumente in eine komplexe Zahl.

Der folgende INTERFACE–Block in einem Programmbaustein ermöglicht den Aufruf beider Routinen über den Gattungsnamen CONVERT:

```
INTERFACE CONVERT
  SUBROUTINE MEINCOMP_TO_COMPLEX(STANDARD_C_OUT, MEIN_C_IN)
    IMPLICIT NONE
    COMPLEX, INTENT(OUT)      :: STANDARD_C_OUT
    TYPE(MEINCOMP), INTENT(IN) :: MEIN_C_IN
  END SUBROUTINE
  SUBROUTINE COMPLEX_TO_MEINCOMP(MEIN_C_OUT, STANDARD_C_IN)
    IMPLICIT NONE
    TYPE (MEINCOMP), INTENT(OUT) :: MEIN_C_OUT
    COMPLEX, INTENT(IN)       :: STANDARD_C_IN
  END
END INTERFACE

TYPE(MEINCOMP) :: MEIN_CMPLX=MEINCOMP(1.0,1.0)
COMPLEX STANDARD_CMPLX
! Aufruf von MEINCOMP_TO_COMPLEX:
CALL CONVERT(STANDARD_CMPLX,MEIN_CMPLX)
! Aufruf von COMPLEX_TO_MEINCOMP:
CALL CONVERT(STANDARD_C_IN=STANDARD_CMPLX,&
             MEIN_C_OUT=MEIN_CMPLX)
```

Damit beim Aufruf eines Unterprogramms über einen Gattungsnamen eindeutig ist, welche der überlagerten Unterprogramme zur Ausführung gelangt, müssen einige Regeln erfüllt sein.

Zwei Unterprogramme, die denselben Gattungsnamen tragen, müssen entweder beide SUBROUTINE–Unterprogramme oder beide FUNCTION–Unterprogramme sein. Ferner muß mindestens ein Unterprogramm einen nicht–optionalen Formalparameter besitzen, der zwei Regel erfüllt:

- Er darf beim anderen Unterprogramm in *entsprechender Position* nicht vorkommen oder muß dort einen anderen Typ, Typparameter oder Rang haben.

- Er darf beim anderen Unterprogramm als *Schlüsselwortparameter* nicht vorkommen oder muß dort einen anderen Typ, Typparameter oder Rang haben.

Die erste Regel sorgt dafür, daß bei positionsgerechter Aktualparameterzuordnung ein Aufruf über einen Gattungsnamen eindeutig bleibt. Die zweite Regel sorgt dafür, daß ein Aufruf bei Verwendung von Schlüsselworten eindeutig bleibt. Damit die zweite

Regel im obigen Beispiel erfüllt ist, mußten die Parameter der Unterprogramme im INTERFACE–Block jeweils mit den Zusätzen IN beziehungsweise OUT versehen werden. Die Verwendung von generischen Namen war in FORTRANN77 nur für Standardfunktionen möglich.

7.10.2 Benutzerdefinierte Wertzuweisungen

Der Schnittstellenblock aus dem vorhergehenden Abschnitt hätte auch folgendermaßen formuliert werden können

Beispiel:
```
    INTERFACE ASSIGNMENT(=)
     SUBROUTINE MEINCOMP_TO_COMPLEX(STANDARD_C,MEIN_C)
       IMPLICIT NONE
       COMPLEX, INTENT(OUT)      :: STANDARD_C
       TYPE(MEINCOMP), INTENT(IN) :: MEIN_C
     END SUBROUTINE
     SUBROUTINE COMPLEX_TO_MEINCOMP(MEIN_C,STANDARD_C)
       IMPLICIT NONE
       TYPE (MEINCOMP), INTENT(OUT) :: MEIN_C
       COMPLEX, INTENT(IN)       :: STANDARD_C
     END
    END INTERFACE
```

Dies bedeutet, daß das Unterprogramm `MEINCOMP_TO_COMPLEX` beziehungsweise `COMPLEX_TO_MEINCOMP` auch implizit durch eine Wertzuweisung aufgerufen werden kann, und zwar:

```
TYPE(MEINCOMP) B
COMPLEX A, C
A=B      ! ruft MEINCOMP_TO_COMPLEX
B=A+C    ! ruft COMPLEX_TO_MEINCOMP
```

Benutzerdefinierte Wertzuweisungen sind stets durch SUBROUTINE–Unterprogramme zu definieren. Diese Unterprogramme müssen genau zwei nicht–optionale Formalparameter besitzen. Das erste Argument muß INTENT(OUT) oder INTENT(INOUT) haben und entspricht beim Aufruf der linken Seite der Wertzuweisung. Das zweite Argument muß INTENT(IN) haben und entspricht der rechten Seite der benutzerdefinierten Wertzuweisung. Aktual– und Formalparameter müssen in Typ, Typparameter, Rang und Gestalt übereinstimmen.

Haben beide Formalparameter einen Standardtyp, so darf die benutzerdefinierte Wertzuweisung die Bedeutung der Standard–Wertzuweisung nur erweitern. D.h. sie darf nur für solche linken und rechten Seiten definiert werden, für die nicht bereits eine Standard–Wertzuweisung definiert ist.

Haben beide Formalparameter abgeleiteten Typ, so gibt es ebenfalls eine Standard–Wertzuweisung, wenn beide den gleichen abgeleiteten Typ haben. Diese darf aber redefiniert werden.

Da bei einer benutzerdefinierten Wertzuweisung nur eine positionsgerechte Parameterzuordnung erfolgt, muß hier nur die erste Regel des letzten Abschnitts erfüllt sein.

7.10.3 Benutzerdefinierte Operatoren

Für unseren abgeleiteten komplexen Typ `MEINCOMP` sind in Fortran 90 keine Operatoren definiert. Es ist aber möglich, solche Operatoren mittels eines INTERFACE–Blocks selbst zu definieren.

Beispiel:

```
    INTERFACE OPERATOR(+)
     FUNCTION COMPPLUS(A,B)
      IMPLICIT NONE
      TYPE(MEINCOMP)             :: COMPPLUS
      TYPE(MEINCOMP), INTENT(IN) :: A,B
     END FUNCTION
    END INTERFACE
```

Die Funktion COMPPLUS kann wie folgt definiert sein:

```
    FUNCTION COMPPLUS(A,B)
     IMPLICIT NONE
     TYPE(MEINCOMP)            :: COMPPLUS
     TYPE(MEINCOMP),INTENT(IN) :: A,B
     COMPPLUS%RE = A%RE + B%RE
     COMPPLUS%IM = A%IM + B%IM
    END FUNCTION
```

Sind drei Variablen A,B,C gegeben mit

`TYPE(MEINCOMP) A,B,C,`

so bewirkt C=A+B einen Aufruf der Funktion `COMPPLUS`. (Die Wertzuweisung ist die Standard–Wertzuweisung, falls kein entsprechendes INTERFACE ASSIGNMENT(=) zugreifbar ist.)

Ein benutzerdefinierter Operator hat die Form

benutzerdefinierter_operator :=	$\left\{ \begin{array}{l} \text{.Buchstabe [Buchstabe]}^{30}\text{.} \\ \text{erweiterter\_standardoperator} \end{array} \right\}$

erweiterter_standardoperator	{ **, *, /, +, −, //, .EQ., .NE., .LT., .LE., .GT., .GE., ==, /=, <, <=, >, >=, .NOT., .AND., .OR., .EQV., .NEQV. }

Benutzerdefinierte Operatoren werden durch Funktionsunterprogramme definiert. Diese Funktionsunterprogramme dürfen entweder genau einen (nicht–optionalen) Formalparameter oder genau zwei (nicht–optionale) Formalparameter besitzen. Die Parameter müssen das INTENT(IN) Attribut haben. Hat die Funktion einen Formalparameter, so wird durch sie ein einstelliger (unärer) Operator definiert. Hat die Funktion zwei Formalparameter, so definiert sie einen zweistelligen (binären) Operator, wobei beim Aufruf der linke Operand dem ersten Formalparameter und der rechte Operand dem zweiten Formalparameter zugeordnet wird. Das Ergebnis der Operation ergibt sich als Ergebnis der Funktion. Das Funktionsergebnis darf bei Textfunktionen nicht mit einem Stern für die Längenangabe definiert werden. Aktual– und Formalparameter müssen in Typ, Typparameter, Rang und Gestalt übereinstimmen.

Durch einen INTERFACE–Block darf die Bedeutung eines Standardoperators erweitert, jedoch nicht verändert werden. Mit anderen Worten, die Formalparameter müssen sich in Typ oder Rang von den Operanden unterscheiden, für die die Operation bereits vordefiniert ist. Die Erweiterung muß im Einklang mit den bereits bestehenden Definitionen geschehen, d.h. ein unärer Operator darf nur als unärer Operator und ein binärer Operator nur als binärer Operator erweitert werden.

Da bei einem benutzerdefinierten Operator der Aufruf der zugehörigen Funktion durch positionsgerechte Parameterübergabe erfolgt, muß nur die erste Regel des vorletzten Abschnitts erfüllt sein.

7.11 Module

Eine weitere Neuerung von Fortran 90 ist die Modultechnik. Module können Vereinbarungen für Konstanten und Variablen, Typdeklarationen, Schnittstellenblöcke und Unterprogrammdefinitionen (Modulunterprogramme) enthalten.
Ein Modul hat die Form

```
modul : = MODULE modul_name
         [Vereinbarungsteil]
         [CONTAINS

         modul_unterprogramme]
         END [MODULE [modul_name]]
```

Der Modulname (`modul_name`) ist ein globaler Name, d.h. er darf innerhalb des Moduls oder einem rufenden Programmbaustein nicht redefiniert werden.

Beispiel:

> Das folgende Beispiel ist in Anlehnung an ein Beispiel aus der Fortran–90–Norm ISO/IEC 1539 geschrieben worden. Es ist ein Modul, in dem eine Mengenarithmetik definiert wird. Die Operanden sind ganze Zahlen beziehungsweise Teilmengen der ganzen Zahlen, die maximal 200 Elemente

umfassen können. Die Teilmengen werden durch einen abgeleiteten Typ mit zwei Komponenten beschrieben:

```
type menge
  private
  integer anzahl
  integer element(200)
end type menge
```

Die Teilmenge $\mathcal{M} = \{3, 5, 6, 7\}$ der ganzen Zahlen wird im Programm durch eine Variable M vom Typ menge dargestellt, wobei M%anzahl den Wert 4 und M%element(1:4) den Wert (/3,5,6,7/) hat. Die übrigen Elemente von M%element sind undefiniert.

Im Modul werden die Operatoren .IN., <=, −, * und + definiert. Während der Operator .IN. als linken Operanden eine ganze Zahl und als rechten Operanden eine Menge verlangt, sind die übrigen Operatoren auf zwei Mengen als Operanden definiert. Für eine ganze Zahl a und zwei Mengen $\mathcal{N}, \mathcal{M}$ haben die Operatoren folgende Bedeutung:

Fortran–Verknüpfung	Bedeutung	math. Bezeichnung
a .IN. M	Elementbeziehung	$a \in \mathcal{M}$
N <= M	Teilmengenbeziehung	$\mathcal{N} \subseteq \mathcal{M}$
N − M	Differenzmenge	$\mathcal{N} \setminus \mathcal{M}$
N * M	Durchschnittsmenge	$\mathcal{N} \cap \mathcal{M}$
N + M	Vereinigungsmenge	$\mathcal{N} \cup \mathcal{M}$

Mit $\mathcal{M} = \{3, 5, 6, 7\}$ und $\mathcal{N} = \{4, 5\}$ erhält man

Fortran–Verknüpfung	Ergebnis
7 .IN. M	.TRUE.
N <= M	.FALSE.
N − M	$\{4\}$
N * M	$\{5\}$
N + M	$\{3,4,5,6,7\}$

Neben diesen Operatoren werden drei Hilfsfunktionen vektormenge, vektor und kardinalzahl definiert. Die Funktion vektormenge wandelt ein eindimensionales Feld in eine Menge um. Die Funktion vektor wandelt eine Menge in einen aufsteigend sortierten Vektor um. Die Funktion kardinalzahl ermittelt die Anzahl der Elemente einer Menge.

```
module zahlenmengen
integer,parameter :: max = 200
type menge
```

7.11 Module

```
  private
  integer anzahl
  integer element(max)
end type menge

interface operator (.in.)
 module procedure element
end interface
interface operator(<=)
 module procedure teilmenge
end interface
interface operator(+)
 module procedure vereinigung
end interface
interface operator(-)
 module procedure differenz
end interface
interface operator(*)
 module procedure durchschnitt
end interface

contains

integer function kardinalzahl(a)
   type(menge) a
   kardinalzahl = a%anzahl
end function kardinalzahl

logical function element(x,a)
   integer x
   type(menge) a
   element = any(a%element(1:a%anzahl) .eq. x)
   ! Die Standardfunktion any ermittelt, ob ein Element des
   ! logischen Arguments den Wert .TRUE. hat.
end function element

function vereinigung(a,b)
   type(menge) a,b,vereinigung
   integer j

   ! In die Vereinigungsmenge werden zunächst alle Elemente
   ! von a aufgenommen.
   vereinigung=a

   ! Fuer alle Elemente aus der Menge b wird nun ueberprueft,
```

```
    ! ob es schon in der Vereinigungsmenge existiert. Falls
    ! nicht, wird es aufgenommen.
    do j=1,b%anzahl
      if(.not.(b%element(j) .in. a)) then
        if (vereinigung%anzahl < max) then
          vereinigung%anzahl = vereinigung%anzahl +1
          vereinigung%element(vereinigung%anzahl)=b%element(j)
        else
          ! Menge zu gross
        end if
      end if
    end do
end function vereinigung

function differenz (a,b)
  type(menge) a,b,differenz
  integer j,x(max)
  ! Differenzmenge wird als leere Menge initialisiert
  differenz%anzahl =0

  ! Fuer alle Elemente aus der Menge a:
  do j=1,a%anzahl
    x=a%element(j)

  ! Falls das Element nicht in b enthalten ist, wird es zur
  ! Differenzmenge addiert. Dazu wird der Operator '+'
  ! verwendet, der eine Vereinigungsmenge aus zwei Mengen
  ! bildet.
    if (.not. (x(1) .in. b)) differenz=differenz+menge(1,x)

  end do
end function differenz

function durchschnitt (a,b)
  type(menge) a,b,durchschnitt
  ! Die Durchschnittsmenge wird gebildet, indem aus der
  ! Menge a alle Elemente abgezogen werden, die nicht in b
  ! enthalten sind. Die Rechnung erfolgt mit dem Differenz-
  ! operator '-'.
  durchschnitt=a-(a-b)
end function durchschnitt

logical function teilmenge(a,b)
  ! Berechnet, ob die Menge a in b enthalten ist.
  type(menge) a,b
```

```
    integer i
    ! Falls a mehr Elemente als b hat, ist das Ergebnis .FALSE.
    teilmenge =a%anzahl <= b%anzahl
    if (.not. teilmenge) return

    ! Die Elementzahl von a ist kleiner oder gleich der
    ! Elementzahl von b. Nun wird fuer alle Elemente von a
    ! festgestellt, ob sie in b enthalten sind.
    ! Falls ein Element nicht enthalten ist, wird durch
    ! die .and. Verknuepfung der Wert des Funktionsergebnisses
    ! auf .FALSE. gesetzt.
    do i=1,a%anzahl
      teilmenge=teilmenge .and. (a%element(i) .in. b)
    end do
  end function teilmenge

  type(menge) function vektormenge(v)
   ! Die Funktion vektormenge formt ein eindimensionales
   ! Feld v durch Löschen der doppelten Elemente in eine
   ! Menge um.

    integer v(:)
    integer j
    vektormenge%anzahl=0
    ! Fuer alle Elemente von v:
    do j=1,size(v)
    ! Ist v(j) noch nicht in vektormenge enthalten, so
    ! wird es aufgenommen
      if(.not. (v(j) .in. vektormenge)) then
        if (vektormenge%anzahl < max) then
          vektormenge%anzahl = vektormenge%anzahl + 1
          vektormenge%element(vektormenge%anzahl)=v(j)
        else
        ! Die Menge wird zu gross.
        end if
      end if
    end do
  end function vektormenge

  function vektor(a)
    ! Die Funktion formt eine Menge a in einen eindimensionales
    ! Feld um. Die Mengenelemente werden dem Vektor in
    ! aufsteigender Groesse zugewiesen.
    type(menge) a
    integer,pointer :: vektor(:)
```

```
      integer i,j,k
      ! Kreieren des Zielvektors:
      allocate(vektor(a%anzahl))

      ! Auf den Vektor werden alle Elemente der Menge uebertragen:
      vektor=a%element(1:a%anzahl)

      ! Die Elemente des Vektors werden aufsteigend sortiert:
      do i=1,a%anzahl - 1
       do j=i+1,a%anzahl
        if(vektor(i) > vektor(j)) then
         k=vektor(j);vektor(j)=vektor(i);vektor(i)=k
        end if
       end do
      end do
    end function vektor
  end module zahlenmengen
```

Die Komponenten eines abgeleiteten Typs, der Name eines abgeleiteten Typs, Variablennamen, Konstantennamen, Unterprogrammnamen, benutzerdefinierte Operatoren, benutzerdefinierte Wertzuweisungen, Gattungsnamen und NAMELIST–Gruppen eines Moduls können versteckt werden, indem man sie mit dem PRIVATE–Attribut versieht oder sie in einer PRIVATE–Attributsanweisung aufführt.
Die PRIVATE–Attributsanweisung hat die Form

private_attributsanweisung := PRIVATE [[::] zugriffskennungs_liste]
zugriffskennung $\left\{\begin{array}{l}\text{Variablenname}\\\text{Unterprogrammname}\\\text{Konstantenname}\\\text{Name eines abgeleiteten Typs}\\\text{gattung}\\\text{NAMELIST–Gruppe (vgl. Kapitel 10)}\end{array}\right\}$
gattung $\left\{\begin{array}{l}\text{gattungsname}\\\text{OPERATOR\&}\\\text{(benutzerdefinierter\_operator)}\\\text{ASSIGNMENT (=)}\end{array}\right\}$

Eine PRIVATE–Attributsanweisung oder das PRIVATE–Attribut dürfen nur im Geltungsbereich eines Moduls auftreten. Eine PRIVATE–Attibutsanweisung ohne Zugriffskennungsliste darf nur einmal aufgeführt werden. Sie bewirkt, daß alle Definitionen und Vereinbarungen eines Moduls versteckt werden. Mit einer PUBLIC–Attributsanweisung oder mit dem PUBLIC–Attribut können dann einzelne Größen wieder sichtbar gemacht werden.

public_attributsanweisung := PUBLIC [[::] zugriffskennungs_liste]
zugriffskennung   wie bei der PRIVATE–Anweisung

Die Definitionen und Spezifikationen eines Moduls können anderen Programmbausteinen durch die USE–Anweisung zugänglich gemacht werden.
Die USE–Anweisung hat die Form

use_anweisung :=	$\left\{\begin{array}{l} \text{USE modul\_name [,umbenennung \&} \\ \text{[,umbenennung]}^\infty\text{]} \\ \text{USE modul\_name, ONLY:[auswahl \&} \\ \text{[,auswahl]}^\infty\text{]} \end{array}\right\}$
umbenennung	alias_name => objekt_name
auswahl	$\left\{\begin{array}{l}\text{gattung} \\ \text{[alias\_name =>] objekt\_name}\end{array}\right\}$
objekt_name	$\left\{\begin{array}{l}\text{Variablenname} \\ \text{Unterprogrammname} \\ \text{Konstantenname} \\ \text{Name eines abgeleiteten Typs} \\ \text{NAMELIST–Gruppe (vgl. Kapitel 10)}\end{array}\right\}$
gattung	$\left\{\begin{array}{l}\text{gattungsname} \\ \text{OPERATOR\&} \\ \text{(benutzerdefinierter\_operator)} \\ \text{ASSIGNMENT (=)}\end{array}\right\}$
alias_name	Name

Die durch `objekt_name` oder `gattung` gekennzeichneten Objekte der USE–Anweisung müssen Objekte des Moduls `modul_name` mit PUBLIC–Attribut sein. Per Voreinstellung sind alle Definitionen eines Moduls PUBLIC, d.h. sollen Objekte versteckt werden, so muß dies explizit angegeben werden.

Beispiel:

Das Modul des vorangegangenen Beispiels läßt sich in einer Programmeinheit beispielsweise wie folgt verwenden. Die Komponenten des Typs `menge` des Moduls `zahlenmenge` haben das PRIVATE–Attribut. Sie sind daher in einer Programmeinheit, die auf das Modul per USE–Anweisung zugreift, unsichtbar. Daher kann eine Menge nicht durch direkten Zugriff auf die

Komponenten gebildet werden. Das Modul stellt dafür die Transferfunktionen vektormenge und vektor zur Verfügung. Mit diesen kann ein eindimensionales Feld in eine Menge umgewandelt werden und umgekehrt.

```
PROGRAM mengentest

USE zahlenmengen
TYPE(menge) a,b,c
INTEGER x
x = 25
a = vektormenge((/5,10,25/))
b = vektormenge((/(I,I=1,5),10/))

IF (kardinalzahl(a) < 10) THEN
   print * , kardinalzahl(a),'ist kleiner 10'
END IF

IF(x .IN. (a-b)) Then
  print * , x ,'ist in A aber nicht in B'
ELSE
  Print * , x ,'ist in A und B'
ENDIF

c=a+b * vektormenge((/(I,I=1,100)/))
print * , kardinalzahl(c)

IF ( kardinalzahl ( a * vektormenge((/I,I=2,100,2/))) > 0 THEN
   print *, vektor(a)
END IF
END
```

In einem Programmbaustein können mehrere USE–Anweisungen auftreten. Werden mehrere USE–Anweisungen auf dasselbe Modul verwendet, so werden die Umbenennungslisten und Auswahllisten konkateniert. Ein Modul darf aber keine USE–Anweisung auf sich selbst enthalten. Die Bezeichnung aller Größen eines Geltungsbereichs muß eindeutig sein, d.h. ein und derselbe Name darf nur in einer Geltungseinheit deklariert werden. Gibt es Namenskonflikte zwischen den lokalen Größen einer Programmeinheit und den Namen zugänglich gemachter Größen, so müssen diese in der Umbenennungsliste der USE–Anweisung mit einem Alias–Namen umbenannt werden. Alternativ können sie auch durch Angabe einer Auswahlliste, die die verwendbaren Objekte des Moduls enthält, von der Benutzung ausgeschlossen werden.

Beispiel:

```
USE zahlenmengen, ONLY : menge
USE zahlenmengen, ONLY : form_vektor => vektormenge
```

7.11 Module

```
USE zahlenmengen, ONLY : OPERATOR(.IN.)
```

Diese USE–Anweisungen machen den Typ menge und die Funktion vektormenge sowie den selbstdefinierten Operator .IN. des Moduls zahlenmengen zugänglich. Die Funktion vektormenge ist dabei im rufenden Programmbaustein nur unter dem Namen form_vektor aufrufbar.

Treten durch Verwendung einer USE–Anweisung in einem Programmbaustein mehrere Schnittstellenblöcke mit gleichem Namen auf, so werden diese wie ein einziger Schnittstellenblock behandelt.

Durch die Umbenennungsliste der USE–Anweisung kann eine Größe auch mehrere Alias–Namen erhalten.

Beispiel:

Im folgenden Programm wird das Modul importe durch eine USE–Anweisung zugänglich gemacht. Da in dem Programm bereits eine lokale Größe zitusfrucht existiert, muß diese Größe des Moduls umbenannt werden. Die folgende USE–Anweisung versieht daher das Objekt zitrusfrucht des Moduls importe mit den neuen Namen orange und zitrone.

```
PROGRAM import_export
  USE importe, orange => zitrusfrucht , zitrone => zitrusfrucht
  INTEGER   :: zitrusfrucht=1
        :
        :
END PROGRAM
```

Die Attribute von Größen, die einem Programmbaustein per USE–Anweisung zugänglich gemacht werden, dürfen nur im folgenden Fall in diesem Programmbaustein verändert werden: Innerhalb eines Moduls dürfen Größen eines anderen Moduls in einer PRIVATE–Anweisung auftreten, was diese Größe zu einer unsichtbaren Größe des betreffenden Moduls macht.

In FORTRAN 77 konnten Programmeinheiten vollkommen unabhängig voneinander compiliert werden. Jede Programmeinheit beinhaltete alle zur Compilierung notwendigen Informationen. Durch die Modultechnik in Fortran 90 ist dies anders geworden. Bei der Übersetzung einer Programmeinheit, die ein Modul verwendet, müssen die Informationen über das Modul ebenfalls vorliegen. Die genaue Implementierung der Modultechnik kann von Compiler zu Compiler verschieden sein. Der NAG f90–Compiler verfährt folgendermaßen:

Module, die von einer Programmeinheit benutzt werden, müssen entweder als Quelle in der Eingabedatei vor der Programmeinheit aufgeführt sein, oder die Module sind separat zu übersetzen. Für jedes Modul wird vom Compiler eine module_name.mod Datei erzeugt. Bei Compilierung einer Programmeinheit, die diese Module benutzt, müssen die .mod Dateien im Suchpfad auffindbar sein. Wurde das Modul separat übersetzt, so entsteht zusätzlich eine Objektdatei dateiname.o, in die der Code der Modulprozeduren abgelegt wird. Diese ist als Eingabedatei für den Linker mit anzugeben.

7.12 Geltungsbereiche

Die Namen der einzelnen Programmeinheiten eines Programms, d.h. Hauptprogrammname, Namen externer Unterprogramme und Namen von Modulen sowie die Namen von COMMON–Blöcken, mit denen wir uns im nächsten Abschnitt beschäftigen werden, sind globale Namen des Programms. Globale Namen müssen eindeutig sein und sind zunächst in jedem Programmbaustein zugreifbar. Daneben gibt es lokale Objekte eines Programmbausteins oder genauer eines Geltungsbereichs (siehe unten), die nur dort deklariert und zugreifbar sind. Wird der Name eines globalen Objekts in einem Programmbaustein redefiniert, so ist in dem betreffenden Gültigkeitsbereich nur noch das lokale Objekt verwendbar.

Beispiel:

>Das folgende Programm besteht aus drei Programmeinheiten, aus dem Hauptprogramm ojeoje, sowie den externen Unterprogrammen sub1 und sub2. Die Namen dieser Programmeinheiten sind globale Namen des Programms, d.h. sie sind in allen Programmeinheiten zugreifbar, in denen diese Namen nicht auch zur Deklaration lokaler Größen verwendet werden.
>
>Im Hauptprogramm wird der Name sub2 als Name einer ganzzahligen lokalen Variablen verwendet. Dies ergibt sich schon aus der Art der Deklaration von sub2, in der ein Initialisierungsausdruck verwendet wird. Der Name sub1 wird ebenfalls deklariert. Damit wird dem Programm jedoch nur der Typ der externen Funktion sub1 angezeigt. Damit eine lokale Variable und eine Funktion ohne Formalparameter unterscheidbar sind, fordert die Syntax, daß beim Funktionsaufruf einer Funktion ohne Formalparameter mindestens eine leere Formalparametenliste "()" stehen muß. Zur übersichtlicheren Programmierung ist es auch anzuraten, eine externe Funktion in einem rufenden Programm stets über einen INTERFACE–Block zu deklarieren, auch wenn dies nicht nötig wäre.
>
>```
>program ojeoje
>implicit none
>integer :: sub2=20   ! Redefinition von sub2, d.h. die Funk-
>                     ! tion sub2 ist nicht mehr bekannt.
>
>integer :: sub1      ! Deklaration des Typs der Funktion sub1.
>                     ! Daß hier die Funktion sub1 gemeint ist,
>                     ! ergibt sich aus der Art der Verwendung
>                     ! des Objekts sub1 im Anweisungsteil.
>! Besser wäre:
>! interface
>!    integer function sub1()
>!    implicit none
>!    end function
>! end interface
>```

7.12 Geltungsbereiche

```
      print*,'program ojeoje:',sub2,sub1()
      end program

      function sub1()
      implicit none
      integer sub1,sub2      ! Definition der Ergebnisvariablen sub1
                             ! und des Typs der Funktion sub2 (siehe
                             ! Verwendung).

      sub1=sub2()
      end function sub1

      function sub2()
      implicit none
      integer sub2           ! Definition der Ergebnisvariablen.
      integer :: sub1=4711   ! Redefinition von sub1, d.h. die Funk-
                             ! tion sub1 ist nicht mehr bekannt.

      sub2=sub1

      end function sub2
```

Das Programm liefert als Ergebnis:
program ojeoje: 20 4711

Die Namensbezeichnung von Objekten muß innerhalb eines Geltungsbereichs eindeutig sein. Ein neuer Geltungsbereich wird definiert durch:

- eine Programmeinheit, d.h. ein Hauptprogramm, ein externes Unterprogramm oder ein Modul,

- ein internes Unterprogramm oder ein Modulunterprogramm,

- den Komponentenbereich eines abgeleiteten Typs oder

- einen Interfacerumpf.

Damit können beispielsweise die Komponenten eines abgeleiteten Typs die gleichen Namen tragen wie Datenobjekte des umgebenden Programmbausteins. Die Schlüsselworte zweier Unterprogramme eines INTERFACE–Blocks können gleichlautend sein, denn jeder Interfacerumpf stellt einen neuen Geltungsbereich dar. In jedem Geltungsbereich gelten zunächst die impliziten Typregelungen von Fortran, solange diese Voreinstellung nicht mittels eines IMPLICIT NONE abgestellt wird. Will man auf die implizite Typregelung verzichten, so muß daher diese Anweisung in jeder Programmeinheit, in jedem internen Unterprogramm und Modulunterprogramm sowie in jedem Interfacerumpf stehen.

Beispiel:

```
                              ! Geltungsbereiche
   program scope              ! 0
   integer :: i=5,j=20        ! 1
   type meintyp               ! 1
     real i,j                 ! 2
   end type                   ! 1
   interface                  ! 1
    subroutine sub1(i)        ! 1
      integer i               ! 3
    end subroutine sub1       ! 1
   end interface              ! 1
   .....
   contains                   ! 1
     subroutine sub2(i)       ! 1
       type(meintyp) i        ! 4
       real j                 ! 4
       .....
     end subroutine sub2      ! 1
   end program

   subroutine sub1(i)         ! 0
    integer i                 ! 5
    type meintyp              ! 5
     complex i,j              ! 6
    end type                  ! 5
    type(meintyp) z           ! 5
    .......
     contains                 ! 5
      subroutine sub2(k,l)    ! 5
       logical k,l            ! 7
       .....
      end subroutine sub2     ! 5
   end subroutine sub1
```

Innerhalb eines Geltungsbereichs sind zunächst nur die dort deklarierten Objekte und globale Objekte bekannt. Ist der Geltungsbereich in einen anderen eingebettet, so sind zudem noch diejenigen Objekte des umgebenden Programmbausteins zugreifbar (host association), die hier nicht redefiniert wurden.

Beispiel:

Das folgende Hauptprogramm scopes enthält ein internes Unterprogramm sub, das mit lokalen Größen und Größen der umgebenden Programmeinheit arbeitet.

7.12 Geltungsbereiche

```
program scopes
implicit none
integer i,j,k
i=5;j=6;k=7
call sub(k)
print*,'Hauptprogramm :',i,j,k
contains
  subroutine sub(k)
  implicit none
  integer,intent(in) :: k ! k ist Formalparameter und
                          ! damit lokale Größe von sub
  logical :: j=.true.     ! j ist lokale Größe von sub
  i=i+k                   ! i ist per host association
                          ! zugreifbar
  print*,'Unterprogramm :',i,j,k
  end subroutine sub
end program
```

Das Programm liefert als Ausgabe
Unterprogramm : 12 T 7
Hauptprogramm : 12 6 7

Erinnern wir uns noch einmal an unser Beispiel zu benutzerdefinierten Wertzuweisungen: Die Routinen `meincomp_to_complex` und `complex_to_meincomp` sollen in einem Hauptprogramm als benutzerdefinierte Wertzuweisung aufgerufen werden. Dazu muß in diesem Hauptprogramm ein entsprechender Schnittstellenblock zugreifbar sein. D.h. die Routinen müssen in Form von Modulunterprogrammen oder in Form externer Unterprogramme formuliert werden, da interne Unterprogramme nicht in einem Schnittstellenblock stehen dürfen.
Formulieren wir sie als externe Unterprogramme, so taucht sofort eine Schwierigkeit auf: der Typ `meincomp` des Unterprogramms ist wegen der unterschiedlichen Geltungsbereiche ein anderer, als der Typ `meincomp` des Hauptprogramms:

```
program scope_test
implicit none
!Achtung: Dies Programm ist nicht korrekt !!!!!!!!!!!!!!
type meincomp
  real re,im
end type
type(meincomp) d
complex c

interface assignment(=)
  subroutine meincomp_to_complex(standard_c,mein_c)
    implicit none
```

```
      complex,intent(out) :: standard_c
      type(meincomp),intent(in) :: mein_c
      ! meincomp entspricht wegen host association dem Typ
      ! meincomp von scope_test.
    end subroutine

    subroutine complex_to_meincomp(mein_c,standard_c)
      implicit none
      type(meincomp),intent(out) :: mein_c
      ! meincomp entspricht wegen host association dem Typ
      ! meincomp von scope_test.
      complex,intent(in)         :: standard_c
    end subroutine
  end interface

  d%re=1.0; d%im=2.0
  c=d      ! Aufruf von meincomp_to_complex
  print*,c
end program

subroutine meincomp_to_complex(standard_c,mein_c)
  implicit none
  type meincomp        ! lokaler Typ von meincomp_to_complex
    real re,im
  end type
  complex,intent(out) :: standard_c
  type(meincomp),intent(in) :: mein_c
  standard_c=cmplx(mein_c%re,mein_c%im)
end subroutine

subroutine complex_to_meincomp(mein_c,standard_c)
  implicit none
  type meincomp        ! lokaler Typ von complex_to_meincomp
    real re,im
  end type
  type(meincomp),intent(out) :: mein_c
  complex,intent(in)         :: standard_c
  mein_c%re=real(standard_c)
  mein_c%im=aimag(standard_c)
end subroutine
```

Eine Abhilfe für dieses Problem schafft die folgende Ausnahmeregelung:
Abgeleitete Typen verschiedener Geltungsbereiche gelten als identisch, wenn sie mit dem SEQUENCE Attribut vereinbart werden, den gleichen Namen haben und die Typkomponenten in Namen, Reihenfolge und Attributen übereinstimmen. D.h. schreibt

man `meincomp` in allen Geltungsbereichen in der Form

```
type meincomp
 sequence
 real re,im
end type
```

so ist das Programm korrekt.

Eine Geltungseinheit kann Zugriff auf weitere Objekte per USE–Anweisung erhalten (use association). Dabei darf ein Modulobjekt, welches zugänglich gemacht wurde und benutzt werden soll, nicht denselben Namen tragen wie ein lokales Objekt des "rufenden Geltungsbereiches".

Beispiel:

Das folgende Programm besteht aus zwei Modulen `m1` und `m2` sowie dem Hauptprogramm `tu_es_bloss_nicht`. Im Hauptprogramm ist ein internes Unterprogramm `sub` eingebettet. Durch USE–Anweisungen werden im Hauptprogramm ausgewählte Größen der Module verfügbar gemacht. Im internen Unterprogramm sind diese Größen per "host association" ebenfalls verfügbar. Weitere Größen der Module werden im Unterprogramm durch lokale USE–Anweisungen verfügbar gemacht.

```
module m1
 real r1,f
 integer i1,j1
 logical b1
end module

module m2
 real z
 integer i,j
 logical l
end module

program tu_es_bloss_nicht
  use m1,only:i1
  use m2
  complex ::b1=5.0
  i=10              ! use association von i aus m2
  z=2.0             ! use association von z aus m2
  i1=6              ! use association von i1 aus m1
  print*,'i=',i,'z=',z,'i1=',i1,'b1=',b1
  call sub
  print*,'i=',i,'z=',z,'i1=',i1,'b1=',b1
```

```
      contains
        subroutine sub
        use m2,only:b1=>i,l1=>l
        use m1,only:f
        logical ::z
        integer ::i,j
        i1=5                    ! host association von i1 aus dem Haupt-
                                ! programm
        z=.true.                ! z ist lokale Größe von sub
        b1=b1+1                 ! use association von i aus m2, denn b1
                                ! ist Aliasname von i in sub
        l=.true.                ! l aus m2 hat hier zwei Namen nämlich l
                                ! wegen host association und l1 wegen
        l1=.false.              ! use association
        i=25;j=30               ! I und j sind lokale Groessen
        print*,'i=',i,'z=',z,'i1=',i1,'b1=',b1
        end subroutine
      end program
```

Das Programm liefert als Ergebnis:
i=10 z=2.0 i1=6 b1=(5.0,0.0)
i=25 z=T i1=5 b1=11
i=11 z=2.0 i1=5 b1=(5.0,0.0)

7.13 COMMON–Blöcke

Eine Möglichkeit, wie zwei Programmeinheiten auf demselben Speicherbereich arbeiten können, haben wir bereits kennengelernt: Die Variablen werden in einem Modul vereinbart und per USE–Anweisung beiden Programmeinheiten zugänglich gemacht.
Eine weitere von FORTRAN 77 bekannte Möglichkeit ist, die Variablen so zu deklarieren, daß sie in einem gemeinsamen Speicherbereich abgelegt werden. Dies geschieht mit der COMMON–Anweisung; sie hat die Form

common_anweisung := COMMON common_eintrag[,common_eintrag]$^\infty$

common_eintrag	[/[common_block_name]/] common_objekt_liste
common_objekt	name[(dim[,dim]^6)]
dim	[u_dim_grenze:]o_dim_grenze
u_dim_grenze, o_dim_grenze	Spezifikationsausdrücke

Die COMMON-Anweisung besteht aus dem Schlüsselwort COMMON gefolgt von einer Liste von Commoneinträgen. Jeder Commoneintrag besteht optional aus einem Commonblocknamen, der durch Schrägstriche begrenzt wird, gefolgt von einer Commonobjektliste. Ein COMMON-Block ohne Commonblocknamen wird auch Blankcommon genannt. Die Variablen der Commonobjektliste müssen gegebenenfalls zusätzlich in einer Typdeklarationsanweisung vereinbart werden. Variablen in einem unbenannten COMMON-Block dürfen nicht initialisiert werden, Variablen in benannten COMMON-Blöcken dürfen nur durch Verwendung eines BLOCKDATA-Unterprogramms vorbelegt werden. Diese Unterprogramme dienen ausschließlich der Initialisierung von Variablen in benannten COMMON-Blöcken und werden hier nicht näher besprochen.

Wird eine Variable in der Commonobjektliste mit Indexgrenzen angegeben, so erhält die Variable automatisch das DIMENSION-Attribut und bezeichnet somit ein Feld. In der Commonobjektliste dürfen keine Formalparameter, dynamischen Felder, automatischen Felder oder Ergebnisvariablen von Funktionen stehen. Ist eine Variable abgeleiteten Typs in einer COMMON-Anweisung enthalten, so muß der abgeleitete Typ das SEQUENCE-Attribut haben. Eine Variable mit DIMENSION-Attribut, die in einer COMMON-Anweisung steht, darf nicht zugleich das POINTER Attribut tragen.

Der Commonblockname ist ein globaler Name. Aus den Objekten der Commonobjektliste wird in der Reihenfolge der Nennung eine Speicherfolge gebildet. Diese wird über den Commonblocknamen oder durch Blankcommon identifiziert. Wird der gleiche Commonblockname mehrmals in COMMON-Anweisungen des gleichen Programmbausteins verwendet, so werden die Commonobjektlisten in der Reihenfolge ihrer Nennung aneinandergehängt. Zugriff auf den gemeinsamen Speicherbereich eines COMMON-Blocks haben alle Programmbausteine eines Programms, in denen der benannte oder unbenannte COMMON-Block in einer COMMON-Anweisung vereinbart wird. Die Namen, unter denen die einzelnen Speicherelemente des COMMON-Blocks zugreifbar sind (Variablenassoziierung), kann von Geltungsbereich zu Geltungsbereich variieren. Die Anzahl der Speicherelemente, die in der Commonobjektliste eines benannten COMMON-Blocks vereinbart werden, muß in allen Programmbausteinen gleich sein. Unbenannte COMMON-Blöcke dagegen können unterschiedlich lang sein. Der unbenannte COMMON-Block hat eine Länge, die der längsten Speicherfolge entspricht. Für die Variablenassoziierung gelten folgende Regeln:

- Ein Objekt ohne POINTER-Attribut vom Typ Default-INTEGER, Default-REAL, DOUBLE PRECISION, Default-COMPLEX oder Default-LOGICAL oder abgeleiteten numerischen Typs darf nur mit Objekten dieser Typen ohne POINTER-Attribut assoziiert werden.

- Ein Objekt ohne POINTER-Attribut vom Typ Default-CHARACTER oder abgeleiteten Zeichentyps darf nur mit Objekten dieser Typen ohne POINTER-Attribut assoziiert werden.

- Ein Objekt abgeleiteten Datentyps, der kein abgeleiteter Zeichentyp oder abgeleiteter numerischer Typ ist, darf nur mit Objekten desselben abgeleiteten Typs assoziiert werden.

- Ein Objekt ohne POINTER–Attribut mit einem Standardtyp, der nicht Default–INTEGER, Default–REAL, DOUBLE PRECISION, Default–COMPLEX, Default–LOGICAL oder Default–CHARACTER ist, darf nur mit einem Objekt gleichen Typs und Typparameters ohne POINTER–Attribut assoziiert werden.

- Ein POINTER darf nur mit einem POINTER gleichen Typs, Typparameters und gleichen Rangs assoziiert werden.

Beispiel:

Im Programm `main` werden zwei COMMON–Blöcke benutzt, der Blankcommon und der benannte COMMON–Block `meincommon`. Der Blankcommon umfaßt 10 Speichereinheiten vom Typ INTEGER. Im Hauptprogramm werden davon nur 8, im Unterprogramm `sub` 10 Speichereinheiten angesprochen:

Blankcommon:

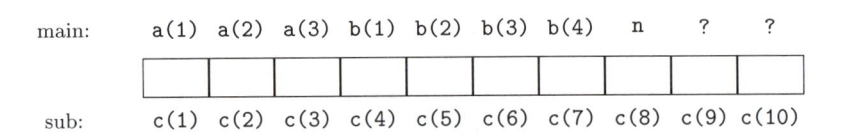

main:	a(1)	a(2)	a(3)	b(1)	b(2)	b(3)	b(4)	n	?	?
sub:	c(1)	c(2)	c(3)	c(4)	c(5)	c(6)	c(7)	c(8)	c(9)	c(10)

Der benannte COMMON–Block `meincommon` umfaßt 6 Speichereinheiten:

meincommon:

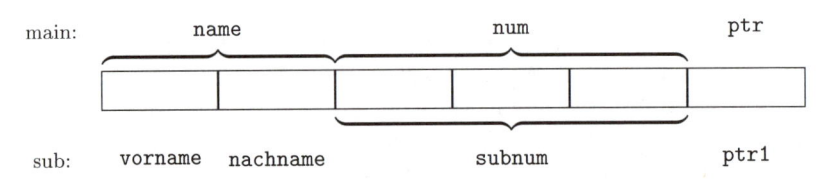

main:	name			num			ptr
sub:	vorname	nachname			subnum		ptr1

```
program main
   integer a,b,n
   integer,pointer :: ptr
   type chartyp
     sequence
     character*10 vorname,nachname
   end type
   type numtyp
     sequence
     logical l
     real j,k
```

```
      end type
      type(chartyp) name
      type(numtyp) num

      common // a(3),b(4)
      common /meincommon/ name,num,ptr
      common // n

      name%vorname='Elisabeth'
      allocate(ptr)
      ptr=5
      num%l=.true.
      call sub
      print*,'name=',name,'num=',num,
      print*,'Blankcommon:',a,b,n
end

subroutine sub
   integer c
   character*10 vorname,nachname
   type numtyp2
      sequence
      logical meinl
      complex c
   end type
   integer,pointer :: ptr1
   type(numtyp2) subnum

   common // c(10)
   common /meincommon/ vorname,nachname,subnum,ptr1

   c=(/(i,i=1,10)/)
   nachname='Mueller'
   if (subnum%meinl) subnum%c=(1.0,2.0)
   print*,'ptr1=',ptr1
end subroutine sub
```

Das Programm liefert als Ergebnis:
ptr1=5
name=Elisabeth Mueller num= T 1.0 2.0
Blankcommon: 1 2 3 4 5 6 7 8

7.14 SAVE–Attribut

Bei Verlassen eines Unterprogramms über die RETURN–Anweisung oder die END–Anweisung bleibt der Datenbereich des Unterprogramms im allgemeinen nicht erhalten. D.h. bei einem erneuten Aufruf des Unterprogramms kann nicht davon ausgegangen werden, daß beispielsweise die lokalen Größen des Unterprogramms noch den beim letzten Aufruf ermittelten Wert besitzen. Die SAVE–Anweisung oder das SAVE–Attribut einer Variablen bewirkt, daß der Wert der betreffenden Variablen bis zum nächsten Aufruf das Unterprogramms erhalten bleibt. Die SAVE–Attributsanweisung hat die Form

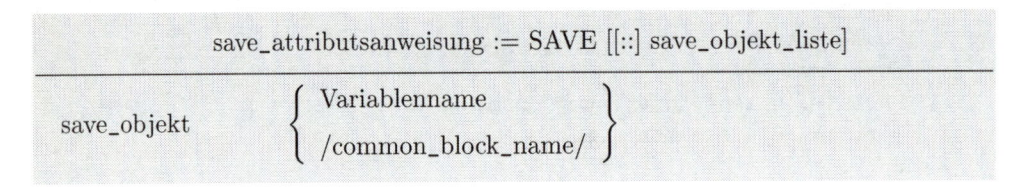

save_attributsanweisung := SAVE [[::] save_objekt_liste]
save_objekt $\left\{ \begin{array}{l} \text{Variablenname} \\ \text{/common\_block\_name/} \end{array} \right\}$

Die SAVE–Attributsanweisung besteht aus dem Schlüsselwort SAVE optional gefolgt von der Liste der Größen, die das SAVE–Attribut erhalten sollen. In der Saveobjektliste dürfen Variablennamen und in Schrägstriche eingeschlossene Commonblocknamen stehen. Der Variablenname darf keinen Formalparameter, keine Ergebnisvariable einer Funktion, kein automatisches Feld und keine Variable eines COMMON–Blocks bezeichnen. Benannte COMMON–Blöcke dürfen nur als ganzes in einer SAVE–Attributsanweisung aufgeführt werden. Erhält der Name eines COMMON–Blocks in einem Unterprogramm das SAVE–Attribut, so muß er in jedem anderen Unterprogramm, in dem er enthalten ist, ebenfalls in einer SAVE–Anweisung aufgeführt werden.

Eine SAVE–Attributsanweisung ohne Saveobjektliste wirkt so, als ob alle erlaubten Variablen eines Unterprogramms in der SAVE–Attributsanweisung aufgeführt worden wären.

Eine Variable hat automatisch das SAVE–Attribut, wenn

- sie im Blankcommon enthalten ist,

- sie in einem benannten COMMON–Block oder in einem Modul enthalten ist und der COMMON–Block oder das Modul in der aktuellen Aufrufverschachtelung, in der das Unterprogramm gerufen wurde, bereits genutzt wurde oder

- die Variable bei der Deklaration oder in einer DATA–Anweisung initialisiert worden ist.

Beispiel:

Im internen Unterprogramm `sub` des folgenden Programms `saveme` wird eine ganzzahlige Variable j deklariert und bei der Deklaration initialisiert. Damit hat die Variable das SAVE–Attribut. Beim ersten Aufruf von `sub` im Anweisungsteil des Programms `saveme` ist die Variable j mit dem Wert

5 initialisiert. Der Wert der Variablen wird im Anweisungsteil des Unterprogramms um 1 erhöht. Da die Variable das SAVE–Attribut hat, bleibt dieser Wert bis zum nächsten Aufruf des Unterprogramms erhalten. Damit hat die Variable beim nächsten Eintritt in das Unterprogramm den Anfangswert 6. Dieser wird im Anweisungsteil wiederum um 1 erhöht, so daß das Programm die unten genannte Ausgabe erzeugt.

```
program saveme

  call sub
  call sub

  contains
    subroutine sub
      integer :: j=5   ! Durch die Initialisierung hat die
                       ! Variable das SAVE--Attribut
      j=j+1
      print*, j
    end subroutine
end program
```

Das Programm liefert als Ergebnis :
6
7

Beispiel:

Auch Werte eines benannten COMMON–Blocks bleiben unter Umständen nicht bis zur nächsten Benutzung erhalten. Die Werte bleiben nur dann automatisch erhalten, wenn der COMMON–Block bereits auf einer der vorangegangenen Stufen der Aufrufhierarchie benutzt worden ist. Dies soll das folgende Programm verdeutlichen. Es hat folgende Aufrufverschachtelung:

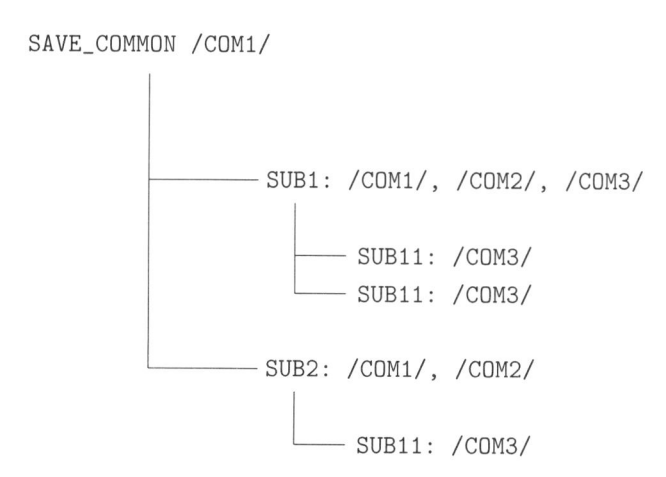

```
SAVE_COMMON /COM1/
     |
     |───────── SUB1: /COM1/, /COM2/, /COM3/
     |               |
     |               |── SUB11: /COM3/
     |               └── SUB11: /COM3/
     |
     └───────── SUB2: /COM1/, /COM2/
                     |
                     └── SUB11: /COM3/
```

Die Werte von COM1 bleiben auf jeden Fall erhalten, da COM1 bereits auf der untersten Stufe der Aufrufhierachie, nämlich im Hauptprogramm, enthalten ist.

Damit bereits berechnete Werte von COM2 und COM3 aus sub1 in sub2 weiter verwendet werden können, müssen diese COMMON–Blöcke in einer SAVE– Anweisung auftreten.

```
program save_common
   integer a,b
   common /com1/ a,b
   call sub1
   call sub2
end program

subroutine sub1
   integer a,b,c,d,e,f
   common /com1/ a,b
   ! Die Werte von com1 bleiben auf jeden Fall erhalten, da
   ! com1 bereits in der Aufrufverschachtelung, d.h hier
   ! im Hauptprogramm enthalten ist.
   common /com2/ c,d
   common /com3/ e,f
   save /com3/
   save /com2/
   ! Notwendig, da es compilerabhängig ist, ob die Werte von
   ! com2 und com3 nach Verlassen des Unterprogramms erhalten
   ! bleiben.
    a=5; b=6; c=7; d=8
    call sub11(0)
    call sub11(1)
end subroutine sub1

subroutine sub2
   integer a,b,c,d
   common /com1/ a,b
   common /com2/ c,d
   save /com2/
   c=c+1; d=d+1; a=a+1
   call sub11(1)
end subroutine sub2

subroutine sub11 (i)
   integer i,e,f
   common /com3/ e,f
     ! Bezüglich sub1 bleiben die Werte von com3 erhalten, da
```

```
      ! com3 hier in der Aufrufverschachtelung enthalten ist.
      ! Zur Verwendung der Werte in sub2 muß er in einer SAVE-
      ! Anweisung erscheinen.
      SAVE /com3/
      if (i==0) then
         c=4711; d=4712
      else
         e=e+1; f=f+1
      end if
   end subroutine sub11
```

7.15 Konflikte bei der Parameterübergabe

Wird eine Variable einem Formalparameter zugeordnet, so gelten folgende Einschränkungen bezüglich der Verwendung der Variablen im Unterprogramm:

(1) Der Wert und die Verfügbarkeit einer Variablen auf Aktualparameterposition darf nur noch durch Nennung des Formalparameters, dem sie zugeordnet wurde, definiert oder verändert werden.

(2) Wird irgendein Teil einer Variablen durch einen Formalparameter, dem sie zugeordnet wurde, verändert, dann darf sie nur noch über diesen Formalparameter angesprochen werden.

Beispiel:

Im internen Unterprogramm sub des folgenden Programms sind die Formalparameter c und d sowie die Hauptprogrammvariablen feld1 und feld2 (per host association) zugreifbar. Beim ersten Aufruf von sub im Hauptprogramm wird der Formalparameter c mit feld1 und der Formalparameter d mit feld2 assoziiert. Die erste der beiden oben genannten Regeln besagt, das der Wert von feld1 und feld2 im Unterprogramm nicht mehr durch direkte Nennung dieser Namen, sondern nur noch durch Nennung der Formalparameter *verändert* werden darf. Innerhalb von sub darf das Feld feld1 nur noch durch Nennung des Formalparameters c, dem es zugeordnet ist, verändert werden. Überlappen sich die Speicherbereiche zweier Formalparamter wie beim zweiten Aufruf von sub, so darf der überlappende Bereich (in unserem Beispiel feld1(4:5)) nicht mehr verändert werden. Der Bereich feld1(1:3) darf durch den ersten Formalparameter c und der Bereich feld1(6:10) über den zweiten Formalparameter d verändert werden.

Die zweite oben genannte Regel besagt schließlich, daß auch ein lesender Zugriff auf eine Variable nur noch über den Formalparameter erfolgen darf, dem sie zugeordnet worden ist, wenn sie einmal über diesen Formalparameter verändert worden ist. In unserem konkreten Fall bedeutet dies, daß ein lesender Zugriff auf die Variable feld1 durch direkte Nennung dieses

Namens im Unterprogramm nicht mehr erlaubt ist. Wohl kann ein lesender Zugriff auf die Variable `feld2` über diesen Namen erfolgen, da der Formalparameter d des Unterprogramms nur als Eingabeparameter verwendet wird.

```
program main
real,allocatable,dimension(:) ::  feld1,feld2

allocate(feld1(10),feld2(20))
call sub (feld1,feld2)            !1. Aufruf
call sub(feld1(1:5),feld1(4:10))  !2. Aufruf

contains
subroutine sub (c,d)
real,dimension(:) :: c,d

! feld1 ist per host association in sub bekannt, dennoch ist
! wegen des ersten Aufrufs von sub im Hauptprogramm die An-
! weisung feld1(1:3)=1.0 hier nicht erlaubt, sondern nur:

c(1:3)=1.0
c(4)=feld2(1)

! Eine Anweisung der Art c(5)=feld1(1) ist nicht erlaubt,
! sondern es muß heißen:
c(5)=c(1)

end subroutine
end program
```

Beispiel:

Als weiteres Beispiel für die zweite Regel betrachten wir folgende Situation: Die Variable a des Moduls `globale_daten` wird sowohl als Aktualparameter in das Unterprogramm `lies_daten` übergeben, als auch in dem Unterprogramm per USE–Anweisung zugänglich gemacht. Da die Variable im Unterprogramm verändert wird, darf sie dort auch lesend nur noch über den Formalparameter angesprochen werden.

```
module globale_daten

type meintyp
 real re,im
end type
```

7.15 Konflikte bei der Parameterübergabe

```
        type(meintyp) a,b,c,d

        end module globale_daten

        program main
        use globale_daten
        call lies_daten(a)
        end program main
        subroutine lies_daten(xyz)
        use globale_daten
        type(meintyp) xyz

        read *, xyz

        ! print*, a  ist nicht mehr erlaubt sondern nur:
        print*, xyz

        end subroutine lies_daten
```

8 Standardsubroutines und Standardfunktionen

In Fortran 90 sind über 100 Unterprogramme vordefiniert. Einige davon haben wir bereits kennengelernt. Diese gehörten zum größten Teil zur Kategorie der Abfragefunktionen. Daneben gibt es Funktionen und Unterprogramme zu Typmanipulationen und verschiedensten numerischen Berechnungen, zur Textverarbeitung und zu Bitmanipulationen. Die Unterprogramme lassen sich in vier Kategorien einteilen: Abfragefunktionen, Elementfunktionen, Transformationsfunktionen und Standardsubroutines. Das Funktionsergebnis einer Abfragefunktion hängt nicht vom Wert, sondern von den besonderen Eigenschaften ihres Arguments ab. Faktisch kann der Wert des Arguments auch undefiniert sein.
Elementfunktionen sind für skalare Argumente definiert. Sie können aber auch auf feldwertige Argumente angewandt werden und wirken dann elementweise. D.h. als Ergebnis erhält man ein Feld gleicher Gestalt wie das Argument. Die Werte der Elemente des Ergebnisfeldes ergeben sich durch elementweise Anwendung der Funktion auf die Elemente des Argumentfeldes in Zugriffsreihenfolge. Hat eine Elementfunktion mehrere Argumente, so müssen die Aktualargumente in der Gestalt konform sein (shape conformance).
Transformationsfunktionen haben meistens feldwertige Argumente und liefern nach irgendwelchen Rechenvorschriften ein feldwertiges Ergebnis oder einen Skalar.
Die Standardsubroutines erfüllen Dienstfunktionen.
Einige Standardunterprogramme verfügen sowohl über einen spezifischen als auch über einen generischen Namen (Gattungsnamen). Der Gattungsname vereinfacht den Gebrauch der Standardunterprogrammme, weil er für Aktualargumente mit unterschiedlichem Typ und Typparameter verwendet werden darf, während der spezifische Name nur für eine feste Kombination von Parametertypen definiert ist. Die Standardfunktionen zur Berechnung des Absolutbetrages beispielsweise lassen sich unter dem generischen Namen ABS für Aktualparameter vom Typ INTEGER, REAL, DOUBLE PRECISION und COMPLEX aufrufen. Die "spezifischen" Funktionen IABS, ABS, DABS und CABS sind jeweils ausschließlich für Aktualparameter vom Typ Default–INTEGER (IABS), Default–REAl (ABS), DOUBLE PRECISION (DABS) und Default–COMPLEX (CABS) definiert. In der folgenden Beschreibung beziehen wir uns stets auf den generischen Namen der Unterprogramme. Die Aktualparameter der Standardsubroutines und Standardfunktionen können sowohl stellungsorientiert als auch in Schlüsselwortnotation angegeben werden. Die Schlüsselworte sind durch die jeweiligen Parameternamen gegeben. Der Aufruf mit Schlüsselworten ist notwendig, wenn ein Unterprogramm über mehrere optionale Parameter verfügt, von denen nicht alle lückenlos spezifiziert werden. Ein Beispiel hierfür liefert die Standardsubroutine

DATE_AND_TIME: Soll nur die aktuelle Uhrzeit ohne Angabe des Datums ermittelt werden, so muß der Aufruf in der Form CALL DATE_AND_TIME (TIME=UHRZEIT) erfolgen.
Eine Übersicht über die Standardunterprogramme ist im Anhang enthalten.

8.1 Abfragefunktionen

Abfragefunktionen gibt es hinsichtlich der Typparameter der Standardtypen sowie zu den verwendeten Zahlenmodellen, zur Verfügbarkeitsprüfung optionaler Argumente und zu den Eigenschaften von Zeichenketten, Feldern und Pointern.

8.1.1 Verfügbarkeit optionaler Argumente

PRESENT(A)

Parameter: A ist ein Formalparameter des rufenden Unterprogramms mit dem Attribut OPTIONAL.

Funktionsergebnis: PRESENT findet innerhalb von Unterprogrammen Verwendung. Das Funktionsergebnis ist .TRUE., falls ein Aktualparameter für den Formalparameter A beim Aufruf des Unterprogramms angegeben wurde, andernfalls ist das Ergebnis .FALSE. Der Typ des Ergebnisses ist Default–LOGICAL.

8.1.2 Typparameter und Zahlenmodelle

Beispiele für die nachfolgenden Funktionen sind — soweit nicht extra angegeben — im Programm f90_utility in Abschnitt 2.5 zu finden.

BIT_SIZE(I)

Parameter: I ist vom Typ INTEGER.

Funktionsergebnis: Das Funktionsergebnis hat den gleichen Typ und Typparameter wie das Argument und entspricht im Wert der Bitanzahl, die zur Darstellung von I bereitgehalten wird.

DIGITS(X)

Parameter: X ist vom Typ INTEGER oder REAL.

Funktionsergebnis: Der Ergebnistyp ist Default–INTEGER. Der Funktionswert entspricht der Anzahl Bits, die zur Darstellung von Zahlen bzw. der Mantisse von Zahlen mit gleichem Typ und Typparameter wie das Argument X zur Verfügung stehen.

EPSILON(X)

Parameter: X ist vom Typ REAL.

Funktionsergebnis: Das Funktionsergebnis ist eine positive Zahl mit gleichem Typ und Typparameter wie X, die bzgl. der verwendeten Modelldarstellung vernachlässigbar klein gegen 1 ist.

HUGE(X)

Parameter: X ist vom Typ INTEGER oder REAL.

Funktionsergebnis: Der Funktionswert ist die größte darstellbare Zahl in der Modelldarstellung für Zahlen mit gleichem Typ und Typparameter wie X. Der Ergebnistyp entspricht dem Argumenttyp.

KIND(X)

Parameter: X ist vom Standarddatentyp

Funktionsergebnis: Der Ergebnistyp ist Default–INTEGER. Das Funktionsergebnis entspricht im Wert dem Typparameter des Arguments X.

MAXEXPONENT(X)

Parameter: X muß vom Typ REAL sein.

Funktionsergebnis: Das Funktionsergebnis ist vom Typ Default–INTEGER. Es entspricht im Wert dem größten darstellbaren Exponent in der Modelldarstellung für Zahlen mit gleichem Typ und Typparameter wie X.

MINEXPONENT(X)

Parameter: X muß vom Typ REAL sein.

Funktionsergebnis: Das Funktionsergebnis ist vom Typ Default–INTEGER. Es entspricht im Wert dem kleinsten darstellbaren Exponent in der Modelldarstellung für Zahlen mit gleichem Typ und Typparameter wie X.

PRECISION(X)

Parameter: X muß vom Typ REAL oder COMPLEX sein.

Funktionsergebnis: Das Funktionsergebnis ist vom Typ Default–INTEGER. Es entspricht im Wert der maximalen Anzahl signifikanter dezimaler Stellen der Modelldarstellung von Zahlen mit gleichem Typ und Typparameter wie X.

RADIX(X)

Parameter: X muß vom Typ INTEGER oder REAL sein.

Funktionsergebnis: Die Funktion liefert die Basis der Modelldarstellung von Zahlen mit gleichem Typ und Typparameter wie X. Der Ergebnistyp ist Default–INTEGER.

RANGE(X)

Parameter: X muß vom Typ INTEGER, REAL oder COMPLEX sein.

Funktionsergebnis: Die Funktion ermittelt die Zehnerpotenz, in der die maximale darstellbare Zahl mit gleichem Typ und Typparameter wie X liegt. Der Ergebnistyp ist Default–INTEGER.

SELECTED_INT_KIND(R)

Parameter: R ist ein Skalar vom Typ INTEGER.

Funktionsergebnis: Typparameter derjenigen Darstellungsform des Typs INTEGER, dessen Wertebereich $-10^R < n < 10^R$ umfaßt. Gibt es mehrere Darstellungsformen dieser Art, so wird der Typparameter der Form mit dem kleinsten derartigen Wertebereich zurückgeliefert. Gibt es keine Darstellungsform dieser Art, so ist das Funktionsergebnis -1. Der Ergebnistyp ist Default–INTEGER.
Beispiele für die Verwendung dieser Funktion finden sich in Abschnitt 3.1.1.

SELECTED_REAL_KIND([P],[R])

Parameter: P, R sind Skalare vom Typ INTEGER. Mindestens ein Argument P oder R muß vorhanden sein.

Funktionsergebnis: Typparameter einer Darstellungsform des Standardtyps REAL mit mindestens P Stellen dezimaler Genauigkeit und einem Exponentenbereich von mindestens R. Gibt es keine Darstellungsform mit dieser Stellengenauigkeit, so ist das Ergebnis -1. Gibt es keine Darstellungsform mit diesem Exponentenbereich, so ist das Ergebnis -2. Gibt es keine Darstellungsform, die weder die gewünschte Stellengenauigkeit noch den gewünschten Exponentenbereich hat, so ist das Ergebnis -3. Gibt es mehrere Darstellungsformen mit den gewünschten Eigenschaften, so ist das Ergebnis der Typparameter derjenigen Form mit der kleinsten dezimalen Genauigkeit. Der Ergebnistyp ist Default–INTEGER. Beispiele für die Verwendung dieser Funktion finden sich in Abschnitt 3.1.2.

TINY(X)

Parameter: X muß vom Typ REAL sein

Funktionsergebnis: Die Funktion liefert die kleinste positive darstellbare Zahl in der Modelldarstellung für Zahlen mit gleichem Typ und Typparameter wie X. Das Funktionsergebnis hat den gleichen Typ und Typparameter wie das Argument X.

8.1.3 Eigenschaften von Feldern

ALLOCATED(ARRAY)

Parameter: ARRAY ist der Name einer Variablen mit DIMENSION- und ALLOCATABLE-Attribut.

Funktionsergebnis: Das Funktionsergebnis ist vom Typ Default-LOGICAL. Der Wert ist .TRUE., falls sich ARRAY im Zustand "zugeteilt" befindet, und .FALSE., falls sich ARRAY im Zustand "nicht zugeteilt" befindet. ARRAY darf nicht im Zustand "undefiniert" sein.

LBOUND(ARRAY[,DIM])

Parameter: ARRAY ist feldwertiger Ausdruck oder Variablenname einer Variablen mit DIMENSION Attribut. Ist ARRAY ein dynamisches Feld oder Teilfeld, so muß es sich im Zustand "zugeteilt" befinden. Ist ARRAY ein POINTER, so muß er sich im Zustand "zugeordnet" befinden. DIM muß vom Typ INTEGER sein. Ist n der Rang von ARRAY, so muß gelten $1 \leq DIM \leq n$.

Funktionsergebnis: Ist DIM angegeben worden und ist ARRAY ein Teilfeld oder Feldausdruck, so wird stets der Wert 1 zurückgeliefert. Wurde DIM angegeben und ist ARRAY der Name einer Feldvariablen, so erhält man die untere Grenze der Dimension DIM des Feldes. Fehlt DIM, so erhält man als Ergebnis ein eindimensionales Feld der Größe n. Der Wert des i-ten Feldelementes ist LBOUND(ARRAY,i). Der Ergebnistyp ist Default-INTEGER.

Beispiel:

    REAL,DIMENSION FELD(1:7,-1:5)

    LBOUND(FELD) liefert (/1,-1/).

    LBOUND(FELD,1) liefert den Wert 1.

SHAPE(SOURCE)

Parameter: SOURCE ist ein skalarer oder feldwertiger Ausdruck beliebigen Typs.

Funktionsergebnis: Die Funktion liefert die Gestalt von SOURCE in Form eines eindimensionalen Feldes vom Typ Default–INTEGER. Es hat die Größe 0, falls SOURCE ein Skalar ist.

Beispiel:

    INTEGER,DIMENSION(5,-7:0,2) :: Z
    SHAPE(Z(5,-7:-3,1:2)) liefert (/5,2/).
    SHAPE(Z(5,-1,2)) liefert (//).

SIZE(ARRAY[,DIM])

Parameter: ARRAY ist ein feldwertiger Ausdruck beliebigen Typs. DIM ist ein Skalar vom Typ INTEGER. Ist n der Rang von ARRAY, so muß gelten $1 \leq DIM \leq n$.

Funktionsergebnis: Der Ergebnistyp ist Default–INTEGER. Wurde DIM angegeben, so liefert die Funktion die Anzahl der Elemente der Dimension DIM von ARRAY. Fehlt DIM, so wird als Wert die Gesamtzahl der Elemente von ARRAY zurückgeliefert.

Beispiel:

    INTEGER,DIMENSION(4:6,1:3) :: A, B(-1:1,2:5)
    SIZE(A(4,:) + B(:,5)) liefert den Wert 3.

UBOUND(ARRAY[,DIM])

Parameter: vgl. LBOUND

Funktionsergebnis: Ist DIM angegeben worden, so liefert die Funktion als Ergebnis die Anzahl der Elemente der Dimension DIM von ARRAY, falls ARRAY ein Feldausdruck oder Teilfeld ist. Ist ARRAY eine Feldvariable, so liefert die Funktion die bei der Deklaration von ARRAY angegebene obere Grenze der Dimension DIM. UBOUND(ARRAY) liefert als Ergebnis ein eindimensionales Feld, dessen i-tes Element den Wert von UBOUND(ARRAY,i) hat. Der Ergebnistyp ist Default–INTEGER.

Ein Feld übernommener Größe besitzt in der letzten Dimension keine obere Grenze; diese darf daher auch nicht mit UBOUND abgefragt werden!

Beispiel:

    REAL,DIMENSION FELD(1:7,-1:5)
    UBOUND(FELD) liefert (/7,5/).
    UBOUND(FELD,1) liefert den Wert 7.

8.1.4 Eigenschaften von Zeichenketten

LEN(STRING)

Parameter: STRING ist vom Typ CHARACTER.

Funktionsergebnis: Zeichenlänge von STRING, falls STRING skalar ist. Ist das Argument STRING feldwertig, so liefert die Funktion die Zeichenlänge eines Elementes von STRING. Der Ergebnistyp ist Default–INTEGER.

Beispiel:

    CHARACTER*5 A(10)

LEN(A) liefert den Wert 5.

8.1.5 Eigenschaften von Pointern

ASSOCIATED(POINTER[,TARGET])

Parameter: POINTER ist eine Variable mit POINTER-Attibut. TARGET ist eine Variable mit POINTER- oder TARGET-Attribut. Weder POINTER noch TARGET dürfen sich im Zuordnungszustand "undefiniert" befinden.

Funktionsergebnis: Fehlt eine Angabe für TARGET, so ist der Wert der Funktion .TRUE., wenn der POINTER zugeordnet ist, andernfalls ist der Wert .FALSE. Ist TARGET angegeben worden, so liefert die Funktion den Wert .TRUE., falls POINTER auf TARGET weist beziehungsweise wenn POINTER und TARGET auf das gleiche Ziel weisen, andernfalls ist das Ergebnis .FALSE. Der Ergebnistyp ist Default–LOGICAL.

8.2 Elementfunktionen

Die grundlegenden analytischen Funktionen, verschiedene einfache numerische Funktionen, Funktionen zur Typkonvertierung und Funktionen für Zeichen– und Bitoperationen sind in Form von Elementfunktionen vordefiniert.

8.2.1 Analytische Funktionen

ACOS(X)

Parameter: X ist vom Typ REAL mit $|X| \leq 1$

Funktionsergebnis: Implementationsabhängige Approximation des $arccos(x)$ im Bogenmaß: $0 \leq$ ACOS(X) $\leq \pi$. Der Ergebnistyp entspricht dem Argumenttyp.

ASIN(X)

Parameter: X ist vom Typ REAL mit $|x| \leq 1$

Funktionergebnis: Implementationsabhängige Approximation des $arcsin(x)$ im Bogenmaß : $-\frac{\pi}{2} \leq$ ASIN(X) $\leq \frac{\pi}{2}$. Der Ergebnistyp entspricht dem Argumenttyp.

ATAN(X)

Parameter: X ist vom Typ REAL

Funktionsergebnis: Implementationsabhängige Approximation des $arctan(x)$ im Bogenmaß: $-\frac{\pi}{2} \leq$ ATAN(X) $\leq \frac{\pi}{2}$. Der Ergebnistyp entspricht dem Argumenttyp.

ATAN2(Y,X)

Parameter: Y muß vom Typ REAL sein. X muß den gleichen Typ und Typparameter wie X haben. Hat Y den Wert 0, so darf X nicht ebenfalls den Wert 0 haben.

Funktionsergebnis: Implementationsabhängige Approximation den Hauptwertes der komplexen Zahl (X,Y) im Bogenmaß. Das Ergebnis liegt im Bereich $-\pi \leq$ ATAN2(Y,X) $\leq \pi$. Der Ergebnistyp entspricht dem Typ des Arguments X.

COS(X)

Parameter: X ist vom Typ REAL oder COMPLEX.

Funktionsergebnis: Implementationsabhängige Approximation des $cos(x)$ im Bogenmaß. X bzw. der Realteil von X sind im Bogenmaß anzugeben. Der Ergebnistyp entspricht dem Argumenttyp.

COSH(X)

Parameter: X ist vom Typ REAL.

Funktionsergebnis: Implementationsabhängige Approximation des $cosh(x)$. Der Ergebnistyp entspricht dem Argumenttyp.

EXP(X)

Parameter: X ist vom Typ REAL oder COMPLEX.

Funktionsergebnis: Implementationsabhängige Approximation von e^x mit gleichem Typ wie X.

LOG(X)

Parameter: X ist vom Typ REAL oder COMPLEX. Ist X vom Typ REAL, so muß der Wert größer als Null sein. Ist X vom Typ COMPLEX, so darf der Wert nicht (0.,0.) sein.

Funktionsergebnis: Implementationsabhängige Approximation des natürlichen Logarithmus $ln(x)$. Der Ergebnistyp entspricht dem Argumenttyp.

LOG10(X)

Parameter: X ist vom Typ REAL mit Wert größer Null.

Funktionsergebnis: Implementationsabhängige Approximation des dekadischen Logarithmus $log(x)$. Der Ergebnistyp entspricht dem Argumenttyp.

SIN(X)

Parameter: X ist vom Typ REAL oder COMPLEX.

Funktionsergebnis: Implementationsabhängige Approximation von $sin(x)$. X bzw. der Realteil von X sind im Bogenmaß anzugeben. Der Ergebnistyp entspricht dem Argumenttyp.

SINH(X)

Parameter: X ist vom Typ REAL.

Funktionsergebnis: Implementationsabhängige Approximation der hyperbolischen Funktion $sinh(x)$. Der Ergebnistyp entspricht dem Argumenttyp.

SQRT(X)

Parameter: X ist vom Typ REAL oder COMPLEX. Ist X vom Typ REAL, so muß der Wert größer oder gleich Null sein.

Funktionsergebnis: Implementationsabhängige Approximation der Quadratwurzel von X. Der Ergebnistyp entspricht dem Argumenttyp.

TAN(X)

Parameter: X ist vom Typ REAL.

Funktionsergebnis: Implementationsabhängige Approximation von $tan(x)$. Die Werte von X sind im Bogenmaß anzugeben. Der Ergebnistyp entspricht dem Argumenttyp.

TANH(X)

Parameter: X ist vom Typ REAL.

Funktionsergebnis: Implementationsabhängige Approximation von $tanh(x)$. Der Ergebnistyp entspricht dem Argumenttyp.

8.2.2 Numerische Funktionen

ABS(A)

Parameter: A ist vom Typ INTEGER, REAL oder COMPLEX.

Funktionsergebnis: Ist A vom Typ INTEGER oder REAL, so ist das Ergebnis der Absolutbetrag von A. Ist A=(re,im) vom Typ COMPLEX, so erhält man als Ergebnis eine Approximation von $\sqrt{re^2 + im^2}$. Ist A vom Typ REAL oder COMPLEX, so ist der Ergebnistyp REAL mit gleichem Typparameter wie A. Ist A vom Typ INTEGER, so entspricht der Ergebnistyp dem Typ von A.

AIMAG(Z)

Parameter: Z ist vom Typ COMPLEX.

Funktionsergebnis: Das Ergebnis ist vom Typ REAL mit gleichem Typparameter wie Z. Der Wert entspricht dem Imaginärteil der komplexen Zahl Z.

AINT(A[,KIND])

Parameter: A ist Ausdruck vom Typ REAL. KIND ist ganzzahliger Initialisierungsausdruck.

Funktionsergebnis: Das Funktionsergebnis ist vom Typ REAL mit gleichem Typparameter wie A, falls KIND nicht angegeben wurde. Andernfalls ist der Typparameter durch KIND gegeben. Der Wert des Funktionsergebnisses ist der ganzzahlige Teil des reellen Arguments A.

ANINT(A[,KIND])

Parameter: A ist Ausdruck vom Typ REAL. KIND ist ganzzahliger Initialisierungsausdruck.

Funktionsergebnis: Das Ergebnis ist vom Typ REAL. Ist KIND angegeben worden, so wird hierdurch der Typparameter des Ergebnisses spezifiziert. Andernfalls ist der Typparameter der von A. Der Wert des Funktionsergebnisses ergibt sich aus A durch Rundung. D.h. ist $A \leq 0$, so ist ANINT(A) = AINT(A − 0.5), ist $A > 0$, so ist ANINT(A) = AINT(A + 0.5).

CEILING(A)

Parameter: A muß vom Typ REAL sein.

Funktionsergebnis: Die Funktion liefert als Ergebnis die auf A folgende ganze Zahl, die im Wert größer oder gleich A ist. Der Ergebnistyp ist Default–INTEGER.

Beispiel:

    CEILING(-3.1415) liefert den Wert -3.
    CEILING(4.5) liefert den Wert 5.

CONJG(Z)

Parameter: Z muß vom Typ COMPLEX sein.

Funktionsergebnis: Die Funktion liefert die konjugiert komplexe Zahl $\bar{Z}$. Der Ergebnistyp entspricht dem Argumenttyp.

DIM(X,Y)

Parameter: X ist vom Typ INTEGER oder REAL. Y muß von gleichem Typ und Typparameter wie X sein.

Funktionsergebnis: Die Funktion liefert den Abstand von X zu Y d.h. X−Y, wenn dieser positiv ist. Sonst ist das Ergebnis 0. Der Ergebnistyp entspricht dem Argumenttyp.

DPROD(X,Y)

Parameter: X und Y sind vom Typ Default–REAL.

Funktionsergebnis: Die Funktion liefert als Ergebnis das Produkt von X und Y in doppelt genauer Darstellung. Das Ergebnis ist vom Typ DOUBLE PRECISION.

FLOOR(A)

Parameter: A ist vom Typ REAL.

Funktionsergebnis: Die Funktion liefert als Ergebnis die größte ganze Zahl (Default–INTEGER) kleiner oder gleich A. Der Ergebnistyp ist Default–INTEGER.

Beispiel:

```
FLOOR(-3.1415) liefert den Wert -4.
FLOOR(4.5) liefert den Wert 4.
```

MAX(A1,A2[,A3,...])

Parameter: Die Argumente müssen alle gleichen Typ und Typparameter haben. Sie können vom Typ REAL oder INTEGER sein.

Funktionsergebnis: Die Funktion liefert als Ergebnis das maximale Element der angegebenen Argumente. Der Ergebnistyp entspricht dem Argumenttyp.

Beispiel:

```
INTEGER,DIMENSION(1:4) :: A1=(/4,7,1,1/), A2=3
MAX(A1,A2) liefert (/4,7,3,3/).
MAX(A1(1),A2(1)) liefert 4.
```

MIN(A1,A2[,A3,...])

Parameter: Die Argumente müssen alle gleichen Typ und Typparameter haben. Sie können vom Typ REAL oder INTEGER sein.

Funktionsergebnis: Die Funktion liefert als Ergebnis das minimale Element der angegebenen Argumente. Der Ergebnistyp entspricht dem Argumenttyp.

Beispiel:

```
INTEGER,DIMENSION(1:2,1:2) ::  A2=3, \&
        A1=RESHAPE((/((I+J,I=1,2),J=1,2)/), (/2,2/))
```
MIN(A1,A2) liefert $\begin{pmatrix} 2 & 3 \\ 3 & 3 \end{pmatrix}$.

MOD(A,P)

Parameter: A ist vom Typ REAL oder INTEGER. P muß den gleichen Typ und Typparameter wie A haben.

Funktionsergebnis: Für P$\neq$0 ist das Ergebnis der Funktion A$-$INT(A/P)*P. Für P=0 ist das Ergebnis compilerabhängig. Der Ergebnistyp entspricht dem Argumenttyp.

Beispiel:

MOD(7,2) liefert den Wert 1.

MOD(7,-2) liefert den Wert 1.

MOD(-7,2) liefert den Wert -1.

MOD(-7,-2) liefert den Wert -1.

MODULO(A,P)

Parameter: A ist vom Typ REAL oder INTEGER. P muß den gleichen Typ und Typparameter wie A haben.

Funktionsergebnis:

- Ist A vom Typ INTEGER und P$\neq$0, dann liefert die Funktion den ganzzahligen Rest R der Division von A durch P: d.h. A=Q*P+R, wobei Q eine ganze Zahl ist und 0$\leq$R<P für P>0 bzw. P<R$\leq$0 für P<0. Ist P=0, so ist das Ergebnis compilerabhängig.

- Die Funktion liefert A$-$FLOOR(A/P)*P, falls A vom Typ REAL und P$\neq$0. Ist P=0, so ist das Ergebnis compilerabhängig.

Beispiel:

MODULO(7,2) liefert den Wert 1.

MODULO(7,-2) liefert den Wert -1.

MODULO(-7,2) liefert den Wert 1.

MODULO(-7,-2) liefert den Wert -1.

NINT(A[,KIND])

Parameter: A ist vom Typ INTEGER. KIND ist ein skalarer Initialisierungsausdruck.

Funktionsergebnis: Ist A>0, so liefert die Funktion den Wert INT(A+0.5); ist A≤0, so liefert die Funktion den Wert INT(A-0.5). Fehlt KIND, so ist der Ergebnistyp Default-INTEGER, sonst ist der Ergebnistyp INTEGER mit dem gewählten Typparameter KIND.

SIGN(A,B)

Parameter: A ist vom Typ REAL oder INTEGER. B muß den gleichen Typ und Typparameter wie A besitzen.

Funktionsergebnis: Die Funktion liefert den Absolutwert von A mit dem Vorzeichen von B multipliziert.

Beispiel:

```
INTEGER, DIMENSION(1:5) :: A1=(/(I,I=-3,1)/)
SIGN(A1,-3) liefert (/(-3,-2,-1,0,-1)/).
```

8.2.3 Typkonvertierungsfunktionen

CMPLX(X[,Y][,KIND])

Parameter: X ist vom Typ INTEGER, REAL oder COMPLEX. Y ist vom TYP INTEGER oder REAL. Y darf *nicht* angegeben werden, wenn X vom Typ COMPLEX ist. KIND ist ein skalarer Initialisierungsausdruck.

Funktionsergebnis: Die Funktion liefert ein Ergebnis vom Typ COMPLEX mit Typparameter KIND. Fehlt KIND, so entspricht der Typparameter dem des Typs Default-REAL. Der Wert des Realteils des Ergebnisses entspricht REAL(X[,KIND]), der Wert des Imaginärteils ist REAL(Y[,KIND]). Fehlt eine Angabe für Y, so wird für Y der Wert 0 angenommen, falls X nicht vom Typ COMPLEX ist. Der voreingestellte Wert für Y ist AIMAG(X), falls X vom Typ COMPLEX ist.

Beispiel:

```
COMPLEX X=(2.0,3.0); REAL Y=4.0
CMPLX(REAL(X),Y) entspricht (2.0,4.0).
CMPLX(Y) entspricht (4.0,0.0).
CMPLX(X) entspricht (2.0,3.0).
```

DBLE(A)

Parameter: A muß vom Typ INTEGER, REAL oder COMPLEX sein.

Funktionsergebnis: Der Argumentwert wird in ein Ergebnis vom Typ DOUBLE PRECISION konvertiert. Ist A vom Typ COMPLEX, so entspricht der Wert des Ergebnisses dem Wert des Realteils von A.

INT(A[,KIND])

Parameter: A muß vom Typ INTEGER, REAL oder COMPLEX sein. KIND ist ein skalarer Initialisierungsausdruck.

Funktionsergebnis: Die Funktion konvertiert den Wert des Arguments in ein Ergebnis vom Typ INTEGER mit Typparameter KIND. Fehlt eine Angabe zu KIND, so ist der Ergebnistyp Default–INTEGER. Ist A vom Typ REAL, so ergibt sich der Wert des Ergebnisses durch Abschneiden der Nachkommastellen. Ist A vom Typ COMPLEX, so ergibt sich der Wert des Ergebnisses durch Abschneiden der Nachkommastellen des Realteils von A.

LOGICAL(L[,KIND])

Parameter: L muß vom Typ LOGICAL sein. KIND ist ein skalarer Initialisierungsausdruck.

Funktionsergebnis: Die Funktion konvertiert den Wert des Arguments in ein Ergebnis vom Typ LOGICAL mit Typparameter KIND. Fehlt eine Angabe für KIND, so ist der Ergebnistyp Default–LOGICAL.

REAL(A[,KIND])

Parameter: A muß vom Typ INTEGER, REAL oder COMPLEX sein. KIND ist ein skalarer Initialisierungsausdruck.

Funktionsergebnis: Die Funktion konvertiert den Wert des Arguments in ein Ergebnis vom Typ REAL mit Typparameter KIND. Fehlt KIND, so ist der Ergebnistyp Default–REAL. Ist A vom Typ COMPLEX, so ermittelt sich der Ergebniswert aus dem Realteil von A.

8.2.4 Bitmanipulation

Diese Funktionen verarbeiten nicht negative INTEGER-Argumente. Eine INTEGER-Zahl wird dabei als Binärzahl $i=\sum_{k=0}^{s-1} w_k 2^k$, $w_k \epsilon \{0,1\}$ interpretiert, wobei die einzelnen Bits von rechts nach links beginnend bei 0 bis $s-1$ durchnumeriert sind.

Beispiel:

Sei s=16, dann ergibt die Interpretation der Binärdarstellung 0000000000000110 die Zahl 6.

BTEST(I,POS)

Parameter: I muß vom Typ INTEGER sein. POS muß vom Typ INTEGER sein. Es muß gelten: $0 \leq POS < BITSIZE(I)$.

Funktionsergebnis: .TRUE., falls das Bit POS von I den Wert 1 hat, andernfalls ist das Ergebnis .FALSE.

Beispiel:

BTEST(4,2) liefert .TRUE.

BTEST(2,0) liefert .FALSE.

IAND(I,J)

Parameter: I muß vom Typ INTEGER sein. J muß gleichen Typ und Typparameter wie I haben.

Funktionsergebnis: Das Ergebnis ist vom gleichen Typ und Typparameter wie I. Der Wert des Ergebnisses ergibt sich aus der paarweisen .AND.-Verknüpfung der korrespondierenden Bits von I und J.

Beispiel:

IAND(2,3) liefert den Wert 2.

IAND(2,4) liefert den Wert 0.

IBCLR(I,POS)

Parameter: I muß vom Typ INTEGER sein. POS muß vom Typ INTEGER sein. Es muß gelten: $0 \leq POS < BITSIZE(I)$.

Funktionsergebnis: Das Ergebnis ist von gleichem Typ und Typparameter wie I. Der Wert des Ergebnisses ergibt sich aus dem Wert des Arguments I, wobei das Bit POS von I auf Null gesetzt wird.

Beispiel:

IBCLR(3,0) liefert den Wert 2.

INTEGER, DIMENSION(4) :: P=(/1,2,3,4/)

IBCLR(POS=P,I=31) liefert (/29,27,23,15/).

IBITS(I,POS,LEN)

Parameter: I, POS und LEN müssen vom Typ INTEGER sein. Der Wert von POS und LEN muß positiv sein. Es muß gelten: $0 \leq \text{POS+LEN} < \text{BITSIZE(I)}$.

Funktionsergebnis: Das Ergebnis ist von gleichem Typ und Typparameter wie I. Als Ergebnis werden LEN Bits von I ab Position POS rechtsbündig zurückgeliefert, wobei alle anderen Bitpositionen mit Null belegt werden.

Beispiel:

    IBITS(30,0,3) liefert den Wert 6.

IBSET(I,POS)

Parameter: I und POS müssen vom Typ INTEGER sein. Es muß gelten: $0 \leq \text{POS} < \text{BITSIZE(I)}$.

Funktionsergebnis: Das Ergebnis ist von gleichem Typ und Typparameter wie I. Der Wert des Ergebnisses ergibt sich aus dem Wert des Arguments I, wobei das Bit POS von I auf Eins gesetzt wird.

Beispiel:

    IBSET(3,3) liefert den Wert 11.

IEOR(I,J)

Parameter: I muß vom Typ INTEGER sein. J muß gleichen Typ und Typparameter wie I haben.

Funktionsergebnis: Das Ergebnis ist vom gleichen Typ und Typparameter wie I. Der Wert des Ergebnisses ergibt sich aus der paarweisen .NEQV.–Verknüpfung der korrespondierenden Bits von I und J.

Beispiel:

    IEOR(2,3) liefert den Wert 1.
    IEOR(2,4) liefert den Wert 6.

IOR(I,J)

Parameter: I muß vom Typ INTEGER sein. J muß gleichen Typ und Typparameter wie I haben.

Funktionsergebnis: Das Ergebnis ist vom gleichen Typ und Typparameter wie I. Der Wert des Ergebnisses ergibt sich aus der paarweisen .OR.-Verknüpfung der korrespondierenden Bits von I und J.

Beispiel:

    IOR(2,3) liefert den Wert 3.
    IOR(2,4) liefert den Wert 6.

ISHFT(I,SHIFT)

Parameter: I und SHIFT müssen vom Typ INTEGER sein. Es muß gelten: $|\text{SHIFT}| \leq$ BITSIZE(I)

Funktionsergebnis: Das Ergebnis ist von gleichem Typ und Typparameter wie I. Es ergibt sich durch Shiften der Bits von I um SHIFT Positionen. Ist der Wert von SHIFT positiv, so wird nach links geshiftet; ist SHIFT negativ, so wird nach rechts geshiftet. Die beim Shiften freiwerdenden Positionen werden mit Null besetzt.

Beispiel:

    ISHFT(3,5) liefert den Wert 96.
    ISHFT(3,-5) liefert den Wert 0.

ISHFTC(I,SHIFT[,SIZE])

Parameter: I, SHIFT und SIZE müssen vom Typ INTEGER sein. Es muß gelten: $0 < \text{SIZE} \leq \text{BITSIZE(I)}$ und $|\text{SHIFT}| \leq \text{SIZE}$. Für SIZE ist der Wert BITSIZE(I) voreingestellt.

Funktionsergebnis: Das Ergebnis hat den gleichen Typ und Typparameter wie I. Der Wert des Ergebnisses ergibt sich durch Shiften der SIZE äußerst rechten Bits von I um SHIFT Positionen. Das Shiften erfolgt zyklisch nach links, wenn SHIFT positiv ist, sonst erfolgt das Shiften zyklisch nach rechts.

Beispiel:

    ISHFTC(3,2,3) liefert den Wert 5.
    INTEGER, DIMENSION(4) :: A=(/3,10,32,67/)
    ISHFTC(RESHAPE(A,(/2,2/)),-2,4) liefert $\begin{pmatrix} 12 & 32 \\ 10 & 76 \end{pmatrix}$.

NOT(I)

Parameter: I muß vom Typ INTEGER sein.

Funktionsergebnis: Das Ergebnis hat den gleichen Typ und Typparameter wie I. Der Wert des Ergebnisses ergibt sich aus I durch Anwendung der .NOT.–Operation auf die einzelnen Bits von I.

Beispiel:

Sei s=16, dann ist 0000000000000110 die Binärdarstellung der INTEGER–Zahl 6. NOT(6) hat die Binärdarstellung 1111111111111001.

8.2.5 Zeichenmanipulation

ACHAR(I)

Parameter: I muß vom Typ INTEGER sein.

Funktionsergebnis: Die Funktion liefert (implementationsabhängig) das Zeichen in Position I der ASCII–Codetabelle. Der Ergebnistyp ist CHARACTER mit dem Typparameter KIND('A').

Beispiel:

ACHAR(87) liefert den Wert 'W'.

ADJUSTL(STRING)

Parameter: STRING muß vom Typ CHARACTER sein.

Funktionsergebnis: Das Ergebnis ist eine Zeichenkette mit gleicher Länge und gleichem Typparameter wie STRING. Der Wert des Ergebnisses ergibt sich durch Entfernen aller führenden Leerzeichen von STRING (linksbündige Ausrichtung). Die gleiche Anzahl von Leerzeichen wird an STRING angefügt.

Beispiel:

ADJUSTL('⊔⊔TABELLE') liefert 'TABELLE⊔⊔'.

ADJUSTR(STRING)

Parameter: STRING muß vom Typ CHARACTER sein.

Funktionsergebnis: Das Ergebnis ist eine Zeichenkette mit gleicher Länge und gleichem Typparameter wie STRING. Der Wert des Ergebnisses ergibt sich durch Entfernen aller nachlaufenden Leerzeichen von STRING (rechtsbündige Ausrichtung). Die gleiche Anzahl von Leerzeichen wird STRING vorangestellt.

Beispiel:

    ADJUSTR('NACH⎵RECHTS⎵⎵') liefert '⎵⎵NACH⎵RECHTS'.

CHAR(I[,KIND])

Parameter: I muß vom Typ INTEGER sein. KIND ist ein Initialisierungsausdruck.

Funktionsergebnis: Das Zeichen in Position I der internen Codetabelle des Prozessors. Der Ergebnistyp ist CHARACTER mit dem Typparameter KIND. Fehlt KIND, so ist der Ergebnistyp Default–CHARACTER.

Beispiel:

    CHAR(ICHAR('W')) liefert den Buchstaben W.

IACHAR(C)

Parameter: C muß vom Typ Default–CHARACTER der Länge 1 sein.

Funktionsergebnis: Die Position des Zeichens C in der ASCII–Codetabelle (ISO 646:1983, DIN 66003). Der Ergebnistyp ist Default–INTEGER.

Beispiel:

    IACHAR((/'C','D'/)) liefert (/67,68/).

ICHAR(C)

Parameter: C muß vom Typ Default–CHARACTER der Länge 1 sein.

Funktionsergebnis: Die Position des Zeichens C in der internen Codetabelle des Prozessors. Der Ergebnistyp ist Default-INTEGER.

INDEX(STRING,SUBSTRING[,BACK])

Parameter: STRING und SUBSTRING müssen vom Typ CHARACTER mit gleichem Typparameter sein. BACK muß vom Typ LOGICAL sein.

8.2 Elementfunktionen

Funktionsergebnis: Es wird die Position zurückgeliefert, ab der SUBSTRING in STRING enthalten ist. Fehlt BACK oder hat BACK den Wert .FALSE., so wird die Positon des ersten Auftretens von SUBSTRING ermittelt. Hat BACK den Wert .TRUE., so wird die Position des letzten Auftretens von SUBSTRING ermittelt. Ist SUBSTRING nicht in STRING enthalten, so wird der Wert Null zurückgeliefert. Der Ergebnistyp ist Default-INTEGER.

Beispiel:

```
INDEX('PAPPPLAKATE','PP')
```
liefert den Wert 3.
```
INDEX('PAPPPLAKATE','PP',BACK=.TRUE.)
```
liefert den Wert 4.

LEN_TRIM(STRING)

Parameter: STRING muß vom Typ CHARACTER sein.

Funktionsergebnis: Es wird die Länge von STRING ohne nachfolgende Leerzeichen ermittelt. Der Ergebnistyp ist Default-INTEGER.

Beispiel:

```
LEN_TRIM('⊔⊔')
```
hat den Wert 0.

LGE(STRING_A,STRING_B)

Parameter: STRING_A und STRING_B müssen vom Typ Default–CHARACTER sein.

Funktionsergebnis: Entspricht STRING_A .GE. STRING_B, wobei der Vergleich anhand der ASCII–Codetabelle durchgeführt wird. Der Ergebnistyp ist Default-LOGICAL.

Beispiel:

```
LGE('ZWEI','DREI')
```
liefert .TRUE..

LGT(STRING_A,STRING_B)

Parameter: STRING_A und STRING_B müssen vom Typ Default–CHARACTER sein.

Funktionsergebnis: Entspricht STRING_A .GT. STRING_B, wobei der Vergleich anhand der ASCII–Codetabelle durchgeführt wird. Der Ergebnistyp ist Default-LOGICAL.

Beispiel:

    LGT('ZWEI','DREI') liefert .TRUE..

LLE(STRING_A,STRING_B)

Parameter: STRING_A und STRING_B müssen vom Typ Default–CHARACTER sein.

Funktionsergebnis: Entspricht STRING_A .LE. STRING_B, wobei der Vergleich anhand der ASCII–Codetabelle durchgeführt wird. Der Ergebnistyp ist Default-LOGICAL. **Beispiel:**

    LLE('ZWEI','DREI') liefert .FALSE..

LLT(STRING_A,STRING_B)

Parameter: STRING_A und STRING_B müssen vom Typ Default–CHARACTER sein.

Funktionsergebnis: Entspricht STRING_A .LT. STRING_B, wobei der Vergleich anhand der ASCII–Codetabelle durchgeführt wird. Der Ergebnistyp ist Default-LOGICAL.

Beispiel:

    LLT('ZWEI','DREI') liefert .FALSE..

SCAN(STRING,SET[,BACK])

Parameter: STRING und SET müssen vom Typ CHARACTER mit gleichem Typparameter sein. BACK muß vom Typ LOGICAL sein.

Funktionsergebnis: Falls BACK fehlt oder den Wert .FALSE. hat, so wird die Position des ersten Auftretens eines Zeichens aus SET in STRING zurückgeliefert. Falls BACK den Wert .TRUE. hat, so wird die Position des letzten Auftretens eines Zeichens aus SET in STRING zurückgeliefert. Ist kein Zeichen von SET in STRING enthalten, so ist das Ergebnis gleich 0. Der Ergebnistyp ist Default-INTEGER.

Beispiel:

    SCAN('PAPPPLAKATE','PA') liefert den Wert 1.

    SCAN('PAPPPLAKATE','PA',.TRUE.) liefert den Wert 9.

    SCAN('AUSPUFFFLAMME','Z') liefert den Wert 0.

VERIFY(STRING,SET[,BACK])

Parameter: STRING und SET müssen vom Typ CHARACTER mit gleichem Typparameter sein. BACK muß vom Typ LOGICAL sein.

Funktionsergebnis: Falls BACK fehlt oder den Wert .FALSE. hat, so wird die Position des ersten Auftretens eines Zeichens in STRING zurückgeliefert, das nicht in SET enthalten ist. Falls BACK den Wert .TRUE. hat, so wird die Position des letzten Auftretens eines Zeichens in STRING zurückgeliefert, das nicht in SET enthalten ist. Sind alle Zeichen von STRING in SET enthalten, so ist das Ergebnis gleich 0. Der Ergebnistyp ist Default-INTEGER. **Beispiel:**

```
STRING_ARRAY=(/'PAPPPLAKATE','PAPPENDECKEL','PAPPERLAPAPP')
VERIFY(STRING_ARRAY,'PEARL') liefert (/8,6,0/).
```

8.2.6 Bearbeitung der Zahldarstellung

Die folgenden Funktionen gehen von einer Modelldarstellung reeller Zahlen aus, die in Abschnitt 3.1.2 bereits beschrieben worden ist:

$$x = \begin{cases} 0 & \text{d.h. } b^0 \cdot \sum_{k=1}^{p} 0 \cdot b^{-k} \\ \pm b^l \sum_{k=1}^{p} m_k b^{-k} \end{cases}$$

mit $b, l, m_k, p \epsilon \mathbb{N}$ und

$$\begin{array}{ll} b > 1 & \text{Basis} \\ p > 1 & \text{maximale Stellenanzahl der Mantisse} \\ 0 \leq m_k < b, m_1 > 0 & \text{Mantissenziffer} \\ l_{min} \leq l \leq l_{max} & \text{Exponent} \end{array}$$

Die Beispiele verwenden den Spezialfall

$$x = \begin{cases} 0 \\ \pm 2^l \cdot (\frac{1}{2} + \sum_{k=2}^{24} m_k \cdot 2^{-k}) \end{cases} \quad mit -126 \leq l \leq 127$$

EXPONENT(X)

Parameter: X ist vom Typ REAL.

Funktionsergebnis: Das Ergebnis ist vom Typ Default-INTEGER. Der Wert entspricht dem Exponenten von X bzgl. der verwendeten Modelldarstellung.

Beispiel:

EXPONENT(4.625) liefert den Wert 3.

FRACTION(X)

Parameter: X ist vom Typ REAL.

Funktionsergebnis: Der Wert entspricht der Mantisse von X bzgl. der verwendeten Modelldarstellung. Der Ergebnistyp entspricht dem Argumenttyp.

Beispiel:

    FRACTION(4.625) liefert den Wert 0.578125.

NEAREST(X,S)

Parameter: X und S müssen vom Typ REAL mit S≠0 sein.

Funktionsergebnis: Das Ergebnis ist vom gleichen Typ wie X. Als Wert wird die nächste rechnerintern darstellbare Zahl ungleich X zurückgeliefert, die in Richtung SIGN(1,S)*∞ liegt. Dies entspricht dem Wert X + SPACING(X)*SIGN(1,S).

Beispiel:

    NEAREST(4.625,-1) liefert den Wert $4.625 - 2^{-21}$

RRSPACING(X)

Parameter: X muß vom Typ REAL sein.

Funktionsergebnis: Liefert den Kehrwert des *relativen* Abstands von X zur nächsten darstellbaren Zahl. Der Wert errechnet sich aus $|X| \cdot b^{-(l-p)}$.

Beispiel:

    RRSPACING(4.625) liefert den Wert $4.625 \cdot 2^{21}$.

SCALE(X,I)

Parameter: X ist vom Typ REAL, I ist vom Typ INTEGER.

Funktionsergebnis: Die Funktion liefert als Ergebnis den Wert $X \cdot b^I$.

Beispiel:

    SCALE(4.625,2) liefert den Wert $4.625 \cdot 2^2 = 18.5$.

SET_EXPONENT(X,I)

Parameter: X ist vom Typ REAL, I ist vom Typ INTEGER.

Funktonsergebnis: Durch die Funktion wird der Exponent von X in der Modelldarstellung auf den Wert von I gesetzt.

Beispiel:

SET_EXPONENT(4.625,2) liefert den Wert $0.578125 \cdot 2^2 = 2.3125$.

SPACING(X)

Parameter: X ist vom Typ REAL.

Funktionsergebnis: Die Funktion liefert den Abstand von X zur nächsten darstellbaren Zahl in der Modelldarstellung. Dieser berechnet sich durch b^{1-p}.

Beispiel:

SPACING(4.625) liefert den Wert $2^{3-24} = 2^{-21}$.

8.2.7 Mischen von Feldern

MERGE(TSOURCE,FSOURCE,MASK)

Parameter: TSOURCE kann beliebigen Typs sein. FSOURCE muß vom gleichen Typ und Typparameter wie TSOURCE sein. MASK ist vom Typ LOGICAL.

Funktionsergebnis: Die Funktion liefert den Wert von TSOURCE, falls MASK den Wert .TRUE. hat, andernfalls den Wert von FSOURCE.

Beispiel:

```
MERGE(3.0,4.0,.FALSE.) liefert den Wert 4.0.

INTEGER, DIMENSION(2,3) :: X = 0, Y = 1
LOGICAL, DIMENSION(2,3) :: &
        L = RESHAPE((/(.TRUE.,.FALSE.,I=1,3)/),(/2,3/))
```

MERGE(X,Y,L) liefert $\begin{pmatrix} 0 & 0 & 0 \\ 1 & 1 & 1 \end{pmatrix}$.

8.3 Transformationsfunktionen

Transformationsfunktionen führen in der Regel Operationen auf Feldern oder Skalaren aus, zu deren Realisierung normalerweise ein ganzes Unterprogramm geschrieben werden müßte. Ergebnisse von Transformationsfunktionen können Skalare oder Felder sein.

8.3.1 Zeichenverarbeitung

REPEAT(STRING,NCOPIES)

Parameter: STRING muß ein Skalar vom Typ CHARACTER sein. NCOPIES muß ein positiver Skalar vom Typ INTEGER sein.

Funktionsergebnis: Die NCOPIES-fache Konkatenation von STRING. Der Ergebnistyp entspricht dem Argumenttyp. Die Länge des Ergebnisses entspricht der NCOPIES-fachen Länge des Arguments.

Beispiel:

```
REPEAT('SO',2) liefert 'SOSO'.
```

TRIM(STRING)

Parameter: STRING muß ein Skalar vom Typ CHARACTER sein.

Funktionsergebnis: Als Ergebnis wird der Wert von String ohne nachfolgende Leerzeichen zurückgeliefert. Der Ergebnistyp entspricht dem Argumenttyp. Die Länge ergibt sich aus der Länge des Arguments abzüglich der Anzahl nachfolgender Leerzeichen.

Beispiel:

```
TRIM('␣HAHA␣␣') liefert '␣HAHA'.
```

8.3.2 Reduktionsfunktionen

Für die Beispiele dieses Abschnitts seien folgende Vereinbarungen getroffen:

```
INTEGER, DIMENSION(3,3) :: FELD =    &
         RESHAPE( (/(I,I=1,9)/),(/3,3/) )
LOGICAL, DIMENSION(3,3) :: MASKE =   &
         RESHAPE( (/(I==J,I=1,3),J=1,3)/),(/3,3/) )
```

FELD und MASKE sind somit Matrizen der Gestalt:

8.3 Transformationsfunktionen

$$\text{FELD} = \begin{pmatrix} 1 & 4 & 7 \\ 2 & 5 & 8 \\ 3 & 6 & 9 \end{pmatrix}, \text{MASKE} = \begin{pmatrix} .\text{TRUE.} & .\text{FALSE.} & .\text{FALSE.} \\ .\text{FALSE.} & .\text{TRUE.} & .\text{FALSE.} \\ .\text{FALSE.} & .\text{FALSE.} & .\text{TRUE.} \end{pmatrix}.$$

ALL(MASK[,DIM])

Parameter: MASK muß feldwertig vom Typ LOGICAL sein. DIM muß ein skalarer ganzzahliger Ausdruck sein mit $1 \leq \text{DIM} \leq n$, n Rang von MASK.

Funktionsergebnis: Fehlt DIM oder hat MASK den Rang 1, so ist das Ergebnis ein skalarer logischer Wert mit gleichem Typparameter wie MASK. Der Wert ist .TRUE., falls alle Elemente von MASK .TRUE. sind, andernfalls .FALSE.
Wurde DIM angegeben und hat MASK einen Rang ungleich 1, so ist das Ergebnis ein (n−1)–dimensionales logisches Feld mit gleichem Typparameter wie MASK und der Gestalt $(/d_1,d_2,\ldots,d_{DIM-1},d_{DIM+1},\ldots,d_n/)$, wobei $(/d_1,d_2,\ldots,d_n/)$ die Gestalt von MASK ist. Das Ergebniselement $(i_1,i_2,\ldots,i_{DIM-1},i_{DIM+1},\ldots,i_n)$ berechnet sich aus ALL(MASK$(i_1,i_2,\ldots,i_{DIM-1},:,i_{DIM+1},\ldots,i_n)$).

Beispiel:

Mit den obigen Vereinbarungen gilt:

ALL (MASKE) liefert den Wert .FALSE..

ALL(FELD>3,1) liefert den Vektor (/.FALSE.,.TRUE.,.TRUE./) durch spaltenweise Auswertung.

ALL(FELD>3,2) liefert den Vektor (/.FALSE.,.FALSE.,.FALSE./) durch zeilenweise Auswertung.

ANY(MASK[,DIM])

Parameter: MASK muß feldwertig vom Typ LOGICAL sein. DIM muß ein skalarer ganzzahliger Ausdruck sein mit $1 \leq \text{DIM} \leq n$, wobei n der Rang von MASK ist.

Funktionsergebnis: Fehlt DIM oder hat MASK den Rang 1, so ist das Ergebnis ein skalarer logischer Wert mit gleichem Typparameter wie MASK. Der Wert ist .TRUE., falls ein Element von MASK .TRUE. sind, andernfalls .FALSE.
Wurde DIM angegeben und hat MASK einen Rang ungleich 1, so ist das Ergebnis ein (n−1)–dimensionales logisches Feld mit gleichem Typparameter wie MASK und der Gestalt $(/d_1,d_2,\ldots,d_{DIM-1},d_{DIM+1},\ldots,d_n/)$, wobei $(/d_1,d_2,\ldots,d_n/)$ die Gestalt von MASK ist. Das Ergebniselement $(i_1,i_2,\ldots,i_{DIM-1},i_{DIM+1},\ldots,i_n)$ berechnet sich aus ANY(MASK$(i_1,i_2,\ldots,i_{DIM-1},:,i_{DIM+1},\ldots,i_n)$).

Beispiel:

Mit den obigen Vereinbarungen gilt:

ANY (MASKE) liefert den Wert .TRUE..

ANY (MASKE(1,2:)) liefert .FALSE..

ANY (MASKE,1) liefert den Vektor (/.TRUE.,.TRUE.,.TRUE./) durch spaltenweise Auswertung

COUNT(MASK[,DIM])

Parameter: MASK muß feldwertig vom Typ LOGICAL sein. DIM muß ein skalarer ganzzahliger Ausdruck sein mit $1 \leq DIM \leq n$, n Rang von MASK.

Funktionsergebnis: Fehlt DIM oder hat MASK den Rang 1, so ist das Ergebnis ein skalarer ganzzahliger Wert. Der Wert entspricht der Anzahl der Elemente von MASK, deren Wert .TRUE. ist. Wurde DIM angegeben und hat MASK einen Rang ungleich 1, so ist das Ergebnis ein $(n-1)$–dimensionales ganzzahliges Feld der Gestalt $(/d_1,d_2,\ldots,d_{DIM-1},d_{DIM+1},\ldots,d_n/)$, wobei $(/d_1,d_2,\ldots,d_n/)$ die Gestalt von MASK ist. Das Ergebniselement $(i_1,i_2,\ldots,i_{DIM-1},i_{DIM+1},\ldots,i_n)$ berechnet sich aus COUNT(MASK$(i_1,i_2,\ldots,i_{DIM-1},:,i_{DIM+1},\ldots,i_n)$).

Beispiel:

Mit den obigen Vereinbarungen gilt:

COUNT (MASKE) liefert den Wert 3.

COUNT (MASKE(2:,2:)) liefert 2.

COUNT (MASKE,1) liefert den Vektor (/1,1,1/) durch spaltenweise Auswertung.

MAXLOC(ARRAY[,MASK])

Parameter: ARRAY muß feldwertig vom Typ INTEGER oder REAL sein. MASK muß ein logisches Feld mit der gleichen Gestalt wie ARRAY sein.

Funktionsergebnis: Das Funktionsergebnis ist eindimensionales Feld vom Typ Default–INTEGER; seine Größe entspricht dem Rang von ARRAY. Der Ergebnisvektor enthält die Indizes, die die Position des erstmaligen Auftretens des maximalen Elementes von ARRAY bezeichnen. Ist MASK angegeben, so werden nur die Elemente von ARRAY ausgewertet, deren korrespondierendes Element von MASK den Wert .TRUE. hat.

Beispiel:

Mit den obigen Vereinbarungen gilt:

MAXLOC (FELD) liefert den Wert (/3,3/).

MAXLOC (FELD(3,:)) liefert den einelementigen Vektor (/3/).

MINLOC(ARRAY[,MASK])

Parameter: ARRAY muß feldwertig vom Typ INTEGER oder REAL sein. MASK muß ein logisches Feld mit der gleichen Gestalt wie ARRAY sein.

Funktionsergebnis: Das Funktionsergebnis ist eindimensionales Feld vom Typ Default–INTEGER; seine Größe entspricht dem Rang von ARRAY. Der Ergebnisvektor enthält die Indizes, die die Position des erstmaligen Auftretens des minimalen Elementes von ARRAY bezeichnen. Ist MASK angegeben, so werden nur die Elemente von ARRAY ausgewertet, deren korrespondierendes Element von MASK den Wert .TRUE. hat.

Beispiel:

Mit den obigen Vereinbarungen gilt:

MINLOC (FELD) liefert den Wert (/1,1/).

MINLOC (FELD(3,:)) liefert den einelementigen Vektor (/1/).

MAXVAL(ARRAY[,DIM][,MASK])

Parameter: ARRAY muß feldwertig vom Typ INTEGER oder REAL sein. MASK muß ein logisches Feld mit der gleichen Gestalt wie ARRAY sein. DIM muß ein skalarer Wert vom Typ INTEGER mit $1 \leq$ DIM $\leq$ n sein, wobei n der Rang von ARRAY ist.

Funktionsergebnis: Das Ergebnis ist von gleichem Typ und Typparameter wie ARRAY. Es ist gleich dem maximalen Element von ARRAY, wenn DIM fehlt oder ARRAY den Rang 1 hat. Wurde MASK angegeben, so werden nur diejenigen Elemente von ARRAY ausgewertet, an denen das korrespondierende Element von MASK den Wert .TRUE. hat. Wurde DIM angegeben, so ist das Ergebnis ein (n−1)–dimensionales ganzzahliges Feld der Gestalt $(/d_1,d_2,\ldots,d_{DIM-1},d_{DIM+1},\ldots,d_n/)$, wobei $(/d_1,d_2,\ldots,d_n/)$ die Gestalt von ARRAY ist. Das Ergebniselement $(i_1,i_2,\ldots,i_{DIM-1},i_{DIM+1},\ldots,i_n)$ berechnet sich aus MAXVAL(ARRAY($i_1,i_2,\ldots,i_{DIM-1},:,i_{DIM+1},\ldots,i_n$)[,MASK=MASK($i_1,i_2,\ldots,i_{DIM-1},:,i_{DIM+1},\ldots,i_n$)]).

Beispiel:

Mit den obigen Vereinbarungen gilt:

MAXVAL (FELD) liefert den Wert 9.

MAXVAL (FELD,1) liefert (/3,6,9/) durch spaltenweise Auswertung.

MAXVAL (FELD,2) liefert (/7,8,9/) durch zeilenweise Auswertung.

MAXVAL (FELD,MASK=MASKE) liefert den Wert 9 durch Auswertung der Hauptdiagonalelemente.

MINVAL(ARRAY[,DIM][,MASK])

Parameter: ARRAY muß feldwertig vom Typ INTEGER oder REAL sein. MASK muß ein logisches Feld mit der gleichen Gestalt wie ARRAY sein. DIM muß ein skalarer Wert vom Typ INTEGER mit $1 \leq \text{DIM} \leq n$ sein, wobei n der Rang von ARRAY ist.

Funktionsergebnis: Das Ergebnis ist von gleichem Typ und Typparameter wie ARRAY. Es ist gleich dem minimalen Element von ARRAY, wenn DIM fehlt oder ARRAY den Rang 1 hat. Wurde MASK angegeben, so werden nur diejenigen Elemente von ARRAY ausgewertet, an denen das korrespondierende Element von MASK den Wert .TRUE. hat. Wurde DIM angegeben, so ist das Ergebnis ein (n−1)–dimensionales ganzzzahliges Feld der Gestalt $(/d_1,d_2,\ldots,d_{DIM-1},d_{DIM+1},\ldots,d_n/)$, wobei $(/d_1,d_2,\ldots,d_n/)$ die Gestalt von ARRAY ist. Das Ergebniselement $(i_1,i_2,\ldots,i_{DIM-1},i_{DIM+1},\ldots,i_n)$ berechnet sich aus MINVAL(ARRAY$(i_1,i_2,\ldots,i_{DIM-1},:,i_{DIM+1},\ldots,i_n)$[,MASK=MASK$(i_1,i_2,\ldots,i_{DIM-1},:,i_{DIM+1},\ldots,i_n)$]).

Beispiel:

Mit den obigen Vereinbarungen gilt:

MINVAL (FELD) liefert den Wert 1.

MINVAL (FELD,1) liefert den Vektor (/1,4,7/) durch spaltenweise Auswertung.

MINVAL (FELD,2) liefert den Vektor (/1,2,3/) durch zeilenweise Auswertung.

MINVAL (FELD,MASK=MASKE) liefert den Wert 1 durch Auswertung der Hauptdiagonalelemente.

PRODUCT(ARRAY[,DIM][,MASK])

Parameter: ARRAY muß feldwertig vom Typ INTEGER, REAL oder COMPLEX sein. MASK muß ein logisches Feld mit der gleichen Gestalt wie ARRAY sein. DIM muß ein skalarer Wert vom Typ INTEGER mit $1 \leq \text{DIM} \leq n$ sein, wobei n der Rang von ARRAY ist.

Funktionsergebnis: Das Ergebnis ist von gleichem Typ und Typparameter wie ARRAY. Es ist gleich dem Produkt aller Elemente von ARRAY, wenn DIM fehlt oder ARRAY den Rang 1 hat. Wurde MASK angegeben, so werden nur diejenigen Elemente von ARRAY ausgewertet, an denen das korrespondierende Element von MASK den Wert .TRUE. hat. Hat ARRAY die Größe 0, so ist das Funktionsergebnis 1. Wurde DIM angegeben, so ist das Ergebnis ein (n−1)-dimensionales ganzzahliges Feld der Gestalt $(/d_1,d_2,\ldots,d_{DIM-1},d_{DIM+1},\ldots,d_n/)$, wobei $(/d_1,d_2,\ldots,d_n/)$ die Gestalt von ARRAY ist. Das Ergebniselement $(i_1,i_2,\ldots,i_{DIM-1},i_{DIM+1},\ldots,i_n)$ berechnet sich durch PRODUCT(ARRAY$(i_1,i_2,\ldots,i_{DIM-1},:,i_{DIM+1},\ldots,i_n)$[,MASK= MASK$(i_1,i_2,\ldots,i_{DIM-1},:,i_{DIM+1},\ldots,i_n)$]).

Beispiel:

Mit den obigen Vereinbarungen gilt:

PRODUCT (FELD) liefert den Wert 362880.

PRODUCT (FELD,1) liefert den Vektor (/6,120,504/).

PRODUCT (FELD,2) liefert den Vektor (/28,80,162/).

PRODUCT (FELD,MASK=MASKE) liefert den Wert 45.

SUM(ARRAY[,DIM][,MASK])

Parameter: ARRAY muß feldwertig vom Typ INTEGER, REAL oder COMPLEX sein. MASK muß ein logisches Feld mit der gleichen Gestalt wie ARRAY sein. DIM muß ein skalarer Wert vom Typ INTEGER mit $1 \leq DIM \leq n$ sein, wobei n der Rang von ARRAY ist.

Funktionsergebnis: Das Ergebnis ist von gleichem Typ und Typparameter wie ARRAY. Es ist gleich der Summe aller Elemente von ARRAY, wenn DIM fehlt oder ARRAY den Rang 1 hat. Wurde MASK angegeben, so werden nur diejenigen Elemente von ARRAY ausgewertet, an denen das korrespondierende Element von MASK den Wert .TRUE. hat. Hat ARRAY die Größe 0, so ist das Funktionsergebnis 0. Wurde DIM angegeben, so ist das Ergebnis ein (n−1)–dimensionales ganzzahliges Feld der Gestalt $(/d_1,d_2,\ldots,d_{DIM-1},d_{DIM+1},\ldots,d_n/)$, wobei $(/d_1,d_2,\ldots,d_n/)$ die Gestalt von ARRAY ist. Das Ergebniselement $(i_1,i_2,\ldots,i_{DIM-1},i_{DIM+1},\ldots,i_n)$ berechnet sich durch SUM(ARRAY$(i_1,i_2,\ldots,i_{DIM-1},:,i_{DIM+1},\ldots,i_n)$[, MASK= MASK$(i_1,i_2,\ldots,i_{DIM-1},:,i_{DIM+1},\ldots,i_n)$]).

Beispiel:

Mit den obigen Vereinbarungen gilt:

SUM (FELD) liefert den Wert 45.

SUM (FELD,1) liefert den Vektor (/6,15,24/), d.h. die Spaltensummen.

SUM (FELD,2) liefert den Vektor (/12,15,18/), d.h. die Zeilensummen.

SUM (FELD,MASK=MASKE) liefert den Wert 15, d.h. die Summe der Diagonalelemente.

8.3.3 Vektor– und Matrizenmultiplikation

DOT_PRODUCT(VECTOR_A,VECTOR_B)

Parameter: VECTOR_A und VECTOR_B müssen feldwertige Ausdrücke vom Rang 1 gleicher Gestalt numerischen (INTEGER, REAL, COMPLEX) oder logischen Typs sein. VECTOR_B muß logischen Typs sein, wenn VECTOR_A logischen Typs ist und umgekehrt.

Funktionsergebnis: Ist die Anzahl der Elemente der Vektoren 0, so ist das Ergebnis 0 im Falle numerischer Typen, sonst ist das Ergebnis .FALSE. Haben die Vektoren eine Elementanzahl ungleich 0, so ist das Ergebnis:

- SUM(VECTOR_A*VECTOR_B), falls VECTOR_A vom Typ INTEGER oder REAL ist,

- SUM(CONJG(VECTOR_A)*VECTOR_B), falls VECTOR_A vom Typ COMPLEX ist,

- ANY(VECTOR_A .AND. VECTOR_B), falls VECTOR_A vom Typ LOGICAL ist.

Beispiel:

DOT_PRODUCT ((/0,1,2/),(/3,4,5/)) liefert den Wert 14.

DOT_PRODUCT ((/.TRUE.,.FALSE./),(/.TRUE.,.TRUE./)) liefert den Wert .TRUE..

MATMUL(MATRIX_A,MATRIX_B)

Parameter: MATRIX_A und MATRIX_B müssen feldwertige Ausdrücke vom Rang 1 oder Rang 2 numerischen (INTEGER, REAL, COMPLEX) oder logischen Typs sein. MATRIX_B muß logischen Typs sein, wenn MATRIX_A logischen Typs ist und umgekehrt. Nur einer der beiden Argumente darf Rang 1 haben. Die Elementanzahl der ersten Dimension von MATRIX_B muß gleich der Elementanzahl der letzten Dimension von MATRIX_A sein.

Funktionsergebnis: Multiplikation zweier Matrizen oder die Multiplikation eines Vektors mit einer Matrix oder einer Matrix mit einem Vektor.

- Die Gestalt von MATRIX_A sei (n,m), die Gestalt von MATRIX_B sei (m,k). Dann hat das Ergebnis die Gestalt (n,k), wobei sich die Elemente (i,j) des Ergebnisses durch DOT_PRODUCT(MATRIX_A(i,:),MATRIX_B(:,j) berechnen.

- Die Gestalt von MATRIX_A sei (m), die Gestalt von MATRIX_B sei (m,k). Dann hat das Ergebnis die Gestalt (k), wobei sich die Elemente j des Ergebnisses durch DOT_PRODUCT(MATRIX_A(:),MATRIX_B(:,j) berechnen.

- Die Gestalt von MATRIX_A sei (n,m), die Gestalt von MATRIX_B sei (m). Dann hat das Ergebnis die Gestalt (n), wobei sich die Elemente i des Ergebnisses durch DOT_PRODUCT(MATRIX_A(i,:),MATRIX_B(:) berechnen.

Beispiel:

Sei definiert:
$$M1 = \begin{pmatrix} 1 & 3 & 5 \\ 2 & 4 & 6 \end{pmatrix}, M2 = \begin{pmatrix} 1 & 4 \\ 2 & 5 \\ 3 & 6 \end{pmatrix}, V1 = (1,2), V2 = (1,2,3).$$

Dann liefert

MATMUL (M1,M2) die Matrix $\begin{pmatrix} 22 & 49 \\ 28 & 64 \end{pmatrix}$,

MATMUL (M2,M1) die Matrix $\begin{pmatrix} 9 & 19 & 29 \\ 12 & 26 & 40 \\ 15 & 33 & 51 \end{pmatrix}$,

MATMUL (V1,M1) den Vektor (5,11,17),

MATMUL (M1,V2) den Vektor (22,28).

8.3.4 Feldgenerierung

PACK(ARRAY,MASK[,VECTOR])

Parameter: ARRAY ist ein Feld beliebigen Typs. MASK ist ein zu ARRAY konformes Argument vom Typ LOGICAL. VECTOR ist ein eindimensionales Feld mit gleichem Typ und Typparameter wie ARRAY. Die Anzahl der Elemente von VECTOR muß mindestens so groß sein, wie die Anzahl der Elemente von MASK, die den Wert .TRUE. haben.

Funktionsergebnis: Das Ergebnis ist ein eindimensionales Feld mit gleichem Typ und Typparameter wie ARRAY. Es besteht aus denjenigen Elementen von ARRAY, deren korrespondierende Elemente von MASK den Wert .TRUE. haben. Wurde VECTOR angegeben und ist die Länge von VECTOR größer als die Anzahl der Elemente von MASK mit dem Wert .TRUE., so wird das Ergebnis um die überzähligen Elemente von VECTOR verlängert.

Beispiel:

```
INTEGER, DIMENSION(2,3) :: A = RESHAPE((/(I,I=1,6)/),(/2,3/))
LOGICAL, DIMENSION(2,3) :: &
        L = RESHAPE((/(.TRUE.,.FALSE.,I=1,3)/),(/2,3/))
INTEGER, DIMENSION(5)   :: Z = 20

PACK(A,L,Z) liefert (/1,3,5,20,20/).
```

RESHAPE(SOURCE[,SHAPE][,PAD][,ORDER])

Parameter: SOURCE ist ein Feld beliebigen Typs. SHAPE ist ein eindimensionales, ganzzahliges Feld, das die Gestalt des zu erzeugenden Feldes beschreibt. PAD ist ein Feld gleichen Typs wie SOURCE. ORDER ist ein eindimensionales, ganzzahliges Feld mit gleicher Elementanzahl N wie SHAPE, dessen Feldelemente eine Permutation der Werte $1, 2, 3, \ldots, N$ sind. Ist ORDER nicht angegeben worden, so ist der Wert $(/1, 2, \ldots, N/)$ voreingestellt.

Funktionsergebnis: Die Funktion RESHAPE erzeugt aus den Feldelementwerten von SOURCE in Speicherreihenfolge, eventuell gefolgt von einer oder mehreren Kopien der Feldelementwerte von PAD in Speicherreihenfolge, ein Feld, dessen Rang und Größe der einzelnen Dimensionen durch den Vektor SHAPE beschrieben wird. Die Indizes des Ergebnisfeldes laufen bei der Zuordnung in der durch das Feld ORDER angegebenen Reihenfolge.

Beispiel:

RESHAPE ((/1,2,3,4,5,6/), (/2,3/))

liefert eine Matrix mit 2 Zeilen und 3 Spalten der Form

$$\begin{pmatrix} 1 & 3 & 5 \\ 2 & 4 & 6 \end{pmatrix}.$$

SPREAD(SOURCE,DIM,NCOPIES)

Parameter: SOURCE ist ein Skalar oder ein Feld beliebigen Typs. Der Rang N von SOURCE muß kleiner oder gleich 6 sein. DIM ist ein Skalar vom Typ INTEGER mit $1 \leq \text{DIM} \leq N+1$. NCOPIES ist ein Skalar vom Typ INTEGER.

Funktionsergebnis: Das Ergebnis ist ein Feld mit gleichem Typ und Typparameter wie SOURCE und mit Rang N+1. Das Feld ergibt sich durch Vervielfältigung von SOURCE in die neue Dimension DIM des Zielfeldes. Diese Dimension hat die Größe NCOPIES.

Beispiel:

SPREAD ((/1,2,3/),DIM=2,NCOPIES=2)

liefert eine Matrix mit 3 Zeilen und 2 Spalten der Form

$$\begin{pmatrix} 1 & 1 \\ 2 & 2 \\ 3 & 3 \end{pmatrix}.$$

SPREAD ((/1,2,3/),DIM=1,NCOPIES=2)

liefert eine Matrix mit 2 Zeilen und 3 Spalten der Form

$$\begin{pmatrix} 1 & 2 & 3 \\ 1 & 2 & 3 \end{pmatrix}.$$

UNPACK(VECTOR,MASK,FIELD)

Parameter: VECTOR ist ein eindimensionales Feld beliebigen Typs. MASK ist ein zu FIELD konformes Feld vom Typ LOGICAL. FIELD ist ein Feld mit gleichem Typ und Typparameter wie VECTOR. Die Anzahl der Elemente von VECTOR muß mindestens so groß sein wie die Anzahl der Elemente von MASK, die den Wert .TRUE. haben.

Funktionsergebnis: Das Ergebnis ist ein Feld mit gleichem Typ und Typparameter wie VECTOR und der Gestalt von MASK. Die Elemente von VECTOR werden an diejenigen Positionen des Ergebnisfeldes verteilt, deren korrespondierende Elemente von MASK den Wert .TRUE. haben. Die übrigen Elemente des Ergebnisfeldes werden mit den korrespondierenden Elementen von FIELD belegt. Ist FIELD ein Skalar, so wird dieser Wert vervielfältigt.

Beispiel:

```
INTEGER, DIMENSION(2,3) :: A = RESHAPE((/(I,I=1,6)/),(/2,3/))
LOGICAL, DIMENSION(2,3) :: &
         L = RESHAPE((/(.TRUE.,.FALSE.,I=1,3)/),(/2,3/))
INTEGER, DIMENSION(5)   :: Z = (/4711,1881,19,5,2/)
```

UNPACK(Z,L,A) liefert $\begin{pmatrix} 4711 & 1881 & 19 \\ 2 & 4 & 6 \end{pmatrix}.$

8.3.5 Feldmanipulation

CSHIFT(ARRAY,SHIFT[,DIM])

Parameter: ARRAY ist ein Feld oder feldwertiger Ausdruck beliebigen Typs. SHIFT ist vom Typ INTEGER. Hat ARRAY den Rang N und die Gestalt $(/d_1,d_2,\ldots,d_N/)$, so muß SHIFT skalar oder vom Rang N−1 mit der Gestalt $(/d_1,d_2,\ldots,d_{DIM-1}, d_{DIM+1},\ldots,d_N/)$ sein. Ist ARRAY eindimensional, so muß SHIFT ein Skalar sein. DIM ist ein Skalar vom Typ INTEGER mit $1 \leq DIM \leq N$. Fehlt eine Angabe für DIM, so ist der Wert 1 voreingestellt.

Funktionsergebnis: Das Ergebnis hat den gleichen Typ, Typparameter und die gleiche Gestalt wie ARRAY. Die Elemente des Ergebnisfeldes ergeben sich aus den Elementen von ARRAY durch zirkulares Shiften aller Teilfelder ARRAY($i_1,i_2,\ldots,i_{DIM-1}$,:,

$i_{DIM+1},\ldots,i_N$) der Dimension DIM von ARRAY. Falls SHIFT ein Skalar ist, so werden alle diese Teilfelder um die gleiche Positionsanzahl geshiftet. Ist SHIFT ein Feld, so gibt SHIFT($i_1,i_2,\ldots,i_{DIM-1}, i_{DIM+1},\ldots,i_N$) die Anzahl der Positionen an, um die geshiftet wird. Ist der Wert positiv, so erfolgt das Shiften zirkular nach links, andernfalls erfolgt es zirkular nach rechts.

Beispiel:

  CSHIFT((/-1,-2,-3/),-2,1) liefert (/-2,-3,-1/).

Die Matrix A habe die Form $\begin{pmatrix} 'A' & 'B' & 'C' \\ 'D' & 'E' & 'F' \\ 'G' & 'H' & 'I' \end{pmatrix}$.

Dann liefert CSHIFT(A,(/0,1,2/),2) die Matrix $\begin{pmatrix} 'A' & 'B' & 'C' \\ 'E' & 'F' & 'D' \\ 'I' & 'G' & 'H' \end{pmatrix}$.

EOSHIFT(ARRAY,SHIFT[,BOUNDARY][,DIM])

Parameter: ARRAY ist ein Feld oder feldwertiger Ausdruck beliebigen Typs. SHIFT ist vom Typ INTEGER. Hat ARRAY den Rang N und die Gestalt (/$d_1,d_2,\ldots,d_N$/), so muß SHIFT skalar oder vom Rang N−1 mit der Gestalt (/$d_1,d_2,\ldots,d_{DIM-1}$, $d_{DIM+1},\ldots,d_N$/) sein. Ist ARRAY eindimensional, so muß SHIFT ein Skalar sein. BOUNDARY muß den gleichen Typ und Typparameter wie ARRAY haben. BOUNDARY ist entweder ein Skalar oder ein Feld mit Rang N−1 und Gestalt (/$d_1,d_2,\ldots,d_{DIM-1}$, $d_{DIM+1},\ldots,d_N$/). Fehlt eine Angabe für BOUNDARY, so sind folgende Werte voreingestellt

Typ	Wert
INTEGER	0
REAL	0.0
COMPLEX	(0.0,0.0)
LOGICAL	.FALSE.
CHARACTER(len)	len Leerzeichen

DIM ist ein Skalar vom Typ INTEGER mit $1 \leq DIM \leq N$. Fehlt eine Angabe für DIM, so ist der Wert 1 voreingestellt.

Funktionsergebnis: Das Ergebnis hat den gleichen Typ, Typparameter und die gleiche Gestalt wie ARRAY. Die Elemente des Ergebnisfeldes ergeben sich aus den Elementen von ARRAY durch Shiften aller Teilfelder ARRAY($i_1,i_2,\ldots,i_{DIM-1}$,:, $i_{DIM+1},\ldots,i_N$) der Dimension DIM von ARRAY. Falls SHIFT ein Skalar ist, so werden alle diese Teilfelder um die gleiche Positionsanzahl geshiftet. Ist SHIFT ein Feld, so gibt SHIFT($i_1,i_2,\ldots,i_{DIM-1}, i_{DIM+1},\ldots,i_N$) die Anzahl der Positionen an, um die geshiftet wird. Ist der Wert positiv, so erfolgt das Shiften nach links, andernfalls erfolgt es nach rechts. Elemente, die über die Dimensionsgrenzen der Teilfelder hinausgeschoben werden, gehen verloren. Freiwerdende Positionen werden mit den durch BOUNDARY (falls BOUNDARY ein Skalar ist) oder BOUNDARY(i_1, i_2,...,i_{DIM-1}, i_{DIM+1},...,i_N) angegebenen Werten aufgefüllt.

Beispiel:

EOSHIFT((/-1,-2,-3/),-2,DIM=1) liefert (/0,0,-1/).

Die Matrix A habe die Form $\begin{pmatrix} 'A' & 'B' & 'C' \\ 'D' & 'E' & 'F' \\ 'G' & 'H' & 'I' \end{pmatrix}$.

Dann liefert EOSHIFT(A,(/0,1,2/),(/'X','Y','Z'/),2) die Matrix
$\begin{pmatrix} 'A' & 'B' & 'C' \\ 'E' & 'F' & 'Y' \\ 'I' & 'Z' & 'Z' \end{pmatrix}$.

TRANSPOSE(MATRIX)

Parameter: MATRIX ist eine zweidimensionale Matrix beliebigen Typs.

Funktionsergebnis: Das Funktionsergebnis ist die transponierte Matrix von MATRIX.

Beispiel:

Die Matrix A habe die Form $\begin{pmatrix} 'A' & 'B' & 'C' \\ 'D' & 'E' & 'F' \end{pmatrix}$.

Dann liefert TRANSPOSE(A) die Matrix $\begin{pmatrix} 'A' & 'D' \\ 'B' & 'E' \\ 'C' & 'F' \end{pmatrix}$.

8.3.6 Transferfunktion

TRANSFER(SOURCE,MOLD[,SIZE])

Parameter: SOURCE und MOLD können beliebigen Typ haben. SIZE ist ein Skalar vom Typ INTEGER.

Funktionsergebnis: Das Ergebnis hat den gleichen Typ und Typparameter wie MOLD. Wurde SIZE angegeben, so ist das Funktionsergebnis ein eindimensionales Feld der Größe SIZE. Fehlt eine Angabe für SIZE, so wird die Gestalt des Funktionsergebnisses durch MOLD bestimmt: Ist MOLD ein Skalar, so ist das Funktionsergebnis ebenfalls ein Skalar. Ist MOLD feldwertig, so ist das Funktionsergebnis ein eindimensionales Feld, dessen Speicherlänge ausreicht, alle Speicherelemente von SOURCE aufzunehmen. Die Werte des Funktionsergebnisses ergeben sich durch bitweise Übertragung der Inhalte der Speichereinheiten von SOURCE linksbündig in die Speichereinheiten des Funktionsergebnisses. Überzählige Bits werden dabei abgeschnitten.

Beispiel:

    COMPLEX, DIMENSION(2) :: C = (/(1.0,2.0),(3.0,0.0)/)

    CHARACTER*3, DIMENSION(3) :: CHA = (/'ABC','DEF','GHI'/)

    CHARACTER, DIMENSION(2) :: CHB

    TRANSFER(C,0.0) liefert den Wert 1.0.

    TRANSFER(C,0.0,SIZE=3) liefert das Ergebnis (/1.0,2.0,3.0/).

    TRANSFER((/1.0,2.0,3.0/),(/(0.0,0.0)/) liefert das Ergebnis
                  (/(1.0,2.0),(3.0,undefiniert)/).

    TRANSFER(CHA,CHB) liefert (/'A','D','G'/).

8.4 Standardsubroutines

DATE_AND_TIME([DATE][,TIME][,ZONE][,VALUES])

Parameter: DATE, TIME und ZONE sind Skalare vom Typ Default–CHARACTER. Die Zeichenlänge von DATE muß 8, die von TIME 10 und die von ZONE 5 betragen. VALUES ist ein eindimensionales Feld vom Typ Default–INTEGER der Größe 8. Alle Parameter haben INTENT(OUT) Attribut.

Wirkung: Falls der aktuelle Prozessor über keine interne Uhr bzw. kein Datum verfügt, liefern die CHARACTER–Objekte jeweils Leerzeichen zurück. Im anderen Fall gilt:
DATE liefert das aktuelle Datum in der FORM CCJJMMDD, wobei CC das Jahrhundert, JJ das Jahr, MM den Monat und TT den Tag angibt.
TIME liefert die aktuelle Uhrzeit in der Form hhmmss.ddd, wobei hh die Stunde (0..23), mm die Minuten (0..59), ss die Sekunden (0..59) und ddd die Millisekunden repräsentieren.
ZONE liefert die Abweichung der aktuellen Zeitzone gegenüber der Greenwich–Zeitzone (Coordinated Universal Time, UTC) in der Form ±hhmm, wobei hh die Stunden und mm die Minutenzahl repräsentiert.
Das INTEGER–Feld VALUES wird mit dem Wert −HUGE(0) belegt, wenn der aktuelle Prozessor über keine Uhr und kein Datum verfügt. Im anderen Fall werden die 8 Feldelemente von VALUES mit den folgenden Werten der aktuellen Zeit belegt: Jahr, Monat, Tag, Abweichung gegenüber UTS in Minuten, Stunde zwischen 0 und 23, Minuten zwischen 0 und 59, Sekunden zwischen 0 und 59, Millisekunden.

Beispiel:

    Am 23. Januar 1993 um 15:39 Uhr liefert der Aufruf **CALL DATE_AND_TIME (D,T,Z,V)** in Deutschland die Werte

```
D:   '19930123'
T:   '153900.000'
Z:   '+0100'
V:   (/1993,1,23,60,15,39,0,0/)
```

Vergleiche hierzu auch das Programm `f90_utility` in Abschnitt 2.5.

MVBITS(FROM,FROMPOS,LEN,TO,TOPOS)

Parameter: Alle Parameter sind vom Typ INTEGER. FROM, FROMPOS und LEN haben INTENT(IN) Attribut, TO hat INTENT(INOUT) und TOPOS besitzt INTENT(OUT). FROMPOS, LEN und TOPOS sind jeweils größer oder gleich 0. Es muß gelten: FROMPOS+LEN $\leq$ BITSIZE(FROM) und TOPOS+LEN $\leq$ BITSIZE(TO).

Wirkung: Eine Bitfolge der Länge LEN wird vom Objekt FROM ab Bitposition FROMPOS auf das Objekt TO übertragen und dort ab Position TOPOS abgelegt. FROM und TO dürfen identisch sein.

Beispiel:

In Abschnitt 3.1.3 ist die Speicherdarstellung für INTEGER–Werte besprochen worden. Demnach hat die Zahl 8 die binäre Kodierung 1000 und die Zahl 6 die Kodierung 0110. Die Anweisungsfolge

```
TO = 8;   CALL MVBITS (6,1,2,TO,0)
```

liefert den Wert `TO = 11`.

RANDOM_NUMBER(HARVEST)

Parameter: HARVEST ist vom Typ REAL mit Attribut INTENT(OUT).

Wirkung: Der Aktualparameter wird mit einer Zufallszahl oder einer Zufallszahlenfolge aus einer Zufallszahlen–Gleichverteilung im Intervall [0,1) belegt.

Beispiel:

Sei RANDOM ein Feld der Länge 20. Dann wird RANDOM mit 20 Zufallszahlen belegt: `CALL RANDOM_NUMBER (RANDOM)`

RANDOM_SEED([SIZE][,PUT][,GET])

Parameter: Die Subroutine darf mit höchstens einem Parameter aufgerufen werden. SIZE ist ein Skalar vom Typ Default–INTEGER mit INTENT(OUT) Attribut. PUT und GET sind eindimensionale Felder vom Typ Default–INTEGER. Die Größe der Felder muß mindestens gleich dem von SIZE gelieferten Wert sein. PUT hat INTENT(IN) Attribut, GET dagegen INTENT(OUT).

Wirkung: Der eingebaute Zufallszahlengenerator wird belegt oder normiert. Beim Aufruf ohne Aktualparameterspezifikation wird der Generator auf die im Prozessor eingestellten Werte normiert. Ein Aufruf mit dem SIZE–Parameter liefert die Größe des intern verwendeten "Saatfeldes" zur Generierung der Zufallszahlen. Ein Aufruf mit dem PUT–Parameter belegt das interne Saatfeld mit den Werten, die auf dem eindimensionalen Aktualparameterfeld enthalten sind. Ein Aufruf mit dem GET–Parameter liefert die aktuelle Belegung des Saatfeldes auf dem als Aktualparameter angegebenen eindimensionalen Feld zurück.

Beispiel:

    Normierung des Zufallszahlengenerators: `CALL RANDOM_SEED`

    Ermittlung der Größe des Saatfeldes: `CALL RANDOM_SEED(N)`

SYSTEM_CLOCK([COUNT][,COUNT_RATE][,COUNT_MAX])

Parameter: COUNT, COUNT_RATE und COUNT_MAX sind mit skalaren Variablen vom Typ Default–INTEGER zu besetzen. Sie haben alle INTENT(OUT) Attribut.

Wirkung: COUNT erhält den aktuellen Wert der internen Systemuhr. Die Systemuhr wird bei jedem prozessorinternen Systemzyklus um 1 erhöht. Sobald der prozessorabhängige Maximalwert COUNT_MAX für diesen Zähler erreicht ist, beginnt die Zählung wieder bei 0. Falls der aktuelle Prozessor über keine solche Uhr verfügt, hat COUNT den Wert -HUGE(0).
COUNT_RATE gibt an, wieviele Systemzyklen pro Sekunde ablaufen. Falls der aktuelle Prozessor über keine solche Uhr verfügt, hat COUNT_RATE den Wert 0.

Beispiel:

    Der aktuelle Prozessor verfüge über eine eingebaute Uhr, die im Sekundenrhythmus zähle und jeweils um 0 Uhr wieder bei 0 starte. Um 10:20 Uhr wird der Aufruf `CALL SYSTEM_CLOCK (AKTUELL,RATE,MAX)` die Werte liefern:

    AKTUELL = 37200, denn $10 \cdot 3600 + 20 \cdot 60 = 37200$

    RATE = 1

    MAX = 86399, denn $24 \cdot 3600 - 1 = 86399$

    Vergleiche hierzu auch das Programm `f90_utility` in Abschnitt 2.5.

9 Kontrollstrukturen

Zur Programmierung benötigt man Sprachmittel, die es erlauben, den rein sequentiellen Fluß von Arbeitsanweisungen etwa nur in Abhängigkeit von einer Bedingung auszuführen oder aber mehrfach zu durchlaufen. Hierfür stellt Fortran 90 eine Reihe von Kontrollstrukturen wie bedingte Anweisungen, Alternativen, Kaskaden, Verteiler, abweisende und nicht–abweisende Schleifen sowie Zyklen zur Verfügung.

9.1 Bedingte Anweisungen, Alternativen und Kaskaden

Beispiel:

> In der Datenverarbeitung muß häufig zu einem vorgegebenen Datum der Wochentag ermittelt werden, da zum Beispiel gewisse Arbeitsvorgänge nur am Mittwoch ausgeführt werden sollen.
>
> Die Umwandlungsformel zur Lösung des Problems wurde bereits 1939 veröffentlicht, lange vor dem Aufkommen von Rechenanlagen. Sie heißt Zeller's Kongruenz. Bei vorgegebenem Datum ttmmccdd berechnet man
>
> $$f = ([2.6M - 0.2] + K + D + [D/4] + [C/4] - 2C) \bmod 7$$
>
> mit
>
> $$M = \begin{cases} mm - 2 & \text{falls mm} > 2 \\ 11 & \text{falls mm} = 1 \\ 12 & \text{falls mm} = 2 \end{cases}$$
>
> $$K = tt$$
>
> $$C = \begin{cases} cc - 1 & \text{falls dd} = 0 \text{ und mm} <= 2 \\ cc & \text{sonst} \end{cases}$$
>
> $$D = \begin{cases} dd & \text{falls mm} > 2 \\ dd - 1 & \text{falls mm} <= 2 \text{ und dd} >= 1 \\ 99 & \text{falls mm} <= 2 \text{ und dd} = 0 \end{cases}$$
>
> **[a]** bezeichnet die größte ganze Zahl kleiner oder gleich a (Gaußklammer), zum Beispiel [2.7]=2.
>
> **a mod b** bezeichnet den ganzzahligen Rest bei Division von a durch b, zum Beispiel 6 mod 4 = 2.

Identifiziert man die Wochentage durch Wochentagsnummern gemäß

Wochentagsnummer	Wochentagsbezeichnung
0	Sonntag
1	Montag
2	Dienstag
3	Mittwoch
⋮	⋮
6	Samstag

dann ergibt sich die Wochentagsnummer zu einem gegebenen Datum aus dem berechneten f durch

$$\text{Wochentagsnummer} = \begin{cases} f & \text{falls } f \geq 0 \\ f+7 & \text{falls } f < 0 \end{cases}$$

Der 29. Februar 1952 war zum Beispiel ein Freitag, denn:

ttmmccdd $= 29021952, C = 19, D = 51, M = 12, K = 29$

$[(26 * M - 2)/10] = 31, [D/4] = 12, [C/4] = 4$

$f = (31 + 29 + 51 + 12 + 4 - 38) \mod 7 = 89 \mod 7 = 5$

Folgendes Programm ermittelt bei vorgegebenem Datum (3 INTEGER Zahlen für Tag, Monat und Jahr) die zugehörige Wochentagsnummer.

Im Modul `modmodul` wird ein Operator `.mod.` für die Moduloperation definiert. Die Berechnung der Gaußklammer erledigt sich im Programm durch die Verwendung von INTEGER–Divisionen, d.h. beispielsweise wird $[2.6 \cdot M - 0.2]$ durch $(26 * M - 2)/10$ berechnet.

Im Hauptprogramm `zeller` werden zunächst die drei Datumszahlen für Tag, Monat und Jahr angefragt und eingelesen. Die Berechnung der Wochentagsnummer geschieht über die externe Funktion `wotag`. Diese Funktion übernimmt die drei Datumszahlen aus dem Hauptprogramm und errechnet als Funktionsergebnis die Wochentagsnummer. Diese wird im Hauptprogramm direkt über eine PRINT–Anweisung ausgegeben. Die Berechnung der "Hilfsgrößen" M, K, C, D geschieht im Unterprogramm mittels Alternativen.

```
module modmodul
  interface operator(.mod.)
  module procedure mod
  end interface
```

```
  contains
    integer function mod (a,b)
    integer a,b
    mod =a - a/b*b
    end function
end module

program zeller
  integer tt,mm,ccdd,wotag
  print *,'Bitte geben Sie ein Datum in der Form: tt mm ccdd ein:'
  read *,tt,mm,ccdd
  print *,'Es ist der',wotag(tt,mm,ccdd),'. Tag der Woche.'
end

integer function wotag(tt,mm,ccdd)
  use modmodule
  integer tt,mm,ccdd,cc,dd,m,k,d,c,f

  ! Zerlegung der Jahreszahl
  cc=ccdd/100
  dd=ccdd-cc*100

  ! Berechnung von M ueber eine Kaskade
  grossm:if (mm > 2) then
         m=mm-2
         elseif(mm == 1) then
           m=11
         else
           m=12
         endif grossm

  ! Belegung von K
  k=tt

  ! Berechnung von C mittels bedingter Anweisung
  c=cc
  if((dd == 0).and.(mm<=2)) c=c-1

  ! Berchnung von D mittels geschachtelter Alternativen
  grossd:if (mm >2) then
         d=dd
         else
           innerif:if(dd >=1) then
                   d=dd-1
                   else innerif
```

```
                        d=99
                     endif innerif
               endif grossd

     ! Berechnung der Wochentagsnummer f
     f=(26*m-2)/10 + k +d + d/4 + c/4 - 2*c
     f=f .mod. 7

     ! Belegung der Ergebnisvariablen der Funktion
     ! in einer Alternative
     if(f >= 0) then
       wotag=f
     else
       wotag=f+7
     endif
  end function
```

In diesem Beispiel sieht man schon verschiedene Formen der Alternativen: benannte und unbenannte Alternativen, geschachtelte Alternativen und Kaskaden. Sie werden auch als Block–If–Struktur bezeichnet. Eine Block–If–Struktur hat die syntaktische Form

block_if_anweisung :=	[if_konstrukt_name:] IF (if_bedingung) THEN
	anweisungsblock1
	[ELSE [if_konstrukt_name]
	anweisungsblock2]
	END IF [if_konstrukt_name]
if_bedingung	skalarer logischer Ausdruck

Eine Block–If–Struktur ist durch eine IF– und eine END–IF–Anweisung geklammert. In der IF–Anweisung steht in Klammern eingeschlossen eine Bedingung gefolgt vom Schlüsselwort THEN. Die IF–Bedingung ist ein skalarer logischer Ausdruck. Hat dieser den Wert .TRUE., so wird der Anweisungsblock1 ausgeführt. Hat die Bedingung den Wert .FALSE., so wird der Anweisungsblock2, der einer ELSE–Anweisung folgt, abgearbeitet. Hat die Bedingung den Wert .FALSE. und ist kein ELSE–Zweig in der Alternative vorhanden, so wird die Abarbeitung der Block–If–Strukur sofort durch die END–IF–Anweisung beendet. Ein Anweisungsblock ist eine Sequenz von Anweisungen, die logisch durch die Schlüsselworte der Block–If Struktur geklammert sind und wie eine Einheit behandelt werden. Ein Block kann leer sein, d.h. er braucht keine

9.1 Bedingte Anweisungen, Alternativen und Kaskaden

Anweisung enthalten. In einen Block darf von außen nicht hineingesprungen werden (vgl. GOTO–Anweisung im übernächsten Abschnitt). Die IF–, ELSE– und END–IF–Anweisungen sind ausführbare Anweisungen. Wurde die Block–If–Anweisung durch (`if_konstrukt_name`) benannt, so muß dieser Name ebenfalls bei der zugehörigen END–IF–Anweisung angegeben werden. Bei Ausführung der Block–If–Anweisung gelangt höchstens ein Block zur Ausführung. Anschließend wird im Programm die nächste ausführbare Anweisung, die der Block–If–Anweisung folgt, bearbeitet.
Innerhalb der Anweisungsblöcke dürfen alle in Fortran 90 gültigen Anweisungen stehen, also auch ein weiteres Block–If. Geschachtelte Block–If–Strukturen müssen immer vollständig in einem Block enthalten sein, d.h. von der IF–Anweisung bis zur zugehörigen END–IF–Anweisung.
Neben der Block–If–Struktur existiert auch eine bedingte Anweisung. Diese Anweisung nennt man auch logische IF–Anweisung. Sie hat die Form

logische_if_anweisung := IF (if_bedingung) folgeanweisung
if_bedingung   skalarer logischer Ausdruck
folgeanweisung   ausführbare Anweisung ungleich IF oder END

Die Folgeanweisung ist eine einzelne ausführbare Anweisung, die zur bedingten Anweisung gehört. Sie wird ausgeführt, falls die IF–Bedingung den Wert .TRUE. ergibt. Ergibt die IF–Bedingung den Wert .FALSE., so bleibt die logische IF–Anweisung ohne Wirkung.
Steht im ELSE–Zweig einer Alternative als einzige Anweisung eine weitere Block–If–Anweisung, so stellt Fortran zur Verkürzung der Schreibweise die ELSE–IF–Anweisung zur Verfügung:

else_if_anweisung:=ELSE IF (if_bedingung) THEN [if_konstrukt_name]

Die ELSE–IF–Anweisung ist eine ausführbare Anweisung. Sie ist eine komprimierte Form der direkten Folge von ELSE– und Block–If Anweisung. Die ELSE–IF–Anweisung verfügt über keine eigene END–IF–Anweisung. Ihr Abschlußpunkt ist das END IF der übergeordneten Block–If–Anweisung.

Beispiel:

Unser Programm `zeller` aus dem ersten Beispiel dieses Kapitels soll nicht nur eine Wochentagsnummer, sondern die Tagesbezeichnung ausgeben. Dies läßt sich beispielsweise mittels einer geschachtelten Alternative folgender Form bewerkstelligen:

```
f0:if (f==0) then
    print*, 'Sonntag'
  else f0
   f1:if (f==1) then
       print*, 'Montag'
     else f1
      f2:if (f==2) then
          print*, 'Dienstag'
        else f2
         f3:if (f==3) then
             print*, 'Mittwoch'
           else f3
            f4:if (f==4) then
                print*, 'Donnerstag'
              else f4
               f5:if (f==5) then
                   print*, 'Freitag'
                 else f5
                   print*, 'Samstag'
               end if f5
            end if f4
         end if f3
      end if f2
   end if f1
end if f0
```

Eine derartige Verschachtelung, bei der alle END–IF–Anweisungen direkt aufeinanderfolgen, nennt man eine Kaskade. Eine Kaskade läßt sich mittels der ELSE–IF–Anweisung wesentlich übersichtlicher gestalten:

```
f0:if (f==0) then
    print*, 'Sonntag'
  else if (f==1) then f0
    print*, 'Montag'
  else if (f==2) then f0
    print*, 'Dienstag'
  else if (f==3) then f0
    print*, 'Mittwoch'
  else if (f==4) then f0
    print*, 'Donnerstag'
  else if (f==5) then f0
    print*, 'Freitag'
  else f0
    print*, 'Samstag'
end if f0
```

Eine Kaskade hat in Fortran die Form

> kaskade :=
>
> [if_konstrukt_name:] IF (if_bedingung) THEN
>
> anweisungsblock
>
> {ELSE IF (if_bedingung) THEN [if_konstrukt_name]
>
> anweisungsblock}$^\infty$
>
> [ELSE [if_konstrukt_name]
>
> anweisungsblock]
>
> END IF [if_konstrukt_name]
>
> if_bedingung   skalarer logischer Ausdruck

Die Bedingungen der Kaskade werden in der Reihenfolge ihres Erscheinens berechnet, bis eine Bedingung den Wert .TRUE. ergibt oder eine ELSE–Anweisung oder END–IF–Anweisung erreicht wird. Der Anweisungsblock, der derjenigen Bedingung folgt, deren Bedingungswert .TRUE. ist, wird ausgeführt. Ergeben alle Bedingungen .FALSE., so wird der Block, der der ELSE–Anweisung (falls vorhanden) folgt, ausgeführt. Die Bedingungen werden bei einer Kaskade also nur solange berechnet, bis eine Bedingung den Wert .TRUE. ergibt. Die nachfolgenden Bedingungen werden nicht mehr ausgewertet. Die Block–If–Anweisung und die Kaskade sind bereits von FORTRAN 77 her bekannt. Neu ist, daß solche Strukturen benannt werden können.

Im allgemeinen sind die Bedingungen, die in einer Kaskade abgefragt werden, wesentlich komplexer als im letzten Beispiel. Dort wird ja lediglich über verschiedene Werte, die eine Variable annehmen kann, verzweigt. Fortran 90 bietet für derartige Programmierprobleme eine eigene Struktur an, den Verteiler[1].

9.2 Verteiler

Verteiler sind Strukturen, die aus einer einzigen Bedingung bestehen, aufgrund derer auf mehrere Ausgänge verzweigt werden kann.

Beispiel:

> Nehmen wir unsere Variable f aus dem ersten Beispiel dieses Kapitels auf Seite 230. Der Name des Wochentags läßt sich übersichtlich über folgende

---

[1] In FORTRAN 77 ließ sich ein Verteiler nur in Form einer Kaskade programmieren.

Anweisung ausgeben:

```
SELECT CASE (f)
  CASE(0)   PRINT *,'Sonntag'
  CASE(1)   PRINT *,'Montag'
  CASE(2)   PRINT *,'Dienstag'
  CASE(3)   PRINT *,'Mittwoch'
  CASE(4)   PRINT *,'Donnerstag'
  CASE(5)   PRINT *,'Freitag'
  CASE(6)   PRINT *,'Samstag'
END SELECT
```

Ein Verteiler hat die syntaktische Form

verteiler := [case_konstrukt_name:] SELECT CASE (case_ausdruck) [CASE case_auswahl [case_konstrukt_name] anweisungsblock]$^\infty$ END SELECT [case_konstrukt_name]	
case_ausdruck	skalarer ganzzahliger, logischer oder Textausdruck
case_auswahl	$\left\{ \begin{array}{c} \text{(case\_bereich\_liste)} \\ \text{DEFAULT} \end{array} \right\}$
case_bereich	$\left\{ \begin{array}{l} \text{case\_wert} \\ \text{case\_wert :} \\ \text{: case\_wert} \\ \text{case\_wert : case\_wert} \end{array} \right\}$
case_wert	skalarer Initialisierungsausdruck mit gleichem Typ und Typparameter wie case_ausdruck. Bei CHARACTER–Typen darf die Längenangabe von case_wert und case_ausdruck unterschiedlich sein.

Ein Verteiler ist eine Blockstruktur, die durch die Schlüsselworte SELECT CASE ... END SELECT geklammert wird. Eingeklammert werden die einzelnen Fälle des Verteilers. Jeder Fall besteht aus dem Schlüsselwort CASE gefolgt von einer CASE–Auswahl und einem Anweisungsblock. Der Anweisungsblock kann auch leer sein. Hinter den Schlüsselworten SELECT CASE steht in Klammern eingeschlossen der CASE–Ausdruck. Aufgrund der Werte des CASE-Ausducks wird auf die einzelnen Fälle verzweigt. Die CASE–Auswahl besteht aus einer geklammerten Liste von Werten oder Wertebereichen, die der CASE–Ausdruck annehmen kann, oder dem Schlüsselwort DEFAULT. Für einen logischen CASE–Ausduck darf ein CASE–Bereich nur aus einem Wert .TRUE. oder .FALSE. bestehen. Die CASE–Bereiche dürfen sich nicht überlappen, d.h. die möglichen Werte des CASE–Ausdrucks müssen eindeutig einem Fall zugeordnet werden können. Ist der Verteiler benannt worden, so ist dieser Name auch auf der END SELECT–Anweisung anzugeben.

Bei Ausführung des Verteilers wird zunächst der CASE–Ausdruck berechnet. Den berechneten Wert nennt man CASE–Index (c_i). Für einen gegebenen Verteiler und einen CASE–Index kommt höchstens ein Anweisungsblock zur Ausführung und zwar derjenige, in dessen CASE–Bereichsliste ein CASE–Bereich zu finden ist, in den sich der CASE–Index einordnen läßt:

- Besteht der CASE–Bereich nur aus einem einzelnen Wert w, so muß gelten c_i .EQV. w im Falle logischer Datentypen und c_i == w sonst.

- Ist der CASE–Bereich in der Form $u\_w:o\_w$ angegeben, so muß gelten $u\_w \leq c\_i \leq o\_w$.

- Ist der CASE–Bereich in der Form w: angegeben, so muß gelten $w \leq c\_i$.

- Ist der CASE–Bereich in der Form :w angegeben, so muß gelten $c\_i \leq w$.

- Besteht die CASE–Auswahl aus dem Schlüsselwort DEFAULT, so gehört c_i in diesen Bereich, falls kein anderer aufgeführter Fall zutrifft. Das Schlüsselwort DEFAULT darf höchstens einmal in einem Verteiler auftreten.

Läßt sich der CASE–Index in keinen CASE–Bereich einordnen und fehlt der DEFAULT–Fall, so führt der Verteiler zu keinerlei Aktion. Die SELECT–CASE–Anweisung ist eine ausführbare Anweisung.

Beispiel:

Das Programm `roemisch_arabisch` formt eine maximal 10 Zeichen lange römische Zahl in eine arabische Zahl um, wobei M=1000, D=500, C=100, L=50, X=10, V=5, I=1 und die Spezialfälle IV=4, IX=9, XL=40, XC=90, CD=400, CM=900 berücksichtigt werden. Beispiele solcher Zahlen sind: LXXXVII=87, CCXIX=219, MCCCLIV=1354, MMDCLXXIII=2673.

Das Programm liest zunächst eine aus maximal zehn Zeichen bestehende römische Zahl auf die Zeichenkettenvariable `rziffer` ein. Die gesuchte arabische Zahl `azahl` wird zunächst mit dem Wert 0 initialisiert. Für jedes Zeichen der römischen Zahl wird anschließend über einen Verteiler `case_1` die entsprechende arabische Zahl zur gesuchten Zahl `azahl` addiert. Die Spezialfälle werden in den zugehörigen CASE–Fällen des Verteilers `case_1` über Alternativen oder weitere Verteiler behandelt.

Das Programm arbeitet nur korrekt, wenn die römische Zahl fehlerfrei eingegeben wurde. D.h. es dürfen nur gültige Großbuchstaben (M, D, C, L,

X, V, I) in der Zeichenfolge enthalten sein. Führende oder nachfolgende
Leerzeichen stören nicht.

```fortran
program roemisch_arabisch
  implicit none
  ! azahl dient zur Berechnung der gesuchten arabischen Zahl.
  ! i gibt die in Arbeit befindliche Zeichenposition in rziffer
  ! an. rziffer dient zur Speicherung der roemischen Zahl.
  ! index ist Hilfsvariable.
  integer :: index=1,azahl=0,i=1
  character*10 rziffer

  ! Lies roemische Zahl
  print*,'Bitte geben Sie eine maximal 10-stellige&
                       & roemische Zahl ein:'
  read *,rziffer

  ! Fuer alle Zeichen der roemischen Zahl:
  do while(i <= 10)

     ! Berechnung der zu rziffer(i) gehörenden arabischen
     ! Zahl.
     case_1: select case (rziffer(i:i))
        case('M') case_1
           azahl=azahl+1000

        case('D') case_1
           azahl=azahl+500

        case('C') case_1
           if (i < 10) then
              ! Es folgen noch Zeichen hinter rziffer(i),
              ! d.h. es koennte ein Spezialfall CM oder
              ! CD vorliegen.
              index=i+1  ! naechstes Zeichen
              case_2: select case(rziffer(index:index))
                 case('M') case_2
                    ! Spezialfall: CM
                    azahl=azahl+900
                    i=i+1
                 case('D') case_2
                    ! Spezialfall: CD
                    azahl=azahl+400
                    i=i+1
                 case default case_2
```

9.2 Verteiler 239

```
                      ! kein Spezialfall
                      azahl=azahl+100
                end select case_2
            else
               ! rziffer(i) ist letztes Zeichen
               azahl=azahl+100
            end if

         case('L') case_1
            azahl=azahl+50

         case('X') case_1
            if (i <10) then
               ! Es folgen noch Zeichen hinter rziffer(i),
               ! d.h. es koennte ein Spezialfall XL oder
               ! XC vorliegen.
               index=i+1  ! naechstes Zeichen
               case_3: select case (rziffer(index:index))
                  case('L') case_3
                     ! Spezialfall: XL
                     azahl=azahl+40
                     i=i+1
                  case('C') case_3
                     ! Spezialfall: XC
                     azahl=azahl+90
                     i=i+1
                  case default case_3
                     ! kein Spezialfall
                     azahl=azahl+10
               end select case_3
            else
               ! rziffer(i) ist letztes Zeichen
               azahl=azahl+10
            end if

         case('V') case_1
            azahl=azahl+5

         case('I') case_1
            if (i < 10) then
               ! Es folgen noch Zeichen hinter rziffer(i),
               ! d.h. es koennte ein Spezialfall IV oder
               ! IX vorliegen.
               index=i+1  ! naechstes Zeichen
               case_4: select case (rziffer(index:index))
```

```
                    case('V') case_4
                       ! Spezialfall: IV
                       azahl=azahl+4
                       i=i+1
                    case('X')
                       ! Spezialfall: IX
                       azahl=azahl+9
                       i=i+1
                    case default
                       ! kein Spezialfall
                       azahl=azahl+1
                  end select case_4
               else
                  ! rziffer(i) ist letztes Zeichen
                  azahl=azahl+1
               end if

            case default
               ! fuehrendes oder nachfolgendes Leerzeichen
         end select case_1
         i=i+1  ! naechstes Zeichen
      end do    ! weiter bei do while
      print*, rziffer,'=',azahl
   end
```

Im letzten Beispiel muß der Algorithmus zur Umrechnung der römischen Ziffern für maximal 10 Ziffern ausgeführt werden, d.h. dasselbe Programmstück muß mehrfach durchlaufen werden. In Fortran stehen eine Reihe von Schleifenstrukturen zur Verfügung, um derartige Wiederholung formulieren zu können.

9.3 Schleifen

Schleifen dienen in der Programmierung dazu, Programmteile in Abhängigkeit von einer Bedingung zu wiederholen. Je nach Zeitpunkt der Bedingungsabprüfung lassen sich drei Schleifentypen unterscheiden:

- die abweisende Schleife, bei der die Bedingung am Anfang des zu wiederholenden Programmstücks steht,

- die nicht-abweisende Schleife, bei der die Bedingung am Ende des zu wiederholenden Programmstücks steht,

- den Zyklus, bei dem die Bedingung mitten im Wiederholungsteil abgeprüft wird.

Bei allen Schleifentypen gilt, daß der Wiederholungsteil solange wiederholt wird, solange die Bedingung den Wert .TRUE. ergibt.

9.3.1 FORTRAN–77–Zählschleife

Spezielle Schleifenkonstrukte kannte FORTRAN 77 nur für Zählschleifen. Zählschleifen sind abweisende Schleifen, bei denen die Anzahl der Wiederholungsdurchgänge von vornherein feststeht. Die FORTRAN–77–Zählschleife hat die Form

> do_anweisung:= DO label [,] var=anf,end[,inc]

var	skalare Variable vom Typ INTEGER, REAL oder DOUBLE PRECISION
anf, end, inc	arithmetischer Ausdruck für Anfangswert, Endwert und Inkrement, der zuweisungskompatibel zu var sein muß. Fehlt der Wert für inc, so ist der Wert 1 voreingestellt.

Die DO–Anweisung ist eine ausführbare Anweisung; sie leitet die Zählschleife ein. Der Wiederholungsbereich erstreckt sich bis zu einer Abschlußanweisung, die mit der Marke `label` versehen worden ist. Die Abschlußanweisung darf eine beliebige ausführbare Anweisung ungleich GOTO, EXIT, CYCLE, RETURN, STOP, CASE, WHERE, Block–If oder DO sein.

Zur Hervorhebung der Schleifenstruktur empfiehlt es sich, als Abschlußanweisung die CONTINUE–Anweisung zu verwenden. Die CONTINUE–Anweisung ist eine ausführbare Anweisung ohne Wirkung. Das Programm wird nach Erreichen dieser Anweisung mit der nächsten ausführbaren Anweisung fortgesetzt. Sie hat die Form

> continue_anweisung:= [label] CONTINUE

Die Möglichkeit, beliebige Abschlußanweisungen bei einer Schleife zu verwenden, ist in Fortran 90 als künftig wegfallend klassifiziert worden. Daher empfiehlt sich auch aus diesem Grund die Verwendung einer CONTINUE–Anweisung oder einer END–DO–Anweisung (siehe nächsten Abschnitt) am Schleifenende. Aus demselben Grund sollte als Laufvariable nur eine Variable vom Typ INTEGER verwendet werden.

Die Abarbeitung der Schleife erfolgt in mehreren Schritten:

(1) Es werden ein Anfangsparameter m1, ein Endparameter m2 und ein Schrittweitenparameter m3 durch Auswertung der entsprechenden arithmetischen Ausdrücke `anf, end, inc` berechnet, dabei wird gegebenenfalls an den Typ des Schleifenparameters angepaßt. Falls `inc` nicht angegeben wurde, erhält m3 den Wert 1. `inc` muß ungleich Null sein.

(2) Die Schleifenvariable erhält den Wert m1.

(3) Es wird ein Iterationszähler nach der Regel

max(int((m2−m1+m3)/m3),0)

berechnet. Falls gilt m2 < m1 und m3 > 0 oder m1 < m2 und m3 < 0, hat der Iterationszähler den Wert 0.

(4) Hat der Iterationszähler den Wert 0, wird die Schleife sofort verlassen. Im anderen Fall wird der Wiederholungsbereich der Schleife abgearbeitet.

(5) Anschließend wird der Wert von m3 zur Schleifenvariablen addiert, der Iterationszähler um 1 erniedrigt und bei (4) fortgefahren.

Nach Verlassen der Schleife behält die Schleifenvariable `var` den zuletzt berechneten Wert. Die Schleifenvariable darf im Wiederholungsteil der Schleife nicht redefiniert werden.
Im Wiederholungsteil einer Schleife darf natürlich auch eine weitere Schleife enthalten sein. Innere Schleifen müssen vollständig mit Anfangs- und Endanweisung im Wiederholungsteil der übergeordneten Schleife enthalten sein. Dabei gibt es die Möglichkeit, daß die Schleifen eine gemeinsame Abschlußanweisung haben.

Beispiel:

```
    DO 100 I=1,N
     DO 100 J=1,N
      DO 100 K=1,N
       C(I,J)=A(I,K)*B(K,J)+C(I,J)
100 CONTINUE
```

Auch diese Variante von FORTRAN 77 ist in der Fortran-90-Norm als künftig wegfallend gekennzeichnet worden. Jede Schleife sollte besser ihre eigene Abschlußanweisung bekommen:

```
    DO 100 I=1,N
     DO 101 J=1,N
      DO 102 K=1,N
       C(I,J)=A(I,K)*B(K,J)+C(I,J)
  102 CONTINUE
  101 CONTINUE
  100 CONTINUE
```

Geschachtelte Schleifen, die über eine gemeinsame Abschlußanweisung verfügen und Schleifen, deren Abschlußanweisung ungleich CONTINUE oder END DO ist, werden in der Norm auch als `nonblock_do_construct` bezeichnet. Ansonsten ist eine Schleife, ähnlich der IF- oder CASE-Anweisung, als Blockanweisung definiert worden.

9.3.2 Fortran–90–Schleifenkonstrukte

Die allgemeine Fortran–90–Schleifenstruktur hat die Form

$$\text{block\_do\_struktur} := $$
$$[\text{do\_struktur\_name:}] \text{ DO [label] [schleifen\_kontrolle]}$$
$$\text{block}$$
$$[\text{label}] \left\{ \begin{array}{l} \text{CONTINUE} \\ \text{END DO [do\_struktur\_name]} \end{array} \right\}$$

schleifenkontolle	$\left\{ \begin{array}{l} \text{[,] var} = \text{anf, end[,inc]} \\ \text{[,] WHILE (while\_bedingung)} \end{array} \right\}$
var	Variable vom Typ INTEGER, REAL oder DOUBLE PRECISION (Typ ungleich INTEGER gilt als künftig wegfallend)
while_bedingung	skalarer logischer Ausdruck

Die Verwendung der END–DO–Anweisung ist obligat für Schleifenstrukturen, die kein `label` besitzen, und für benannte Schleifenstrukturen. Im letzteren Fall muß auch auf der END–DO–Anweisung der Strukturname angegeben werden. Ist die DO–Anweisung mit `label` versehen worden, so muß die zugehörige Abschlußanweisung ebenfalls mit `label` gekennzeichnet werden.

Beispiel:

Block–DO–Strukturen sind:

```
DO 50, I=1,10
   DO K=1,5
      L=K; N=N+1
   END DO
50 CONTINUE

LOOP:DO 100 I=1,N
      A(I)=0.0
      100 END DO

DO WHILE(.TRUE.)
   READ *,Z
   IF (Z.EQ.0) EXIT
END DO
```

Bei Schachtelungen von Block–DO–Anweisungen muß die innere Struktur immer vollständig im Block der übergeordneten Struktur enthalten sein. Jede Block–DO–Struktur hat dabei ihre eigene Abschlußanweisung. Die Abarbeitung der Schleife erfolgt wie im letzten Abschnitt beschrieben. Fehlt bei einer Schleife die Schleifenkontrolle, so wirkt dies, als ob ein beliebig großer Iterationszähler berechnet worden wäre, der niemals den Wert 0 erreicht (Endlosschleife).

Eine durch WHILE (while_bedingung) kontrollierte Schleife hat die zu folgender Schleife äquivalente Wirkung

```
DO
IF(.NOT. while_bedingung) EXIT
  :
END DO
```

Die Ausführung einer EXIT–Anweisung bewirkt ein sofortiges Beenden der Schleifenabarbeitung. Anschließend wird im Programm die nächste auf die Schleife folgende ausführbare Anweisung bearbeitet.

exit_anweisung := EXIT [do_struktur_name]

Die EXIT–Anweisung darf nur im Wiederholungsteil einer Schleife stehen. Bei geschachtelten Schleifen gehört die EXIT–Anweisung entweder zur Schleifenstruktur mit Namen `do_struktur_name` oder zur innersten Schleife, in der sie steht.

Beispiel:

```
OUTER: DO I=1,N
         A(I)=10
         INNER: DO J=1,N
                  IF (B(J) .EQ. 0) EXIT OUTER
                    :
                END DO INNER
       END DO OUTER
```

Gelangt die EXIT–Anweisung zur Ausführung, so wird in diesem Fall die Abarbeitung der äußeren Schleife OUTER beendet. In der nachfolgenden Formulierung wird nur die innere Schleife beendet.

```
DO I=1,N
   :
   DO J=1,N
     IF (...) EXIT
   END DO
   :
END DO
```

In Fortran 90 lassen sich beliebige abweisende Schleifen mit Hilfe der DO WHILE(...) Konstruktion realisieren. Für nicht–abweisende Schleifen und Zyklen gibt es keine speziellen Schleifenkonstrukte. Sie müssen mittels einer Endlosschleife, in die an geeigneter

9.3 Schleifen

Stelle eine logische IF–Anweisung mit EXIT–Anweisung als Folgeanweisung plaziert wird, realisiert werden:

```
Nicht-abweisende Schleife         Zyklus
DO                                DO
 :                                 :
 :                                IF (...) EXIT
IF (...) EXIT                      :
END DO                            END DO
```

Um einen Schleifendurchgang vorzeitig zu beenden, ohne die Schleife ganz zu verlassen, kennt Fortran 90 die CYCLE–Anweisung. Diese hat die Form

$$\text{cycle\_anweisung} := \text{CYCLE [do\_struktur\_name]}$$

Die Ausführung einer CYCLE–Anweisung bewirkt, daß die Abarbeitung des aktuellen Schleifendurchgangs sofort beendet wird. Der Iterationszähler wird um 1 erniedrigt, falls erforderlich, wird der Inkrementwert zur Schleifenvariablen addiert, und es wird mit dem nächsten Schleifendurchgang fortgefahren. Die CYCLE–Anweisung wirkt auf die Schleife mit Namen `do_struktur_name` oder bei Fehlen dieser Angabe auf die innerste Schleife, in deren Wiederholungsteil sie steht.

Die CYCLE–Anweisung ersetzt in diesem Fall die in FORTRAN 77 so beliebte GOTO–Anweisung

$$\text{goto\_anweisung} := \text{GOTO label}$$

Bei Ausführung der GOTO–Anweisung wird im Programm zu der ausführbaren Anweisung verzweigt, die mit `label` gekennzeichnet wurde. In IF–, DO– und CASE–Strukturblöcke darf von außen nicht hineingesprungen werden. Wohl darf aber innerhalb des Anweisungsblocks dieser Strukturen gesprungen werden. So wirkt zum Beispiel eine GOTO–Anweisung zur Schleifenabschlußanweisung wie die oben beschriebene CYCLE–Anweisung.

Beispiel:

Ein Verfahren zur Sortierung von N Elementen X(I),I=1,N ist der Bubble-sort Algorithmus:

Zunächst wird von den N zu sortierenden Elementen dasjenige Element mit dem maximalen Wert in die Position X(N) gebracht. Zur Ermittlung des maximalen Elementes werden die Elemente des Feldes X von der Position 1 an beginnend paarweise miteinander verglichen. Ist X(J) > X(J+1) so werden die Elemente vertauscht.

Für N=4 und X=(/77,56,37,84/) ist dies Verfahren in folgendem Bild dargestellt

$$N=4$$
$$x(1) \quad x(2) \quad x(3) \quad x(4)$$
$$77 \quad 56 \quad 37 \quad 84$$
$$\uparrow > \uparrow$$
$$56 \quad 77 \quad 37 \quad 84$$
$$\uparrow > \uparrow$$
$$56 \quad 37 \quad 77 \quad 84$$
$$\uparrow < \uparrow$$
$$56 \quad 37 \quad 77 \quad 84$$

Damit steht das größte Element bereits in der richtigen Position. Durch fortgesetzte Anwendung des Verfahrens auf die verbleibenden Elemente (X(1:I), I=N−1,···,2) erhält man ein aufsteigend sortiertes Feld.

Den vollständigen Ablauf des Verfahrens für den oben genannten Beispielfall sieht man in der nachfolgenden Abbildung

I=4, J=1	77	56	37	84
J=2	56	77	37	84
J=3	56	37	77	84
I=3, J=1	56	37	77	84
J=2	37	56	77	84
I=2, J=1	37	56	77	84
	37	56	77	84

Der Bubblesort Algorithmus trägt seinen Namen, weil die "schweren" Elemente wie Blasen in einer Flüssigkeit nach oben steigen. Das Verfahren läßt sich als Fortran–Unterprogramm in folgender Art programmieren:

```
SUBROUTINE BUBBLE_SORT(X,N)
 INTEGER,DIMENSION(N) :: X
 INTEGER I,J,H

 DO I=N,2,-1
   DO J=1,I-1
```

```
   IF (X(J) > X(J+1)) THEN
      H=X(J+1)
      X(J+1)=X(J)
      X(J)=H
   END IF
  END DO
 END DO
END SUBROUTINE BUBBLE_SORT
```

Nun wollen wir dieses Verfahren "etwas" parallelisieren: Dazu werden die zu sortierenden Elemente in einer Matrix angeordnet, von der zunächst die Spalten mit Hilfe des seriellen Bubblesort–Algorithmus geordnet werden. Der Bubblesort wird dabei auf alle Spalten parallel angewendet. Anschließend werden die Spalten zusammengemischt: Zunächst werden Spalten mit geradzahligem Spaltenindex mit ihren rechten Nachbarspalten zu einer sortierten Sequenz gemischt. Das Verfahren wird danach mit den Spalten mit ungeradem Spaltenindex wiederholt. Ist S (S geradzahlig) die Anzahl vorhandener Spalten, so ist die Matrix nach S/2–maliger Wiederholung der Mischvorgänge sortiert. Im Bild ist der Sortierungs- und Mischvorgang für N=4, S=4 und X=(/16,32,18,12,19,6,31,51,27,97,89,5,41,96,20,2/) dargestellt:

S1	S2	S3	S4		S1	S2	S3	S4	
16	19	27	41		12	6	5	2	
32	6	97	96		16	19	27	20	Mischen
18	31	89	20	$\longrightarrow$	18	31	89	41	$\longrightarrow$
12	51	5	2		32	51	97	96	
vor Sortierung					Spalten sortiert mit Bubblesort				

S1	**S2**	S3	S4		**S1**	S2	**S3**	S4
12	5	31	2		5	18	2	51
16	6	51	20		6	19	20	89
18	19	89	41	$\longrightarrow$	12	27	31	96	$\longrightarrow$
32	27	97	96		16	32	41	97

S1	**S2**	S3	S4		**S1**	S2	**S3**	S4
5	2	27	51		2	16	27	51
6	18	31	89		5	18	31	89
12	19	32	96	$\longrightarrow$	6	19	32	96
16	20	41	97		12	20	41	97

Zunächst betrachten wir den parallelen Bubblesort Algorithmus:

```
subroutine bubble_sort(x)
 integer, dimension(:,:) :: x
 integer :: n,s,i,j
 integer, dimension(:), allocatable :: temp

 n=ubound(x,1);s=ubound(x,2)
 allocate(temp(1:s))

 do i=n,2,-1
  do j=1,i-1
   ! Durch die WHERE--Anweisung läßt sich der Algorithmus
   ! auf alle Spalten 1:s 'parallel' anwenden.
   where(x(j,1:s) > x(j+1,1:s))
    temp(1:s)=x(j+1,1:s)
    x(j+1,1:s)=x(j,1:s)
    x(j,1:s)=temp(1:s)
   end where

  end do
 end do

end subroutine
```

Das folgende Unterprogramm `merge` mischt ausgewählte Spalten einer Matrix X zusammen. Welche Spalten gemischt werden, wird über den Formalparameter `which` geregelt. Hat dieser den Wert 1, so werden Spalten mit ungeradem Spaltenindex mit ihren Nachbarspalten zusammengemischt, hat dieser den Wert 2, so werden Spalten mit geradem Spaltenindex zusammen mit ihren Nachbarspalten verarbeitet. Die Werte der zu mischenden Spalten werden dabei zunächst auf zwei Hilfsfelder A und B umgespeichert. Diese haben eine Zeile mehr als das Feld X und S/2 Spalten. Die letzte Zeile wird mit einem maximalen Element aufgefüllt:

```
       A(1:N,1:EOP)   =   X(1:N,2:2*EOP:2)
       A(N+1,1:EOP)   =   HUGE(I)
       B(1:N,1:EOP)   =   X(1:N,2:2*EOP+1:2)
       B(N+1,1:EOP)   =   HUGE(I)
```

Dabei hat EOP den Wert S/2, falls `which=1` ist, beziehungsweise den Wert S/2−1, falls `which=2` ist.

Beim ersten "ungeraden" Mischvorgang (`which=1`) unseres Beispiel haben die Matrizen A und B damit folgende Belegung:

9.3 Schleifen

$$A = \begin{matrix} 12 & 31 \\ 16 & 51 \\ 18 & 89 \\ 32 & 97 \\ \text{MAX} & \text{MAX} \end{matrix} \qquad B = \begin{matrix} 5 & 2 \\ 6 & 20 \\ 19 & 41 \\ 27 & 96 \\ \text{MAX} & \text{MAX} \end{matrix}$$

Die Spalten von A und B werden dadurch zusammengemischt, daß stets die obersten Elemente korrespondierender Spalten von A und B miteinander verglichen werden. Das kleinere der beiden Elemente wird nach C transportiert[2]. C ist eine Matrix mit S/2 Spalten und 2·N Zeilen.

A		B	A		B	C	
12	⟷	5	31	⟷	2	5	2
16		6	51		20	⟶	
18		19	89		41		
32		27	97		96		
MAX		MAX	MAX		MAX		

Anschließend wird durch geeignetes Shiften der Matrix A bzw. B das nach C transportierte Element mit dem nächstfolgenden Element der Spalte aufgefüllt.

$$A = \begin{matrix} 12 & 31 \\ 16 & 51 \\ 18 & 89 \\ 32 & 97 \\ \text{MAX} & \text{MAX} \end{matrix} \qquad B = \begin{matrix} 6 & 20 \\ 19 & 41 \\ 27 & 96 \\ \text{MAX} & \text{MAX} \\ 5 & 2 \end{matrix}$$

Dies ist für 2·N Elemente von C durchzuführen. Danach wird das Ergebnis von C wieder in die richtigen Positionen von X umgespeichert:

```
subroutine merge(x,which)
 !klappt nur fuer s gerade

 integer,parameter :: odd=1,even=2
 integer,dimension(:,:) :: x
 integer,dimension(:,:),allocatable ::a,b,c
 integer n,s,shalf,n2,eop,which,i,anf,q
 integer,dimension(:),allocatable :: shiftcounta,shiftcountb

 s=ubound(x,2)
 n=ubound(x,1)

 shalf=s/2
 n2=2*n
```

---

[2] Das Verfahren entspricht einem "Sortieren durch Einfügen" (Insertion Sort): Das jeweils oberste Element der Spalte von B wird in die richtige Position der entsprechenden Spalte von A eingefügt.

```
allocate(a(1:n+1,1:shalf),b(1:n+1,1:shalf),c(1:n2,1:shalf))
allocate(shiftcounta(1:shalf),shiftcountb(1:shalf))

! Umspeichern der Spalten der Matrix X auf die Spalten der
! Matrizen A und B.
select case(which)
   case(odd)
     eop=shalf
     anf=1
   case(even)
     eop=shalf-1
     anf=2
end select

a(1:n,1:eop)=x(1:n,anf:2*eop:2)
b(1:n,1:eop)=x(1:n,anf+1:2*eop+1:2)
a(n+1,1:eop)=huge(i)
b(n+1,1:eop)=huge(i)

! Mischen korresprondierender Spalten von A und B nach C.
do q=1,n2

   shiftcounta=0;shiftcountb=0;

   where (a(1,1:eop) > b(1,1:eop))
      c(q,1:eop)=b(1,1:eop)
      shiftcountb(1:eop)=shiftcountb(1:eop)+1
   elsewhere
      c(q,1:eop)=a(1,1:eop)
      shiftcounta(1:eop)=shiftcounta(1:eop)+1
   end where

   a=cshift(a,shiftcounta,1)
   b=cshift(b,shiftcountb,1)

end do

! Umspeichern der Spalten von C auf die zugehörigen
! Spalten von X.
x(1:n,anf:2*eop:2)=c(1:n,1:eop)
x(1:n,anf+1:2*eop+1:2)=c(n+1:n2,1:eop)

end subroutine merge
```

9.3 Schleifen

Das folgende Hauptprogramm bubble_test liest ein zu sortierendes Feld X als Matrix ein. Die Spalten werden durch Aufruf des Unterprogramms bubble_sort sortiert. Anschließend wird zur Kontrolle die so verarbeitete Matrix ausgedruckt. Durch S/2–fache Anwendung der Mischvorgänge auf Spalten mit ungeradem Spaltenindex und anschließend auf Spalten mit geradem Spaltenindex mittels des Unterprogramms merge erhält man eine sortierte Matrix. Diese wird ausgedruckt.

```
program bubble_test
 integer,parameter :: odd=1,even=2
 integer n,j,s
 integer,dimension(:,:),allocatable :: x

 interface
   ! Der Interface--Block ist notwendig, da der
   ! Parameter x von bubble und merge uebernommene
   ! Gestalt hat.
   subroutine bubble_sort(x)
     integer,dimension(:,:):: x
   end subroutine

   subroutine merge(x,which)
     integer,dimension(:,:) :: x
     integer which
   end subroutine
 end interface

 ! Einlesen der Eingabematrix:
 print *, 'Gib Anzahl Zeilen n und Spalten s'
 read *, n,s

 allocate(x(1:n,1:s))

 print *,'Gib Matrix'
 do i= 1,n
   read *, (x(i,j),j=1,s)
 end do

 print *,'Ursprungsmatrix'
 do i= 1,n
   print *, (x(i,j),j=1,s)
 end do

 ! Sortieren der Spalten der Eingabematrix:
 call bubble_sort(x)
```

```
! Kontollausdruck:
print *,'Sortierte Matrix'
do i= 1,n
   print *, (x(i,j),j=1,s)
end do

! Zusammenmischen der sortierten Spalten:
do i=1,s/2  !klappt nur fuer s gerade
   call merge(x,even)
   call merge(x,odd)
end do

! Ergebnisausdruck:
print *,'Matrix nach merge'
do i= 1,n
   print *, (x(i,j),j=1,s)
end do

end program
```

10 Ein- und Ausgabe

10.1 Grundsätze der Datenübertragung

Zur Eingabe von Daten in ein Programm und zur Ausgabe von Ergebnissen dienen Ein- und Ausgabeanweisungen, von denen wir einfache Formen bereits in Kapitel 5 verwendet haben. Bevor wir nun die gesamte Vielfalt der in Fortran 90 vorhandenen Ein/Ausgabe-Möglichkeiten betrachten, wollen wir uns zunächst mit einigen Grundsätzen befassen, nach denen die Datenübertragung im Programm erfolgt.
Der gesamte Ein- und Ausgabebereich wird vielfach auch kurz mit E/A oder I/O (von Input/Output) bezeichnet.

10.1.1 Ein-/Ausgabeformen

Stromorientierte Ein-/Ausgabe

Der einfachste Fall von zu übertragenden Daten ist eine kontinuierliche Aufeinanderfolge von Zeichen, d.h. ein Datenstrom. Ein solcher Strom liegt zum Beispiel bei der Telegrafie vor. Hier werden Zeichen nacheinander übertragen und auf einen Papierstreifen gedruckt. Entsprechend kann ein solcher Datenstrom auf einem Lochstreifen vorliegen. Kennzeichen dieser Übertragungsart ist, daß nach der Bearbeitung eines Zeichens jeweils genau das nachfolgende Zeichen übertragen werden kann; nach jedem Zeichen ist dabei eine Unterbrechung möglich. Wird der Datenstrom nun gegliedert, etwa beim Telegramm zu Zeilen zerschnitten und zu Seiten zusammengefaßt, so spricht man von einer überlagerten Zeilen-/Seitenstruktur. Dies ist beispielsweise immer der Fall, wenn die Daten zusätzlich auf Papier zeilenweise ausgegeben werden. Diese Überlagerung ändert aber nichts daran, daß jeweils ab der Position weiter übertragen wird, an der die Übertragung des letzten Zeichens beziehungsweise des letzten Wertes aufhörte. Programmiertechnisch ist hervorzuheben, daß jeweils nach dem Einlesen jedes einzelnen Zeichens direkt eine Reaktion hierauf programmierbar ist: Zum Beispiel könnte nach dem Auftreten eines vordefinierten Zeichens die weitere Eingabe abgebrochen werden. Stromorientierte E/A ist in Fortran erst seit Einführung der neuen Norm Fortran 90 möglich.

Satzorientierte Ein-/Ausgabe

Da die meisten Daten mit einer Satzstruktur versehen sind, liegt es nahe, jeweils ganze Sätze auf einmal ein- oder auszugeben, wie es auch bei der bislang von uns verwendeten Ein-/Ausgabe der Fall ist. Dabei kann also nicht der erste Teil eines Satzes mit einer

Anweisung gelesen oder geschrieben werden und mit einer weiteren Anweisung der Rest des Satzes. Wird nur ein Teil eines Satzes gelesen, so geht der Rest damit verloren. Es müssen also gegebenenfalls Daten für die spätere Verwendung zwischengespeichert werden. Ebenso muß bei der Ausgabe die Information für eine ganze Zeile angesammelt werden: Ein Anfügen am Ende der Zeile ist nicht möglich.

Die satzorientierte E/A war in FORTRAN 77 die einzige realisierte Ein–/Ausgabemöglichkeit.

10.1.2 Datendarstellung

Sind auf irgendeinem Träger (zum Beispiel in einer "Datei" auf Diskette, auf Druckerpapier oder ähnlichem) Daten aufgezeichnet, so ist es zur richtigen Interpretation dieser Daten notwendig zu wissen, wie diese Daten kodiert oder verschlüsselt sind und wo die einzelnen Daten anfangen und aufhören. Zum Beispiel kann die Ziffernfolge 12345678 die ganzen Zahlen 1234 und 5678 darstellen oder auch die Zahl 12345678; es kann sich aber auch um die einfache Aufzählung der Ziffern 1 bis 8 handeln. Klarheit kann hier durch Trennzeichen innerhalb der Daten (Komma oder Leerzeichen) oder durch Zusatzangaben bezüglich der Interpretation (Formatierung, Länge der Daten) erzielt werden.

Formatfreie Ein–/Ausgabe

Bei der formatfreien Ein–/Ausgabe wird ein Wert genau so ausgegeben, wie er im Arbeitsspeicher des Rechners abgespeichert ist, also als Folge einer bestimmten Anzahl von Bits. So ausgegebene Werte können von einem weiteren Programm wieder eingelesen werden. Damit sind Daten ohne Genauigkeitsverlust zwischen Programmen übertragbar, da keine Rundungsfehler wie beim sonst notwendigen Konvertieren aus dem Dualsystem ins Dezimalsystem und wieder zurück ins Dualsystem auftreten. Ein Nachteil ist, daß so dargestellte Daten für den Menschen nicht direkt lesbar sind und nicht direkt auf Rechner mit anderer Wortstruktur übertragbar sind. Deshalb wird die formatfreie Ein–/Ausgabe nur in Spezialfällen verwendet. Bei Dateneingabe von Tastatur und bei Ausgabe auf Bildschirm oder Drucker kommt die formatfreie E/A nicht in Betracht, sondern nur bei Ein–/Ausgabe mit Dateien. Diese werden wir im nächsten Kapitel ausführlich besprechen.

Listenorientierte Ein–/Ausgabe

Diese Ein–/Ausgabeform haben wir bereits in Kapitel 5 kennengelernt. Einer Ein– beziehungsweise Ausgabeliste wird entnommen, wieviele Daten von welchen beziehungsweise auf welche Variablen zu übertragen sind. Die Daten selbst sind durch definierte Trennzeichen getrennt. Diese Form der Ein–/ Ausgabe ist sehr leicht zu handhaben, hat aber den Nachteil, daß "schöne" Druckbilder in Form von Tabellen oder ähnlichem nicht zu erzeugen sind, weil die Ausgabefelder in Abhängigkeit von den auszugebenden Werten unterschiedlich groß gewählt werden. So läßt es sich zum Beispiel nicht steuern, daß D–Mark–Angaben mit genau zwei Dezimalstellen ausgegeben werden. Ebenso haben wir bei der Eingabe das Problem, Daten "stellengerecht" einzulesen: stellen wir uns hierfür einen Fragebogen vor, der über einen Seitenleser (Scanner) in einen Rechner eingelesen und dessen Inhalt über ein Texterkennungsprogramm in einer Datei gespeichert worden ist. Die für die Umfrage relevanten Antworten stehen dann an fest vorgegebenen Positionen innerhalb des Gesamttextes. Um diese auswerten zu können, müssen wir die Eingabe auf die Antworten positionieren und den Rest ausblenden können.

Formatgesteuerte Ein–/Ausgabe

Hier schafft die formatgesteuerte Ein–/Ausgabe Abhilfe, da bei dieser E/A der Aufbau der zu übertragenden Information in einer Formatangabe vorgegeben wird. Neben der Angabe, auf welche beziehungsweise von welchen Variablen Information zu übertragen ist, wird angegeben, wo die jeweilige Information auf dem E/A–Medium beginnen und enden soll und wie die Darstellung gewählt ist, also zum Beispiel die Anzahl der Dezimalstellen bei einer REAL–Zahl. Besonders zu beachten ist, daß hierbei bei gleichen Daten unterschiedliche Formatangaben zu unterschiedlichen übertragenen Werten führen: Drucken wir beispielsweise den Wert 9.92 mit zwei Dezimalstellen aus (F4.2), so wird die Zeichenfolge 9.92 ausgegeben. Wählen wir dagegen eine Darstellung ohne Dezimalanteil (F4.0), so wird die Ausgabe zu 10. gerundet.

Die listenorientierte Ein–/Ausgabe ist mit dieser formatgesteuerten Ein–/Ausgabe eng verbunden, da es sich auch um formatierte Sätze mit Zeichenstruktur handelt und die Übertragung nach einem "Format" erfolgt, dieses allerdings den Daten selbst entnommen wird. Die Länge eines Datums entspricht dem Abstand zwischen zwei Trennzeichen; das Ausgabeformat wird aus dem Wert ermittelt.

Namensgesteuerte Ein–/Ausgabe

Eine besondere Datenübertragungsform stellt die namensgesteuerte E/A dar. Hier besteht die Eingabe aus Angaben der Art "name = wert", wobei name ein im Programm verwendeter Variablenname sein muß. Die derartig identifizierte Variable wird anschließend mit dem angegebenen Wert belegt. Bei der Ausgabe wird eine entsprechende Ausgabeinformation mit Variablen– und Wertnennung erzeugt. Namensgesteuerte E/A ist in Fortran erst mit Einführung des Fortran–90–Standards möglich geworden. Die hier implementierte Form basiert auf einer Namensliste, die über einen sogenannten Gruppennamen identifiziert wird. Bei der Eingabe können nur die Variablen mit Werten belegt werden, deren Gruppe in einer READ–Anweisung genannt wurde. Umgekehrt können bei der Ausgabe alle Mitglieder einer Gruppe durch einfache Nennung des Gruppennamens zusammen ausgegeben werden.

10.1.3 Organisationsform von Daten

Daten sind in der Regel logisch strukturiert. Dies trifft sowohl auf den oben erwähnten Fragebogen zu, bei dem Fragen zu einem bestimmten Fragenkomplex in Gruppen zusammengefaßt werden, als auch auf die Datenausgabe zum Beispiel in Tabellenform: Alle Datenzeilen einer Tabelle sind nach einem vorgegebenen Format aufgebaut, bilden also eine sich wiederholende Struktur.

Wünschenswert ist es nun, daß die logischen Strukturen auch auf die Datenablage in der Rechenanlage abgebildet werden können. Hierfür ist als Strukturierungseinheit der **Satz** definiert: Ein Satz besteht aus einer endlichen Aufeinanderfolge von Zeichen oder Werten; er repräsentiert jeweils die logische Struktur. Das Fortran–System muß nun in der Lage sein, diese Struktur zu erkennen. Dies kann in der Art geschehen, daß alle Sätze mit einer fest vorgegebenen Länge n abgespeichert werden. Nach jeweils n gelesenen Zeichen beginnt stets ein neuer Satz. Diese häufig verwendete Strukturierungshilfe hat den Nachteil, daß alle Sätze gleich lang sein müssen, d.h. kurze Sätze sind auf die vorgegebene Länge aufzufüllen. Dies führt zu einem unerwünschten Aufblähen der Informationsmenge. Daher wurde alternativ die Möglichkeit geschaffen, die Strukturierung durch Einfügen zusätzlicher Satztrennzeichen im Text zu definieren. Hierbei handelt es sich um Zeichen aus den beiden linken Spalten der ASCII–Codetabelle, die intern vom Fortran– und vom Betriebssystem ausgewertet werden und die der Fortran–Programmierer nicht explizit zu Gesicht bekommt. Wann immer ein Fortran–Ausgabesatz geschrieben wird, werden am Ende des Satzes die Trennzeichen automatisch angehängt. Entsprechend wird beim Lesen eines Satzes der aktuelle Datenstrom bis zum Auftreten eines Trennzeichens übertragen. Das Trennzeichen selbst wird dann vom Fortran–System "abgefangen".

Gebräuchliche Trennzeichen sind z.B. das Zeilenende–Zeichen CR (Carriage Return) oder das Zeichen US aus der ASCII-Tabelle, die im Anhang beigefügt ist. Innerhalb eines Fortran–Programms können wir diese Zeichen nur indirekt und nur bei stromorientierter E/A über den Steuerparameter EOR abfragen. Ein Beispiel hierzu ist in Abschnitt 10.2.7 enthalten.

Ein Satz aus Zeichen wird als formatierter Satz bezeichnet und kann nur mit formatierter E/A oder mit listenorientierter E/A bearbeitet werden. Ein Satz aus binären Werten wird als unformatierter Satz bezeichnet und kann nur mit unformatierter E/A bearbeitet werden. Es sind Sätze der Länge 0 (leere Sätze) möglich.

Sätze können zu **Dateien** zusammengefaßt werden. Diese werden ähnlich wie die Sätze durch spezielle Zeichen strukturiert. Zum Beispiel gibt es Dateiende– oder ENDFILE–Zeichen in der ASCII–Zeichentabelle, die die zur Datei gehörige Satzfolge begrenzen. Sie sorgen dafür, daß beim Lesen der Information nicht über das Dateiende "hinausgelesen" wird.

Dateien verfügen über einen Namen. Sie bilden die logische Einheit, über die Daten im Betriebssystem einer Rechenanlage gespeichert und identifiziert werden können.

Bisher haben wir bei der Dateneingabe stets mit Dateien mit formatierten Sätzen und Zeichenstruktur gearbeitet. Die Ausgabedaten auf dem Drucker bilden ebenso eine Datei mit formatierten Sätzen. Eine Datei kann im Programm intern oder extern verfügbar sein. Eine externe Datei ist im Betriebssystem des Rechners eingebettet. Die Benennung und die Zugriffsmodalitäten richten sich nach den Vorgaben des Betriebssystems. Externe Dateien können die Laufzeit des Programms überdauern und dienen daher vorwiegend der Kommunikation mit anderen Programmen beziehungsweise nach außen. Interne Dateien sind (Feld–)Variable vom Typ CHARACTER; sie werden im Programm eröffnet und bestehen nur während des Programmlaufs. Sie werden in der Regel zur programminternen Datenkonvertierung benutzt.

Die Bearbeitung allgemeiner Dateien erfolgt im nachfolgenden Kapitel, wo neben den hier beschriebenen Ein–/Ausgabe–Möglichkeiten vor allem spezielle E/A–Steuerungen beschrieben sind.

10.2 Ein– und Ausgabe in Fortran 90

Für die Dateneingabe und –ausgabe sind in Fortran zwei Standardmedien definiert: Im Dialog ist das Standardeingabemedium die Tastatur und das Standardausgabemedium der Bildschirm. Die Standardmedien werden von Fortran aus wie normale externe Dateien behandelt. Für die Bearbeitung stehen die Anweisungen READ, WRITE und PRINT zur Verfügung.

10.2.1 Datentransferanweisungen

$$\begin{aligned} \text{read\_anweisung} &:= \left\{ \begin{array}{l} \text{READ (steuerliste) [eingabeliste]} \\ \text{READ format [,eingabeliste]} \end{array} \right\} \\ \text{write\_anweisung} &:= \text{WRITE (steuerliste) [ausgabeliste]} \\ \text{print\_anweisung} &:= \text{PRINT format [,ausgabeliste]} \end{aligned}$$

Alle Datentransferanweisungen sind ausführbare Anweisungen. Die READ–Anweisung belegt in Abhängigkeit von `steuerliste` oder `format` die in `eingabeliste` aufgeführten Elemente in der angegebenen Reihenfolge. In der Form ohne Angabe einer Steuerliste wird stets vom Standardeingabemedium gelesen. Die WRITE–Anweisung überträgt die in `ausgabeliste` angegebenen Elemente in Abhängigkeit von `steuerliste` auf ein Ausgabemedium. Die PRINT–Anweisung überträgt die Werte von `ausgabeliste` in Abhängigkeit von `format` auf das Standardausgabemedium.

Beispiel:

```
READ (10,20) A,(C(I),I=1,5)
READ *, A,(C(I),I=1,5)
WRITE (20,21) 'AUSGABE:',A,C(1:3)
PRINT *,2*A,C(1)+C(5)
```

10.2.2 Datentransfersteuerung

Die Steuerung des Datentransfers erfolgt über `steuerliste` und `format`.

steuerliste	steuerelement [,steuerelement]$^\infty$
steuerelement	$\left\{\begin{array}{l}\text{[UNIT =] medium}\\ \text{[FMT =] format}\\ \text{[NML =] namelist\_gruppe}\\ \text{REC = skalarer INTEGER-Ausdruck}\\ \text{ADVANCE = skalarer Textausdruck vom}\\ \quad\text{Defaulttyp}\\ \text{SIZE = skalare INTEGER-Variable vom De-}\\ \quad\text{faulttyp}\\ \text{IOSTAT = skalare INTEGER-Variable}\\ \text{ERR = anwnr}\\ \text{END = anwnr}\\ \text{EOR = anwnr}\end{array}\right\}$
medium	$\left\{\begin{array}{l}*\\ \text{externe\_datei}\\ \text{interne\_datei}\end{array}\right\}$
format	$\left\{\begin{array}{l}\text{Textausdruck vom Defaulttyp}\\ \text{Anweisungsnummer einer FORMAT-Anweisung}\end{array}\right\}$
anwnr	Anweisungsnummer einer ausführbaren Anweisung im gleichen Geltungsbereich
externe_datei	skalarer INTEGER-Ausdruck
interne_datei	Variable vom Typ Default-CHARACTER

Hierbei ist zu beachten, daß jedes Steuerelement maximal einmal und nur in den aus der nachfolgenden Tabelle ersichtlichen Kombinationen in der Steuerliste auftreten darf.

Die Eintragungen in der Tabelle bedeuten:

v	verboten, Kombination der Elemente nicht erlaubt
=NO!	Angabe ADVANCE='NO' zwingend erforderlich
UNIT int	UNIT spezifiziert eine interne Datei
UNIT ext	UNIT spezifiziert eine externe Datei
FMT sonst	FMT-Angabe ungleich "*"

Alle Felder ohne Eintrag kennzeichnen zulässige Kombinationen.

Die einzelnen Steuerelemente werden nachfolgend erläutert. Für die in den Erläuterungen enthaltenen Beispiele gelten folgende Globaldeklarationen:

```
INTEGER                   :: SGNR,I,VAR1,VAR2,SIZVAR,STATVAR
CHARACTER                 :: INTERN*20
CHARACTER, DIMENSION(10)  :: INT_FELD*10
```

10.2 Ein- und Ausgabe in Fortran 90

	UNIT int	UNIT ext	FMT =*	FMT sonst	NML	REC	IO-STAT	ERR	END
UNIT int	v	v			v	v			
UNIT ext	v	v							
FMT=*			v	v	v	v			
FMT sonst			v	v	v				
NML	v	v	v	v	v				
REC	v		v		v	v			v
IOSTAT							v		
ERR								v	
END						v			v
ADVANCE	v		v		v	v			
SIZE									
EOR									
eingabeliste					v				
ausgabeliste					v				v
READ									
WRITE									v
PRINT									v

	AD-VANCE	SIZE	EOR	eing. liste	ausg. liste	READ	WRITE PRINT
UNIT int	v						
UNIT ext							
FMT=*	v						
FMT sonst								
NML	v			v	v		
REC	v						
IOSTAT							
ERR							
END							v
ADVANCE	v	=NO!	=NO!				
SIZE	=NO!	v			v		v
EOR	=NO!		v		v		v
eingabeliste				v	v		v
ausgabeliste		v	v	v	v	v	
READ				v	v	v	
WRITE		v	v	v		v	v
PRINT		v	v	v		v	v

Tabelle 10.1: Parameterabhängigkeiten für `steuerliste`

Das Steuerelement [UNIT=]medium ist obligat; es identifiziert das Ein-/Ausgabemedium, in das beziehungsweise aus dem Daten übertragen werden sollen. Das Schlüsselwort "UNIT=" darf entfallen, wenn medium das erste Element der Steuerliste ist. Die Angabe "*" spezifiziert das Standardmedium: Tastatureingabe bei READ beziehungsweise Bildschirm oder Ablaufprotokoll bei WRITE. Die Angabe externe_datei bezeichnet einen skalaren INTEGER-Ausdruck. Dieser INTEGER-Ausdruck entspricht einer "symbolischen Gerätenummer", die wiederum eine externe Datei innerhalb des Betriebssystems identifiziert. Solch eine externe Datei kann im Fortran-Programm ausschließlich über die symbolische Gerätenummer bedient werden. Die Zuordnung solch einer Gerätenummer zu einer externen Datei erfolgt über die Fortran-Anweisungen OPEN und CLOSE, die in Kapitel 11 besprochen werden. Die Angabe interne_datei bezeichnet eine Variable vom Typ Default-CHARACTER. Interne Dateien werden ebenfalls in Kapitel 11 besprochen. Im vorliegenden Kapitel beschränken wir uns auf den Fall "UNIT=*".

Beispiel:

```
WRITE (UNIT=10)
WRITE (UNIT=SGNR, ...) VAR1
READ (INT_FELD, ...) VAR1
```

Das Steuerelement [FMT=]format kennzeichnet eine formatierte E/A-Anweisung. Das Schlüsselwort "FMT=" darf entfallen, wenn format das zweite Element der Steuerliste ist und das erste Element medium ebenfalls ohne Schlüsselwort spezifiziert worden ist. Die Angabe "*" bezeichnet die listenorientierte E/A, die in einer einfachen Form bereits in Kapitel 5 besprochen worden ist. Die Angabe eines Textausdrucks identifiziert eine Variable oder ein Feld vom Typ CHARACTER, auf dem eine Formatspezifikation gespeichert ist. Handelt es sich hierbei um ein Feld, so werden alle Feldelemente in ihrer Speicherreihenfolge hintereinander "konkateniert". Die Angabe einer Anweisungsnummer identifiziert eine FORMAT-Anweisung, in der die Formatspezifikation enthalten ist. Diese wird in Abschnitt 10.2.4 besprochen.

Beispiel:

```
   WRITE (10,20) VAR1
20 FORMAT ( ... )
   READ (UNIT=INTERN,FMT='(2I10)') VAR1, VAR2
   PRINT 20, VAR1
```

Das Steuerelement [NML=]namelist_gruppe kennzeichnet ebenfalls eine formatierte E/A-Anweisung, speziell die Namelist-E/A. Das Schlüsselwort "NML=" darf entfallen, wenn namelist_gruppe das zweite Element der Steuerliste ist und das erste Element medium ebenfalls ohne Schlüsselwort spezifiziert worden ist. Die NAMELIST-Gruppe identifiziert eine Menge von Objekten, die zu übertragen sind.

Beispiel:

```
NAMELIST /NMLGRP/ I1, I2 vereinbart NMLGRP als NAMELIST-Gruppe
(siehe Abschnitt 10.2.6).
```

10.2 Ein- und Ausgabe in Fortran 90

```
WRITE (10,NMLGRP)
READ (UNIT=*,NML=NMLGRP)
```

Das Steuerelement REC identifiziert einen Satz in der angeschlossenen Datei, der gelesen oder geschrieben werden soll. Dies ist nur bei externen Dateien möglich, die für Direktzugriffs–E/A (direct access) eingerichtet worden sind. Fehlt das Steuerelement, so handelt es sich stets um sequentielle E/A.

Beispiel:

```
READ (15,REC=20) VAR1
WRITE (25,REC=I) VAR1
```

Das Steuerelement ADVANCE gibt an, ob der Datentransfer satz– oder stromorientiert erfolgen soll: Wenn der skalare Textausdruck den Wert 'NO' ergibt, so erfolgt stromorientierte E/A. Wenn der Wert 'YES' errechnet wird, erfolgt satzorientierte E/A. Satz– und stromorientierte E/A dürfen beliebig aufeinander folgen. Die Voreinstellung ist ADVANCE='YES'.

Beispiel:

```
READ (*, '(I5)', ADVANCE='NO') VAR1
READ (*, '(I5)', ADVANCE='YES') VAR2
```

Ein weiteres Beispiel für die Verwendung dieses Steuerelements findet sich im Programm `f90_utility` in Abschnitt 2.5.

Das Steuerelement SIZE bezeichnet eine skalare Variable, auf der die Anzahl Zeichen gespeichert wird, die durch die aktuelle stromorientierte READ–Anweisung gelesen worden sind. Diese INTEGER–Variable darf mit keiner Größe der Eingabeliste, der Ausgabeliste beziehungsweise der NAMELIST–Gruppe assoziiert sein. Falls die INTEGER–Variable ein Feld ist, dürfen auch die Indexangaben durch keine Größe der Eingabeliste, der Ausgabeliste beziehungsweise der NAMELIST–Gruppe beeinflußt werden.

Beispiel:

Die Variable SIZVAR wird mit der Anzahl der gelesenen Zeichen belegt:

```
READ (*, 20, ADVANCE='NO', SIZE=SIZVAR) VAR1
```

Ist für `VAR1` aus dem Eingabestrom die Zahl 17 eingelesen worden, so hat `SIZVAR` nach der READ–Anweisung den Wert 2.

Das Steuerelement IOSTAT kennzeichnet eine skalare Variable, auf die Information über den Bearbeitungszustand der Datentransferanweisung zurückgeliefert wird. Die angegebene Variable erhält den Wert

- 0, wenn die E/A–Anweisung fehlerfrei bearbeitet worden ist und wenn kein Datei– oder Satzende erreicht worden ist,

- prozessorabhängig positiv, wenn ein Fehler aufgetreten ist,

- prozessorabhängig negativ, wenn kein Fehler aufgetreten ist, aber das Dateiende erreicht wurde und

- prozessorabhängig negativ ungleich dem vorgenannten Wert, wenn kein Fehler und kein Dateiende erreicht worden ist, aber wenn ein Satzende gefunden wurde.

Die mit IOSTAT bezeichnete INTEGER–Variable darf mit keiner Größe der Eingabeliste, der Ausgabeliste beziehungsweise der NAMELIST–Gruppe assoziiert sein. Falls die INTEGER–Variable ein Feld ist, dürfen auch die Indexangaben durch keine Größe der Eingabeliste, der Ausgabeliste beziehungsweise der NAMELIST–Gruppe beeinflußt werden.

Die Dateiende–Bedingung kann nur bei sequentieller E/A eintreten. Für die Satzende–Bedingung ist das Steuerelement ADVANCE='NO' notwendig. Der NAG Fortran–90–Compiler erzeugt für die Satzende–Bedingung den Wert -1 und für die Dateiende–Bedingung den Wert -2. Auf anderen Rechnern oder mit anderen Compilern können hierfür andere Werte gelten!

Beispiel:

```
READ (*, 20, IOSTAT=STATVAR) VAR1
```

Das Steuerelement ERR identifiziert eine ausführbare Anweisung, die im Fehlerfall angesprungen wird. Ein Satz– oder Dateiende gilt nicht als Fehler! Tritt beim Datentransfer ein Fehler auf, so

- wird die Datentransferanweisung sofort beendet,

- ist die aktuelle Schreib–/Leseposition in der Datei nicht mehr eindeutig definiert,

- wird die IOSTAT–Variable (falls angegeben) mit einem positiven Wert belegt,

- wird die SIZE–Variable (falls angegeben) bei einer READ–Anweisung mit der Anzahl bereits gelesener Zeichen belegt,

- wird der Definitionsstatus aller Größen der Eingabeliste bei READ auf undefiniert gesetzt und

- wird die Programmabarbeitung mit der durch die Anweisungsnummer bezeichneten Anweisung fortgesetzt.

Beispiel:

```
PROGRAM EA_ERR
    INTEGER :: I,IOVAR,SIZVAR
    READ (*,*,IOSTAT=IOVAR,SIZE=SIZVAR,ERR=99,ADVANCE='NO') I
 98 PRINT *,'IOVAR = ',IOVAR,';  SIZVAR = ',SIZVAR
    STOP
 99 PRINT *,'ERR ANGESPRUNGEN'
```

10.2 Ein- und Ausgabe in Fortran 90

```
      GO TO 98
   END
```

Als Eingabedaten seien gegeben:

```
'CHAR'
```

Der NAG Fortran–90–Compiler auf SUN SPARC erzeugt daraus die Ausgabe:

```
ERR ANGESPRUNGEN
IOVAR = 141; SIZVAR = 1
```

Das Steuerelement END identifiziert analog zu ERR eine Anweisung, die angesprungen wird, sobald bei der Dateneingabe das Dateiende überschritten wird. In diesem Fall wird

- die Dateneingabe sofort beendet,

- die aktuelle Leseposition in der Datei hinter das Dateiende gesetzt,

- die IOSTAT–Variable (falls angegeben) mit einem negativen Wert belegt,

- die SIZE–Variable (falls angegeben) mit der Anzahl gelesener Zeichen belegt,

- der Definitionsstatus aller Größen der Eingabeliste auf undefiniert gesetzt und

- die Programmabarbeitung mit der durch die Anweisungsnummer bezeichneten Anweisung fortgesetzt.

Beispiel:

```
      READ (*, 20, END=99) VAR1
      ...
   99 PRINT *, 'KEINE DATEN MEHR DA!'
```

Das Steuerelement EOR identifiziert analog zu ERR eine Anweisung, die angesprungen wird, sobald bei der Dateneingabe ein Satzende gelesen wird. In diesem Fall wird

- der aktuelle Eingabesatz hinten mit so vielen Leerzeichen aufgefüllt, wie zur Belegung eventuell noch verbliebener Elemente der Eingabeliste notwendig ist, (Dazu muß entgegen der Voreinstellung bei der zur Datei gehörenden OPEN–Anweisung die Angabe PAD='YES' gemacht werden.)

- die Dateneingabe beendet,

- die Leseposition in der Datei hinter das Satzende gesetzt,

- eine eventuelle IOSTAT–Variable belegt,

- eine eventuelle SIZE–Variable belegt und

- die Programmabarbeitung mit der durch die Anweisungsnummer bezeichneten Anweisung fortgesetzt.

Beispiel:
```
READ (*, 20, EOR=99) VAR1
...
99 PRINT *, 'SATZENDE!'
```

10.2.3 Ein-/Ausgabeliste der Datentransferanweisungen

Die Ein-/Ausgabelisten der Datentransferanweisungen spezifizieren die zu belegenden beziehungsweise auszugebenden Größen, wenn zum Steuerelement NML keine Angabe gemacht wird.

eingabeliste	eingabeelement [,eingabeelement]$^\infty$
ausgabeliste	ausgabeelement [,ausgabeelement]$^\infty$
eingabeelement	$\left\{ \begin{array}{l} \text{Variable} \\ \text{implizite\_do\_liste} \end{array} \right\}$
implizite_do_liste	(element [,element]$^\infty$, do_kontrolle)
element	$\left\{ \begin{array}{l} \text{eingabeelement} \\ \text{ausgabeelement} \end{array} \right\}$
do_kontrolle	do_variable = anf, end [,schritt]
do_variable	skalare INTEGER-Variable
anf, end, schritt	skalare INTEGER-Ausdrücke
ausgabeelement	$\left\{ \begin{array}{l} \text{Ausdruck} \\ \text{implizite\_do\_liste} \end{array} \right\}$

Die Elemente in der Eingabeliste beziehungsweise Ausgabeliste werden in der Reihenfolge ihrer Nennung bearbeitet. Alle Ausgabeelemente müssen definiert sein. Ein Feld übernommener Größe darf nicht als einfache Variable ohne eine Indexangabe als Eingabeelement auftreten. In FORTRAN 77 durfte die DO–Variable sowie `anf`, `end` und `schritt` auch vom Typ REAL oder DOUBLE PRECISION sein; dies gilt als "künftig wegfallend". Selbstverständlich muß jedes Element einer impliziten DO–Liste in einer Eingabeliste ein Eingabeelement und in einer Ausgabeliste ein Ausgabeelement sein.
Ein Eingabeelement darf nicht gleichzeitig DO–Variable der impliziten DO–Liste sein, die dieses Eingabeelement enthält. Ist das Eingabeelement oder das Ausgabeelement ein Pointer, so muß dieser zum Zeitpunkt der Datentransferanweisung mit einem Ziel assoziiert sein. Der Datentransfer erfolgt dann vom beziehungsweise zum assoziierten Ziel. Wenn das Eingabeelement oder das Ausgabeelement ein dynamisches Feld ist, so muß es zum Zeitpunkt der Datentransferanweisung zugeteilt sein.

10.2 Ein– und Ausgabe in Fortran 90

Die DO–Variablen ineinander geschachtelter impliziter DO–Listen müssen verschieden sein. Ist als Eingabe– oder Ausgabeelement ein (Teil–)Feld angegeben, so werden die einzelnen Feldelemente in ihrer Zugriffsreihenfolge belegt beziehungsweise gelesen. Bei der Eingabe darf kein Feldelement die Auswertung eines Ausdrucks beeinflussen, der im Zusammenhang mit dem Transfer des (Teil–)Feldes steht. Ein bereits bearbeitetes Eingabeelement darf dagegen bei nachfolgenden Eingabeelementen verwendet werden.

Beispiel:

E/A von Feldern

```
INTEGER,DIMENSION(100) :: FELD, INDX
READ *,FELD(LBOUND(FELD,1):UBOUND(FELD,1))   ! erlaubt
READ *,INDX                                   ! erlaubt
READ *,FELD(INDX)         ! erlaubt, solange jedes Feld-
                          ! element nur einmal belegt wird
READ *,FELD(FELD(1):FELD(10))                ! nicht erlaubt
READ *,FELD(FELD)                            ! nicht erlaubt
PRINT *,FELD(FELD)                           ! erlaubt
READ *,INDX(1),FELD(INDX(1))                 ! erlaubt
```

Wenn ein Eingabe– oder Ausgabeelement von abgeleitetem Typ ist, so ist zu beachten:

- Alle Komponenten müssen im aktuellen Geltungsbereich zugreifbar sein, d.h. es darf keine Komponente durch das Attribut PRIVATE geschützt sein.

- Keine Komponente darf das POINTER–Attribut besitzen.

- In einer formatierten Datentransferanweisung werden die Komponenten der Größe abgeleiteten Typs in der Reihenfolge der Typ–Definition übertragen.

- In einer unformatierten Datentransferanweisung wird die Größe abgeleiteten Typs als ein einzelnes E/A–Element übertragen.

Falls also eine Größe abgeleiteten Typs eine Komponente mit POINTER–Attribut besitzt, kann diese Größe nur explizit komponentenweise in der Ein– oder Ausgabeliste auftreten. Ansonsten darf eine Größe abgeleiteten Typs auch selbst Element einer Ein– oder Ausgabeliste sein.

Beispiel:

E/A von Größen abgeleiteten Datentyps

```
program ea_struktur
!              Definition der Groessen abgeleiteten Typs
   type folge
      integer eins
      real zwei
      complex drei
```

```
            character vier
         end type
         type folge_ptr
            integer eins
            integer,pointer :: ptr
         end type
         type(folge) strukt
         type(folge_ptr) pointr
!                       Belegung der Variablen
         integer,target :: ziel
         ziel = 2
         pointr%eins = 1
         pointr%ptr => ziel
!                       Ein/Ausgabe der Groessen
         print *,'pointr%ptr=',pointr%ptr      !ist erlaubt
!        print *,'pointr=', pointr             !geht nicht !!!!
         read *,strukt                         !ist erlaubt
         print *,strukt                        !ist erlaubt
      end
```

Eine CHARACTER–Größe, die nicht vom Defaulttyp ist, darf nicht als Eingabeelement oder Ausgabeelement einer Datentransferanweisung auftreten, die zu einer internen Datei gehört. Eine implizite DO–Liste genügt den für die DO–Schleifen in Kapitel 9 angegebenen Regeln.

Beispiel:

Implizite DO–Liste als E/A–Element

```
program ea_impl_do
   integer,parameter          :: dim=3
   integer                    :: i,j
   integer ,dimension(dim,dim) :: feld = 0
   do i=1,dim
      feld(:,i) = i*10+(/(j,j=1,dim)/)
   end do
!  Ausgabe der Feldelemente mit vorangestelltem Zaehler unter
!  Verwendung impliziter DO-Listen:
   print *,((i+(j-1)*dim,':',feld(i,j),' ',i=1,dim),j=1,dim)
end program
```

Ausgedruckt wird:

1:11 2:12 3:13 4:21 5:22 6:23 7:31 8:32 9:33

10.2.4 FORMAT–Anweisung

Die FORMAT–Anweisung hat die Form

formatanweisung := anwnr FORMAT formatspezifikation	
formatspezifikation	([formspezifikation])
formspezifikation	formatelement [$\left\{\begin{array}{c},\\ :\end{array}[,\text{rep}]/\right\}$ formatelement]$^\infty$
formatelement	$\left\{\begin{array}{l}[\text{rep}]\text{ wiederholbares\_formatelement}\\ \text{nichtwiederholbares\_formatelement}\end{array}\right\}$
rep	INTEGER–Konstante > 0
wiederholbares_ formatelement	$\left\{\begin{array}{l}(\text{formspezifikation})\\ \text{Iw[.m]}\\ \text{Bw[.m]}\\ \text{Ow[.m]}\\ \text{Zw[.m]}\\ \text{A[w]}\\ \text{Lw}\\ \text{Fw.d}\\ \text{Ew.d[Ee]}\\ \text{ENw.d[Ee]}\\ \text{ESw.d[Ee]}\\ \text{Dw.d}\\ \text{Gw.d[Ee]}\end{array}\right\}$
nichtwiederhol- bares_formatelement	$\left\{\begin{array}{l}\text{kP}\\ \text{'zeichenfolge'}\\ \text{"zeichenfolge"}\\ \text{nHzeichenfolge}\\ \text{T[R]c}\\ \text{TLc}\\ \text{[n]X}\\ \text{S[P]}\\ \text{SS}\\ \text{BN}\\ \text{BZ}\end{array}\right\}$
w, e, h, c	INTEGER–Konstante vom Defaulttyp > 0
d, m	INTEGER–Konstante vom Defaulttyp
k	[{$\pm$}] INTEGER–Konstante

Dabei haben die Buchstaben w, d, m, n, e, k, c folgende Bedeutung:

w:	Feldweite (Anzahl der Zeichen)	e:	Exponentstellenzahl
d:	Dezimalstellenzahl	k:	Skalenfaktor
m:	Minimalstellenzahl	c:	Positionsangabe
n:	Längenangabe der folgenden Zeichenfolge		

Eine FORMAT–Anweisung ist nur in Verbindung mit einer Datentransferanweisung sinnvoll. Diese Verbindung wird über die obligate Anweisungsnummer hergestellt. Die FORMAT–Anweisung besteht aus dem Schlüsselwort FORMAT, hinter dem in Klammern eingeschlossen eine Folge von Formatspezifikationen steht, die den Elementen der aktuellen E/A–Liste zugeordnet werden. Für jeden Datentyp gibt es spezielle Formatspezifikationen, die durch einen Kennbuchstaben bezeichnet werden und die genaue Angaben über die zu übertragenden Daten enthalten. Als Trenner zwischen den Formatspezifikationen dienen die Zeichen "/", ":" und ",". Nur wenn der sogenannte Skalenfaktor "kP" vor einer Formatspezifikation mit den Kennbuchstaben D, E, F oder G steht, dürfen diese Trenner entfallen.

Zu jedem wiederholbaren Formatelement gehört ein Element der Ein– oder Ausgabeliste. Die wiederholbaren Formatelemente beschreiben, wie die Elemente der Eingabe– oder Ausgabeliste im Ein–/Ausgabesatz formatiert werden.

Zusammenwirken von E/A– und Format–Anweisung

Bevor die genaue Wirkung der einzelnen Formatelemente beschrieben wird, soll der Zusammenhang von E/A–Anweisung und Format untersucht werden.

Fehlt `formspezifikation` in der Formatspezifikation, so wird ein Satz überlesen beziehungsweise ein leerer Satz ausgegeben. Dies ist nur bei fehlender E/A–Liste erlaubt.

Beispiel:

Richtig: `READ(*,100); 100 FORMAT()`

Falsch: `READ(*,100) A; 100 FORMAT()`

Enthält die E/A–Liste aber mindestens ein Element, so muß das zugehörige Format mindestens ein wiederholbares Formatelement enthalten.

Replikatoren wirken so, als wäre das folgende Formatelement entsprechend oft hingeschrieben.

Beispiel:

Die folgenden Anweisungen haben die gleiche Wirkung:

```
50 FORMAT(2F7.5,3(2X,I3),3I2)
50 FORMAT(F5.7,F5.7,2X,I3,2X,I3,2X,I3,I2,I2,I2)
```

Jedes wiederholbare Formatelement korrespondiert mit einem Element der Folge, die aus der E/A–Liste entsteht. Eine Ausnahme bilden COMPLEX–Größen, zu denen

10.2 Ein- und Ausgabe in Fortran 90

je zwei F, E, D oder G Formatelemente gehören, also je eines zu Real- und Imaginärteil. Für jedes Feldelement eines (Teil-)Feldes wird ebenso ein eigenes Formatelement benötigt wie für jede Komponente einer Größe abgeleiteten Typs. Die anderen Formatelemente gehören zu keinem E/A-Listenelement und beeinflussen die E/A nicht.

Beispiel:

```
      INTEGER I1, I2
      REAL R1, R2
      COMPLEX C
      READ(*,100)  I1,       R1,        C,        I2,    R2
                    |         |       ⎴⎴⎴⎴⎴        |      |
 100  FORMAT(3X,   I2,  2X,  F5.1,  F10.2,F9.1,  5X,  I4,  F5.1)
```

Wird nun ein wiederholbares Formatelement bei der Abarbeitung erreicht, so wird geprüft, ob die E/A-Liste noch ein Element enthält. Ist dies nicht der Fall, so wird der E/A-Vorgang beendet, sonst wird der entsprechende Wert gemäß der Formatangabe ein- oder ausgegeben. Wird ein Doppelpunkt erreicht und es existieren keine Elemente mehr in der E/A-Liste, so wird der E/A-Vorgang ebenfalls beendet. Alle anderen Formatelemente werden unabhängig von der E/A-Liste bearbeitet.

Wiederholbare Formatelemente

A-Format: A[w]

Das A-Format dient zur Übertragung von Zeichenketten. Das zugehörige E/A-Element muß vom Typ CHARACTER sein. Bei der Ausgabe von CHARACTER-Größen mit dem A-Formatcode werden keine Begrenzer (Apostroph oder Anführungszeichen) gedruckt. Bei der Eingabe werden entsprechend auch keine Textbegrenzer erwartet, d.h. eventuell im Text vorhandene Apostrophe oder Anführungszeichen werden als Daten interpretiert und gespeichert. Die Feldweite w gibt an, wieviele Zeichen zu übertragen sind. Fehlt w, so wird die Längenangabe dem E/A-Element entnommen.

Sei len die Länge des E/A-Elements.

Eingabe: Im Fall w≥len werden die rechten w Zeichen des Eingabefeldes auf das Eingabeelement übertragen. Ist w<len, so werden die gelesenen Zeichen linksbündig an das Eingabeelement übergeben und nach rechts werden Leerzeichen aufgefüllt.

Ausgabe: Ist w≥len, so wird das Ausgabefeld mit w-len Leerzeichen, gefolgt von den zu übertragenden Zeichen, ausgegeben. Im anderen Fall werden die ersten w Zeichen übertragen und der Rest abgeschnitten.

Beispiel:

```
      CHARACTER*5 A,B*2,C*10
      READ (*,20) A, B, C
```

```
20 FORMAT (3A5)
   WRITE (*,20) A, B, C
   END
```

Bei Eingabe von 12345678901234567890 werden den Variablen die Werte A='12345', B='90' und C='12345⊔⊔⊔⊔⊔' zugewiesen. Die WRITE-Anweisung erzeugt den Ausgabesatz 12345⊔⊔⊔9012345

L-Format: Lw

Das L-Format dient zur Übertragung von logischen Werten. Das zugehörige E/A-Element muß vom Typ LOGICAL sein. Bei der Dateneingabe muß das Eingabefeld der Länge w wie folgt aufgebaut sein:

$$[\text{Leerzeichen}]^\infty \; [.] \; \left\{ \begin{array}{c} T \\ F \end{array} \right\} \; [\text{beliebiges Zeichen}]^\infty$$

D.h. das erste Zeichen hinter führenden Leerzeichen und eventuell einem Punkt entscheidet darüber, ob der Wert .TRUE. (T) oder .FALSE. (F) gelesen wird. Bei der Datenausgabe werden $w-1$ Leerzeichen gefolgt von einem T für .TRUE. beziehungsweise einem F für .FALSE. ausgegeben.

Beispiel:

Folgende Eingabewerte werden bei Eingabe im Format L6 als .FALSE. interpretiert:

```
FALSCH
⊔.F
.FFF
```

I-,F-,E-,D-,G-Formate

Diese wiederholbaren Formatelemente dienen zur Übertragung numerischer Größen. Für sie gelten einige gemeinsame Regeln.

Eingabe: Führende Leerzeichen haben keine Bedeutung. Leerzeichen innerhalb der Eingabeinformation können in Abhängigkeit von anderen Spezifikationen (BN, BZ) Bedeutung haben. Fehlen diese Angaben, so werden Leerzeichen ignoriert. Ein Eingabefeld, das nur aus Leerzeichen besteht, ergibt den Wert 0. Pluszeichen können entfallen. Ist im Eingabefeld ein Dezimalpunkt enthalten, so wird die Angabe von d im Formatelement ignoriert (F-, E-, D- und G-Format), es muß aber dennoch angegeben werden. Ein Eingabefeld darf mehr Ziffern enthalten, als im Rechner zur Darstellung von Zahlen verwendet werden; der Eingabewert wird dann gerundet.

10.2 Ein- und Ausgabe in Fortran 90

Ausgabe: Negative Werte erhalten ein führendes Minuszeichen. Die Ausgabe eines führenden Pluszeichens für positive Größen kann durch Zusatzangaben (S, SP, SS) gesteuert werden. Werte werden stets rechtsbündig in das Ausgabefeld geschrieben, davor steht gegebenenfalls das Vorzeichen und davor Leerzeichen. Paßt ein auszugebender Wert nicht in das Ausgabefeld (zum Beispiel w zu klein), so werden w Sterne ausgegeben.

I–Format: Iw[.m], Bw[.m], Ow[.m], Zw[.m]

Das I–Format dient zur Übertragung von Werten auf beziehungsweise von INTEGER–Größen.

Eingabe: Eine Angabe ".m" ist ohne Bedeutung. Das Eingabefeld der Länge w muß (abgesehen von Leerzeichen) eine INTEGER–Konstante enthalten, die mit einem führenden Vorzeichen versehen sein darf.

Beispiel:

In der Formatanweisung sei keine Zusatzangabe für die Interpretation von Leerzeichen (BN oder BZ) enthalten.

Eingabefeld	Formatspezifikation	Wert
1234	I5	+1234
-␣1	I3	-1
␣␣␣␣	I4	0
␣1␣␣	I4	+1
1␣1␣1	I5	+111

Ausgabe: w Zeichen werden ausgegeben. Es wird der Wert ohne führende Nullen ausgegeben, mindestens aber eine Ziffer. Ist eine Angabe .m vorhanden, so werden mindestens m Ziffern ausgegeben. Es entstehen also eventuell führende Nullen. m darf nicht größer als w sein. Ist m=0 und der auszugebende Wert auch gleich 0, so werden nur w Leerzeichen ausgegeben.

Beispiel:

Wert	Formatspezifikation	Ausgabefeld
1234	I5	␣1234
1234	I3	***
-1234	I4	****
-1234	I6	␣-1234
0	I1.0	␣
0	I5	␣␣␣␣0
10	I5.3	␣␣010

Die Formate Bw[.m], Ow[.m] und Zw[.m] dienen ebenfalls zur Übertragung von INTEGER–Werten in dualer, oktaler und hexadezimaler Codierung. Die Regeln für das I–Format gelten entsprechend. Bei diesen Formatcodes wird die gelesene beziehungsweise ausgegebene Zeichenfolge als ein Wert in dualer, oktaler oder hexadezimaler Codierung interpretiert. Dementsprechend dürfen natürlich auch nur die zu diesen Zahldarstellungen gehörigen Zeichen übertragen werden, d.h. im B–Format werden bei der Dateneingabe nur die Ziffern 0 und 1 akzeptiert.

Die restlichen Formatelemente (F, E, D, G) dienen zur Übertragung von REAL, DOUBLE PRECISION und COMPLEX Werten. Das zugehörige E/A–Listenelement muß ebenfalls einen solchen Typ besitzen und bei der Ausgabe über einen entsprechenden Wert verfügen.

Die Eingabe erfolgt bei allen Formatelementen gleich. Ein Eingabefeld darf eine Konstante vom Typ INTEGER, REAL oder DOUBLE PRECISION enthalten, davor darf ein Vorzeichen stehen. Leerzeichen dürfen eingestreut werden. (Werden aber eventuell durch Nullen ersetzt!) E beziehungsweise D im Exponenten darf entfallen, falls dieser ein Vorzeichen enthält. E und D haben dieselbe Wirkung.

F–Format: Fw.d

Eingabe: Der Wert im Eingabefeld wird übertragen. Enthält er **keinen** Dezimalpunkt, so wird der Dezimalpunkt in der Mantisse d Stellen von rechts gesetzt.

Beispiel:

Eingabefeld	Formatelement	Wert
12345	F5.3	+12.345
-12.1	F5.4	-12.1
12E3	F4.1	+1.2E+3

Ausgabe: Es wird der Wert in ein w Stellen langes Feld ausgegeben. Dabei stehen d Stellen nach dem Dezimalpunkt. Es werden keine führenden Nullen ausgegeben, nur bei Zahlen <1 erscheint eine 0 vor dem Dezimalpunkt, falls die Feldweite w dazu ausreicht. Es wird mindestens eine Ziffer ausgegeben. Bei der Ausgabe wird gerundet.

Beispiel:

Wert	Formatelement	Ausgabefeld
12.34	F5.2	12.34
12.34	F6.4	******
12.34	F6.0	⌴⌴⌴12.
0.1236	F6.3	⌴0.124
0.1236	F4.3	.124
0.12	F2.0	0.
-0.12	F2.0	**
0.12	F3.1	0.1
-0.12	F3.1	-.1
0.0001	F5.3	0.000

10.2 Ein– und Ausgabe in Fortran 90

E–Format: Ew.d[Ee], ENw.d[Ee], ESw.d[Ee]

Eingabe: Identisch mit dem F–Format; Angabe Ee hat keine Bedeutung.

Ausgabe: Der Wert wird in ein w Stellen langes Feld in der Darstellung mit Exponent ausgegeben. Dabei stehen d Stellen hinter dem Dezimalpunkt. Vor diesem Punkt steht eine 0 (falls w dazu ausreicht), davor eventuell das Vorzeichen. Hinter dem Punkt steht die erste signifikante Ziffer. Ohne weitere Angaben zur Formatierung des Exponenten (Ee) hat dieser die Form

$$E\{\pm\}zz \text{ oder } \{\pm\}zzz$$

z bedeutet hierbei jeweils eine Ziffer. Bei der Angabe Ee hat der Exponent die Form

$$E\{\pm\}\underbrace{zz \ldots z}_{e \text{ mal}}$$

Führende Nullen im Exponenten werden nicht durch Leerzeichen ersetzt. Das Ausgabefeld wird links mit Leerzeichen bis zur Länge w aufgefüllt.

Beispiel:

Wert	Formatelement	Ausgabefeld
12.34	E10.3	⎵0.123E+02
-12.34	E10.3	-0.123E+02
-12.34	E9.3	-.123E+02
12.34	E9.3	.123E+02
-12.34	E9.3	********
0.00001	E10.3	⎵0.100E-05
0.001	E10.3E3	0.100E-003

Das EN–Format erzeugt eine Ausgabe einer reellen Zahl in Ingenieurnotation derart, daß der dezimale Exponent durch 3 teilbar ist und der Mantissenwert zwischen 1 und 1000 liegt.

Das ES–Format erzeugt eine Ausgabe einer reellen Zahl in wissenschaftlicher Notation derart, daß die Mantisse einen Wert zwischen 0 und 10 erhält.

D–Format: Dw.d

Die D–Formatspezifikation dient zur Ein– und Ausgabe von Werten des Typs DOUBLE PRECISION.

Eingabe: Identisch wie F–Format.

Ausgabe: Wie E–Format; statt E kann im Ausdruck für den Exponenten ein D stehen.

G–Format: Gw.d[Ee]

Das G–Format nimmt eine Sonderstellung ein, da es zur Übertragung sämtlicher Standardtypen dient. Die Interpretation erfolgt analog zu den speziellen Formatcodes.

Beispiel:

Wert	Formatelement	Ausgabefeld
7.436	G10.3	⊔⊔⊔⊔⊔⊔7.44
74.36	G10.3	⊔⊔⊔⊔⊔⊔74.4
7436.	G10.3	⊔0.744E+04
7436.	G12.3E4	⊔0.744E+0004
.TRUE.	G1.0	T
'TEXT'	G6.1	⊔⊔TEXT
(0.,1.)	G2.0,'i',G2.0	0.i1.

Nicht–wiederholbare Formatelemente

Diese Formatelemente haben keine Korrespondenz zu E/A–Listenelementen. Sie wirken direkt auf den Ein–/Ausgabevorgang.

Apostroph–Format: 'zeichenfolge' oder "zeichenfolge"

Bei der **Eingabe** nicht erlaubt.

Ausgabe: Die in Apostrophe oder Anführungszeichen als Begrenzer eingeschlossene Zeichenfolge wird ausgegeben. Ein auszugebendes Apostroph oder Anführungszeichen, das mit dem aktuellen Begrenzer übereinstimmt, muß durch zwei aufeinanderfolgende Apostrophe oder Anführungszeichen dargestellt werden.

Beispiel:

Formatelement	Ausgabe
'OTTO'	OTTO
'DAS WAR''S'	DAS WAR'S

H–Format: nHzeichenfolge

Dieses Formatelement wird auch als Hollerithkonstante bezeichnet und ist in Fortran als "künftig wegfallend" gekennzeichnet.

Bei der **Eingabe** nicht erlaubt.

Ausgabe: n gibt die Anzahl der dem H folgenden Zeichen an. Diese Zeichen werden ausgegeben.

Beispiel:

Formatelement	Ausgabe
4HOTTO	OTTO
9HDAS WAR'S	DAS WAR'S

X–Format: nX

Es wird von der augenblicklichen Position im Satz um n Stellen nach rechts positioniert.

Eingabe: Es werden n Stellen überlesen.
Ausgabe: Es werden n Stellen übersprungen und mit Leerzeichen gefüllt, falls sie noch nicht besetzt waren.

Beispiel:

Es soll von beziehungsweise in Stelle 1 bis 7 und 18 bis 20 übertragen werden: (I7,10X,I3)

T–Format: Tc TRc TLc

Das T–Format dient zur Positionierung. Tc bedeutet, daß im aktuellen Ein– oder Ausgabesatz auf das c–te Zeichen positioniert wird. TRc bedeutet Positionierung um c Zeichen nach rechts. TLc bedeutet Positionierung um c Zeichen nach links, höchstens aber bis zum ersten Zeichen zurück. Wird bei der Ausgabe auf ein Zeichen positioniert, das außerhalb des bisher belegten Bereiches liegt, so werden die dazwischenliegenden Zeichen mit Leerzeichen gefüllt.

Beispiel:

Bei Eingabe mit I6,T1,I3,I3 werden die ersten 6 Zeichen eines Eingabesatzes zuerst als eine Zahl, dann als zwei Zahlen gelesen.

Bei Eingabe mit I6,TL4,I4 werden 6 Ziffern als eine Zahl und anschließend die letzten 4 Ziffern dieser Zahl als weitere Zahl gelesen.

Bei Eingabe mit T50,I5 wird ab dem 50sten Zeichen eine Zahl im Format I5 gelesen oder geschrieben. Bei der Ausgabe werden die nicht besetzten Stellen 1 bis 49 mit Leerzeichen gefüllt.

Skalenfaktor: kP

k ist eine INTEGER–Konstante (eventuell mit Vorzeichen). Der Skalenfaktor wirkt auf alle anschließend benutzten F–, E–, D– und G–Formate.

Eingabe: Steht im Eingabefeld ein Exponent, so hat der Skalenfaktor keine Wirkung. Sonst ist die im Eingabefeld dargestellte Zahl gleich 10**k mal der übertragenen Zahl.

Ausgabe: F–Format: Der auszugebende Wert wird mit 10**k multipliziert.
E– und D–Format: Der Exponent wird um k verringert und die Mantisse mit 10**k multipliziert (Verschiebung des Dezimalpunktes bei gleichbleibendem Wert).
G–Format: Erfolgt die Ausgabe ohne Exponent, so wirkt der Skalenfaktor wie beim F–Format, sonst wie beim E–Format.

Beispiel:

Eingabefeld	Skalenfaktor	Formatelement	Wert
12.E-7	3P	F6.1	12.E-7
12.345	3P	F6.1	12.345E-3

Wert	Skalenfaktor	Formatelement	Ausgabefeld
12.345	2P	F6.1	1234.5
12.345	4P	E11.4	1234.5E-02

Blank–Steuerung: BN, BZ

Die Blank–Steuerung wirkt nur bei der Eingabe und nur bei den Formatelementen I, F, E, D und G.
BN: (Voreinstellung) Leerzeichen im Eingabefeld werden nachfolgend ignoriert (aber bei der Feldweite w mitgezählt). Ein Feld, das nur aus Leerzeichen besteht, hat den Wert 0.
BZ: Leerzeichen werden durch 0 ersetzt.

Beispiel:

```
      READ(*,20) I,J,K
   20 FORMAT(BN,I3,BZ,I2,BN,I4)
```

ergibt bei Eingabe der Werte ␣1␣1␣2␣1␣ folgende Belegung: I=1, J=10, K=21.

Vorzeichensteuerung: S, SP, SS

Bei Programmstart existiert eine rechnerabhängige Voreinstellung, ob bei positiven Zahlen ein Pluszeichen als Vorzeichen ausgegeben wird oder nicht. Durch die Angabe SP wird nachfolgend stets das Pluszeichen ausgegeben, durch SS wird es unterdrückt. Mit S wird die Voreinstellung wieder wirksam. Auf negative Werte wirkt die Vorzeichensteuerung nicht.

Beispiel:

Wert	Formatelemente	Ausgabefeld
123.4	SP, F6.1	+123.4
123.4	SS, F6.1	␣123.4
-12.3	SS, F6.1	␣-12.3

Formatelementtrenner

Die einzelnen wiederholbaren und nichtwiederholbaren Formatelemente müssen durch jeweils mindestens eines der folgenden Trennelemente voneinander getrennt werden:

Komma: ,

Trennt zwei Formatelemente, hat ansonsten keine Wirkung.

Schrägstrich: [,rep]/

Durch den Schrägstrich wird der aktuelle Ein-/Ausgabesatz abgeschlossen und ein neuer begonnen.

Beispiel:

Bei der Eingabe von insgesamt 100 Feldelementen soll nach jeweils 10 Elementen ein neuer Eingabesatz begonnen werden:

```
    REAL A(100)
    READ(*,100) A
100 FORMAT(10(10F6.2/))
```

Durch mehrere Schrägstriche hintereinander beziehungsweise in der Form "rep/" werden bei der Eingabe Sätze überlesen und bei der Ausgabe Leerzeilen erzeugt.

Doppelpunkt: :

Der Doppelpunkt beendet die Ein-/Ausgabe, falls in der E/A–Liste kein Element mehr vorhanden ist.

Beispiel:

Die Anweisungsfolge

```
   WRITE(*,10) I,J
10 FORMAT(' ',I5,' =I, J= ',I5:' K=',I5)
```

erzeugt für I=3 und K=5 den Ausdruck: ␣␣␣␣3␣=I,␣J=␣␣␣␣␣5, während bei einem Format

10 FORMAT(' ',I5,' =I, J= ',I5,' K=',I5)

der Ausdruck ␣␣␣␣3␣=I,␣J=␣␣␣␣␣5␣K= entsteht.

Bildung der Formatelementfolge

Die Formatelementfolge entsteht im Normalfall durch Auswertung von Replikatoren und Klammern. Ist die so entstehende Folge kürzer als von der E/A–Liste gefordert, muß diese Folge fortgesetzt werden. Hierzu wird die Klammerung des Formats ausgewertet. Die Klammern werden nach der Schachtelungstiefe gekennzeichnet:

```
(I10,3(F5.1,2(7X,I2),I3),2(I3,I4),I4)
 0.   1.    2.    2. 1.  1.    1.  0. Ordnung
```

Es wird das Format von der am weitesten rechts stehenden öffnenden Klammer erster Ordnung an wiederholt. Dabei werden davor stehende Replikatoren ausgewertet. Existiert keine solche Klammer, so wird von der öffnenden Klammer nullter Ordnung an wiederholt. Bei jeder Wiederholung wird ein neuer Datensatz begonnen.

Beispiel:

Die Formatspezifikation (I3,2(I2,I3),I4) ergibt eine Folge von Formatelementen:

(I3,2(I2,I3),I4 :/2(I2,I3),I4 :/2(I2,I3),I4 :/2(···

Druckbildsteuerung

Handelt es sich bei der Ausgabe um eine **Druckausgabe**, so wird eine zusätzliche Steuerung des Druckbildes vorgenommen. Jeweils das erste Zeichen eines Ausgabesatzes wird als Vorschubzeichen interpretiert und selbst nicht mit ausgegeben. Folgende Zeichen sind als Vorschubzeichen erlaubt:

Leerzeichen	Druck in die nächste Zeile
0	Druck in die übernächste Zeile
1	Druck in die erste Zeile einer neuen Seite
+	Druck in dieselbe Zeile (kein Vorschub)

Ein Leersatz ergibt eine Leerzeile.
Es wird das erste Zeichen des entstehenden Ausgabesatzes als Vorschubzeichen gedeutet und nicht das erste Zeichen des Formats.

Beispiel:

('1',I5)   Druck auf einer neuen Seite.
(␣'+',I7)   Druck in dieselbe Zeile. Das Pluszeichen dient als Vorschubssteuerung.

10.2 Ein- und Ausgabe in Fortran 90

Bei der Verwendung von T werden bereits vorhandene Zeichen eventuell überschrieben.

Beispiel:

Die Formatelementfolge (' ','12345',T1,'1678') ergibt zunächst den Ausgabesatz 12345 und dann den Ausgabesatz 167845. Die führende 1 wird also das Vorschubzeichen und es ergibt sich auf einer neuen Seite das Druckbild 67845.

Das Vorschubzeichen kann auch als Teil eines numerischen Formats entstehen: Die Anweisungsfolge

```
       I=147
       WRITE(*,10) I
10 FORMAT(I3)
```

ergibt den Ausgabesatz 147. Die 1 wird als Vorschubzeichen interpretiert und es wird auf einer neuen Seite die Ausgabe 47 erzeugt.

Da nach jedem Schrägstrich ein neuer Satz begonnen wird, wird auch hier jeweils das erste Zeichen des Ausgabesatzes als Vorschubzeichen gewertet. Das gleiche gilt bei der Wiederholung aufgrund einer zu kurzen Formatelementfolge: (' 1234',/,'+',10X,'5678') ergibt zunächst den Ausgabesatz ␣1234 und dieser den Ausdruck 1234 in der nächsten Zeile. Der zweite Ausgabesatz ist +␣␣␣␣␣␣␣␣␣␣5678. Dieser wird in dieselbe Zeile gedruckt, so daß sich hieraus das endgültige Druckbild ergibt: 1234␣␣␣␣␣␣5678.

Auf diese Weise sind auch Fettdruck und sonst nicht darstellbare Zeichen wie zum Beispiel Ø möglich.

Zu beachten ist, daß bei Verwendung von Tc auf das c-te Zeichen des Ausgabesatzes (inklusive des Vorschubzeichens) positioniert wird, also auf die (c–1)-te Druckstelle.

Beispiel:

Es sollen die Werte eines 200×5–Feldes in einer Tabelle ausgegeben werden. Je Seite sollen maximal 55 Zeilen ausgedruckt werden, dazu zusätzlich eine Überschrift mit Seitennummer.

```
       PROGRAM TAB
       REAL,DIMENSION(1:200,1:5) :: FELD
       INTEGER :: ZEILE=55, SEITE=0, ZAEHL1, ZAEHL2
       ! Zeile=55, damit auch auf der ersten Seite eine Ueberschrift
       ! erscheint
       :
!      Schleife ueber alle Feldelemente:
       DO ZAEHL1 = 1, 200
!         Zeilen je Seite zaehlen:
          ZEILE = ZEILE + 1
```

```
      !       nur 55 Zeilen je Seite:
              IF(ZEILE .GT. 55) THEN
      !         neue Seite!
                ZEILE = 1
                SEITE = SEITE + 1
      !         neue Ueberschrift auf die neue Seite:
                WRITE(*,100) SEITE
              ENDIF
      !       Ausgabe der 5 Feldelemente in einer Zeile:
              WRITE(*,101) ZEILE,ZAEHL1,(FELD(ZAEHL1,ZAEHL2),&
                           ZAEHL2=1,5)
            ENDDO
      !     Formatanweisung fuer die Ueberschrift:
      100 FORMAT('1',5X,'ZEILE |   I   |    F(I,1)   |', &
                  '   F(I,2)   |   F(I,3)   |   F(I,4)   |',&
                  '   F(I,5)', 10X,'SEITE ',I2 / ' ',79('-') )
      !     Formatanweisung fuer die Feldelementausgabe:
      101 FORMAT(' ',7X,I2,'   |   ',I3,2X, 5('|',F11.3,1X))
            :
```

10.2.5 Listenorientierte Ein-/Ausgabe

Wir haben die listenorientierte E/A bereits bei den einfachen Programmen kennengelernt. Die genaue Syntax dieser E/A-Form ist im Abschnitt 10.2.1 angegeben. Die Wirkung ist wie bei der formatgesteuerten E/A. Es ist nur das Druckbild beziehungsweise der Eingabesatz anders aufgebaut.

Ausgabe: Die PRINT-Anweisung beziehungsweise die WRITE-Anweisung mit der Angabe "FMT=*" beginnt eine neue Ausgabezeile. Das erste Zeichen, ein Leerzeichen, wird automatisch in den Ausgabesatz eingesetzt. Es wird bei der Druckausgabe als Vorschubzeichen verwendet. Numerische Werte werden mit passenden Formaten ausgegeben und durch Trennzeichen getrennt. Als Trennzeichen sind möglich:

- ein oder mehrere Leerzeichen oder

- ein Komma gegebenenfalls mit Leerzeichen davor und/oder dahinter.

Komplexe Werte werden in Klammern eingeschlossen und Real- und Imaginärteil durch Komma getrennt. Bei Bedarf werden neue Ausgabesätze begonnen. Haben mehrere aufeinanderfolgende Ausgabegrößen identische Werte, so ist die Form "r∗ Wert" erlaubt, wobei r ein Replikator ist. Vor und hinter CHARACTER-Größen wird kein Trennzeichen ausgegeben. Logische Werte werden durch "T" beziehungsweise "F" dargestellt.

Eingabe: Ein Eingabesatz besteht aus einer Folge von Werten und Trennzeichen. Das Satzende hat (außer in Zeichenfolgen) die gleiche Wirkung wie das Leerzeichen. An Werten gibt es:

10.2 Ein– und Ausgabe in Fortran 90

- leere Werte (d.h. kein Wert zwischen zwei Trennzeichen),
- Konstanten (gebenenfalls mit Vorzeichen),
- r∗ ␣(r mal der leere Wert) und
- r∗ Konstante (r mal die Konstante).

Als Trennzeichen sind möglich:

- ein Komma eventuell mit Leerzeichen davor und/oder dahinter,
- ein Schrägstrich eventuell mit Leerzeichen davor und/oder dahinter sowie
- ein oder mehrere Leerzeichen zwischen zwei Konstanten oder hinter der letzten Konstante.

Die Werte müssen zuweisungskompatibel für die zu belegenden Größen sein, d.h. es findet Anpassung nach oben statt. Leerzeichen dienen außer in CHARACTER–Konstanten, die durch Begrenzer eingeschlossen sind, als Trenner. Für COMPLEX–Größen werden zwei in Klammern eingeschlossene und durch Komma getrennte Werte erwartet. Einzugebende Zeichenfolgen werden in Apostrophe eingeschlossen und jeder Apostroph durch zwei aufeinanderfolgende Apostrophe dargestellt. Ein leerer Wert bewirkt, daß das zugehörige Eingabeelement nicht verändert wird. Wird der Trenner "/" erreicht, so wird der Eingabevorgang beendet, und noch nicht bearbeitete Eingabeelemente behalten ihre Werte. Sind noch Eingabeelemente vorhanden, der aktuelle Datensatz ist aber beendet, so wird ein neuer Datensatz begonnen.

10.2.6 Namensgesteuerte Datenübertragung

Die Datenübertragung mittels NAMELIST wird hier nur kurz besprochen. Für die Nutzung dieser E/A ist es notwendig, daß die zu übertragenden Größen mit einer NAMELIST–Anweisung in einer Gruppe zusammengefaßt werden:

namelist_anweisung := NAMELIST /nml_grp/oliste [/nml_grp/oliste]$^\infty$

nml_grp	Name
oliste	Variable [,Variable]$^\infty$

In der Objektliste `oliste` dürfen keine Größen enthalten sein, die nicht auch in der Ausgabeliste oder der Eingabeliste einer Datentransferanweisung erlaubt sind (zum Beispiel Objekte abgeleiteten Datentyps mit POINTER– Komponente).
Die NAMELIST-Gruppe `nml_grp` darf in einer Datentransferanweisung als Steuerelement NML auftreten. Dann werden die in der NAMELIST-Gruppe zusammengefaßten Variablen in der E/A–Anweisung bearbeitet:

- Bei der Dateneingabe bestehen die Eingabewerte aus Sätzen der Art

    &nml_grp Variable=Wert [,Variable=Wert]$^\infty$[/]

    Der zur NAMELIST–Gruppe gehörigen Variablen wird der spezifizierte Wert zugewiesen. Die Aufzählung der Variablen ist unabhängig von ihrer Reihenfolge in der Objektliste. Nicht genannte Variablen aus der NAMELIST–Gruppe verändern ihren Definitionsstatus und Wert nicht. Der Trenner "/"beendet die Eingabe.

- Bei der Datenausgabe wird eine der Eingabe entsprechende Ausgabe erzeugt. Die zur NAMELIST–Gruppe gehörigen Variablenwerte werden dabei in der Reihenfolge ausgegeben, die in der Objektliste vereinbart wurde.

Beispiel:

```
PROGRAM EA_NML
    INTEGER :: I1,I2
    REAL :: A
    CHARACTER*5 :: C1,C2
    NAMELIST /GR1/ I1,A,C1,  /GR2/ I2,A,C2
    READ (*,GR1)
    READ (*,GR2)
    WRITE (*,NML=GR1)
    WRITE (*,GR2)
END
```

Eingabe:

```
&GR1 I1=1,C1='EINS', A=3.5
&GR2 I2=2, C2='ZWEI' /
```

Ausgabe:

```
&GR1 I1=1 A=3.5 C1='EINS'
&GR2 I2=2 A=3.5 C2='ZWEI'
```

10.2.7 Stromorientierte E/A

Mit Einführung des neuen Standards kennt Fortran auch eine stromorientierte E/A. Diese wird durch Angabe von ADCANCE='NO' in der Steuerelementliste der READ– beziehungsweise der WRITE–Anweisung eingestellt. Damit ist es möglich, mit einer nachfolgenden Datentransferanweisung an genau der Stelle wieder aufzusetzen, an der die vorherige Anweisung geendet hat: Der Zugriff erfolgt also nicht mehr satzweise. Entsprechend muß bei der Eingabe auch für die im Eingabedatenstrom enthaltenen Satztrennzeichen eine spezielle Behandlung durch Angabe des IOSTAT– oder EOR– Parameters vorgesehen werden. Geschieht dies nicht, so wird die Dateneingabe bei

Erreichen eines Satzendes mit Fehler abgebrochen. Bei der Datenausgabe wird ein Satztrennzeichen erzeugt, indem an der erforderlichen Stelle eine WRITE–Anweisung mit dem Steuerelement ADVANCE='YES' eingefügt wird.

Beispiel:

Es wird ein fortlaufender Text mit unbekannter Satzlänge eingelesen und direkt wieder ausgedruckt.

```
PROGRAM EA_STROM
   CHARACTER*1 EIN
   INTEGER IOVAR
10 DO
      READ (*,'(A1)',ADVANCE='NO',IOSTAT=IOVAR,END=99) EIN
      IF (IOVAR==(-1)) THEN
         ! NAG-COMPILER, -1 HEISST SATZENDE
         WRITE (*)
      ELSE
         WRITE (*,'(A1)',ADVANCE='NO') EIN
      ENDIF
   ENDDO
99 PRINT *
   PRINT *,'   DATENENDE   '
END
```

Ein weiteres Beispiel für die Verwendung der stromorientierten E/A findet sich im Programm `f90_utility` in Abschnitt 2.5. Dort wird der Parameter ADVANCE='NO' dazu benutzt, eine Eingabe direkt hinter eine vorherige Eingabeanforderung zu plazieren.

11 Dateibearbeitung

Im vorangegangenen Kapitel wurde schon mehrfach darauf hingewiesen, daß Daten außer auf Standardmedien auch in beziehungsweise aus Dateien übertragen werden können. Damit erhalten wir insbesondere eine Möglichkeit, diese Daten in rechnerverarbeitbarer Form zu speichern und für spätere Programmläufe oder andere Auswertungen aufzubewahren.

Dateien sind keine Elemente von Fortran, sondern sie sind Elemente des umgebenden Betriebssystems. Von Fortran aus erfolgt der Zugriff auf die Dateien ausschließlich über Datenströme, die über symbolische Gerätenummern identifiziert werden. Die Benennung der und die Zugriffsart auf die Dateien richtet sich nach den Vorgaben des Betriebssystems. Wegen der engen Einbettung von Dateien in das Betriebssystem folgen nun zunächst einige grundlegende Bemerkungen zu den Betriebssystemen.

11.1 Betriebssystemeinbettung

11.1.1 Betriebssysteme

Betriebssysteme beinhalten die Schnittstelle, über die ein Benutzer mit einem Rechner kommuniziert. Dies äußert sich darin, daß wir viele Leistungen nicht mehr selbst in allen Arbeitsschritten zu formulieren haben, sondern lediglich vom Betriebssystem her anfordern müssen. Die Eingaben an das Betriebssystem geschehen in Form von **Steueranweisungen** (Job Control Statements); die Menge der zulässigen Steueranweisungen heißt **Kommandosprache** (Job Control Language). Diese ist natürlich von System zu System verschieden, also stark rechnerabhängig. Erst in den letzten Jahren wurden Betriebssysteme entwickelt, die dem Benutzer eine nahezu rechnerunabhängige Schnittstelle bieten: Ein Beispiel hierfür ist das Betriebssystem UNIX.

Wenn eine Rechenanlage über die notwendigen Speichermedien (zum Beispiel Magnetplatten und Disketten, also externe Speichermedien) verfügt, so bietet sie uns insbesondere die Möglichkeit, Daten langfristig aufzubewahren. Rechnen mehrere Benutzer gemeinsam auf einer Anlage, so ist es erforderlich, daß diese Daten vor unberechtigtem Zugriff geschützt werden. Ebenso bedarf es auch eines Schutzes vor unbeabsichtigtem Überschreiben unserer Daten durch uns selbst. Diese Aufgabe übernimmt das Betriebssystem: Es verhindert unzulässige Speicherzugriffe und verwaltet den externen Speicher.

Wird ein Rechner von mehreren Benutzern nicht nur gemeinsam, sondern sogar gleichzeitig (zum Beispiel über Terminals) benutzt, so fallen dem Betriebssystem weitere Aufgaben zu.

Zunächst trifft der Schutz von Daten nicht nur auf externe Speicher, sondern insbesondere auch auf den Hauptspeicher zu: Programme und deren Arbeitsspeicher müssen vor gegenseitiger Einflußnahme geschützt werden. Die gleichzeitige Benutzung führt aber darüber hinaus zu einem Konkurrenzkampf der Benutzerprogramme um die jeweiligen Betriebsmittel wie zum Beispiel Rechnerkernzeit, Speicherplatz und periphere Geräte. Zu diesem Zweck enthalten Betriebssysteme unterschiedliche Strategien zur Lösung der Konflikte bei Anforderung derselben Betriebsmittel:

- So wird beispielsweise die Rechnerkernzeit für Dialoge nur "häppchenweise" zugeteilt. Die einzelnen Benutzerprogramme werden abwechselnd verdrängt oder dürfen rechnen. Dieses Vorgehen ist unter dem Begriff **Time-Sharing** bekannt.

- Ausgaben auf Drucker erfolgen beispielsweise nicht sofort. Die Information wird zwischengespeichert und erst dann gedruckt, wenn der Drucker frei ist. Das Programm, von dem aus der Druckauftrag gegeben worden ist, merkt davon nichts und darf ohne Pause weiterrechnen.

Weiterhin unterstützen Betriebssysteme

- eine Benutzerverwaltung, damit nur zugelassene Benutzer auf der Anlage rechnen können,

- Abrechnungen über die erbrachten Rechnerleistungen sowie

- eine durchsatzorientierte Steuerung des Rechenbetriebes.

Ein Betriebssystem ist also das zentrale Softwareprodukt eines Rechners. Bedingt durch seine mannigfaltigen Aufgaben benötigt es damit auch ständig einen Teil der Betriebsmittel zum Beispiel des Hauptspeichers für sich selbst, der somit nicht mehr den Benutzern zur Verfügung steht.

Erwähnt werden sollte noch, daß ein Compiler nicht Bestandteil eines Betriebssystems ist. Hier wird eine organisatorische Trennung vorgenommen. Das Betriebssystem bietet jedoch die Möglichkeit, ausführbare Programme durch Steueranweisungen aufzurufen. Ein Compiler ist für das Betriebssystem ein Programm.

11.1.2 Dateien

Eine **Datei** ist eine zusammengehörige Folge von Zeichen oder Werten, welche auf einem (magnetischen) Speichermedium einer Rechenanlage abgelegt und mit einem Namen gekennzeichnet ist (vgl. Abschnitt 10.1.3). Diese Definition impliziert gleichzeitig die Existenz eines Betriebssystems. Nur in diesem Fall können wir abgespeicherte Information auf solch einfache Weise über einen (frei wählbaren) Namen ansprechen und bearbeiten. Die Festlegung des zugehörigen Speicherbereichs unter Beachtung des Schutzes anderer Daten sowie die Durchführung von Datentransporten übernimmt nach entsprechender Anweisung das Betriebssystem.

Die Begriffe Datei und Betriebssystem setzen sich also gegenseitig voraus, denn ohne Einführung von Dateien kann ein Betriebssystem viele der Aufgaben, wie sie im vorangegangenen Abschnitt formuliert worden sind, auch nicht erfüllen.

Der im Hauptspeicher einer Rechenanlage benötigte Bereich für Konstanten, Variablen und Felder eines Programms ist keine Datei. Er trägt keinen Namen. Seine Bearbeitung (genauer: die Bearbeitung der einzelnen Speicherplätze) wird durch die Anweisungen eines Programms geregelt und nicht über Steueranweisungen an das Betriebssystem. Wir können sogar allgemein sagen: Es gibt keine Dateien im Hauptspeicher eines Rechners, sondern nur auf externen Datenträgern.

Dateien können über eine unterschiedliche Lebensdauer verfügen. Dateien, die nur während eines Programmlaufs existieren und bei Programmende gelöscht werden, nennen wir **Scratch**-Dateien. Für diese Dateien besteht somit keine Möglichkeit oder Notwendigkeit, sie auch außerhalb des Programms zum Beispiel über Steueranweisungen anzusprechen.

Dateien, die zwar einen Programmlauf überdauern, aber mit Beendigung der aktuellen Bearbeitung implizit gelöscht werden, heißen **lokale** Dateien. Solche Dateien können beispielsweise zur Übergabe von Daten zwischen aufeinanderfolgenden Programmen dienen.

Dateien, die langfristig existieren, bis sie explizit gelöscht werden, heißen **permanente** Dateien .

Scratch-Dateien und lokale Dateien sind oft dadurch gekennzeichnet, daß sie auf externen Speichern liegen, die schneller zugreifbar sind als die Speichermedien für permanente Dateien. Die Permanentspeicher verfügen wiederum meist über höhere Speicherkapazitäten.

11.1.3 Dateistrukturen

Auf die Strukturierung von Dateien in Form von Sätzen sind wir bereits in Abschnitt 10.1.3 eingegangen. Hier sollen noch einmal die Möglichkeiten aufgezeigt werden, wie diese Einteilung in Sätze realisiert werden kann. Dazu unterteilen wir die Dateien in drei Typen.

Typ 1: Dateien mit fester Satzlänge

Mit Kreation einer Datei legen wir die Länge der Sätze in Anzahl Zeichen oder Werte einheitlich fest. Diese **Satzlänge** wird dann weiter vom Betriebssystem ausgewertet. Legen wir beispielsweise Daten in einer Datei mit Satzlänge 80 Zeichen ab, so weiß nachher das Betriebssystem, daß nach 80, 160, 240, 320, ... Zeichen ein neuer Satz beginnt.

Bleiben wir bei diesem Beispiel, so stellen wir gleich einen Nachteil dieser Realisierung fest. Enthält eine Eingabezeile weniger als 80 Zeichen, so werden neben diesen relevanten Zeichen noch unnütze Leerzeichen mit abgespeichert. Dieses Verfahren führt also bei unterschiedlichen Längen der relevanten Information der Sätze zu einer Speicherplatzverschwendung. Dafür ist es aber besonders einfach zu handhaben.

> Typ 2: Dateien mit variabler Satzlänge

In die Datei werden zusätzliche Bit-Kombinationen eingetragen, welche eindeutig das Ende jeweils eines Satzes kennzeichnen. Wir nennen diese Kennzeichen **Satzendemarken**. Gelangt das Betriebssystem beim Durchlesen der Datei also an eine Satzendemarke, so erkennt es hieran das Ende eines Satzes beziehungsweise den Anfang eines neuen Satzes.

> Typ 3: Indexsequentielle Dateien

Das Betriebssystem hält sich zu einer Datei eine Liste mit Verweisen auf die Anfangsspeicherplätze und den Längen jedes Satzes (**Inhaltsverzeichnis**).

Sätze der Dateitypen 1 und 2 sind durch die Reihenfolge ihrer Ablage jeweils mit einer **Satznummer** gekennzeichnet, die nicht Bestandteil eines Satzes selbst ist: Beim Typ 1 beginnt der Satz mit der Nummer n mit dem ((n−1)∗satzlänge+1)-ten abgespeicherten Zeichen beziehungsweise Wert, beim Typ 2 hinter der (n−1)-ten Satzendemarke.
Hält sich ein Betriebssystem eine Verweisliste (Typ 3), so besteht auch meist die Möglichkeit, von der natürlichen Numerierung auf eine beliebige **Satzbezeichnung** auszuweichen. Außerdem braucht dann die logische Aufeinanderfolge der Sätze nicht mit der tatsächlichen Abspeicherungsfolge übereinzustimmen.
Einige Betriebssysteme erlauben es, über die Satzstruktur einer Datei noch weitere Strukturen zu legen. Eine Folge von Sätzen nennen wir dann auch **Block** .

11.1.4 Bearbeitung von Dateien

Wir können in Dateien sowohl lesen als auch schreiben, auf gewisse Sätze (speziell Anfang oder Ende der Datei) positionieren, Dateien zur Bearbeitung an- oder von der Bearbeitung abmelden, neue Dateien einrichten, alte Dateien löschen oder uns über bestehende Dateien informieren. Dies kann nicht nur durch Benutzung der Steuersprache des Betriebssystems geschehen. Teile der Datenhaltungsmöglichkeiten können auch auf Programmiersprachenebene ausgenutzt werden. Die verschiedenen Programmiersprachen unterscheiden sich hier ganz erheblich in den angebotenen Möglichkeiten.
Wurden bisher die Sätze einer Datei **sequentiell**, d.h. in der Reihenfolge ihrer Numerierung bearbeitet, so können aber auch Sätze über ihre Satzbezeichnung beziehungsweise Satznumerierung angesprochen werden. Wir nennen dies **direkten Zugriff** oder auch wahlfreien Zugriff, **Random-Zugriff**. Solch ein Zugriff ist nur bei den Dateitypen 1 und 3 möglich: Hier läßt sich durch die feste Satzlänge oder über das Inhaltsverzeichnis direkt auf den Anfangsspeicherplatz eines beliebigen Satzes positionieren. Dateien des Typs 2 sind für einen sequentiellen Zugriff, eventuell mit der Möglichkeit des relativen Verschiebens durch Vor- oder Rückpositionierung um eine anzugebende Anzahl von Sätzen, geeignet. Selbstverständlich lassen sich Dateien der Typen 1 und 3 (meist) auch sequentiell lesen.

11.2 Dateibearbeitung in Fortran 90

Fortran 90 kennt zwei Arten von Dateien:

- **externe** Dateien, d.h. "echte" Dateien im Sinne des Abschnitts 11.1, und

- **interne** Dateien.

Interne Dateien sind ein Bereich im Arbeitsspeicher des Fortran-Programmes. Es wird auf einem Feld, einem Feldelement oder einer Variablen vom Typ CHARACTER eine "echte" Datei simuliert.

Dateien verfügen über erlaubte Zugriffsmethoden, d.h. für jede Datei ist festgelegt, ob sie sequentiell oder direkt bearbeitet werden kann.
Für Dateien mit direktem Zugriff ist eine feste Satzlänge für alle Sätze festgelegt. Hier spiegelt sich die Tatsache wider, daß die meisten Betriebssysteme für einen direkten Zugriff nur Dateien des Typs 1 (und nicht des Typs 3) zur Verfügung stellen können. Die Sätze werden durch ihre Satznummer identifiziert. Eine Datei kann in Fortran 90 nicht gemischt sequentiell und direkt bearbeitet werden.

11.2.1 E/A-Hilfsanweisungen

Für die Bearbeitung von Dateien in einem Programm ist es erforderlich, daß die in Abschnitt 11.1 aufgezählten Eigenschaften der Dateien auch innerhalb des Programms abfragbar oder einstellbar sind. Fortran 90 verfügt hierzu über eine Reihe von E/A–Hilfsanweisungen, die im folgenden besprochen werden. Diese Anweisungen sind nur für externe Dateien zulässig.

In Fortran kann eine Ein- oder Ausgabe nur vorgenommen werden, wenn eine Verbindung zwischen der zu bearbeitenden Datei und der (in den zugehörigen READ–beziehungsweise WRITE–Anweisungen vorkommenden) symbolischen Gerätenummer hergestellt ist. Die Zuordnung geschieht im Programm über die OPEN–Anweisung. Eine Datei darf nur einer einzigen Gerätenummer zugeordnet werden und umgekehrt. Erst nach einem Lösen der Verbindung kann eine erneute, auch andere Zuordnung erfolgen. Andererseits können aber mehrere Zuordnungen zwischen verschiedenen Dateien und verschiedenen Gerätenummern gleichzeitig im Programm bestehen.

Die Zuordnung zwischen einer Datei und einer symbolischen Gerätenummer ist nicht auf den Geltungsbereich einer Programmeinheit beschränkt, sondern gilt global. D.h. sobald eine Zuordnung getroffen worden ist, gilt diese Zuordnung für alle nachfolgenden Anweisungen des Programms bis zur END–PROGRAM–Anweisung oder bis zu einer Anweisung, die diese Verbindung explizit wieder löst. Dies schließt auch ein, daß eine Zuordnung in irgendeinem Unterprogramm innerhalb der Aufrufhierarchie getroffen werden kann und daß diese Zuordnung dann auch in nachfolgenden Anweisungen des Hauptprogramms noch gültig ist.

Die Zuordnung zwischen einer Datei und einer symbolischen Gerätenummer wird wie gesagt mit Hilfe der OPEN–Anweisung hergestellt. Darüber hinaus können hiermit die in Abschnitt 11.1 besprochenen Dateicharakteristiken definiert oder gegebenenfalls auch geändert werden. Für jede zu vereinbarende Datei muß eine eigene OPEN–Anweisung vorgesehen werden.

$$\text{open\_anweisung} := \text{OPEN (open\_elem[,open\_elem]}^\infty)$$

open_elem	$\left\{\begin{array}{l}\text{[UNIT=] sgnr}\\ \text{IOSTAT= iostatus}\\ \text{ERR= anwnr}\\ \text{FILE= filename}\\ \text{STATUS= status}\\ \text{ACCESS= zugriff}\\ \text{FORM= formatierung}\\ \text{RECL= satzlänge}\\ \text{BLANK= blank}\\ \text{POSITION= position}\\ \text{ACTION= aktion}\\ \text{DELIM= begrenzer}\\ \text{PAD= füllerr}\end{array}\right\}$
sgnr	skalarer INTEGER–Ausdruck
iostatus	$\left\{\begin{array}{l}\text{Variable vom Typ Default-INTEGER}\\ \text{Feldelement}\end{array}\right\}$
satzlänge	INTEGER–Ausdruck
filename, status, zugriff, formatierung, blank, position, aktion, begrenzer, füller	Textausdrücke

Die Angaben zu UNIT, IOSTAT und ERR sind bereits ausführlich in Kapitel 10 beschrieben worden. Die Angabe zur symbolischen Gerätenummer `sgnr` muß gemacht werden, "UNIT=" dagegen kann entfallen, falls es das erste Listenelement ist. Über die symbolische Gerätenummer werden die zugehörigen Ein-/Ausgabeanweisungen identifiziert. Diese Angabe korrespondiert mit dem UNIT-Parameter in der READ–Anweisung beziehungsweise der WRITE–Anweisung. `sgnr` darf nicht negativ sein.
Jedes `open_elem` darf höchstens einmal vorkommen.
Bei allen Spezifikationen gilt, daß Leerzeichen in den Textausdrücken optional und ohne Bedeutung für die Interpretation sind. Die Angaben haben im einzelnen folgende Bedeutung:

- Die Variable `iostatus` erhält bei fehlerfreier Ausführung den Wert 0 und sonst einen anlagenabhängigen positiven Wert.

11.2 Dateibearbeitung in Fortran 90

- `anwnr` ist die Anweisungsnummer zu einer ausführbaren Anweisung der gleichen Programmeinheit, die im Fehlerfall angesprungen wird.

- `satzlänge` muß größer als 0 sein. Die Angabe muß für Dateien mit direktem Zugriff gemacht werden, sonst ist sie nicht erlaubt. Es wird die Anzahl Zeichen bei formatierten Sätzen beziehungsweise die Anzahl anlagenabhängiger Einheiten bei unformatierten Sätzen angegeben. Bei bereits bestehenden Dateien muß dies eine erlaubte Satzlänge für diese Dateien sein.

- Für `filename` ist ein für das spezielle Betriebssystem erlaubter Dateiname anzugeben. Die entsprechende Datei wird `sgnr` zugeordnet. Existiert diese Datei noch nicht, so kann sie eingerichtet werden. Fehlt diese Angabe, und es ist noch keine Datei dieser `sgnr` zugeordnet, so wird `sgnr` einer Datei mit anlagenspezifischem Namen zugeordnet.

- Zulässige Werte für `status` sind:

OLD	Datei existiert bereits; `filename` muß angegeben sein.
NEW	Datei existiert noch nicht; `filename` muß angegeben sein.
SCRATCH	Datei wird nur für den Programmlauf eingerichtet; bei Programmende oder CLOSE wird sie gelöscht; `filename` darf nicht angegeben sein.
REPLACE	Eine eventuell existierende Datei gleichen Namens wird erst gelöscht, anschließend wird eine neue kreiert und der STATUS wird auf OLD gesetzt.
UNKNOWN	Anlagenabhängiger Status.

- Folgende Angaben sind für `zugriff` möglich:

SEQUENTIAL	Die Datei wird sequentiell bearbeitet.
DIRECT	Die Datei wird im direkten Zugriff bearbeitet.

  Die angegebene Zugriffsart muß für die Datei erlaubt sein. Voreinstellung ist SEQUENTIAL.

- Zulässige Angaben für `formatierung` sind:

FORMATTED	Die Datei soll formatiert bearbeitet werden.
UNFORMATTED	Die Datei soll mit formatfreier E/A bearbeitet werden.

  Voreinstellung bei sequentiellen Dateien ist FORMATTED, bei Direktzugriffsdateien UNFORMATTED. Die Angabe zu `formatierung` muß bei bereits bestehenden Dateien für diese Dateien zulässig sein.

- Folgende Werte sind für `blank` möglich:

NULL	Leerzeichen in numerischen Eingabefeldern werden ignoriert.
ZERO	Leerzeichen in numerischen Eingabefeldern werden durch Nullen ersetzt.

Angaben zu `blank` sind nur bei Dateien zulässig, die als FORMATTED gekennzeichnet sind. Voreinstellung ist NULL.

- Folgende Werte sind für `position` möglich:

ASIS	Die Schreib/Leseposition in der Datei wird unverändert gelassen, wenn die Datei bereits angeschlossen ist (Voreinstellung).
REWIND	Die Schreib/Leseposition wird auf den Dateianfang gesetzt.
APPEND	Die Schreib/Leseposition wird auf das Dateiende gesetzt.

- Folgende Werte sind für `aktion` möglich:

READ	Für diese Verbindung sind die Anweisungen WRITE und ENDFILE nicht erlaubt.
WRITE	Für diese Verbindung sind keine READ-Anweisungen erlaubt.
READWRITE	Alle Datentransferanweisungen sind zugelassen.

- Folgende Werte sind für `begrenzer` möglich:

APOSTROPHE	Bei listen- und namelistorientierter E/A werden Zeichenkettenkonstanten in Apostrophe eingeschlossen.
QUOTE	Bei listen- und namelistorientierter E/A werden Zeichenkettenkonstanten in Anführungszeichen (Doppelapostrophe) eingeschlossen.
NONE	Zeichenkettenkonstanten werden ohne `begrenzer` ausgegeben. Diese Angabe ist nur bei formatierter E/A erlaubt; sie ist dort auch Voreinstellung.

- Folgende Werte sind für `füller` möglich:

YES	Eingabefelder, für die kein Eingabewert angegeben worden ist, werden mit Leerzeichen aufgefüllt.
NO	Für jedes Eingabeelement muß ein Eingabewert explizit angegeben werden.

  Dieser Parameter darf nur bei formatierter E/A spezifiziert werden.

Beispiel:

```
OPEN (10,FILE='TEST',IOSTAT=IOVAR,STATUS='NEW')
```

Die Datei TEST wird neu kreiert und unter der symbolischen Gerätenummer 10 im Programm verfügbar gemacht. Falls hierbei ein Fehler auftritt, ist der Fehlercode anschließend über IOVAR abfragbar.

```
OPEN (UNIT=20,FILE='DATEN', STATUS='OLD', ACTION='READ')
```

Die im Betriebssystem vorhandene Datei DATEN wird unter der symbolischen Gerätenummer 20 im Programm verfügbar gemacht. Aus dieser Datei

11.2 Dateibearbeitung in Fortran 90

darf nur gelesen werden. Falls bei der Eröffnung ein Fehler auftritt, wird das Programm wegen fehlender IOSTAT- oder ERR–Angabe mit einem Laufzeitfehler abgebrochen.

Zum Lösen der Zuordnung zwischen der Datei und der Gerätenummer dient die CLOSE–Anweisung.

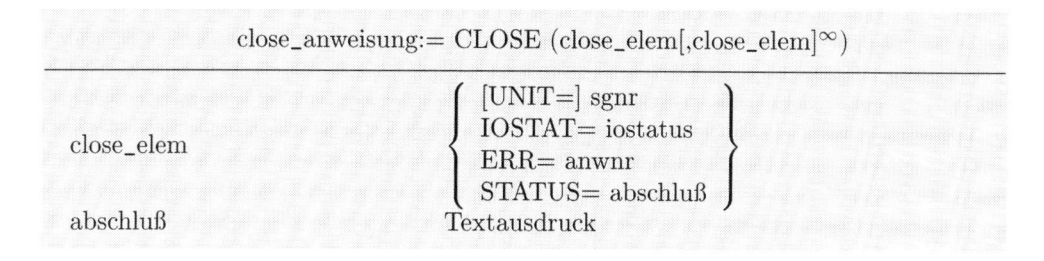

close_anweisung:= CLOSE (close_elem[,close_elem]$^\infty$)	
close_elem	$\left\{\begin{array}{l} \text{[UNIT=] sgnr} \\ \text{IOSTAT= iostatus} \\ \text{ERR= anwnr} \\ \text{STATUS= abschluß} \end{array}\right\}$
abschluß	Textausdruck

Die Angaben zu UNIT, IOSTAT und ERR sind bereits ausführlich in Kapitel 10 beschrieben worden. Die Angabe zu `sgnr` muß gemacht werden, "UNIT=" dagegen kann entfallen, falls es das erste Listenelement ist.

Leerzeichen im Textausdruck für `abschluß` sind optional und ohne Bedeutung für die Interpretation. Die Angaben haben im einzelnen folgende Bedeutung:

- `iostatus` erhält bei fehlerfreier Ausführung den Wert 0 und sonst bei vorhandenem ERR-Parameter einen anlagenabhängigen positiven Wert.

- `abschluß` darf die Werte KEEP und DELETE annehmen. Bei KEEP bleibt die Datei erhalten, bei DELETE wird sie gelöscht. KEEP darf nicht bei Dateien vom Typ SCRATCH angegeben werden. Voreinstellung ist KEEP außer bei STATUS=SCRATCH.

Bei Programmende werden die Zuordnungen automatisch gelöst, d.h. die STOP– und die END–Anweisung implizieren die notwendigen CLOSE–Anweisungen.

Beispiel:

CLOSE (10, STATUS='DELETE')

Die im vorigen Beispiel eröffnete Verbindung zwischen der Datei TEST und der symbolischen Gerätenummer 10 wird gelöst. Die Datei TEST wird dabei gelöscht.

CLOSE (20)

Die im vorigen Beispiel eröffnete Verbindung zwischen der Datei DATEN und der symbolischen Gerätenummer 20 wird gelöst. Die Datei DATEN bleibt im Betriebssystem erhalten, da STATUS die Voreinstellung KEEP besitzt.

Zum Abfragen von Dateieigenschaften dient die INQUIRE–Anweisung. Auch bei dieser Anweisung dient der ERR–Parameter für die Angabe einer Anweisungsnummer, die angesprungen wird, wenn bei der Ausführung der Anweisung ein Fehler eintritt.

Die INQUIRE-Anweisung hat die folgende syntaktische Form.

inquire_anweisung:=	INQUIRE (inquire_elem[,inquire_elem]$^\infty$)
inquire_elem	$\left\{\begin{array}{l} \text{[UNIT=] sgnr} \\ \text{FILE= filename} \\ \text{IOSTAT= iostatus} \\ \text{ERR= anwnr} \\ \text{EXIST= existenz} \\ \text{OPENED= eröffnet} \\ \text{NUMBER= gerätenr} \\ \text{NAMED= benannt} \\ \text{NAME= dname} \\ \text{ACCESS= zugriffsart} \\ \text{SEQUENTIAL= sequentiell} \\ \text{DIRECT= direkt} \\ \text{FORM= formatierungsart} \\ \text{FORMATTED= formatiert} \\ \text{UNFORMATTED= unformatiert} \\ \text{RECL= satzlng} \\ \text{NEXTREC= nummer} \\ \text{BLANK= blnk} \\ \text{POSITION= positionsart} \\ \text{ACTION= aktionsart} \\ \text{READ= lesen} \\ \text{WRITE= schreiben} \\ \text{READWRITE= ls} \\ \text{DELIM= begrenzung} \\ \text{PAD= füllart} \end{array}\right.$
existenz, eröffnet, benannt	skalare LOGICAL-Variable
gerätenr, satzlng, nummer	skalare INTEGER-Variable
dname, zugriffsart, sequentiell, direkt, formatierungsart, formatiert, unformatiert, blnk, positionsart, aktionsart, lesen, schreiben, ls, begrenzung, füllart	skalare CHARACTER-Variable

Für die Parameter der INQUIRE-Anweisung gelten folgende Regeln:

- Es muß genau eine der beiden Angaben UNIT oder FILE gemacht werden, entsprechend wird über die zu **sgnr** gehörende Datei oder die Datei mit dem Namen

11.2 Dateibearbeitung in Fortran 90

`filename` informiert. Die Datei beziehungsweise die `sgnr` muß nicht existieren, und es muß auch keine Zuordnung getroffen worden sein. Alle anderen Spezifikationen dürfen höchstens einmal auftreten.

- `existenz` erhält den Wert .TRUE., falls die angegebene Datei beziehungsweise die angegebene `sgnr` existiert. Sonst wird der Wert .FALSE. angenommen.

- `eröffnet` erhält den Wert .TRUE., falls die Datei beziehungsweise `sgnr` zugeordnet ist. Sonst wird der Wert .FALSE. angenommen.

- `benannt` erhält den Wert .TRUE., falls die Datei einen Namen hat, .FALSE. sonst.

- `gerätenr` erhält als Wert die zur Datei zugeordnete `sgnr`. Liegt keine Zuordnung vor, ist `gerätenr` undefiniert.

- `satzlng` gibt für Dateien mit direktem Zugriff die Satzlänge an. Falls keine Zuordnung vorliegt oder die Datei nicht für direkten Zugriff ist, ist der Wert undefiniert.

- `nummer` erhält als Wert die um 1 erhöhte Nummer des zuletzt bearbeiteten Satzes bei direktem Zugriff. Ist noch kein E/A-Zugriff seit der Zuordnung erfolgt, hat `nummer` den Wert 1. Liegt kein direkter Zugriff vor oder ist bei der E/A ein Fehler aufgetreten, so ist `nummer` undefiniert.

- `dname` erhält als Wert den Dateinamen, falls die Datei einen besitzt, sonst ist `dname` undefiniert (vergleiche auch den STATUS–Parameter in der OPEN–Anweisung).

- `zugriffsart` erhält die Werte SEQUENTIAL oder DIRECT beziehungsweise undefiniert, falls keine Zuordnung vorliegt.

- `sequentiell` erhält den Wert YES, falls SEQUENTIAL eine erlaubte Zugriffsart darstellt, NO sonst und UNKNOWN, falls es nicht festgestellt werden kann.

- `direkt` nimmt die Werte YES, NO und UNKNOWN an (siehe `sequentiell`).

- `formatierungsart` erhält die Werte FORMATTED oder UNFORMATTED. Liegt keine Zuordnung vor, ist `formatierungsart` undefiniert.

- `formatiert` erhält die Werte YES, NO oder UNKNOWN.

- `unformatiert` erhält die Werte YES, NO oder UNKNOWN.

- `blnk` erhält die Werte ZERO oder NULL (vergleiche OPEN–Anweisung). Falls keine Zuordnung oder keine formatierte E/A vorliegt, ist `blnk` undefiniert.

- `positionsart` erhält die Werte APPEND, REWIND oder ASIS entsprechend der Angabe in der OPEN-Anweisung. `positionsart` erhält den Wert UNDEFINED, wenn kein Wert ermittelbar ist oder wenn es sich um Direktzugriffs-E/A handelt.

- `aktionsart` erhält die Werte READ, WRITE oder READWRITE entsprechend der Vereinbarung in der OPEN-Anweisung. `aktionsart` ist UNDEFINED, wenn kein expliziter Wert ermittelbar ist.

- `lesen` erhält den Wert YES, wenn die Verbindung mit ACTION='READ' eröffnet worden ist, und NO, wenn WRITE oder READWRITE angegeben wurde. `lesen` erhält den Wert UNKNOWN, wenn kein expliziter Wert ermittelbar ist.

- `schreiben` erhält den Wert YES, wenn die Verbindung mit ACTION='WRITE' eröffnet worden ist, und NO, wenn READ oder READWRITE angegeben wurde. `schreiben` erhält den Wert UNKNOWN, wenn kein expliziter Wert ermittelbar ist.

- `ls` erhält den Wert YES, wenn die Verbindung mit ACTION='READWRITE' eröffnet worden ist, und NO, wenn WRITE oder READ angegeben wurde. `ls` erhält den Wert UNKNOWN, wenn kein expliziter Wert ermittelbar ist.

- `begrenzung` erhält die Werte APOSTROPHE, QUOTE oder NONE gemäß der Angabe zu DELIM in der OPEN-Anweisung. Ist kein expliziter Wert ermittelbar, so wird UNDEFINED zugewiesen.

- `füllart` erhält die Werte NO oder YES gemäß der Angabe zu PAD in der OPEN-Anweisung.

Beispiel:

```
CHARACTER*20 DATEI
INQUIRE (10, NAME=DATEI)
```

Der Betriebssystem–Name der unter der symbolischen Gerätenummer 10 angeschlossenen Datei wird auf die CHARACTER–Variable DATEI gespeichert.

Beispiel:

Zwei Dateien (EIN1 und EIN2) mit aufsteigend sortierten Zahlenfolgen sollen in eine neue Datei mit Namen AUS gemischt werden.

```
PROGRAM MISCH
      INTEGER :: ZAHL1, ZAHL2, ZAHL, I
!     Deklaration der Dateien; alle Dateien sollen nach
!     dem Programmende erhalten bleiben:
      OPEN(10,FILE='EIN1',STATUS='OLD')
      OPEN(11,FILE='EIN2',STATUS='OLD')
      OPEN(20,FILE='AUS',STATUS='NEW')
!     Lies die jeweils erste Zahl jeder Datei:
      READ(10,100) ZAHL1
      READ(11,100) ZAHL2
```

```
            DO
!               Schreibe die jeweils groessere der beiden Zahlen
!               nach AUS und lies aus der zugehoerigen Quelldatei
!               die naechste Zahl ein:
                IF(ZAHL1.GT.ZAHL2) THEN
                    WRITE(20,100) ZAHL2
                    I=10
                    READ(11,100,END=800) ZAHL2
                ELSE
                    WRITE(20,100) ZAHL1
                    I=11
                    READ(10,100,END=800) ZAHL1
                ENDIF
            ENDDO
!       Eine Datei ist abgearbeitet, jetzt den aktuellen
!       Vergleichswert aus der anderen Datei ausgeben:
800         IF (I==10) THEN
                ! Das Dateiende von 11 wurde erreicht
                WRITE(20,100) ZAHL1
            ELSE
                ! Das Dateiende von 10 wurde erreicht
                WRITE(20,100) ZAHL2
            ENDIF
!       Restliche Werte aus der verbliebenen Datei ausgeben:
            DO
                READ(I,100,END=2000) ZAHL
                WRITE(20,100) ZAHL
            ENDDO
2000        STOP
100         FORMAT(I10)
!       Alle geoeffneten Dateien werden implizit geschlossen:
        END
```

11.2.2 Dateipositionierung

Es kann sinnvoll sein, innerhalb einer Datei auf einen speziellen Satz zu positionieren. Bei **direktem Zugriff** kann dies in jeder READ–Anweisung beziehungsweise der WRITE–Anweisung durch Angabe einer Satznummer im REC-Paramter erfolgen.

Beispiel:

Die nachfolgenden Anweisungen tragen in den Satz mit Nummer 56 der neu zu eröffnenden Datei mit Namen DATEI der Wert 256 im Format I7 ein.

```
INTEGER :: I
OPEN (UNIT=9,FILE='DATEI',STATUS='NEW',ACCESS='DIRECT',&
```

```
          FORM='FORMATTED',RECL=7)
     I=256
     WRITE (UNIT=9,FMT='(I7)',REC=56) I
```

Bei **sequentiellem Zugriff** ist die aktuelle Position normalerweise immer hinter dem zuletzt bearbeiteten Satz. Diese Abarbeitungsreihenfolge kann mit den folgenden Anweisungen beeinflußt werden.

backspace_anweisung:= BACKSPACE pos_liste	
pos_liste	$\left\{ \begin{array}{l} \text{sgnr} \\ (\text{pos\_elem}[,\text{pos\_elem}]^\infty) \end{array} \right\}$
pos_elem	$\left\{ \begin{array}{l} [\text{UNIT}=]\ \text{sgnr} \\ \text{IOSTAT}=\ \text{iostatus} \\ \text{ERR}=\ \text{anwnr} \end{array} \right\}$

Die Regeln für `pos_elem` gelten analog zur OPEN–Anweisung. Es wird in der angegeben Datei um einen Satz zurückgesetzt, aber höchstens bis zum Dateianfang zurück. BACKSPACE ist verboten, falls der Satz mit listengesteuerter E/A geschrieben wurde.

rewind_anweisung:= REWIND pos_liste

Wirkung: Es wird zum Dateianfang zurückpositioniert.

endfile_anweisung := ENDFILE pos_liste

Wirkung: Es wird ein Endfile–Satz in die Datei geschrieben und dadurch das Dateiende gekennzeichnet (END–Parameter der READ–Anweisung).

Beispiel:

Dieses Beispiel ist ein Gegenstück zum Sortierbeispiel aus Abschnitt 11.2.1: Die in einer Datei befindliche Information soll auf mehrere Dateien verteilt werden.

Eine Bank hält sich die Kontostände ihrer Kunden in einer Datei mit Namen DATKONT. Jeder Satz dieser Datei hat den festen Aufbau: Kontonummer (Format I8), Kontostand (F9.2). Jeweils zum Monatsende sollen drei Listen gedruckt werden:

Liste 1: Konten mit einem Guthaben

Liste 2: Konten im Soll zwischen 0.01 DM und 1000 DM

Liste 3: Konten, die mit mehr als 1000 DM überzogen sind

Die Liste 3 soll einem nachfolgendem Mahn-Programm zur Verfügung stehen.

Um die Listen zusammenhängend drucken zu können, werden die Listen 2 und 3 zunächst in je einer Datei zwischengespeichert und erst nach der Fertigstellung der Liste 1 ausgedruckt.

```
   PROGRAM BANK
      INTEGER :: KONTO
      REAL :: BETRAG
!     Eroeffnung der Dateien: SNGR 2 bezeichnet eine Hilfs-
!     datei, die bei Programmende automatisch wieder
!     geloescht wird
      OPEN (1,FILE='DATKONT',STATUS='OLD')
      OPEN (2,STATUS='SCRATCH')
      OPEN (3,FILE='LISTE3',STATUS='NEW')
!     Ueberschrift:
      WRITE (*,100) 1
!     Schleife ueber alle Konten
      DO
         READ (1,101,END=2) KONTO, BETRAG
         IF (BETRAG.GE.0.) THEN
!           Guthabenliste 1
            WRITE (*,102) KONTO, BETRAG
         ELSE IF (BETRAG.GE.-1000.) THEN
!           Solliste 2
            WRITE (2,101) KONTO, BETRAG
         ELSE
!           Solliste 3
            WRITE (3,101) KONTO, BETRAG
         END IF
      ENDDO
!     Guthabenliste 1 ist fertig. Positioniere zurueck
!     an den Anfang der Hilfsdatei, drucke Solliste 2
2     REWIND (2)
      WRITE (*,100) 2
      DO
         READ (2,101,END=4) KONTO, BETRAG
         WRITE (*,102) KONTO, BETRAG
      ENDDO
4     CLOSE (2)
!     Solliste 2 ist fertig. Positioniere zurueck an
!     den Anfang von LISTE3 und drucke Solliste 3
      REWIND (3)
      WRITE (*,100) 3
```

```
      DO
         READ (3,101,END=6) KONTO, BETRAG
         WRITE (*,102) KONTO, BETRAG
      ENDDO
6     REWIND (3)
!     Formatanweisungen
100   FORMAT ('1L I S T E ',I1,' :'/' ============')
101   FORMAT (I8,F9.2)
102   FORMAT (1X,I8,F9.2)
!     Geoeffnete Dateien werden implizit geschlossen;
!     DATKONT und LISTE3 bleiben erhalten
      END
```

11.2.3 Interne Dateien

Interne Dateien sind Speicherbereiche im Programm. Es wird der Name eines Feldes, eines Feldelementes oder einer Variablen vom Typ CHARACTER als Speicherdateiname unter dem UNIT-Parameter in der READ–Anweisung beziehungsweise der WRITE–Anweisung angegeben. Interne Dateien dürfen *nicht* mit den E/A–Hilfsanweisungen aus Abschnitt 11.2.1 und 11.2.2 bearbeitet werden.

Jedes Feldelement beziehungsweise die Variable stellt einen Satz der internen Datei dar. Die internen Dateien dürfen nur über formatierte E/A bearbeitet werden. Dabei ist in der Steuerliste ein Angabe zu REC nicht zulässig, d.h. es ist nur sequentieller Zugriff erlaubt. Vor einer E/A-Anweisung ist eine interne Datei immer auf den Dateianfang positioniert.

Die Feldelemente beziehungsweise die Variablen können auch über andere als E/A-Anweisungen Werte erhalten.

Beispiel:

Eine Anwendung für interne Dateien ist das Schreiben einer Zahl mit einem numerischen Format und das anschließende Lesen dieser Zahl als Zeichenfolge mit dem A-Format. So ist eine Umwandlung von Zahlen in Zeichenketten und umgekehrt möglich.

```
PROGRAM WANDLE
CHARACTER*10 DATEI, ZAHL
INTEGER WERT
ZAHL = '3.141592'
WRITE (DATEI, '(A10)') ZAHL
READ (DATEI, '(F10.0)') WERT
PRINT *, ZAHL, '=', WERT
END
```

12 Aufgaben und Lösungen

12.1 Näherungsweise Berechnung von π

Die Zahl π läßt sich durch

$$\pi = 4 \cdot arctan(1) = \int_0^1 \frac{4}{1+x^2}\, dx$$

darstellen. Eine numerische Methode zur näherungsweisen Berechnung eines Integrals ist, das gesuchte Flächenstück unter der zu integrierenden Kurve $f(x)$ durch Rechtecke zu approximieren.

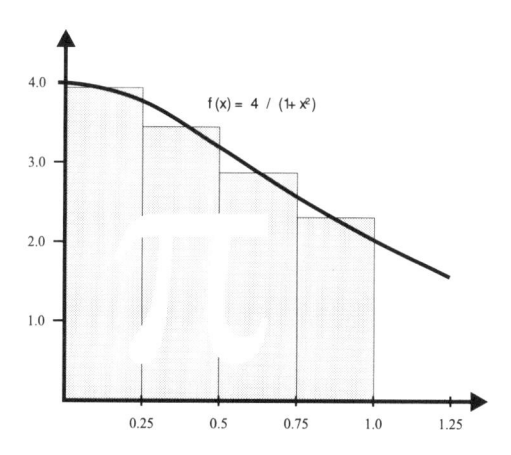

D.h. näherungsweise läßt sich π folgendermaßen ermitteln:

$$\pi = \int_0^1 \frac{4}{1+x^2}\, dx \approx h \cdot \sum_{i=1}^n f(x_i)$$

mit $h = \frac{1}{n}$, $x_i = (i - \frac{1}{2})h$, $i = 1, \cdots, n$, $f(x) = \frac{4}{1+x^2}$. Die Berechnung wird umso genauer, je mehr Stützpunkte x_i berechnet werden.
Schreiben Sie ein Fortran–90–Programm, welches die Zahl n einliest und die Vektornotation benutzt, um π zu berechnen.

Lösung:
In diesem Lösungsvorschlag wird die Berechnung mit doppeltgenauer Arithmetik durchgeführt. In Abhängigkeit von der einzulesenden Zahl n der Stützpunkte werden die Felder x und f zur Berchnung der x– und y–Koordinaten dynamisch kreiert. Die gesuchte Summe wird mit Hilfe der Standardfunktion sum gebildet.

```
program pi
implicit none

integer n,i

! Vereinbarung von f, x, erg und h als doppeltgenaue reelle
! Groessen
real(kind(0.0D0)),dimension(:),allocatable :: f,x
real(kind(0.0D0)) erg,h

! Einlesen der Anzahl der Stuetzpunkte:
read *,n

! Erzeugen von Speicherplatz fuer die Felder f und x:
allocate(f(n),x(n))

! Berechnung der Seitenlaengen der Rechtecke:
h=1.0D0/n
x=(/(i-0.5,i=1,n)/)*h
f=4.0/(1.0+x*x)

!Aufsummieren der Rechteckflaechen:
erg=sum(f)*h

! Ausgabe des Ergebnisses:
print *,'Stuetzpunkte: ',n, ' Naeherungswert fuer pi: ',erg

end
```

12.2 Befreundete Zahlen

Zwei ganze Zahlen heißen befreundete Zahlen, wenn jede gleich der Summe aller echten Teiler (d.h. aller Teiler außer der Zahl selbst) der anderen ist.
Schreiben Sie ein Fortran–Programm, welches von einer Eingabezeile zwei ganze Zahlen F1 und F2 einliest. Das Programm soll die Summe der Teiler der beiden Zahlen ermitteln und anschließend die Eingabedaten zusammen mit den ermittelten Summen kommentiert ins Ablaufprotokoll ausgeben.

12.2 Befreundete Zahlen

Tip: Das Programm kommt ohne Kontrollstrukturen aus. Verwenden Sie zur Summenberechnung die Standardfunktion SUM. Die Teiler einer Zahl z können durch Probieren herausgefunden werden: Man testet, ob irgendeine ganze Zahl zwischen 1 und z/2 die Zahl z teilt.

Beispiel:

284 wird durch $1, 2, 4, 71, 142$ geteilt.

220 wird durch $1, 2, 4, 5, 10, 11, 20, 22, 44, 55, 110$ geteilt und es gilt:

$$1 + 2 + 4 + 5 + 10 + 11 + 20 + 22 + 44 + 55 + 110 = 284$$
$$1 + 2 + 4 + 71 + 142 = 220$$

D.h. 284 und 220 sind befreundete Zahlen.

Lösung:

Ein Lösungsvorschlag ist das folgende Programm. In diesem werden die zu testenden Zahlen `f1` und `f2` eingelesen. Auf den dynamischen Feldern `ft1` und `ft2` werden dann alle möglichen Teiler von `f1` und `f2` abgelegt. Für den Teilertest wird der Rest ermittelt, der bei der Division von `f1` beziehungsweise `f2` durch die zugehörigen Felder `ft1` beziehungsweise `ft2` entsteht. Diejenigen Feldelemente von `ft1` und `ft2`, für die der Teilertest einen Rest ungleich 0 ergibt, werden durch Belegung mit 0 aus dem Teilerfeld ausgeblendet.

```
program freund

integer,dimension(:),allocatable :: ft1,ft2
integer f1,f2,n1,n2,i

! Einlesen der zu testenden Zahlen
read *,f1,f2

! Bestimmung aller moeglichen Teiler von f1 und f2
n1=f1/2;  n2=f2/2
allocate(ft1(1:n1),ft2(1:n2))
ft1=(/(i,i=1,n1)/);   ft2=(/(i,i=1,n2)/)

! Teilertest
where ((f1 - f1/ft1*ft1) /= 0) ft1=0
where ((f2 - f2/ft2*ft2) /= 0) ft2=0

! Ausgabe des Ergebnisses
print *, 'f1=',f1,'f2=',f2
print *,'Summe der Teiler:'
print *,'von f2=',sum(ft2),',von f1=',sum(ft1)

end program
```

12.3 Magische Quadrate

Ein magisches Quadrat zeichnet sich dadurch aus, daß alle Einzelsummen über die Elemente der Zeilen, Spalten und Hauptdiagonale des Quadrats den gleichen Wert ergeben. Beispiele für magische Quadrate sind die Matrizen

$$Q_1 = \begin{pmatrix} 3 & 3 & 3 & 3 \\ 3 & 3 & 3 & 3 \\ 3 & 3 & 3 & 3 \\ 3 & 3 & 3 & 3 \end{pmatrix} \quad Q_2 = \begin{pmatrix} 6 & 1 & 8 \\ 7 & 5 & 3 \\ 2 & 9 & 4 \end{pmatrix}$$

Schreiben Sie ein Fortran–90–Programm, welches eine Zahl N einliest und anschließend N Zeilen einer N × N Matrix. Das Programm soll prüfen, ob das Quadrat magisch ist und eine entsprechende Meldung ausgeben.

Lösung:
Im folgenden Lösungsvorschlag wird der Test, ob ein magisches Quadrat vorliegt, durch ein Funktionsunterprogramm `magic` durchgeführt. Dieses Unterprogramm übernimmt die zu testende Matrix als Formalparameter übernommener Gestalt aus dem Hauptprogramm. Das Funktionsergebnis ist `.TRUE.`, wenn es sich um ein magisches Quadrat handelt, andernfalls ist es `.FALSE.`.
Das Hauptprogramm `magic_test` liest eine Zahl n und anschließend die zu testende n×n–Matrix auf ein dynamisches Feld f ein. Die Funktion `magic` wird direkt als Ausgabeelement der PRINT-Anweisung aufgerufen. Ist f ein magisches Quadrat, so wird der Wert T für `.TRUE.` ausgegeben, andernfalls der Wert F für `.FALSE.`.

```
program magic_test

integer,dimension(:,:),allocatable :: f
integer n,i,j
! Das Funktionsunterprogramm magic hat einen Formalparameter
! uebernommener Gestalt, d.h. ein INTERFACE-Block ist noetig.
interface
 logical function magic(f)
   integer,dimension(:,:) :: f
 end function
end interface

! Eingabe von n und f
read*,n
allocate(f(1:n,1:n))
read*,((f(i,j), j=1,n), i=1,n)

! Ergebnisausgabe
print*, magic(f)
end program
```

```
logical function magic(f)
integer,dimension(:,:) :: f
integer n,d1,d2
integer,dimension(:),allocatable :: zsum,ssum

n=ubound(f,1)
allocate(zsum(1:n),ssum(1:n))

! Summen der Zeilen und Spalten
zsum(1:n)=sum(f,2)
ssum(1:n)=sum(f,1)

! Summen der Diagonalen
d1=sum((/(f(i,i),i=1,n)/))
d2=sum((/(f(n-i+1,i),i=1,n)/))

! Belegung der Ergebnisvariablen; all ist Standardfunktion
magic = (d1==d2).and. all(zsum==d1) .and. all(ssum==d1)

end function
```

12.4 Gauß'sche Osterformel

Schreiben Sie ein Programm, welches zu einer einzulesenden vierstelligen Jahreszahl J den Monat und den Tag des Ostersonntags ausdruckt.
Berechnet man für eine gegebene Jahreszahl folgende Größen (Gauß'sche Osterformel):

$$
\begin{aligned}
H &= [J/100] \\
L &= 4 + H - [\tfrac{H}{4}] \\
M &= 15 + H - [\tfrac{H}{4}] - [\tfrac{8H+13}{25}] \\
a &= J \bmod 4 \\
b &= J \bmod 7 \\
c &= J \bmod 19 \\
d &= (19c + M) \bmod 30 \\
e &= (2a + 4b + 6d + L) \bmod 7
\end{aligned}
$$

dann gilt

1) Ist $d = 29$ und $e = 6$, so ist Ostern am 19. April.

2) Ist $d = 28$ und $e = 6$ und $c \geq 11$, so ist Ostern am 18. April.

3) Ist $22 + d + e \leq 31$, so ist Ostern im März mit Tag $= 22 + d + e$.

4) In allen anderen Fällen ist Ostern im April mit Tag $= d + e - 9$.

(Zur Erinnerung:

x mod y bezeichnet *den Rest* aus der ganzzahligen Division von x durch y, also 34 mod $5 = 4$. $[\frac{x}{y}]$ bezeichnet *das Ergebnis* der ganzzahligen Division von x durch y, also $[\frac{34}{5}] = 6$.)

Lösung:

```
program ostern
integer J,H,L,M,a,b,c,d,e

read *,J

H=J/100
L=4+H-(H/4)
M=15+H-(H/4)-(8*H+13)/25
a=J-(J/4)*4
b=J-(J/7)*7
c=J-(J/19)*19
d=(19*c+M)
d=d-(d/30)*30
e=(2*a+4*b+6*d+L)
e=e-(e/7)*7

print *, 'Ostern ist am:'

IF ((d .eq. 29) .AND. (e .eq.6)) THEN
 print *, '19. 4.'
ELSEIF ((d .eq. 28) .AND. (e .eq. 6) .AND. (c .ge. 11)) THEN
 print *,'18.4.'
ELSEIF ((22+d+e) .le. 31) THEN
 print *,22+d+e,'.3.'
ELSE
 print *, d+e-9,'.4.'
END IF

END
```

12.5 Cannon–Algorithmus

Die "Fortran–Multiplikation" A*B zweier n×n–Matrizen A und B wird elementweise durchgeführt, d.h. sie entspricht nicht der mathematischen Bedeutung der Matrizenmultiplikation $C = A \cdot B$ mit $c_{ij} = \sum_{k=1}^{n} a_{ik} * b_{kj}, i = 1, \cdots, n, j = 1, \cdots, n$.

12.5 Cannon-Algorithmus

Der Cannon-Algorithmus[1] dient dazu, unter n-maliger Verwendung der "parallelen" Fortran-Multiplikation zweier Hilfsmatrizen A1 und B1 das gewünschte Matrizenprodukt zu berechnen. Die Elemente der Matrizen A1 und B1 werden vor jeder elementweisen Multiplikation derart angeordnet, daß jede Multiplikation ein neues Summenglied für jedes der Elemente c_{ij} der Produktmatrix berechnet. Zunächst werden die Matrizen A1 und B1 in eine geeignete Ausgangsposition gebracht: Die Elemente von A1 ergeben sich aus den Elementen der Matrix A, indem jeweils die i-te Zeile der Matrix A um i-1 Positionen zirkular nach links geshiftet wird. Die Elemente der Matrix B1 ergeben sich aus den Elementen der Matrix B, indem jeweils die j-te Spalte von B um j-1 Positionen zirkular nach oben geshiftet wird. Anschließend wird das elementweise Produkt von A1 und B1 gebildet und auf C abgespeichert. Damit ist für jedes Element von C bereits ein Summand berechnet.

Die restlichen n-1 Summanden erhält man durch wiederholtes Shiften der Matrizen A1 und B1 und anschließender elementweiser Multiplikation. Dabei sind nun jeweils die Elemente der Zeilen der Matrix A1 um eine Position nach rechts und die Elemente der Spalten der Matrix B1 um eine Position nach oben zu shiften.

Beispiel:

Ausgangsmatrizen (n=2):

$$A = \begin{pmatrix} a_{11} & a_{12} \\ a_{21} & a_{22} \end{pmatrix} \quad B = \begin{pmatrix} b_{11} & b_{12} \\ b_{21} & b_{22} \end{pmatrix}$$

$$A1 = \begin{pmatrix} a_{11} & a_{12} \\ a_{22} & a_{21} \end{pmatrix} \quad B1 = \begin{pmatrix} b_{11} & b_{22} \\ b_{21} & b_{12} \end{pmatrix}$$

Zwischensumme :

$$C = A1*B1 = \begin{pmatrix} a_{11}*b_{11} & a_{12}*b_{22} \\ a_{22}*b_{21} & a_{21}*b_{12} \end{pmatrix}$$

Shiften der Zeilen von A1 um eine Position nach links und Shiften der Spalten von B1 um eine Position nach oben liefert:

$$A1 = \begin{pmatrix} a_{12} & a_{11} \\ a_{21} & a_{22} \end{pmatrix} \quad B1 = \begin{pmatrix} b_{21} & b_{12} \\ b_{11} & b_{22} \end{pmatrix}$$

Elementweise Multiplikation von A1 und B1 und anschließende Aufsummation auf C liefert die Produktmatrix:

$$C = C + A1*B1 = \begin{pmatrix} a_{11}*b_{11} + a_{12}*b_{21} & a_{12}*b_{22} + a_{11}*b_{12} \\ a_{22}*b_{21} + a_{21}*b_{11} & a_{21}*b_{12} + a_{22}*b_{22} \end{pmatrix}$$

Zur Durchführung der Shiftoperationen kennt das Fortran-System die Standardfunktion CSHIFT: CSHIFT(FELD, SHIFT, DIM) shiftet zyklisch die Dimension DIM von FELD um die in SHIFT angegebenen Positionen.

---
[1] Gefunden in einem Fortran-Handbuch zur Connection Maschine CM-1.

Beispiel:

$$\begin{array}{c} a_{11}\ a_{12}\ a_{13} \\ a_{21}\ a_{22}\ a_{23} \\ a_{31}\ a_{32}\ a_{33} \end{array} \xrightarrow{\text{CSHIFT}\,(a,(/0,1,2/),2)} \begin{array}{c} a_{11}\ a_{12}\ a_{13} \\ a_{22}\ a_{23}\ a_{21} \\ a_{33}\ a_{31}\ a_{32} \end{array}$$

$$\begin{array}{c} b_{11}\ b_{12}\ b_{13} \\ b_{21}\ b_{22}\ b_{23} \\ b_{31}\ b_{32}\ b_{33} \end{array} \xrightarrow{\text{CSHIFT}\,(b,1,1)} \begin{array}{c} b_{21}\ b_{22}\ b_{23} \\ b_{31}\ b_{32}\ b_{33} \\ b_{11}\ b_{12}\ b_{13} \end{array}$$

Lösung:
Im folgenden Lösungsvorschlag ist der Cannon–Algorithmus in Form eines externen Unterprogramms `cannon` programmiert worden. Dieses Unterprogramm übernimmt vom Hauptprogramm die beiden n×n–Matrizen A und B und liefert an das Hauptprogramm die Ergebnismatrix C zurück. Die Formalparameter übernehmen ihre Gestalt aus dem rufenden Programm.
Das Hauptprogramm `cannon_test` testet das Unterprogramm `cannon` mit zwei 5×5–Matrizen.

```
subroutine cannon (a,b,c)
!a,b,c matrizen der form m(1:n,1:n)

implicit none
integer i
integer,dimension(:,:) :: a,b,c

integer, parameter :: n=ubound(a,1)
integer,dimension(n,n) :: a1,b1

! Mittels des Hilfvektors skew werden die Shiftoperationen zur
! Bildung der Ausgangsmatrizen a1 und b1 durchgefuehrt
integer,dimension(:),allocatable :: skew

! Reservieren des Speicherplatzes fuer den Hilfsvektor skew
allocate(skew(1:n))

! Belegung des Hilfsvektors skew
skew=(/(i-1,i=1,n)/)

!Bildung der Ausgangsmatrizen a1 und b1
a1=cshift(a,skew,2)
b1=cshift(b,skew,1)
```

12.5 Cannon-Algorithmus

```fortran
! Vorbelegung der Matrix c
c=0
! Jeweils ein Summand der Elemente von c wird nach c gebracht:
c=c+a1*b1

! Aufsummieren der restlichen n-1 Summanden der Elemente
! von c:
do i=2,n
  a1=cshift(a1,1,2)
  b1=cshift(b1,1,1)
  c=c+a1*b1
end do

end subroutine

program cannon_test
integer,dimension(1:5,1:5) :: a,b,c

! Die Parameter a, b, c des Unterprogramms cannon haben
! uebernommene Gestalt, d.h. ein INTERFACE-Block ist noetig:
interface
 subroutine cannon (a,b,c)
 integer,dimension(:,:) :: a,b,c
 end subroutine
end interface

! Belegung der Matrizen a und b:
a=reshape(((/(i,i=1,25)/),(/5,5/),Order=(/2,1/))
b=1

! Aufruf des Unterprogramms cannon
call cannon(a,b,c)

! Ergebnisausgabe:
do i=1,5
print*,(a(i,j),j=1,5)
end do
do i=1,5
print*,(b(i,j),j=1,5)
end do
do i=1,5
print*,(c(i,j),j=1,5)
end do

end program
```

12.6 Vierstelliger Attraktor

Man erzeuge eine Folge natürlicher Zahlen wie folgt. Ausgangspunkt ist eine vierstellige natürliche Zahl x ($1000 \leq x < 9999$), deren Ziffern nicht alle gleich sind. Der Übergang von einem Folgeglied zum nächsten geschieht folgendermaßen:
Seien a, b, c, d die vier zum Aufschreiben der Zahl benötigten Ziffern. Man ordne sie einmal absteigend und einmal aufsteigend der Größe nach und ziehe die zweite Zahl von der ersten ab. Das ist der gesuchte Nachfolger.

Satz: Diese Folge wird konstant mit dem Wert 6174, unabhängig vom Startwert.

Beispiel: Anfangswert 7815

$$\begin{aligned}
8751 - 1578 &= 7173 \\
7731 - 1377 &= 6354 \\
6543 - 3456 &= 3087 \\
8730 - 0378 &= 8352 \\
8532 - 2358 &= 6174 \\
7641 - 1467 &= 6174
\end{aligned}$$

Lesen Sie eine Zahl N ein und danach N weitere vierstellige Zahlen und prüfen Sie für diese Zahlen den obigen Satz.

Lösung:
Im folgenden Lösungsvorschlag wird die Gültigkeit des Satzes für alle n eingelesenen Zahlen parallel überprüft. Die zu überprüfenden Zahlen werden auf die erste Zeile des zweidimensionalen Feldes `h` eingelesen. Das Feld `h` soll alle im Programm zu errechnenden Folgeglieder in den nachfolgenden Zeilen (maximal `it` Stück) speichern. In einer nicht–abweisenden Schleife werden die Zahlen zunächst in ihre Ziffernbestandteile zerlegt. Die Ziffern werden spaltenweise auf dem Feld `x` abgelegt. Die Spalten des Feldes `x` werden mit dem parallelen Bubblesort Algorithmus aus Kapitel 8 sortiert. Hieraus werden die "absteigend" und "aufsteigend" geordneten Zahlen `hab` und `hauf` gebildet. Daraus errechnet sich das nächste Folgeglied von `h`. Die Schleife endet, falls alle Folgeglieder den Wert 6174 erreicht haben oder die Iterationsschranke `it` überschritten wird. Alle gebildeten Folgen werden ins Ablaufprotokoll ausgegeben.

```
program folge

implicit none
integer n,it,i,j
integer,dimension(:,:),allocatable :: x,hauf,hab,h,z(:)

interface
   subroutine bubble_sort(x)
   integer,dimension(:,:) :: x
   end subroutine
end interface
```

12.6 Vierstelliger Attraktor

```
! Einlesen der Zahl n und der Iterationsschranke it
read *,n,it

! Erzeugen der fuer die Berechnung notwendigen Felder:
allocate(x(1:4,1:n),hauf(2:it,1:n),hab(2:it,1:n),h(1:it,1:n))
allocate(z(1:n))

! Einlesen der zu pruefenden Zahlen
read *,h(1,1:n)

i=1 ! Erste Iteration

do
   ! Zerlegung der Zahlen in ihre Ziffernbestandteile
   z(1:n)=h(i,1:n)
   x(1,1:n)=z(1:n)/1000; z(1:n)=z(1:n)-x(1,1:n)*1000;
   x(2,1:N)=z(1:n)/100;  z(1:n)=z(1:n)-x(2,1:n)*100;
   x(3,1:n)=z(1:n)/10;   z(1:n)=z(1:n)-x(3,1:n)*10
   x(4,1:n)=z(1:n)

   ! Aufsteigende Sortierung der Ziffern
   call bubble_sort(x)
   i=i+1
   ! Berechnung der naechsten Folgeglieder
   hauf(i,1:n)=x(1,1:n)*1000+x(2,1:n)*100+x(3,1:n)*10+x(4,1:n)
   hab(i,1:n)=x(4,1:n)*1000+x(3,1:n)*100+x(2,1:n)*10+x(1,1:n)
   h(i,1:n)=hab(i,1:n)-hauf(i,1:n)

   ! Schleifenendebedingung
   if (all(h(i,1:n) == 6174) .or. (i>=it))     exit
end do

! Ausgabe der Ergebnisfolgen
do i=1,n
   print*,h(1,i)
   j=2
   do
      print *, hab(j,i),' - ',hauf(j,i),' = ', h(j,i)
      if((h(j,i) == 6174) .or. (j >= it))     exit
      j=j+1
   end do
end do

end program
```

```
subroutine bubble_sort(x)

integer,dimension(:,:) :: x
integer :: n,s,i,j
integer,dimension(:),allocatable :: temp

n=ubound(x,1); s=ubound(x,2)
allocate(temp(1:s))

do i=n,2,-1
   do j=1,i-1
      where(x(j,1:s) > x(j+1,1:s))
         temp(1:s)=x(j+1,1:s)
         x(j+1,1:s)=x(j,1:s)
         x(j,1:s)=temp(1:s)
      end where
   end do
end do

end subroutine
```

12.7 Ackermannfunktion

Die Funktionswerte der Ackermannfunktion A(X,Y) berechnen sich nach der Formel

```
A(0,Y) = Y + 1
A(X,0) = A(X-1,1)
A(X,Y) = A(X-1,A(X,Y-1))
```

Schreiben Sie dementsprechend eine Fortran–90–Funktion `Ackermann` und testen Sie diese für die Werte A(0,5)=6, A(2,0)=3, A(1,2)=4.

Lösung:
Die Werte der Ackermannfunktion werden mit der rekursiven Funktion `ackermann` berechnet.

```
program ackermann_test

  integer ackermann
  print *,ackermann(0,5),ackermann(2,0),ackermann(1,2)

end program
```

```
recursive function ackermann(x,y) result(a)
 integer x,y,a
 if (x==0) then
  a=y+1
 else if(y==0) then
  a=ackermann(x-1,1)
 else
  a=ackermann(x-1,ackermann(x,y-1))
 end if
end function
```

12.8 Lineare Listen und binäre Bäume

a) Bilden Sie aus einer Folge von Eingabedatensätzen der Form

Nachname Vorname Note

eine lineare, nach Nachnamen aufsteigend sortierte Liste. Drucken Sie diese wieder aus. Der letzte Datensatz ist in der Form 'X' 'X' 0 angegeben.

Beispiel:

'MUELLER' 'ADALBERT'	3
'BUESCHER' 'MARIA'	1
'ZUMTOBEL' 'HEINZ'	4
'X' 'X'	0

daraus soll werden

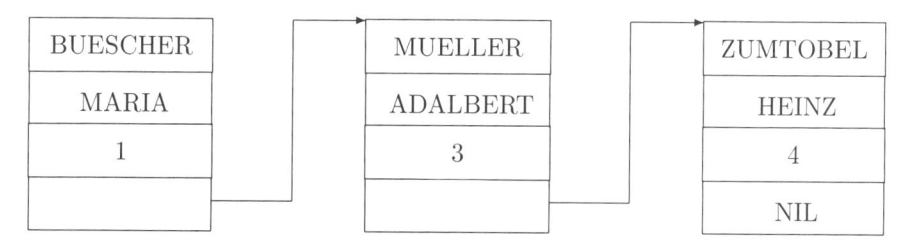

BUESCHER		MUELLER		ZUMTOBEL
MARIA		ADALBERT		HEINZ
1		3		4
				NIL

NIL (unassociated pointer)

Lösung:

Ähnliche Programmierprobleme haben wir bereits in den Kapiteln 3 und 6 behandelt. Die lineare Liste wird mit Hilfe eines abgeleiteten Datentyps **ergebnistyp** gebildet. Jede Variable vom Typ **listentyp** hat vier Komponenten zur Speicherung der Eingabedaten **nachname, vorname, note** sowie eine Zeigerkomponente, die auf den nächsten Datensatz vom Typ `listentyp` weisen kann. Im Programm werden zur Verarbeitung der Datensätze drei Pointer vom Typ `listentyp` vereinbart. Der Pointer `listenanfang` zeigt stets auf den ersten Eintrag der linearen Liste. Der Pointer `neuer` zeigt jeweils auf den neuen zu verarbeitenden Datensatz. Der Pointer `aktuell` dient zur "Buchführung" bei der Einsortierung des neuen Datensatzes in die bereits bestehende Liste.

```
program ergebnisliste

type listentyp
   character*14            :: nachname,vorname
   integer                 :: note
   type(listentyp),pointer :: next
end type

type(listentyp),pointer :: listenanfang, neuer, aktuell

! Speicherplatz fuer den ersten Datensatz
allocate(listenanfang)

nullify(listenanfang%next)
read *,listenanfang%nachname,listenanfang%vorname,&
                    listenanfang%note


L0:if (listenanfang%nachname == 'X') then
   print*,'Es ist keiner in der Liste'
else L0

   ! Lese Datensaetze bis zum Eingabeende
   eingabe:do
     ! Speicherplatz fuer den neuen Datensatz
     allocate(neuer)

     ! Belegung des Speicherplatzes
     nullify(neuer%next)
     read *,neuer%nachname,neuer%vorname,neuer%note

     ! Beenden der Schleife falls letzter Datensatz
     ! erreicht ist
     if (neuer%nachname == 'X') exit

     ! Einordnen des neuen Datensatzes in die bereits
     ! bestehende Liste
```

12.8 Lineare Listen und binäre Bäume

```
      L1:if (neuer%nachname <= listenanfang%nachname) then
        ! Neuer Datensatz gehoert an den Anfang der Liste

        neuer%next=>listenanfang
        listenanfang=>neuer

      else L1
        ! Suche Einfuegeposition
        aktuell=>listenanfang

        einordnen:do

          ! Listenende noch nicht erreicht ?
          L2:if (associated(aktuell%next)) then

            ! Liegt neues Datenelement zwischen aktuell und
            ! dessen Nachfolger?
            L3:if (neuer%nachname <= aktuell%next%nachname) then
              ! Einfuegeposition gefunden:
              ! Einfuegen zwischen aktuell und dessen Nachfolger

              neuer%next=>aktuell%next
              aktuell%next=>neuer
              exit

            else L3
              ! Weitersuchen
              aktuell=>aktuell%next
            end if L3

          else L2
            ! Listenende erreicht; dahinter anhaengen
            aktuell%next=>neuer
            exit
          end if L2

        end do  einordnen

      end if L1

  end do eingabe

  ! Ausgabe der Liste
  aktuell=>listenanfang
```

```
      do while(associated(aktuell))
        print*,aktuell%nachname, aktuell%vorname,aktuell%note
        aktuell=>aktuell%next
      end do
    end if L0
end program
```

b) Versuchen Sie, einen binären Baum (siehe Abbildung 3.1) aus den Eingabedaten aufzubauen. In den binären Baum sind die Eingabedaten derart einzuordnen, daß durch rekursives Auslesen des Baums von links nach rechts eine alphabetisch geordnete Liste entsteht.

Tip: Verwenden Sie zum Aufbau und zum Auslesen des Baums rekursive Prozeduren!

Lösung:

Die Knotenelemente des binären Baums werden mit Hilfe des abgeleiteten Datentyps `baumtyp` gebildet. Jeder Knoten vom Typ `baumtyp` kann die Eingabedaten `vorname`, `nachname` und `note` aufnehmen. Ferner hat er zwei Pointerkomponenten `links` und `rechts` auf weitere Knoten. In den Knoten `links` sind Eingabedatensätze einzuordnen, deren Nachname alphabetisch vor dem Nachnamen des Knotens liegen, und in den Knoten `rechts` solche, deren Nachname alphabetisch hinter dem Nachnamen des Knotens liegen. Der Pointer `listenanfang` zeigt auf den Anfang des binären Baums.

Das Einordnen eines neuen Datensatzes wird im folgenden Programm mit dem rekursiven Unterprogramm `einordne` erledigt. Dieses übernimmt aus dem Hauptprogramm einen Zeiger `top` auf den bereits bestehenden binären Baum sowie einen Zeiger auf den neu einzuordnenden Datensatz. Im Unterprogramm wird ermittelt, ob der neue Datensatz in das Knotenelement `top` eingeordnet werden kann. Falls nicht, wird das Verfahren durch rekursiven Aufruf des Unterprogramms `einordne` für den linken oder rechten Teilbaum, der von diesem Knotenelement ausgeht, wiederholt.

Das Unterprogramm `drucke` schließlich gibt den binären Baum aus. Dazu verschachtelt sich das Unterprogramm zunächst rekursiv soweit, bis das äußerst linke Wurzelelement erreicht ist. Dieses wird ausgegeben. Anschließend wird der rechte Teilbaum dieses Elements abgearbeitet. Beim Rücksprung wird in dieser Art das nächst "höher" gelegene Knotenelement und dessen rechter Teilbaum ausgegeben usw..

```
program ergebnisliste
  type baumtyp
    character*14          :: nachname,vorname
    integer               :: note
    type(baumtyp),pointer :: links,rechts
  end type
```

12.8 Lineare Listen und binäre Bäume

```fortran
   type(baumtyp),pointer :: listenanfang,neuer

   ! Erzeugen des Speicherplatzes fuer den ersten Datensatz
   allocate(listenanfang)

   ! Belegung des ersten Datensatzes
   nullify(listenanfang%links,listenanfang%rechts)
   read *,listenanfang%nachname,listenanfang%vorname,&
                                listenanfang%note

   if (listenanfang%nachname == 'X') then
      print*,'Es ist keiner in der Liste'
   else

      ! Bis zum Ende der Dateneingabe:
      do
         ! Lies neuen Datensatz
         allocate(neuer);nullify(neuer%links,neuer%rechts)
         read *,neuer%nachname,neuer%vorname,neuer%note

         ! Falls Datenende erreicht => Schleifenende
         if (neuer%nachname == 'X') exit

         ! Einordnen des neuen Datensatzes
         call einordne(listenanfang,neuer)
      end do

      ! Ausgeben der alphabetischen Liste
      call drucke(listenanfang)
   end if

   contains

      recursive subroutine einordne(top,neuer)
         type(baumtyp),pointer :: top,neuer

         L0:if (top%nachname > neuer%nachname) then
            ! Neuer Datensatz muß in den linken Teilbaum
            ! eingeordnet werden:

            if (.not. associated(top%links)) then
               top%links=>neuer
            else
               call einordne(top%links,neuer)
            end if
```

```
            else L0

              ! Neuer Datensatz muß in den rechten Teilbaum
              ! eingeordnet werden

              if (.not. associated(top%rechts)) then
                 top%rechts=>neuer
              else
                 call einordne(top%rechts,neuer)
              end if

            end if L0
        end subroutine einordne

        recursive subroutine drucke(teilbaum)
            type(baumtyp),pointer :: teilbaum

            if (associated(teilbaum%links)) then
              ! Suche linkes Knotenelement von 'teilbaum'
              call drucke(teilbaum%links)
            end if

            ! Drucke Knotenelement
            print *, teilbaum%nachname,' ',teilbaum%vorname,&
                                      ' ',teilbaum%note

            ! Bearbeitung des rechten Teilbaums von 'teilbaum'
            if (associated(teilbaum%rechts)) then
              call drucke(teilbaum%rechts)
            end if

        end subroutine drucke

    end program
```

12.9 Rationale Arithmetik

Schreiben Sie ein Modul zur rationalen Arithmetik (Bruchrechnung). Ein Bruch soll dabei als Struktur

```
TYPE BRUCH
  PRIVATE
    INTEGER Z  ! ZAEHLER
    INTEGER N  ! NENNER
END TYPE
```

12.9 Rationale Arithmetik

dargestellt werden. Das Modul soll folgende Hilfsunterprogramme und Operatoren definieren:

1) eine Funktion GGT zur Bestimmung des größten gemeinsamen Teilers zweier rationaler Zahlen a, b. Dieser kann zum Beispiel mit dem euklidischen Algorithmus gefunden werden:

   Bilde die Folge $r_i = r_{i-2} \mod r_{i-1}, i = 1, \ldots, n, r_1 = a, r_2 = b$ bis $r_n = 0$. Der ggT ist dann r_{n-1}.

2) eine Funktion KUERZE, die eine rationale Zahl kürzt.

3) eine Funktion RAT1, die eine natürliche Zahl a in einen Bruch a/1 verwandelt und eine Funktion RAT2, die zwei natürliche Zahlen a,b in einen Bruch a/b verwandelt. Diese sollen beide unter dem Namen RAT aufrufbar sein.

4) Unterprogramme zum Lesen READ_RAT und Ausgeben WRITE_RAT einer rationalen Zahl.

5) Operatoren zur Addition, Subtraktion, Multiplikation und Division zweier rationaler Zahlen. Das Ergebnis soll jeweils ein gekürzter Bruch sein.

6) Operatoren zum Vergleich zweier rationaler Zahlen a,b : a==b, a/=b, a>b, a<b, a>=b, a<=b.

7) Testen Sie Ihr Modul mit folgendem Hauptprogramm:

```
PROGRAM rational_test
  USE RATIONAL_ARITHMETIK
  IMPLICIT NONE
  TYPE(BRUCH) A,B
  DO
    CALL READ_RAT(A)
    IF (RAT(0)==A) exit
    CALL READ_RAT(B)
    CALL WRITE_RAT(A+B*RAT(2,1))
  END DO
END PROGRAM
```

Lösung:

```
module rational_arithmetik

type bruch
 private
 integer   z,n
end type

! Definition der Operatoren durch INTERFACE-Bloecke
```

```
interface operator(+)
 module procedure plus
end interface

interface operator(-)
 module procedure minus
end interface

interface operator(*)
 module procedure produkt
end interface

interface operator(/)
 module procedure quotient
end interface

interface operator (==)
 module procedure gleich
end interface

interface operator(/=)
 module procedure ungleich
end interface

interface operator(>)
 module procedure groesser
end interface

interface operator(<)
 module procedure kleiner
end interface

interface operator(>=)
 module procedure groessergleich
end interface

interface operator(<=)
 module procedure kleinergleich
end interface

! Definition des Gattungsnamens rat fuer rat1 und rat2
interface rat
 module procedure rat1,rat2
end interface
```

12.9 Rationale Arithmetik

```
contains

  integer function ggt(a,b)
    integer a,b,zaehler,nenner,rest
    If (a == 0) then
      ggt =b
    else if (b == 0) then
      ggt = a
    else
      nenner =abs(a)
      rest = abs(b)
      do
        zaehler = nenner
        nenner = rest
        rest = mod(zaehler,nenner)
        if (rest == 0) exit
      end do
      ggt = nenner
    end if
  end function ggt

  type(bruch) function kuerze (a)
    type(bruch) a
    integer g
    if (a%n < 0) then
      a%z = -a%z
      a%n = -a%n
    end if
    g = ggt(a%z,a%n)
    if ((g == 0) .or. (g == 1)) then
      kuerze = a
    else
      kuerze%z = a%z / g
      kuerze%n = a%n / g
    end if
  end function kuerze

  function plus (a,b)
    type(bruch) plus,a,b,s
    s%z=a%z*b%n+b%z*a%n
    s%n=a%n*b%n
    plus=kuerze(s)
  end function plus
```

```
function minus (a,b)
  type(bruch) a,b,minus,d
  d%z=a%z*b%n-b%z*a%n
  d%n=a%n*b%n
  minus =kuerze(d)
end function minus

function produkt (a,b)
  type(bruch) a,b,produkt,p
  p%z=a%z*b%z
  p%n=a%n*b%n
  produkt=kuerze(p)
end function produkt

function quotient(a,b)
  type(bruch) a,b,quotient,q
  q%z=a%z*b%n
  q%n=b%z*a%n
  quotient=kuerze(q)
end function quotient

function gleich (a,b)
  logical gleich
  type(bruch) a,b,ag,bg
    ag=kuerze(a)
    bg=kuerze(b)
    gleich= (ag%z == bg%z) .and. (ag%n == bg%n)
end function gleich

function ungleich (a,b)
  logical ungleich
  type(bruch) a,b
  ungleich = .not.(a==b)
end function ungleich

function groesser (a,b)
  logical groesser
  type(bruch) a,b,ag,bg
  ag=kuerze(a)
  bg=kuerze(b)
  groesser=ag%z*bg%n > bg%z*ag%n
end function groesser

function kleiner (a,b)
  type(bruch) a,b
```

12.9 Rationale Arithmetik

```
    logical kleiner
    kleiner = b > a
  end function kleiner

  function groessergleich (a,b)
    type(bruch) a,b
    logical groessergleich
    groessergleich = .not. (a < b)
  end function groessergleich

  function kleinergleich (a,b)
    type(bruch) a,b
    logical kleinergleich
    kleinergleich=.not. (a > b)
  end function kleinergleich

  function rat1(a)
    type(bruch) rat1
    integer a
    rat1%z=a
    rat1%n=1
  end function rat1

  function rat2(a,b)
    type(bruch) rat2,h
    integer a,b
    h%z=a;h%n=b
    rat2=kuerze(h)
  end function rat2

  subroutine write_rat(a)
    type(bruch) a
    print *,a%z,'/',a%n
  end subroutine write_rat

  subroutine read_rat(a)
    type(bruch) a
    read *,a%z,a%n
  end subroutine read_rat

end module
```

A Anhang

A.1 ASCII–Codetabelle

	0	1	2	3	4	5	6	7	
	NUL	DLE	SP	0	@	P	'	p	0
	SOH	DC1	!	1	A	Q	a	q	1
	STX	DC2	"	2	B	R	b	r	2
	ETX	DC3	#	3	C	S	c	s	3
	EOT	DC3	$	4	D	T	d	t	4
	ENQ	NAK	%	5	E	U	e	u	5
	ACK	SYN	&	6	F	V	f	v	6
	BEL	ETB	'	7	G	W	g	w	7
	BS	CAN	(	8	H	X	h	x	8
	HT	EM	)	9	I	Y	i	y	9
	LF	SUB	*	:	J	Z	j	z	A
	VT	ESC	+	;	K	[	k	{	B
	FF	FS	,	<	L	\	l	|	C
	CR	GS	−	=	M	]	m	}	D
	SO	RS	.	>	N	^	n	−	E
	SI	US	/	?	O	_	o	DEL	F

Erläuterungen zur ASCII–Codetabelle

Kurzzeichen	Benennung
NUL	Nil *(Null)*
TC	Übertragungssteuerzeichen *(Transmission Control Characters)*
SOH	Anfang des Kopfes *(Start of Heading)*
STX	Anfang des Textes *(Start of Text)*
ETX	Ende des Textes *(End of Text)*
EOT	Ende der Übertragung *(End of Transmission)*
ENQ	Stationsaufforderung *(Enquiry)*
ACK	Positive Rückmeldung *(Acknowledgement)*
BEL	Klingel *(Bell)*
FE	Formatsteuerzeichen *(Format Effectors)*
BS	Rückwärtsschritt *(Backspace)*
HT	Horizontal–Tabulator *(Horizontal–Tabulation)*
LF	Zeilenvorschub *(Line Feed)*
VT	Vertical–Tabulator *(Vertical Tabulation)*
FF	Formularvorschub *(Form Feed)*
CR	Wagenrücklauf *(Carriage Return)*
SO	Dauerumschaltung *(Shift-out)*
SI	Rückschaltung *(Shift–in)*
DLE	Datenübertragungsumschaltung *(Data Link Escape)*
DC	Gerätesteuerzeichen *(Device Control Characters)*
NAK	Negative Rückmeldung *(Negative Acknowledge)*
SYN	Synchronisierung *(Synchronous Idle)*
ETB	Ende des Datenübertragungsblocks *(End of Transmission)*
CAN	Ungültig *(cancel)*
EM	Ende der Aufzeichnung *(End of Medium)*
SUB	Substitutionszeichen *(Substitute Character)*

Kurzzeichen	Benennung
ESC	Code–Umschaltung *(Escape)*
IS	Informationstrennzeichen *(Information Separators)*
FS	Hauptgruppen–Trennzeichen *(File Separator)*
GS	Gruppen–Trennzeichen *(Group Separator)*
RS	Untergruppen–Trennzeichen *(Record Separator)*
US	Teilgruppen–Trennzeichen *(Unit Separator)*
SP	Zwischenraum *(Space)*
DEL	Löschen *(Delete)*

A.2 Schreibweise der Schlüsselworte

Im freien Quellformat sind in folgenden Schlüsselwortkombinationen Leerzeichen optional und Leerzeichen obligat:

Leerzeichen sind optional	Leerzeichen sind obligat
DOUBLE PRECISION	CASE DEFAULT
ELSE IF	DO WHILE
END DO	IMPLICIT typ
END FILE	IMPLICIT NONE
END FUNCTION	INTERFACE ASSIGNMENT
END IF	INTERFACE OPERATOR
END INTERFACE	MODULE PROCEDURE
END MODULE	RECURSIVE FUNCTION
END PROGRAM	RECURSIVE SUBROUTINE
END SELECT	RECURSIVE typ
END SUBROUTINE	typ FUNCTION
END TYPE	typ RECURSIVE
END WHERE	
GO TO	
IN OUT	
SELECT CASE	

A.3 Standardunterprogramme

Abfragefunktionen

    Verfügbarkeit optionaler Argumente
- PRESENT → 190

    Typparameter und Zahlenmodelle
- BIT_SIZE → 190
- DIGITS → 190
- EPSILON → 191
- HUGE → 191
- KIND → 191
- MAXEXPONENT → 191
- MINEXPONENT → 191
- PRECISION → 191
- RADIX → 192
- RANGE → 192
- SELECTED_INT_KIND → 192
- SELECTED_REAL_KIND → 192
- TINY → 193

    Eigenschaften von Feldern
- ALLOCATED → 193
- LBOUND → 193
- SHAPE → 194
- SIZE → 194
- UBOUND → 194

    Eigenschaften von Zeichenketten
- LEN → 195

    Eigenschaften von Pointern
- ASSOCIATED → 195

Elementfunktionen

    Analytische Funktionen
- ACOS → 195
- ASIN → 196
- ATAN → 196
- ATAN2 → 196
- COS → 196
- COSH → 196
- EXP → 197
- LOG → 197
- LOG10 → 197
- SIN → 197
- SINH → 197
- SQRT → 197
- TAN → 198
- TANH → 198

    Numerische Funktionen
- ABS → 198
- AIMAG → 198
- AINT → 198
- ANINT → 199
- CEILING → 199
- CONJG → 199
- DIM → 199
- DPROD → 199
- FLOOR → 200
- MAX → 200
- MIN → 200
- MOD → 201
- MODULO → 201
- NINT → 202
- SIGN → 202

    Typkonvertierungsfunktionen
- CMPLX → 202
- DBLE → 203
- INT → 203
- LOGICAL → 203
- REAL → 203

A.3 Standardunterprogramme

Bitmanipulation

    BTEST → 204
    IAND → 204
    IBCLR → 204
    IBITS → 205
    IBSET → 205
    IEOR → 205
    IOR → 205
    ISHFT → 206
    ISHFTC → 206
    NOT → 207

Zeichenmanipulation

    ACHAR → 207
    ADJUSTL → 207
    ADJUSTR → 207
    CHAR → 208
    IACHAR → 208
    ICHAR → 208
    INDEX → 208
    LEN_TRIM → 209
    LGE → 209
    LGT → 209
    LLE → 210
    LLT → 210
    SCAN → 210
    VERIFY → 211

Bearbeitung der Zahldarstellung

    EXPONENT → 211
    FRACTION → 212
    NEAREST → 212
    RRSPACING → 212
    SCALE → 212
    SET_EXPONENT → 213
    SPACING → 213

Mischen von Feldern

    MERGE → 213

Transformationsfunktion

    Zeichenverarbeitung

        REPEAT → 214
        TRIM → 214

    Vektor- und Matrizenmultiplikation

        DOT_PRODUCT → 219
        MATMUL → 220

    Reduktionsfunktionen

        ALL → 215
        ANY → 215
        COUNT → 216
        MAXLOC → 216
        MINLOC → 217
        MAXVAL → 217
        MINVAL → 218
        PRODUCT → 218
        SUM → 219

    Feldgenerierung

        PACK → 221
        RESHAPE → 222
        SPREAD → 222
        UNPACK → 223

    Feldmanipulation

        CSHIFT → 223
        EOSHIFT → 224
        TRANSPOSE → 225
        TRANSFER → 225

Standardunterprogramme

    DATE_AND_TIME → 226
    MVBITS → 227
    RANDOM_NUMBER → 227
    RANDOM_SEED → 227
    SYSTEM_CLOCK → 228

Literaturverzeichnis

[1] American National Standards Institute, Inc.,
Programming Language FORTRAN,
ANSI X3.9 — 1966, New York 1966

[2] American National Standards Institute, Inc.,
Programming Language FORTRAN,
ANSI X3.9 — 1978, New York 1978

[3] Flynn
Some Computer Organizations and their Effectiveness,
IEEE Trans. Comput. C–21 (1972)

[4] Hockney, Jesshope
Parallel Computers,
A. Hilger Ltd., Bristol (1981)

[5] Holland
A Universal Computer Capable of Executing an Arbitrary Number of Subprograms Simultaneously,
Proc. of the EJCC (1959)

[6] HPF Draft
High Performance Fortran Language Specification,
Rice University, Houston Texas (1992)

[7] ISO/IEC
Fortran 90, May 1991,
ISO/IEC 1539: 1991 (E)

[8] ISO/IEC
Varying Length Character Strings
ISO/IEC 1539-1: 1992 (E)

[9] Oberschelp/Vossen
Rechneraufbau und Rechnerstrukturen,
Oldenbourg Verlag, 1990

[10] PCF
PCF parallel Fortran extensions,
ACM Fortran Forum, 10, 3 (1991)

[11] Reid
The Advantages of Fortran 90,
Computing 48, 219–238 (1992)

[12] Slotnick, Borck, McReynolds
The Solomon Computer,
AFIPS Conf. Proc. 22 (1962)

Index

Abfragefunktion
    ALLOCATED, 193
    ASSOCIATED, 195
    BIT_SIZE, 190
    DIGITS, 190
    EPSILON, 191
    HUGE, 191
    KIND, 43, 46, 191
    LBOUND, 193
    LEN, 195
    MAXEXPONENT, 191
    MINEXPONENT, 191
    PRECISION, 191
    PRESENT, 190
    RADIX, 192
    RANGE, 192
    SELECTED_INT_KIND, 43, 192
    SELECTED_REAL_KIND, 47, 192
    SHAPE, 194
    SIZE, 194
    TINY, 193
    UBOUND, 194
ABS, 198
ACHAR, 207
ACOS, 195
ADJUSTL, 207
ADJUSTR, 207
AIMAG, 198
AINT, 198
Aktualparameter, 130
ALL, 215
ALLOCATABLE
    Attribut, 59, 64, 145
    Attributsanweisung, 64
ALLOCATE–Anweisung, 65, 71
ALLOCATED, 193

Alphazeichen, 23
Alternative, 232
ANINT, 199
Anweisungsmarke, 24
Anweisungsnummer, 24
Anweisungsreihenfolge, 24
ANY, 215
ASCII, 50, 102, 256, 325
ASIN, 196
ASSOCIATED, 195
ATAN, 196
ATAN2, 196
Ausdruck, 99, 108
    Abarbeitung, 108
    feldwertiger, 114
    skalarer, 114
Ausgabeparameter, 132, 147

bedingte Anweisung, 233
Befehlspipelining, 16
Betriebssysteme, 285
BIT_SIZE, 190
Blankcommon, 179
Block–DO–Anweisung, 242
Block–If–Struktur, 232
Block–WHERE–Anweisung, 123
BLOCKDATA, 179
Broadcasting, 107, 116
BTEST, 204

CALL–Anweisung, 130
CASE, 236
CEILING, 199
CHAR, 208
CHARACTER, 49
    Anweisung, 58
    Ausdruck, 114
CMPLX, 202

Codetabelle, 102, 256, 325
COMMON–Anweisung, 178
COMPLEX, 47
    Anweisung, 58
    Ausdruck, 114
CONJG, 199
CONTINUE–Anweisung, 241
COS, 196
COSH, 196
COUNT, 216
CSHIFT, 223
CYCLE–Anweisung, 245

DATA–Anweisung, 78
DATE_AND_TIME, 226
Datei, 286
    Block, 288
    direkter Zugriff, 288, 289
    externe, 289
    Inhaltsverzeichnis, 288
    interne, 289, 300
    lokale, 287
    permanente, 287
    Random-Zugriff, 288
    Satzendemarken, 288
    Satzlänge, 287
    Satznummer, 288
    Scratch–, 287
    sequentielle, 288
    Struktur, 287
    Zugriffsmethoden, 289
Datenstrukturen, 50
Datentyp, 41
    abgeleiteter, 50
    abgeleiteter numerischer, 57
    abgeleiteter Zeichen–, 57
    doppeltgenauer, 45
    ganzzahliger, 42
    komplexer, 47
    logischer, 49
    reeller, 44
    Zeichen–, 49
DBLE, 203
DEALLOCATE–Anweisung, 66, 74
Defaulttyp, 41

DIGITS, 190
DIM, 199
DIMENSION
    Attribut, 53, 59, 61
    Attributsanweisung, 62
DO–Anweisung, 241, 243
    Block, 242
DOT_PRODUCT, 219
DOUBLE PRECISION, 45
    Anweisung, 58
DPROD, 200
Druckbildsteuerung, 278

Ein– und Ausgabeparameter, 132, 147
Ein/Ausgabe, 253, 257
    formatfreie, 254
    formatgesteuerte, 255
    listenorientierte, 94, 254, 280
    namensgesteuerte, 255, 281
    satzorientierte, 253
    stromorientierte, 253, 282
Eingabeparameter, 132, 147
Elementfunktion
    ABS, 198
    ACHAR, 207
    ACOS, 195
    ADJUSTL, 207
    ADJUSTR, 207
    AIMAG, 198
    AINT, 198
    ANINT, 199
    ASIN, 196
    ATAN, 196
    ATAN2, 196
    BTEST, 204
    CEILING, 199
    CHAR, 208
    CMPLX, 202
    CONJG, 199
    COS, 196
    COSH, 196
    DBLE, 203
    DIM, 199
    DPROD, 200
    EXP, 197

Index   335

EXPONENT, 211
FLOOR, 200
FRACTION, 212
IACHAR, 208
IAND, 204
IBCLR, 204
IBITS, 205
IBSET, 205
ICHAR, 208
IEOR, 205
INDEX, 208
INT, 203
IOR, 205
ISHFT, 206
ISHFTC, 206
LEN_TRIM, 209
LGE, 209
LGT, 209
LLE, 210
LLT, 210
LOG, 197
LOG10, 197
LOGICAL, 203
MAX, 200
MERGE, 213
MIN, 200
MOD, 201
MODULO, 201
NEAREST, 212
NINT, 202
NOT, 207
REAL, 203
RRSPACING, 212
SCALE, 212
SCAN, 210
SET_EXPONENT, 213
SIGN, 202
SIN, 197
SINH, 197
SPACING, 213
SQRT, 197
TAN, 198
TANH, 198
VERIFY, 211
ELSE–IF–Anweisung, 233

END–Anweisung, 27
Endlosschleife, 244
ENTRY–Anweisung, 6
EOSHIFT, 224
EPSILON, 191
EXIT–Anweisung, 244
EXP, 197
EXPONENT, 211
EXTERNAL
    Anweisung, 129
    Attribut, 59, 129
EXTERNAL–Anweisung, 133

Feldbildner, 66
Feldelement, 85, 89
Feldkonstanten, 68
FLOOR, 200
Formalparameter, 129, 157
    Ausgabe, 132
    Ein–/Ausgabe, 132
    Eingabe, 132
    mit übernommener Gestalt, 142
    mit übernommener Größe, 144
    mit expliziter Gestalt, 141
FORMAT–Anweisung, 268
Formelfunktion, 6
FRACTION, 212
FUNCTION, 148

Geltungsbereich, 172, 173
Gestalt, 62
Gestalt–konform, 107
GOTO–Anweisung, 245
Grundzeichensatz, 50, 325

Hauptprogramm, 26
host association, 174
HPFF, 22
HUGE, 191

IACHAR, 208
IAND, 204
IBCLR, 204
IBITS, 205
IBSET, 205
ICHAR, 208

IEOR, 205
IF–Anweisung
    Block–, 232
    logische, 233
IMPLICIT–Anweisung, 81
implizite DO–Liste, 67, 79, 94, 96, 264
implizite Typvereinbarung, 81
INDEX, 208
Initialisierung, 78
Initialisierungsausdruck, 109, 112
INT, 203
INTEGER, 42
    Anweisung, 58
    Ausdruck, 114
INTEGER–Division, 97, 100
INTENT
    Attribut, 59, 147
    Attributsanweisungen, 148
INTERFACE–Block, 154
INTRINSIC
    Attribut, 59
    Attributsanweisung, 133
IOR, 205
ISHFT, 206
ISHFTC, 206

Kaskade, 235
KIND, 43, 46, 191
Kommandosprache, 285
Komponente, 50, 85
Konstante
    Feld–, 68
    ganzzahlige, 42
    Namens–, 60
    reelle, 45
    Struktur–, 56
    Zeichenketten–, 50
Konstantenausdruck, 112

LBOUND, 193
LEN, 195
LEN_TRIM, 209
LGE, 209
LGT, 209
LLE, 210

LLT, 210
LOG, 197
LOG10, 197
LOGICAL, 49, 203
    Anweisung, 58
    Ausdruck, 114
logische IF–Anweisung, 233

MATMUL, 220
MAX, 200
MAXEXPONENT, 191
MAXLOC, 216
MAXVAL, 217
MERGE, 213
Metasprache, 11
MIMD, 19
MIN, 200
MINEXPONENT, 191
MINLOC, 217
MINVAL, 218
MOD, 201
MODULE, 163
MODULO, 201
Modulunterprogramme, 163
MVBITS, 227

Name, 24
NAMELIST–Anweisung, 281
Namen
    globale, 172
    host association, 174
    lokale, 172
    use association, 177
Namenskonstante, 60
NEAREST, 212
NINT, 202
NOT, 207
NULLIFY–Anweisung, 74

Operator, 99
    benutzerdefinierter, 104, 162
    binärer, 100
    Konkatenations–, 101
    logischer, 101
    numerischer, 100

Index 337

    Standard–, 100
    unärer, 100
    Vergleichs–, 101
    vordefinierter, 100
    Zeichenketten–, 101
OPTIONAL
    Attribut, 59, 146
    Attributsanweisung, 146

PACK, 221
Parallelrechner, 18
PARAMETER
    Anweisung, 60
    Attribut, 59, 60
Parameterübergabe, 135–148
    Konflikte bei, 185
    schlüsselwortorientiert, 135
    stellungsorientiert, 135
PCF, 22
Pipeline, 17
POINTER
    Attribut, 54, 59, 70, 140, 145
    Attributsanweisung, 71
Pointerzuweisung, 71, 120
PRECISION, 191
PRESENT, 190
PRINT–Anweisung, 96, 257, 280
PRIVATE
    Attribut, 55, 59, 168
    Attributsanweisung, 168
PRODUCT, 218
PROGRAM–Anweisung, 27
Programmbaustein, 127
Programmeinheit, 23, 127
PUBLIC
    Attribut, 59, 168
    Attributsanweisung, 168

Quellformat
    festes, 25
    freies, 26

RADIX, 192
RANDOM_NUMBER, 227
RANDOM_SEED, 227

Rang, 62
RANGE, 192
READ–Anweisung, 94, 257
REAL, 44, 203
    Anweisung, 58
    Ausdruck, 114
RECURSIVE, 133, 149
REPEAT, 214
RESHAPE, 222
RETURN–Anweisung, 131
RRSPACING, 212
Rundungsfehler, 102

Satztrennzeichen, 256
SAVE
    Attribut, 59, 182
    Attributsanweisung, 182
SCALE, 212
SCAN, 210
Schlüsselwort, 24, 130
    Schreibweise, 327
Schleife, 240, 243
    Abarbeitung, 241
    abweisende, 240
    geschachtelte, 242
    nicht–abweisende, 240
    Zähl–, 241
    Zyklus, 240
Schnittstellenblock, 154
Segmentierung, 16
SELECT CASE, 236
SELECT–Anweisung, 236
SELECTED_INT_KIND, 43, 192
SELECTED_REAL_KIND, 47, 192
SEQUENCE, 57
    Attribut, 57
SET_EXPONENT, 213
SHAPE, 194
SIGN, 202
SIMD, 18
SIN, 197
SINH, 197
SIZE, 194
Skalar, 62
Sonderzeichen, 23

SPACING, 213
Spezifikationsausdruck, 109–112
SPREAD, 222
SQRT, 197
Standarddatentyp, 41
Standardmedium, 257
Standardsubroutine
    DATE_AND_TIME, 226
    MVBITS, 227
    RANDOM_NUMBER, 227
    RANDOM_SEED, 227
    SYSTEM_CLOCK, 228
Standardunterprogramme, 189–228, 328
Steueranweisungen, 285
STOP–Anweisung, 28
Strukturkomponente, → Komponente
Strukturtypwert, 56
SUBROUTINE, 129
SUM, 219
SYSTEM_CLOCK, 228

TAN, 198
TANH, 198
TARGET
    Attribut, 59, 70, 140, 145
    Attributsanweisung, 71
Teilfeld, 86, 89
Teilobjekt, 86
Textfunktion, 150
Time-Sharing, 286
TINY, 193
TRANSFER, 225
Transformationsfunktion
    ALL, 215
    ANY, 215
    COUNT, 216
    CSHIFT, 223
    DOT_PRODUCT, 219
    EOSHIFT, 224
    MATMUL, 220
    MAXLOC, 216
    MAXVAL, 217
    MINLOC, 217
    MINVAL, 218

PACK, 221
PRODUCT, 218
REPEAT, 214
RESHAPE, 222
SPREAD, 222
SUM, 219
TRANSFER, 225
TRANSPOSE, 225
TRIM, 214
UNPACK, 223
TRANSPOSE, 225
TRIM, 214
Typanpassung, 104
Typdefinition, 51
TYPE
    Anweisung, 58, 59
    Definition, 51
Typparameter, 41
Typvereinbarung
    Anweisung, 58
    TYPE–Anweisung, 59

UBOUND, 194
Umbenennungsliste, 170
UNPACK, 223
Unterprogramme
    externe, 127, 129, 133
    FUNCTION, 148
    interne, 127, 130, 131
    Modul–, 127
    rekursive, 133, 149
    SUBROUTINE, 129
use association, 177
USE–Anweisung, 169

Variable, 57, 83
Vektorbefehl, 17
Vektorrechner, 18
Vektortripel, 87
VERIFY, 211
Verknüpfung, 99
Verteiler, 235
von Neumann Architektur, 15
Vorschubzeichen, 278

Wertzuweisung, 114

    benutzerdefinierte, 120, 161
    maskierte, 123
    Pointer, 118
    Pointerzuweisung, 71, 120
    Standard–, 115
WHERE–Anweisung, 123
WRITE–Anweisung, 257

Zeichenkette, 49, 60
Zeichensatz, 23
Zeichenteilfolge, 83
Zeiger, 54, 70
Ziffer, 23
Zugriffskennungsliste, 168
Zuordnungsstatus, 73
Zuteilungsstatus, 65, 66
zuweisungskompatibel, 115
Zweierkomplement, 42

C++

Turbo Borland C++ 3.0 für Windows
Hans-Georg Schumann

Dieses Buch bietet eine außerordentlich ausführliche und anschauliche Einführung in Turbo C++Einführung in C++.

534 Seiten, 2. überarb. Auflage 1992
79,90 DM, geb., inkl. Diskette,ISBN 3-89319-423-1

Turbo C++ 3.0
Uwe Repplinger

Das Buch führt Sie in die Arbeit mit der integrierten Entwicklungsumgebung unter DOS und in C++ ein.

558 Seiten, 2. überarbeitete Auflage 1992
79,90 DM, geb., ISBN 3-89319-422-3

Die Programmiersprache C++
Bjarne Stroustrup

Dieses Buch, geschrieben vom Erfinder dieser Sprache, enthält schon alle Features der letzten C++-Version.

698 Seiten, 2. überarbeitete Auflage 1992
89,90 DM, gebunden, ISBN 3-89319-386-3

C++ Programmieren für MS-Windows 3.1
Ingo Pakleppa

Das Buch zeigt die Programmierung aller wichtigen Windows-Elemente, von Fenstern und Dialogboxen bis hin zur Auswahl verschiedener Schriften sowie das Zeichnen auf dem Bildschirm.

261 Seiten, 1993
49,90 DM, gebunden, ISBN 3-89319-489-4

▼ ADDISON-WESLEY

Datenbanken

Objektorientierte Datenbanken
Konzepte, Modelle, Systeme

Andreas Heuer

In diesem Buch werden die Konzepte objektorientierter Datenbankmodelle und -systeme sowie einige konkrete Modelle und Systeme vorgestellt.

628 Seiten, 1992, 79,90 DM, gebunden
ISBN 3-89319-315-4

Relationale Datenbanken
Theorie und Praxis inklusive SQL-2

Hermann Sauer

In fast allen Lebensbereichen hat sich die Anwendung relationaler Datenbanken durchgesetzt. Sie lernen die Grundlage aller relationaler Datenbanken ebenso kennen wie deren interne Arbeitsweise.
Ein Leitfaden für die Beurteilung und Auswahl relationaler Datenbanksysteme rundet die Darstellung ab. Das Thema SQL-2 findet in diesem Buch besondere Beachtung.

291 Seiten, 2. Auflage 1992, gebunden
59,90 DM, ISBN 3-89319-573 - 4

INFORMIX 4.0/5.0
Das relationale Datenbanksystem
mit INFORMIX OnLine

Dusan Petkovic

Das Buch beschreibt die Versionen 4.0 und 5.0 von Informix. Es ist als Lehrbuch konzipiert und wendet sich an Endbenutzer und Datenbankprogrammierer, die Informix erlernen und praktisch anwenden wollen.

476 Seiten, 1993, 79,90 DM, gebunden
ISBN 3-89319-530-0

ADDISON-WESLEY

Dateiformate

Referenzhandbuch Dateiformate

Günter Born

Das Buch richtet sich in erster Linie an den professionellen Software-Entwickler, der Informationen über die Verarbeitung bzw. Einbindung von Fremdformaten verfügbar haben muß. Er erhält dadurch wertvolles Insiderwissen und ein detailliertes Nachschlagewerk. Für den Kreis der semiprofessionellen und Hobby-Programmierer bieten die im Text enthaltenen Beispielausdrucke solcher Dateien die Möglichkeit, die Informationen in einigen Programmen zu verwerten.

830 Seiten, 2. überarb. Auflage 1992, 89,90 DM
ISBN 3-89319-446-0

Dateiformate Programmierhandbuch

Günter Born

Das Buch dient als Ergänzung zum Hauptband ´Referenzhandbuch Dateiformate´. Es enthält die Beschreibung von verschiedenen Fileformaten und Programmen, die in Turbo Pascal bzw. in Turbo C realisiert sind.

Die Begleitdiskette enthält alle Quellcodes der Programme sowie die Grafikkonverter PaintShop Pro, Graphic Workshop und Image Alchemy.

ca. 300 Seiten, 1993
ca. 99,90 DM, geb. mit Diskette
ISBN 3-89319-477-0

▲ ADDISON-WESLEY

Clipper

Programmieren mit Clipper 5.01

Stephen J. Straley

Dieses Buch ist die dritte Auflage des Bestsellers über Programmierung mit Clipper 5.01 in den USA. In erster Linie richtet es sich an erfahrene und fortgeschrittene Clipper-Programmierer.

1223 Seiten, 1992, 119,- DM, gebunden, ISBN 3-89319-383-9

Clipper 5.01
Einführung und professionelle Anwendung

Rüdiger Heicappell

Für eine ganze Reihe von Problemen, die jedem Clipper Programmierer in der täglichen Praxis begegnen und die im Handbuch zu kurz kommen, bietet Heicappell in seinem Clipper-Band detaillierte Lösungen. Daneben werden auch fortgeschrittene Programmiertechniken behandelt, wie z. B. die Verwendung von UDFs, Objektklassen und Tools für Clipper.

718 Seiten, 2. überarbeitete Auflage 1992
89,- DM, gebunden, inkl. Diskette
ISBN 3-89319-409-6

ADDISON-WESLEY